密教美術の図像学

Iconology of Tantric Buddhist Art

「テキストを読む」というのに比べ、「図像を読む」というのはおかしな表現である。図像すなわち絵画や彫刻は「見るもの」であって、「読むもの」ではないと、一般には思われているからだ。しかし、場合によっては、図像は文字テキスト以上にさまざまな情報をわれわれにもたらしてくれる。

森 雅秀

法藏館

口絵１　金剛手菩薩坐像（インド・ウダヤギリ遺跡）

口絵２　四臂観音菩薩立像（インド・ラトナギリ遺跡）

口絵３　サンヴァラ（インド・サスポール石窟）

口絵４　時輪マンダラ（チベット・ツァン地方、個人蔵）

密教美術の図像学＊目次

目　次

◎略号
大正蔵　大正新脩大蔵経
TTP　西蔵大蔵経北京版

密教美術の図像学

第一部　図像を解釈するために

第一章　テキストを読む・図像を読む

一　テキスト研究

仏教のような長い歴史を有する宗教を研究するには、どのような方法があるだろうか。日本を含むアジア全域に仏教が広まったことは誰でも知っているが、その発祥の地であるインドからは仏教がほとんど姿を消してしまっていることは、あまり知られていない。現代の日本仏教を研究するのであれば、実際に仏教の僧侶から話を聞いたり、寺院の活動状況や信者の信仰形態を調べることで、さまざまなことが分かるであろう。インタビューや現地調査、あるいは統計学的手法による宗教研究などが可能となる。しかし、数百年前にすでに歴史の舞台から仏教が姿を消したインドでは、このような方法をとることはできない。仏教の開祖である釈迦はもとより、その教えを直接受け継ぐ僧侶や信者もいないのであれば、仏教に関する説明を彼らから直接聞くことは不可能だ。

おそらく誰でもこう考えるだろう。釈迦に会うことはできなくても、釈迦が残した言葉があるはずだ。そこから仏教を研究すればいいのではないかと。たしかにそのとおりである。いわゆる「お経」は仏の説いた教えであり、お経以外にもさまざまな種類の仏教の文献が遺されている。「遺されている」というのは正しい表現ではないかもしれない。それはわれわれの想像を絶するような途方もない量があるからだ。すでに失われたインドの仏教に対して、このような文字情報、すなわちテキストからアプローチすることができるはずである。

それではテキストを読むとは、具体的にどのように行われるのであろうか。一般に、英語などの外国語の文献を読むとき、われわれは分からない単語を辞書で引いて日本語に翻訳して、その内容を理解する。そこから、仏教のテキストも同じように、日本語に置き換えて、その内容が分かれば、釈迦の教えを知ることができると思うかもしれない。しかし、実際はそれほど単純ではない。

1　釈迦の言葉

釈迦は紀元前五、六世紀の人物であるが、釈迦自身は著作を遺していない。釈迦の周囲にいた弟子や信者たちも、釈迦の言葉を記録に残さなかった。彼らは釈迦の言葉を聞き、そのうちいくらかを記憶し、他の者に伝えていったと考えられている。いわゆる口誦伝承の時代である。

釈迦の在世中は、機会さえあれば、教えの内容について釈迦本人に確認することもできたであろうし、あらためて教えを受けることもあったであろう。しかし、釈迦がこの世から姿を消した後は、すべてはそれぞれの記憶に頼らざるを得ない。このような状況に早くから危機感をおぼえた釈迦の高弟たちは、自分たちの記憶に残っている釈迦の教えを全員で確認して、公式の教えを確立しようとした。これを仏典結集といい、釈迦の死後、かなり早い段階で行われた。

しかし、このような統一的な「仏の教え」を定めたにもかかわらず、仏教徒たちは次第にいくつかのグループを形成するようになる。まず、釈迦の死後一、二世紀で、伝統的な上座部と急進的な大衆部に二分し、さらに両者の中にさまざまな部派が現れた。これらの部派はそれぞれが正統と考える「仏の教え」を有していた。その一方で、一般の信者たちがおそらく中心となって、大乗仏教が現れた。大乗仏教も伝統的な釈迦の教えを受け継ぎつつも、新たに「仏の教え」を生み出していった。これが大乗経典である。『法華経』『阿弥陀経』『華厳経』など、日本仏教が尊重する経典は、ほとんどがこの大乗経典である。さらに時代が下ると、インド仏教は密教の時代となり、密教経典と総称される新たな「仏の教え」が登場する。

このようなインド仏教の流れを概観すると、釈迦の言葉に端を発した「仏の教え」が、二千年近い歳月を経て、さまざまなテキストを生み出していったことが分かる。明らかに後世に成立した経典であっても、いずれも「仏の教え」であり、釈迦以来の伝統が受け継がれていることを主張する。しかし、本当にそこには、たとえわずかであっても釈迦が説いた「仏の教え」が遺されているのだろうか。あるいは、明らかに後世の付加と思われる要素を排除したり、テキスト間の成立順序を検討し、より古いテキストに順にさかのぼっていくことで、釈迦の教えそのものに近づくことができるのだろうか。

おそらく答えは否である。それは、けっして大乗仏教や密教の経典のように新しい時代の文献だけではなく、すでに釈迦の生きていた時代から、「釈迦の公式見解」のようなものは存在していなかったと考える方が自然だからである。

釈迦はその生涯で四十年以上にわたる布教活動を続けた。その中で釈迦の教えにふれた者は相当な数に上るであろう。釈迦はこれらの者たちに、つねに同じ言葉で同じ内容の教えを説いたとは考えられない。教養ある修行者には高度で抽象的な教えを示したであろうが、一般の人々には分かりやすい比喩や身近な話題を用いたであろう。とくに、出家僧と在家信者とのあいだでは、教えの内容そのものにかなり大きな違いがあったと考えられている。

受け入れる側にもさまざまな態度を持つ者がいたはずである。釈迦の言葉をかたくなに守ろうとする者もいれば、自分の理解した範囲で自分の言葉に置き換える者や、さらには、自分の解釈や補足的な説明を釈迦の言葉に加えて、全体を釈迦自身の教えとみなす者もいたであろう。釈迦が教えを説く場所に居合わせた複数の人物が、その情景を他人に伝えるとき、同じ出来事を伝えているはずなのに、まったく異なる印象を聴き手に与えることも、けっして珍しいことではなかったであろう。

2　仏教文献の多様性

ところで、現在われわれが手にし得る仏教の文献は、さまざまな言語で書かれている。おもなものとして、漢訳（中国語）、パーリ語、チベット語、サンスクリット語がある。このうち、サンスクリット語以外の三つは、それぞれ大きなコレクションを形成し、全体が大蔵経（あるいは三蔵）と呼ばれる。この名称は仏教のあらゆる領域を網羅していることを表す。インドの古典語として著名なサンスクリット語は、仏教の場合、おもに大乗仏教以降に用いられた言語にすぎないため、サンスクリット語の大蔵経は形成されない。しかも、正統的な古典サンスクリット語とは異なる仏教独自のサンスクリット語が、主として用いられる。

注意しなければならないのは、これらの諸言語は、いずれも釈迦が用いた言語ではなかったことである。古い時代のテキストを多く含んでいるといわれるパーリ語仏典でも、その成立はおよそ紀元後四世紀と推定され、釈迦の時代からは千年近い隔たりがある。しかも、釈迦が用いた言語はインドの東部方言と考えられているが、パーリ語はインド西部を中心とする言語である。広大な領域を持つインドにおいて、東西の言語間の差異はきわめて大きい。中国語もチベット語も、インドの言語から見ればまったく系統の異なるグループに属する言語である。このうち、中国語訳、すなわち漢訳経典は、早いもので一世紀頃に翻訳されたものもあるが、大半は四世紀以降の翻訳である。この頃にはすでに大乗仏典がかなり出そろってきている。一方、チベット語への仏教文献の翻訳は、八世紀にチベットに本格的に仏教が導入されて以降、国家的事業として組織的に行われた。

このように、われわれが手にし得る仏教の文献は、いずれも釈迦が用いた言葉ではない言語に「翻訳」されたテキストで、釈迦の時代から何世紀も後に成立したものばかりなのである。その間には、口誦伝承で何世代にもわたってテキストが伝えられた時代があり、それはテキストを文字として書写する時代になっても、おそらく、しばらくは併行して続いたと考えられる。

口誦伝承のテキストは、耳で聞き頭で覚えるために、書写されたテキストとは異なるさまざまな特徴がある。その多くは、テキストを正確に記憶し伝達するための、一種の技術であった。

たとえば、テキストが散文ではなく韻文、すなわち定型の詩句で表されるのもその一例である。インドでは古くから詩学が発達し、さまざまな定型詩がある。有名な叙事詩『マハーバーラタ』や『ラーマーヤナ』もこのような定型詩ででき、やはり口誦伝承の文学として成立した。仏教の文献にも、韻文のみで表されたものや、散文の中に韻文をちりばめたものがある。後者の場合、概して韻文の部分は散文よりも成立が古い。韻文の部分が核となって散文の部分が加えられたり、あるいは、すでに存在している韻文が、異なる文脈の散文に組み込まれることがあったからである。

くりかえしの部分が多いことも、口誦伝承のテキストによく見られる特徴である。仏教のテキストには、われわれにとって冗長としか思えないくりかえしが、じつに頻繁に現れる。これはテキストを文字という媒体で読むことに慣れたものには退屈であるが、耳で聞くものにとっては心地よいリフレインであったかもしれない。何よりも、くりかえし現れる定型句は、人々の記憶に定着しやすい。テキストの定型化とその反復は、テキストの精度を高める上で最も有効な手段であったのだ。

3　涅槃を伝えるテキスト

これらの特徴を実際の文献の中で見てみよう。

パーリ語の仏典の一つ『マハーパリニッバーナ経』は、釈迦の入滅の前後を描いた経典で、漢訳経典の『般泥洹経』やサンスクリットの『大涅槃経』などとも類似の内容を持つ。この経典が説く釈迦の入滅とその直後の様子は次のとおりである（訳文は〈中村　1980〉による）。

「もろもろの事象は過ぎ去るものである。怠ることなく修行を完成させなさい」という弟子に対する最後の言葉を遺して、釈迦は涅槃に入る。釈迦の入滅したことを告げる大地震や雷鳴が起こり、これを受けて、さまざまな者たちが嘆きの言葉を発する。まず、神々の王である梵天と帝釈天が、そして弟子の中からアヌルッダ（阿那律）とアーナンダ（阿難）という高弟が、それぞれの言葉を詩句の形で述べる。

これらの詩句は、パーリ語のこの経典以外にも、サンスクリット語や漢訳のテキストにもおおむね現れるが、注目されるのは、その言葉を発した主体が一定ではないことである。たとえば、二番目に登場する詩句はパーリ語本文では帝釈天の言葉であるが、それ以外に、如来の言葉とするものや、帝釈天とは別の神とするテキストもある。三番目と四番目の詩句は、対照的な内容で、アヌルッダが釈迦の入滅を冷静に受け止めているのに対して、アーナンダは心の動揺をそのまま表現している。しかし、これら二つの詩句をすべてアヌルッダが述べたとするテキストがかなりある。これらの事実は、詩句のみがはじめから存在していて散文の部分がのちに加わり、その過程で、詩句を発した話者に不統一が現れたことを示す。

パーリ語のテキストは、悲しみに打ちひしがれたアーナンダによる詩句を受けて、さらに何人かの修行僧たちが嘆き悲しむ様子を次のように表現する。「両腕をつきだして泣き、砕かれた岩のように打ち倒れ、のたうち廻り、ころがった。「尊師はあまりに早くお亡くなりになりました。善き幸いな方はあまりにも早くお亡くなりになりました。世の中の目はあまりにも早くお隠れになりました」と言って」。

これを目にしたアヌルッダは、世の無常を嘆くのは仏教の修行者にふさわしくないことをさとしたのち、天上や地上の神々が嘆くさまを示す。しかし、そこで神々が嘆く様子は、「両腕をつきだして泣き……」と、修行僧のものとまったく同じである。

さらにアヌルッダはアーナンダに対し、近在の住民であるマッラ族の人々に釈迦の入滅を伝えるように指示し、アーナンダはそれを実行する。アーナンダから釈迦の入滅を告げられたマッラ族の者たちもやはり嘆き悲しむのであるが、その様子は「両腕をつきだして泣き……」と、またしても同じ表現がくりかえされるのである。

仏教の修行僧、天上や地上の神々、そしてマッラ族の人々が、同じ身ぶりや手ぶりで悲しみを表し、まったく同じ言葉で悲しみを語ったとは考えられない。悲しみを表す定型的な表現があり、それをこれらの者たちにそのまま当てはめたと見るべきであろう。そもそも、この表現が釈迦の入滅に結びついていたものかどうかも確証はない。まったく別の悲劇的な出来事に用いられた表現が、釈迦の入滅に転用されただけかもしれず、ひょっとすると、それは仏教とは関係のない民間説話に古くからあった表現かもしれない。

4　何を明らかにするか

このような特徴を持つ仏教の文献を扱う上で、最も基本となる作業がテキストの翻訳である。しかし、それは単に外国語の文献を日本語などの現代語に置き換えることではない。文献を読んだ者が「なぜそのように読んだか」を表現する場であるからだ。たとえば、翻訳した文章に対し、その数倍の量の訳註がつくことも、この分野では珍しくない。訳註に示されるのは難解な語句の説明ばかりではない。同一あるいは類似の内容を伝える他のテキストとの関係、注釈書に見られる解釈、仏教史における意義、言語学的な問題、写本に見られる異読の検討など、さまざまである。「なぜそのように表現されたのか」という問いに対して、それを説明するための論理的な根拠と思索の軌跡を示す必要があるからだ。

テキストを読むことで何を明らかにするのかは次の段階である。ある研究者は、釈迦の言葉に少しでも近づこうとするであろうし、別の研究者は文献相互の影響関係や成立の過程を明らかにするかもしれない。文献に現れた思想や哲学を抽出する者もいるし、さらにそれを他の思想体系と比較したり、そこに現代的な意味を見出そうとする者もいるだろう。あるいは、テキストそのものを生み出した人々の文化や社会に関心を寄せる者もいる。いずれも仏教研究という大きな枠の中に含まれるが、そのすべての基礎となっているのが「テキストを読む」ということなのである。

二　図像作品を読む

「テキストを読む」というのに比べ、「図像を読む」というのはおかしな表現である。図像すなわち絵画や彫刻は

図1　涅槃（コルカタ・インド博物館）

「見るもの」であって、「読むもの」ではないと、一般には思われているからだ。しかし、場合によっては、図像は文字テキスト以上にさまざまな情報をわれわれにもたらしてくれる。それは、仏教研究においても同様である。しかも、仏教の図像は文字テキストときわめて密接な関係も有している。このことを具体的な例とともに考えてみよう。取り上げるのは、インドの西北にあるガンダーラ地方から出土した一枚の浮彫パネルである。制作年代は紀元二、三世紀と推定されている。そこに表されているのは釈迦の涅槃の場面である（図1）。

1　作品の解釈

この作品は、幅がおよそ一メートルの片岩の石板に、数多くの人物を浮彫で表している。その中でも、とりわけ大きく描かれているのが、中央に横たわる人物で、言うまでもなく涅槃に入った（あるいは入りつつある）釈迦である（図2）。仏教についてわずかでも知識があれば、この作品が横たわる釈迦を中心とした涅槃のシーンであることは見当がつくであろう。しかし、そのまわりにいる多くの人々が、いったい誰であり、何をして

図２　横たわる釈迦（図１・部分）

図３　執金剛神とスバッダ（図１・部分）

いるのかは、単に「見る」だけでは分からない。文字の形で遺されたテキスト、すなわち経典などの助けを借りなければ、この絵を「読み解く」ことはできないのだ。しかし、文字のテキストさえあれば、それですべて解明されるかといえば、それでも不十分である。図像そのものの伝統や約束事に関する知識も、作品の理解に不可欠だからである。

中央に横たわる釈迦は、右脇を下に向けて横臥している。この姿勢は死者のポーズとしてはいささか不自然であるが、テキストでは、この姿勢が「獅子の臥法」と呼ばれ、仏が涅槃に入るときの決まった形式であると説明されている。その一方で、ガンダーラ美術に関係の深いヘレニズム文化に、図像の起源が求められることもある。そこでは、貴族の石棺の装飾彫刻に、「死者の饗宴」と呼ばれ、やはり横臥する高貴な人物を表したモティーフがあり、それがガンダーラにも伝えられたと推測されることもある（宮治 1992）。

釈迦の横たわる寝台の前には、二人の人物がいる（図3）。このうち向かって左の人物はひげもじゃの男性で、衣をまとわない上半身にはたくましい筋肉が表されている。この人物は釈迦の護衛を務める執金剛神である。日本の仁王の起源でもあるこの神は、その名のとおり金剛杵と呼ばれる武器を手にして、つねに釈迦に付き従う姿でガンダーラ彫刻にしばしば現れる。涅槃を表す作品にはほぼ例外なく登場し、多くの場合、釈迦の枕元などで、悲しみに打ちひしがれた姿をとる。ところが不思議なことに、涅槃を伝える文献で、この執金剛神に言及するものはほとんどない。この神が涅槃の図像に登場するのは、文字テキストを根拠にするのではなく、釈迦の随伴者としてつねにそのかたわらに描くという図像の約束によるのである。

一方、執金剛神の隣で座禅を組んで坐っているのは、スバッダ（須跋）という僧である。彼については多くのテキストがその物語を伝えている。それによれば、釈迦がまもなく涅槃に入ることを伝え聞いたスバッダは、その臨終に駆けつけ、釈迦から教えを聞くや、たちまちに悟りを得て、最後の仏弟子になった。釈迦を取り囲む人々がドラマチックな身ぶりで表されている中で、ただ一人、三昧の境地を楽しむかのように静かに坐っている。とくに、隣の執金剛神とは対照的である。

釈迦の足もとでは、しゃがみ込んだ僧侶をもう一方の僧侶が手を引いて支えようとしている（図4）。この二人はアーナンダとアヌルッダに比定できる。この二人が釈迦の涅槃に際してやはり対照的な態度をとったことを伝えるテキストがあることは、すでに前節で述べたとおりである。すなわち、釈迦の死に対しアーナンダは動転し慟哭するが、一方のアヌルッダは冷静に受け止め、アーナンダを含め動揺するまわりの僧たちをいさめたという。しゃ

図５　ウパマーナ（図１・部分）

図４　アーナンダとアヌルッダ
（図１・部分）

図７　樹神（図１・部分）

図６　マハーカッサパと外道
（図１・部分）

がみ込む僧侶がアーナンダで、その手を引いているのがアヌルッダである。この二人の組み合わせは、ガンダーラの涅槃図で好まれたモティーフで、ほとんどの作品で見ることができる。

釈迦の枕元にも一人の比丘の姿がある（図5）。この人物も、文献の記述からウパマーナ（優波摩那）という人物と考えられている。彼は釈迦の近くで払子で風を送っていたのであるが、涅槃の場に集まってきた神々が、彼がそこにいると釈迦の姿がよく見えないため、釈迦によって移動を命じられる。

作品の左端には、比丘と裸形の人物が向かい合って立っている（図6）。このうち比丘は、釈迦の高弟であるマハーカッサパ（大迦葉）である。彼は釈迦の臨終の場に居合わせることができず、そこに向かう途中で、外道の修行者から、すでに釈迦が一週間前に涅槃に入ってしまったことを聞く。裸形の人物が、当然、この外道の修行者である。この説話は釈迦の涅槃の中で重要な位置を占め、その後、涅槃に入った釈迦のところにたどり着いたマハーカッサパが、釈迦の足に礼拝したところ、はじめて火葬の火がついたことや、釈迦の衣鉢を彼が受け継ぎ、教団の中心的な人物になっていったことへとつながっていく。マハーカッサパは涅槃に関する一連の物語の重要な登場人物で、ガンダーラの涅槃図でも欠くことのできない存在なのである。

しかし、この作品を涅槃の情景を描いたと考えたならば、マハーカッサパの位置づけはおかしなものになる。彼は釈迦の涅槃には間に合わず、遠く離れたところでその事実を知ったはずだ。しかもそのときには、すでに釈迦の入滅から一週間が経過し、火葬の準備が進められていた。異なる時間に属する別々の出来事を一つの画面におさめるこのような手法は、日本の絵巻物などにも見られ、「異時同図」と呼ばれる。説話的な内容を示す常套的な手法であるが、そのような約束事を知らなければ、この作品を正しく読み解くことはできない。

釈迦の寝台の左右にある樹木から半身を出している女性は、沙羅双樹の精である女神である（図7）。平家物語

図8　マッラ族の人々と諸天（図1・部分）

の冒頭にも現れる沙羅双樹は、ガンダーラではこのように樹木の女神とともに表されることが多い。ただし、この女神そのものに言及する文字テキストはあまり多くはない。

これまで見てきた人物たちのまわりには、両手や片手を上にあげたり、頭を抱える人々がいる。また、作品の人物群の中で一番上に一列に並んでいるのは、合掌したり右手に花を持つ人々である（図8）。前者は釈迦臨終の場の近くに住む「マッラ族の人々」におそらく相当する。彼らも釈迦の涅槃を伝え聞き、はげしく慟哭することがテキストに述べられているが、作品でもそれが全身で表現されている。一方、後者は涅槃という稀有なシーンを見るために集まった神々である。右手に花を持っているのは、その場に花を降らせる、すなわち散華するところなのである。

2　図像というテキスト

このように、ガンダーラの涅槃図に描かれている人物たちは、文字によって遺されたテキストを参照することで、そのかなりを解明することができる。図像を読み解くためには、文字テキストの情報は不可欠なのである。しかし、その一方で、文字としては遺されていない知識も、図像を理解するためには必要であった。これは別の見方をすれば、図像というテキストは、文字のテキストをイメージによって「翻訳」したものではないということだ。涅槃図に表された情景は、一見、写実的に見えるかもしれないが、すでに見た異時同図の手法や、異常に大きな釈迦とそれとは対照的に小さなまわりの人物というアンバランス、類型化された悲しみの表現などは、物語の内容を「ありのまま」に表したものではないということを、如実に示している。

文字によるテキストと図像というテキストは、それぞれが自律的な存在であり、たがいに密接な関係を持ちながらも、独自の伝統を有している。仏教文献という文字のテキストと同じように、図像作品も長い年月と多くの人々の手を経て成立したのである。その場合、文献と図像という二種のテキストのあいだに優劣関係はない。そして、いずれのテキストも、われわれが注意深く、そして主体的に読むことによって、限りない情報をもたらしてくれるのである。

第二章　仏教学と図像研究

はじめに——図像学の可能性

仏教を理解する上で、仏像や絵画などの図像作品が果たした役割は、けっして小さいものではない。また日本や東洋の美術研究において、仏教美術はその最も重要なテーマの一つである。しかし、文献学を中心とした従来の仏教研究において、仏教美術は仏伝をはじめとする説話の参考図版として扱われる程度にすぎなかった。一方、仏教美術史の立場からは、図像の意味を分析する図像解釈学的研究が盛んに行われたが、その場合、文献は図像内容を説明する典拠として、もっぱら利用されてきた。とくにそれは尊像作品を中心とする密教図像の研究において顕著であった。

本章では、このような問題点を整理した上で、図像作品をより積極的に活用することで、図像学が仏教学にどのような寄与をなし得るかを、具体的な事例をあげて検討したい。

一　仏教美術研究の反省

人文科学のさまざまな領域、たとえば歴史学や文学において図像資料の価値の見直しがなされている。その中で、仏教美術に関しては、美術史と歴史学、あるいは仏教学やインド学とのあいだでの交流がほとんど認められないのは不思議なことである。これは、日本美術のみならず、インド、中国、東南アジアなどの、いずれの地域の美術においてもほぼ同様である。(1)

わが国の仏教美術研究は、地域によって研究領域が設定されることが多い。日本、中国、インド、チベット、東南アジアといった大まかな文化圏がはじめにあり、それぞれ内部がさらに細分化される。それと同時に、様式の変化にもとづいて時代による区分が与えられる。ただし、その細分化は、日本や中国の美術のように厳密な様式研究による伝統あるものから、インドのように数百年を単位とする大まかなもの、さらにはチベットのようにまだ学界において定説のないものまで、さまざまである。絵画、彫刻、あるいは工芸品や仏具という作品の形態も、研究対象を限定する際の選択肢となる。

仏教美術の図像学的研究が有する問題点については、宮治昭によってまとめられている。(2)それによれば、従来の図像研究は、図像の体系が既成のものとして、いつの時代にも存在しているかのような錯覚のもとで行われてきた。そのため、文献によって裏づけられた図像をもとに、それと同類の図像を探索し同定することが多く、その過程で地域や時代にもとづく差異を軽視しがちになる。その一方で、インドや中央アジアの初期の仏教美術では、作品と照合可能な文献が十分伝えられていないため、図像の体系そのものが存在しなかったと、誤って認識されることもしばしばである。

作品と文献の照合が恣意的なものに陥る危険も大きい。たとえば、インドの初期の仏教美術では、仏伝図やジャータカ図のような説話図がテーマとして好まれたが、その場合、画面の内容を同定することは文献との照合によってある程度は可能である。しかし、作品の細部に立ち入るほど、文献によっては説明することのできない人物やモティーフが増えていく。造形作品は文献をヴィジュアルなイメージに「翻訳」したわけではないから、作品のあらゆる要素が説明できるわけではない。そのため、文献の内容によく合致する作品とそうではない作品が現れるのは当然のことなのであるが、このことはしばしば見失われてしまう。

一方、仏教学における図像の利用は、さらに限定的である。わが国の仏教学関連文献で、インドの仏教美術の作品を掲載するものはきわめて多い。仏教の概説書や入門書、あるいは釈迦の生涯を紹介した著作などでは、必ずと言っていいほど彫刻や浮彫の写真が含まれる。それはたとえば、ガンダーラ美術やバールフット、サーンチーの欄楯浮彫、サールナートの仏像などであるが、それらの多くは、当然のことながら、釈迦の生涯や前世に関する説話図である。釈迦が主人公としてそこに表されていることのみが重要なのであって、どのように表されているのかに関心が向けられることはない。あくまでも内容を視覚的に示す参考図版程度の扱いであるため、その作品が属する時代や地域に対する配慮はほとんどなく、掲載される作品がなぜその作品でなければならないのかという必然性を見出すことは困難である。これは単なる挿絵であって、図像の積極的な利用ではない。

密教美術の研究は、仏教美術の中でも若干様相が異なる。密教美術はわが国のみならず、インドやチベットなどにおいても尊像作品が圧倒的多数を占める。そして、密教のパンテオンがさまざまな尊格によって形成され、それぞれの図像的な特徴がかなり固定している。しかも、経典や注釈書、儀軌類においては、これらの尊格の尊容がしばしば規定され、それに合致した形で尊像が表現されている。したがって、文献による尊像の比定と解釈が比較的容易に行われる。密教美術研究は、わが国の仏教美術史においても重要な領域の一つであるが、図像学的な研究を行うときは、まず文献との照合を行うのが定石となっている。インドやチベット、ネパールなどの密教美術についても、日本の場合にならって類似の手法が用いられる。

しかし、この方法は、経典や儀軌などの内容とは合致しない部分には当然、役には立たない。その場合、そのような「逸脱」した部分は、解釈不能のまま放置されるか、あるいは「阿闍梨の意楽」や「感得」という密教独自の用語で処理される。すなわち、阿闍梨が独自のイメージを有しており、これを表現したとか、宗教的体験において突然変異的に現れたイメージであるとされるのである。これらの説明は密教図像の一つのあり方を示しているが、なぜそのようなイメージでなければならないのかを問うことは留保され、感得という宗教体験の内容も問題にされることはない(3)。

文献と作品との関係は、インドの密教美術においてはさらに多くの問題を含んでいる。わが国では、尊格の尊容を説いた儀軌類が多くの尊像の制作時に利用されたのは確実で、さらに、制作の助けとなる白描集などの図像集も多数遺されている。しかし、インドの場合、尊像制作のために用いられた文献は、仏教においてはほとんど存在せず、また、白描図像集のようなマニュアルも現存しない。はたして、仏像を刻んだり仏画を描いた工匠たちが、特定の文献を参照していたかどうかさえ明らかではないのである。インドの密教美術の尊名比定や図像の解釈に用いられる文献で有名なものは、たとえば『サーダナマーラー』（*Sādhanamālā*）のような観想法の文献である。仮にこの文献の内容が実際の作品の特徴によく合致したとしても、それが制作時に参照されたかどうかは明らかではなく、厳密な意味での作品の典拠とはなり得ないのである(4)。

二　梵天勧請

それでは図像学は仏教学にいかなる貢献をなし得るのであろうか。あるいは仏教学と図像学が連携することで、どのような成果が生まれるのだろうか。いくつかの例をあげて考えてみよう(5)。

近年のガンダーラ美術の研究では、仏像の誕生について新たな見解が示されている(6)。これは、一九五〇年以来、イタリアの Ismeo によって発掘が進められてきたスワートの仏教遺跡の出土品にもとづくものである。とくにブトカラIと呼ばれる遺跡から出土した彫刻のいくつかが、最初期の仏像とみなし得るという主張がなされ、従来のガンダーラ美術の編年を大きく塗り替えようとしている。

興味深いのは、ブトカラIから出土したそのような仏陀像の多くが、「梵天勧請」の場面に集中していることである（図9）。仏教美術において、中インドのマトゥラーと並んで仏像が誕生したことで有名なガンダーラ美術であるが、紀元前後の作品には、従来までの象徴的な表現が用いられてきた。そして、釈尊を人間の姿で表すようになっても、成道前の菩薩の姿を描くことがほとんどであった。成道後、すなわち仏陀の姿を人体像で表すようになったときに選ばれた主題が「梵天勧請」であったと推測される。このことは、この段階の釈尊が人間と仏陀との中間的な存在であったという理由で説明されることもある（宮治 1997a：13–14）。しかし、理由はそれだけであろうか。菩薩から仏陀への境界は、むしろ成道にあるはずであるし、成道に降魔を組み合わせた降魔成道は、のちのパーラ朝の仏教美術において、仏陀像としてとくに好まれた主題である。数ある仏伝の場面の中から梵天勧請のみを選んで仏陀を人体像として表現したのには、何か他の要因があるのではないだろうか。

谷川泰教は、サンスクリットの仏伝文学である『ラリタヴィスタラ』(*Lalitavistara*)の梵天勧請の部分にもとづいて、興味深い論考を発表している(谷川 1999)。谷川によれば、仏陀の成道から初転法輪に至る過程が、この経典では単に釈迦に起こった一回限りの出来事ではなく、ダルマすなわち法に従ってあらゆる仏が行う定型化された行動様式とみなされていたらしい。そして、そこに大乗仏教の発生と、密教にもつながる仏陀観を見出すことができると指摘している。

図9　梵天勧請(インド博物館)

仏伝の中でも有名な梵天勧請の物語は、『ラリタヴィスタラ』においては、梵天のみならず、帝釈天やさまざまな神々によって三度くりかえされる。その過程で、仏陀は法輪を転じるためには梵天による勧請が必要であることをみずから予告する。これは、梵天によって勧請されて説法することと、結果的には同じであっても、発想はまったく逆である。これを谷川は「脚本に沿って演出されている」と喩え、仏伝の演劇化として注目している。

梵天たちによる三度の勧請を形式どおり受けて、釈尊はついに説法を決意するが、初転法輪の場には五比丘だけではなく、三千世界の諸天とともに、十方からやって来た大乗菩薩たちも集合する。その中から纔発心転法輪菩薩摩訶薩が、転法輪のために千輻の法輪そのものを釈尊に奉献する。これは、菩薩の宿願によって出生したものであり、過去の如来正等覚者たちによって受け継がれ、転じられてきた由緒ある法輪である。法輪の授与そのものも、この菩薩の誓願であった。一連の物語のクライマックスは、過去仏においても無数に反復されてきた法輪の奉献というセレモニーの再演なのである。

このように、『ラリタヴィスタラ』においては、梵天勧請が釈尊、梵天、そして大乗菩薩らによる一種のパフォーマンスであったことを考えるならば、はじめて仏像を表現するために選ばれたのがこの場面であったことは、別の意味を持つことになるであろう。(7)

三　釈迦八相図

前節でもふれたように、パーラ朝の仏陀像には降魔成道を表したものが圧倒的に多い。降魔成道の単独像もかなりの数に上るが、周囲に七つの場面を配して、全体で八相図となっているものも多数残されている（図10）。降魔成道以外の七つの場面とは、誕生、初転法輪、涅槃という四大事の残りと、三道宝階降下、舎衛城神変、酔象調伏、獼猴奉蜜である。

これらの八つの場面は、それぞれ単独で表されることや、降魔成道と入れ替わって中央に大きく表され、残りの七相を小さくその周囲に置く場合もある。パーラ朝の美術は密教美術のイメージが強いが、釈迦への信仰は依然として強固であったようで、大日や阿閦のような密教仏の作例は限られ、大半の仏陀像は釈迦を表したものである。ただし、パーラ朝以前の仏教美術において、仏伝のさまざまなシーンが造形化されてきたのに対し、パーラ朝の仏伝図のテーマは、ほぼこの八相に限られる。

降魔成道を中心とした八相図がパーラ朝において流行したことについて、「巡礼」という宗教実践で説明されることもある。八相として表現される八つの出来事が起こった場所が、当時の仏教徒によって聖地とみなされ、ここへ巡礼することで功徳を積むことが称揚されたというのである。その根拠として、漢訳経典に含まれる『八大霊塔梵讃』（大正蔵　第一六八四番）や『仏説八大霊塔名号経』（大正蔵　第一六八五番）、チベット大蔵経の『八大地チャイトヤ経』などの文献があげられる（中村　1980：463-468）。たしかにこれらの経典には、仏陀ゆかりの聖地が八つと定められ、その内容は、すでにあげた八つの場所と出来事にほぼ一致している（8）。

図10　七相図を伴う降魔成道図
（インド博物館）

さらに、実際にこれらの土地には巡礼をしなくても、その地を想起し、そこで起こった釈迦の偉大な事跡を追慕することだけでも、実際の巡礼と同じ功徳が得られることも説かれる。パーラ朝に流行した八相図は、この想起、追慕のためのイメージのよりどころとなったのである。

しかし、はたしてこれは事実であろうか。ハルシャ王の時代にインドを訪れた玄奘は、すでに多くの仏跡が荒廃していることを『大唐西域記』の中でしきりに嘆いている。玄

図11　釈迦八相図（サールナート考古博物館）

奘の記録に従うならば、このとき、八カ所のうちで仏教の聖地として機能していたのは、降魔成道のボードガヤと、初転法輪のサールナートの二カ所にすぎない。しかも、この二カ所でさえも、外道すなわちヒンドゥー教の祠堂が見られたという。実際に八大聖地を巡礼できた仏教徒が、パーラ朝の時代に多数存在し、それが仏像制作の要因であったとは思えないのである。聖地の瞑想をすすめる文献についても、はたして文献そのものがどれだけの範囲で流布していたか確証はない。しかも、文献を読解することがおそらく不可能であった大多数の在家信者に、その内容を理解させ、さらに瞑想させることができたかどうか疑問である。

八相のうち、誕生、成道、初転法輪、涅槃の四大事は古くから重視され、それぞれの場所への信仰も定着している。三道宝階降下などの他の四つの場面が選ばれて八相を形成するようになったのは、おそらくグプタ朝のサールナートと考えられている。ここから出土した仏伝図を見てみると、四相図に加えられるさまざまな仏伝のシーンが、次第にパーラ朝で主流となる四つの場面に定着していくことが分かる。サールナートからは、八相をすべて同じ大きさの八つの区画に表した有名な作品も出土している（図11）。

新たに加えられた四つの場面は、出来事そのものよりも、それが起こった場所が重要であったという主張もなされている。たとえば、獼猴奉蜜は仏弟子の一人の前世の物語で、このとき猿として生まれていたこの弟子が釈迦に蜜を奉献し、嘉納されたことに喜んで踊った拍子に絶命したという、たあいもない物語である。これはむしろ、その場面となったヴァイシャーリーという場所が重要であったため、そこで起こった出来事として、すでにガンダーラやバールフットなどで作例のある獼猴奉蜜が、図像の素材に選ばれたと考えられる。

ヴァイシャーリーで起こった出来事としては、むしろデーヴァダッタによる破僧伽の方が重要である。このときの教団分裂は、釈迦の教団の崩壊そのものにもつながりかねない深刻な事態であったはずである。このような観点から他の三つの場面をながめると、いずれも、釈迦そのものよりも教団にとって重要な意味を持つ出来事であることが分かる。舎衛城における神変は、外道の教団と仏教教団との抗争対立の象徴的な出来事であり、三道宝階降下は、それまで釈迦が三十三天に赴いていたため、地上では教団は混乱の極みにあった。酔象調伏はデーヴァダッタの悪行として最も有名なものであるが、彼の存在そのものが教団にとってきわめて危険であったことは言うまでもない。

八相についてもう一つ重要なことは、仏や大乗菩薩の神変として、八相示現が広く知られていたことである。釈迦の生涯に素材を得た八相は、大乗経典においては、あらゆる仏菩薩が示す神変と考えられた。三千世界の仏菩薩たちは、釈迦と同じ生涯をたどる。それは法によって定められたとおり、無限にくりかえされる宇宙の真理なのである。そこにこそ、大乗仏教の示す仏の普遍性、教えの永遠性がある。『華厳経』「入法界品」などで示されるこのような反復される仏伝の内容は、四大事については共通であるが、残りの四つは一定していない。パーラ朝の八相図に見られるシーンとも共通せず、その数も必ずしも八つとは限らない。

パーラ朝の八相図の背景には、巡礼の流行を想定するよりも、大乗経典や論書に頻繁に現れる大乗仏教の仏陀観を当てはめた方が説得力があるように思われる。さらに、グプタ期の仏教美術における仏伝図の内容の傾向、聖地選定における仏教教団の存在などの、複数の要因をあげることができるのである。

四　チュンダーと二龍王

陀羅尼の尊格として密教経典に登場するチュンダー（図12）は、インドにおいて実作例の比較的豊富な女尊である。これまで四十例近くが知られており、ターラーやマーリーチーなどと並んで人気の高い女尊だったようだ。チュンダーの尊容は、一面四臂像が多いが、この他に八臂、十二臂、十六臂、十八臂などがある。臂数が増えても面数はつねに一つである。蓮華の上に結跏趺坐を組んで坐り、主要な二臂は定印もしくは転法輪印を示す。それ以外の腕にも特徴的な持物を持って体の両側に広げる。坐法、印、腕の位置などのいずれもが左右でシンメトリーになるような形態であるため、像全体がきわめて正面性の強い印象を与える。十六臂や十八臂像の場合、腕が体の両側に扇のように広がり、円形の光背のような効果を上げている。

現存するインドのチュンダー像の中の少なくとも四例には、チュンダーの坐る蓮華の下に二人の龍王の姿が表されている。蓮華の茎の左右に立ち、蓮台を支えたり、チュンダーに向かって合掌する姿をとる。チュンダーの蓮台の下に二龍王を描くことは、チュンダーの陀羅尼を説く経典にも規定されている。わが国で制作されたチュンダーは准提観音あるいは准提仏母の名称で伝えられるが、その中には、この規定に従って蓮台の下で蓮台を捧持する二龍王を表したものも知られており、儀軌に忠実な作品であることが指摘されている。

それでは、インドのチュンダーで二龍王を表したものも、このような文献にもとづいて制作されたと見てよいであろうか。少なくとも、パーラ朝期のインドの尊像彫刻が、特定の文献やマニュアルに従って生み出されたという確証はない。仏伝図像のように、釈迦の生涯に関する文献や伝承を前提に、その説話的内容が図像表現される場合とはまったく異なる状況と見るべきである。

おそらく、最も重要なことは、チュンダー像に二龍王を描かなければならないという必然性がないことであろう。特定の説話が存在すれば、それを表現するためにいくつかのモティーフが必要となる。しかし、尊容に説話や神話を伴わないチュンダーにとって、龍王が描かれなければならない理由は何もない。

図12　チュンダー（ヴァレーンドラ博物館）

チュンダーの二龍王は、むしろその図像上の特徴から説明した方が合理的である。蓮華の両側に二龍王を表す図像は、釈迦の舎衛城の神変を表すときにしばしば現れる。いわゆる千仏化現をなしたときに、釈迦の要請に応じたナンダとウパナンダが土中から千輻の蓮華を出現させ、そこから枝分かれした無数の蓮華の上に、釈迦は一体ずつの仏を置いて、外道を圧倒したのである。パーラ朝の舎衛城の神変図は、単独像と先述の八相図の中の一つとして多くの作例がある。そこでは釈迦は転

図13　釈迦説法図（カーンヘリー第90窟）

法輪印を結んで蓮華の上に坐っている。この時代の仏伝図は礼拝像的な性格が強いため、説話的な要素が省略される傾向があるが、舎衛城の神変の場合、二龍王はかなりの作品で確認することができる。驚きのあまり転倒する外道の姿を伴う場合もある。

西インドのアジャンター、エローラ、カーンヘリーなどの石窟寺院には、舎衛城の神変の場面を表さないにもかかわらず、蓮台を支える二龍王の登場する作品がある（図13）。そこでは、蓮台に乗る釈迦は例外なく転法輪印を示している。これらの地域では、台座の前に法輪と二頭の鹿を置いた、転法輪印を示す仏坐像が、祠堂などの主尊として数多く見られる。法輪と二頭の鹿は、釈迦の初説法を表すモティーフとして、初期の仏教美術以来、初説法の場面にしばしば登場した。しかし、ここではやはり初説法という説話的な場面が表されているわけではない。いずれも各モティーフの説話的な意味は失われ、歴史的な釈迦ではない普遍的な仏の姿が表されていると解釈されている。

このような仏陀像とチュンダー像とを比べると、いずれも正面性の強い尊容をとっていることが分かる。説話的な背景を失うことで、釈迦から切り離された蓮台と二龍王というモティーフが、同じような尊容を持つ他の尊格に移し替えられたと見ても不思議ではない。この蓮華と二龍王というモティーフは、変化観音の一つ六字観音にも、一例だけではあるが作例が知られている。六字観音も、結跏趺坐で坐り両手を合掌する、きわめて正面性の強い尊容を持つ。六字観音にも二龍王を必要とするような神話的背景は存在しない。蓮華と二龍王というそれ自体、左右対称性を強調したイメージが、正面性の強い尊容という共通の要素を持つ尊格に、散発的に流入したと見るべきであろう。

このことは、密教図像と文献を考える上で重要な意味を持つ。これまで密教図像の研究は、作例の解釈のためにもっぱら文献を用いてきた。そのような方法は、尊格がある特徴を備えているのは文献にもそのように規定されているからだという前提の上に立っていたからである。しかし、文献を介在しないで、イメージそのものが自由に移し替えられたとすれば、そのようなイメージを説く文献でそれを説明するのは、順序が逆であろう。しかも、そこで用いられる文献が、像を刻んだ工匠のための制作マニュアルのようなものではなく、『サーダナマーラー』をはじめとする尊格の観想法を扱う文献であれば、なおさらである。行者がイメージの世界で尊格を生み出す場合、文献などよりも実際の作品の方がはるかに役に立ったであろう。そのような仏像を前にしたり、あるいは過去に見たことによって、行者はより容易に観想法を行うことができたはずである。その観想の順序を文献として残すのは、おそらく行法に習熟した後になる。図像作品が文献にもとづいて制作されたのではなく、文献の方が作品のイメージをもとに記述されたのである。

五　マーリーチーの野猪面

チュンダーに見られたようなイメージの流入が、さらに広い範囲で行われた例を最後に取り上げよう。

図14　マーリーチー（インド博物館）

初期の密教から陀羅尼の尊格として信仰された女尊にマーリーチーがいる（図14）。パーラ朝の時代の作例数もきわめて豊富である。臂数に若干のばらつきがあるが、多面多臂という密教の尊格にふさわしい尊容をとる。足は左足を伸ばして右足をやや曲げる姿勢をとり、七頭の猪によってひかれた車の上に立つ。持物は弓矢、針と糸、アショーカ樹の枝などを持つ。

現存するマーリーチー像のほとんどは三面で、そのうち、向かって右面すなわち像の左面が猪の顔で表されている。猪は太陽神と結びついた動物で、この尊格の性格や起源を考える場合、きわめて重要な意味を持つが、ここではその問題にはふれない[9]。もっと単純な疑問として、なぜそれが左面で表されたのかを考察する。

三面のうちのいずれかの面を猪の形で表現しなければならないだけだとしたら、どの面でもよかったはずである。少なくとも左面を選ばなければならない必然性は何もない。チュンダーの二龍王と同じく、何の神話的背景も説話上の根拠もないからである。猪面を強調したいのであれば、むしろ正面の顔をそうすべきであったであろう。

猪を頭に持つ神といえば、インドの神々の像を知っているものであれば、ヴィシュヌの化身であるヴァラーハをまず第一に連想するであろう。マーリーチーの猪面の位置に、おそらくこの異教の神のイメージが影響を与えたと考えられる。グプタ朝以降、インドではヴィシュヌのさまざまな化身の像が盛んに制作されたが、ヴァラーハはその中でも最も好まれた化身の一つで、膨大な数の作品が遺されている。これらの像において、ヴァラーハはわずかな例外を除いて、ほとんどが向かって右、すなわち左方向を向いている。さらに、ヴァラーハの作品はそのほとんどが直立している。ヴァラーハ、すなわち猪のイメージとして、直立して左側を向いた像というのが、広く定着していたのである。同じように直立するマーリーチーの像で、三面のうちいずれかを猪面で表すならば、左面を選択するのが最も自然だったのである。

図15　ヴァイクンタのヴィシュヌ（マトゥラー考古博物館）

このことは、ヴィシュヌの化身像としてやや特殊な、ヴァラーハとヌリシンハ（人獅子）とが合体したヴァイクンタと呼ばれる作品からも裏づけられる（図15）。これは正面をヴィシュヌそのものとして表し、その右面にヌリシンハのライオンの顔を、左面にヴァラーハの猪の顔を合体させてできた三面の像である。この場合、左面のヴァラーハは、その化身像と同じく横を向いた姿、すなわちマーリーチーの左面と同じように表されている。これに対し、右面のヌリシンハの頭は、首をねじるようにして正面を向いて表される。いずれも脇面であるならば真横や斜め横向きの形で表してもよいはずであるが、あえて右面を正面向きで表したのは、ヌリシンハのヴィシュヌを表現する場合、決まって正面向きの姿で表すためであろう。既存のイメージをベースに新しいイメージを生み出すときには、その古いイメージの形を変えずに、有効に利用されるのである。

マーリーチーの左面が猪の顔であることは、『サーダナマーラー』においてもはっきりと規定されている。しかし、これを根拠に実際の作例のマーリーチーの左面が猪面であることを説明しても、チュンダーの場合と同様、何も説明したことにはならない。実際のマーリーチーの作例を目にしたことのある行者が、そのイメージをもとにしたマーリーチーの成就法を、単に文献として残しただけである可能性が高いからである。しかし、図像の解釈に文献がまったく役に立たないのかといえば、必ずしもそうではない。

『サーダナマーラー』のマーリーチーの成就法を注意深く読むと、猪を表す言葉に「ヴァラーハ varāha」と「スーカラ sūkara」の二つが使い分けられていることが分かる。「ヴァラーハ」はマーリーチーの左面を表す言葉として varāhamukha という形で現れる。同じ語の女性形 varāhamukhī は、マーリーチーの眷属の一人で、猪の頭をした女尊の名称にもなっている。一方「スーカラ」はマーリーチーの乗り物の車をひく七頭の猪を指すときに用いられている。動物そのものの猪を指す場合は「スーカラ」を用い、尊格の頭部には、たとえそれが同じ猪の形態をしていても、それとは別の「ヴァラーハ」を使っているのである。文献を読むものが抱く「ヴァラーハ」のイメージは、おそらく単なる猪ではなく、同じ名称で呼ばれるヴィシュヌの化身のヴァラーハの頭部であったであろう。このことは、作品を見るだけではけっして分からない。文献は、図像の解釈やイメージの成立を知る上で重要な役割を果たすこともあるのである。

おわりに

従来の仏教学は文献学を主流としてきたため、文献資料に大きな比重を置いてきた。そこでは図像資料の持つ価値が十分に生かされることが少なかった。一方の仏教美術の分野でも、厳密な様式史研究は別として、図像解釈学的な研究においては、仏教学の最新の成果が反映されてこなかったように思われる。その中で、密教図像に関する研究では、文献の内容に実際の作例がよく合致するために、かえって文献との照合に終始し、不一致の部分は捨象したり、あるいは一致することがどのような意味を持つかには注意が向けられなかったといえよう。

パーリ学の泰斗であるK・R・ノーマン（Norman）は、その著『仏教への文献学的アプローチ』（1997）において、研究者が特定の言語の文献を偏重することを強く戒めている。彼はサンスクリット語、パーリ語、その他の中期インド語、中央アジアの諸言語、中国語、チベット語など、さまざまな言語に翻訳された仏典の内容を検討する場合、いずれか一つに優位を与えてはならないとしている。必要なことは、他の言語への翻訳をすべて尊重する態度なのである。

ノーマンが意図しているのは、釈迦の言葉におそらくは由来する口誦伝承が、異なった言語のさまざまな形で存在する場合、どのテキストも同じだけの重要性を有しているということであろう。しかし、図像作品も仏教を理解するための一つのテキストとみなし得るとすれば、彼の主張の中に図像作品を入れることも許されるであろう。われわれに必要なことは、図像作品と文献資料との対等な関係での対話なのである。

註

(1) 日本における美術史研究の歴史を見直すシンポジウムが一九九〇年代後半に行われ、その成果も刊行されている（東京国立文化財研究所編　1999）。
(2) 宮治（1992）参照。同書はインドおよび中央アジアの仏教美術に関する図像学的研究として、美術史において高い評価を得ているが、仏教学と図像学の学際的研究を行う場合にも、さまざまな点で示唆に富んでいる。
(3) 感得像については、第五部第一章「感得像と聖なるものに関する一考察」で詳しく述べる。
(4) その代表的なものに Bhattacharyya（1968）がある。この書はその後、密教美術を扱う多くの研究者によって利用され、現存する作例の比定の根拠としても用いられてきたが、このような問題点をはらんでいることは明確には意識されてこなかったようである。Bhattacharyya が『サーダナマーラー』と並んでしばしば活用した『ニシュパンナヨーガーヴァリー』（*Niṣpannayogāvalī*）は、しばしば尊容を規定したマンダラ制作のマニュアルと理解されているが、実際は、同書もマンダラ観想法の文献である。森（2011a）第三章「『完成せるヨーガの環』の構成」参照。
(5) 森（2001a）は、このような問題意識に立ってインドの密教美術に対して行った考察をまとめたものである。あわせて参照されたい。
(6) 以下に述べたガンダーラの初期の仏像については、宮治（1997a）による。宮治（1996：103–112）も参照。
(7) もちろん『ラリタヴィスタラ』に見られる新しい仏陀観や、大乗菩薩の活躍をガンダーラ美術の特定の作品と結びつけるためには、文献が成立し流布した地域や時代が、作品のそれと重なる必要がある。外薗（1994）は『ラリタヴィスタラ』の原本が成立したのは西北インドで、その年代は早くとも起源一五〇年頃であるとしている。梵天勧請の作例に比べ時代的には遅れることになるが、成立地が重なることは興味深い。
(8) この問題については、森（2011a）第十三章「インド密教における聖地と巡礼」において詳しく論じた。
(9) 詳細は森（2001a：85–90）参照。

第二部　インドにおける密教美術の形成

第一章　密教仏の形成

はじめに——インドの密教美術の世界

インドの仏教美術研究に関する近年の成果として、密教美術の「発見」がある。八世紀中頃に東インドで興ったパーラ朝の時代、密教は最盛期を迎える。その主たる版図であったビハール地方、ベンガル地方、そして隣国のバングラデシュの仏教遺跡からは、数多くの密教系の尊像彫刻が出土していることが知られるようになった。さらに、その南に位置するオリッサ地方には、日本の密教美術に直接結びつくような作品が遺されていることが明らかになり、とくに日本の密教学者の注目を集めている。

一般に密教美術の特色として、尊像の種類が豊富であることと、作品の特徴が文献の記述によく合致することがあげられる。仏（如来）、菩薩、明王、女尊、天など、パンテオンが階層的になり、その中に数多くの仏たちを含むようになる。そして、その尊容は密教経典や儀軌の中に詳細に記述されている。密教の尊像の多くは、このような文献の規定に従って作られたと考えられている。

しかし、インドから出土した密教の尊像の全体像を鳥瞰すると、事態はそれほど単純ではないことが分かる。現存する作品に見られる尊像の種類は、文献のそれよりもはるかに少ない。文献の中の多彩で斬新な密教仏の世界に比べ、造像の場ははるかに保守的だったのである。しかも、無理に尊像の種類を増やそうとすると、新たに生み出される仏は画一的なイメージに陥りがちになり、仏の世界は逆に単調となってしまう。

このような、一種パラドックスな密教美術の形成とその背景について、具体的な例を示した上で、インドにおける造形表現の伝統、宗教美術一般に見られる特色、密教という宗教が持つ独自性などの視点から考察しよう。

一　画一化されるイメージ

ナーランダーから出土した五仏のパネル（図16）は、仏のイメージが画一化した最も分かりやすい例であろう。ほとんど同じ姿をした五体の仏が、横一列に並んでいる。相互を区別するのは、それぞれが手で示す印相に限られている。向かって左から、施無畏印、触地印、説法印、与願印、定印である。この五種の印相の組み合わせは、金剛界マンダラの五仏の印にほぼ一致する。すなわち、左から、不空成就、阿閦、大日、宝生、阿弥陀である。ただし、中央の仏は蓮台の代わりに法輪と二頭の鹿が表されていることから、釈迦の可能性が高い。

五仏、とくに中央の大日を除く四体が、印相を除いて共通の姿を取ることは、パーラ朝期の奉献塔においても広く見られる。しかし、すでに仏像が誕生した頃より、仏が備える特徴はある程度固定していた。それは、三十二相八十種好として多くの仏典にも説かれている。仏であれば、画一化したイメージを備えていることは、何も密教に限ったことではない。

それでは、大乗仏教の時代に登場し、それぞれが個性あふれる姿をした菩薩たちはどうであろうか。

図16　五仏（ニューデリー国立博物館）

1　文殊

パトナ博物館が所蔵する文殊立像（図17）は、パーラ朝の初期か、あるいはその前の時代であるポスト・グプタ期に属する作品で、インドの密教仏としては、早い時期に位置づけられる。グプタ期の特徴である堂々とした体軀を持ち、繊細で華美な装飾を特徴とするパーラ朝の作品とは、明らかに異なる様式である。

この文殊像の特徴として、頭髪を中央と左右に結わえて髻を作る髪型、首に懸けた独特の胸飾り、耳朶を飾る大きな円形のイヤリングがある。パーラ朝の文殊の作品の多くもこれを受け継いでいる。

ところで、文殊といえば知恵の仏で、日本ではその象徴として剣と梵篋を持つことが知られる。さらに獅子に乗る姿も浸透しているが、パトナ博物館の作品にはいずれの特徴も現れない。左手に持つのは剣や梵篋ではなく、ウトパラ（睡蓮）と呼ばれる植物で、地面から伸びるその太い茎を握り、上端には花が咲いている。

ナーランダー考古博物館所蔵の文殊立像（図18）は、この作例よりも時代が下るが、基本的な特徴はほぼ同じである。左手にウトパラを持ち、独特の胸飾り、耳飾りも共通する。しかし、髻を結った髪型はここでは姿を消し、それに代わって、渦巻状に結い上げた髪型となる。これは、パーラ朝の複数

図18　文殊菩薩立像
（ナーランダー考古博物館）

図17　文殊菩薩立像
（パトナ博物館）

の菩薩の髪型にしばしば見られるもので、とくにナーランダーから出土した作品に多い。この地域で流行した菩薩一般の髪型であったようだ。

パトナ博物館に所蔵されるもう一つの文殊立像（図19）は、正面向きで、硬直気味の姿勢をとり、力強さや肉感よりも優美さや装飾に重きを置いた、パーラ朝の典型的な作品である。この文殊像とはじめの作品との図像上の違いは、左手に持つウトパラの上に梵篋を載せていることである。これまでの作品では、左手の持物はウトパラのみであったが、その上に文殊のシンボルとして知られるようになる梵篋が出現し、それに伴い、持物の主役であったウトパラは、そのシンボルを載せる台へと変わっている。

図19　文殊菩薩立像
（パトナ博物館）

2　金剛手

金剛手は密教の時代にとくに重視された菩薩であるが、その歴史は古い。早くは、ガンダーラの仏伝図の中に、釈迦に随伴する姿で頻繁に登場する。そこでは、筋肉質のたくましい身体を備え、手には武器である金剛杵をとる。これらの金剛手に共通して見られる特徴は、長く伸ばした髪の毛と髭である。

金剛手は大乗仏教や密教では菩薩のグループに属するが、初期の仏典ではヤクシャ（夜叉）の名として知られている。ヤクシャはインドにおける民間信仰の代表的な神格で、財宝神としての性格もあわせ持つ（永田　2016）。そのため、仏教寺院においても、入口の左右に置かれる守門神として好んで作られた。寺院の主尊は釈迦などの仏であるが、参拝者たちは同時に現世利益を願ってヤクシャに礼拝したのであろう。アジャンター第19窟においても、そのような財宝神としてのヤクシャが入口左右に置かれている（図20）。富の神らしくやや肥満した体軀を持ち、足元の従者が貨幣や財布を手にするが、ヤクシャ自身は、豊かで長い髪を豪華に結って、頭の横に垂らしている。金剛手と同じ髪型である。

ナーランダー出土の金剛手坐像（図21）にも、このような髪型は受け継がれているが、密教法具としての金剛杵を右の掌の上に持つ。そして、新たな特徴として、左手に握るウトパラも現れる。本来、武勇と財宝を司る金剛手

図21　金剛手菩薩坐像（ナーランダー考古博物館）

図20　ヤクシャ（アジャンター第19窟）

には、あまり似つかわしくない持物であるが、パーラ朝期の金剛手では、むしろこれが一般的になる。

ウダヤギリ遺跡から出土した金剛手坐像（図22）の場合、金剛手らしさがさらに失われている。右手の金剛杵、左手のウトパラは、ナーランダーの作例と同様であるが、これまで共通して見られた奔放な髪型は姿を消し、装飾的な髪型に変わる。正面と左右に三つの山型の飾りをつけた宝冠をかぶり、その内側にはおそらく円筒型に結い上げた髪の毛があるのであろう。さらに、同じウダヤギリ遺跡の仏塔に表された、八大菩薩の一尊としての金剛手は、これまでの作例では右手に持っていた金剛杵を、左手のウトパラの上に置いている。文殊の梵篋と同じ位置を、金剛杵が占めているのである。

図22　金剛手菩薩坐像（ウダヤギリ遺跡）

3　弥勒・観音・八大菩薩

釈迦の次にこの世界に出現する弥勒も、大乗仏教の時代から信仰を集め、作例が豊富である。パーラ朝の前の時代のグプタ時代には、水瓶や数珠を持ち、頭の前の方に小さな仏塔を戴いた弥勒が広く見られる。サールナート出土の弥勒像（図23）はその代表的な例である。

パーラ朝になると、これらに代わって龍華樹と呼ばれる植物が、弥勒のシンボルとして好まれるようになる。コルカタのインド博物館の弥勒立像（図24）も、左手に龍華樹を持っている。この作品では、龍華の茎の途中に水瓶が載っているのも見える。古くからの弥勒のシンボルが、弥勒自身の手に握られるのではなく、左手に持った植物の上に置かれているのである。

ところで、弥勒は観音とともに仏の脇侍となることも多い。インドの釈迦三尊像で好まれた形式の一つが、この組み合わせなのである。観音と弥勒の二尊の菩薩は対になることから、その特徴も対照的な関係としてとらえられていたらしい。

インドにおいて、観音はおそらく最も人気の高い菩薩であった。パーラ朝の出土例でも、その数は群を抜いている。そして、これらの観音の最も一般的な特徴が、左手に蓮華を持ち頭部に阿弥陀の化仏を置くことである（図25）。

図24　弥勒菩薩立像（インド博物館）

図23　弥勒菩薩立像
（サールナート考古博物館）

文殊や金剛手、そして弥勒が特徴的な植物を持つのも、おそらく観音のイメージにならったのであろう。

観音と弥勒が対になった場合、頭部の化仏と仏塔、左手の蓮華と龍華が、両者を区別するための重要な指標となる。パーラ以前の弥勒は、髪型も観音とはまったく異なり、観音が髪髻冠と呼ばれる壮麗な髪型であるのに対し、弥勒は行者のような質素な髪型が一般的であった。身につける衣装や装身具も同様で、豪華な観音と質素な弥勒という対比になっていた。しかし、パーラ朝の時代には、これらの弥勒らしい特徴は失われて観音と同化し、唯一残されたのが、頭の仏塔と左手の龍華だったのである（図26）。

ところが、三尊形式の場合、その頭の仏塔までもが姿を消してしまった作例が

図25　弥勒菩薩坐像（パトナ博物館）

図27　観音と弥勒を伴う釈迦
（ヴァージニア博物館）

図26　観音菩薩坐像（パトナ博物館）

図28　触地印仏と八大菩薩［左］（ニューデリー国立博物館）

図29　触地印仏と八大菩薩［右］（ニューデリー国立博物館）

ある。しかも、それに呼応するかのように、観音の方も化仏を備えていない。この二尊の菩薩を区別する目印は、左手に持った植物だけなのである（図27）。

このようなイメージの画一化した菩薩たちを一堂に集めた作例として、ナーランダー出土の八大菩薩の浮彫パネルがある（図28・29）。中央で触地印を示す釈迦をはさんで、左右に四体ずつ、全体で八尊の菩薩が刻出されている。このうち中央寄りの四体は、これまでに取り上げてきた四尊の菩薩で、向かって左から文殊、観音、弥勒、金剛手である。これらを相互に区別する特徴は、観音は蓮華、弥勒は龍華、金剛手は金剛杵という各自の固有の持物と、文殊の独特の髪型と胸飾りである。文殊のみが持物以外を特徴とするのは、それだけこの仏のイメージとして髪型と装身具が重要であったためであろう。これに対し、金剛手は固有の髪型をとらず、渦巻き型に結った髪が採用されている。

これらの外側に位置する四体の菩薩も、それぞれ固有の持物を持つ。これによって八大菩薩の残りの四尊に比定することができるが、逆に、それ以外に相互を区別する特徴は何もない。一般的な菩薩の姿に固有の持物を組み合わせただけで、そのイメージができあがっているのである。髪型はいずれも渦巻状である。

二　画一化された背景

1　時間と空間の広がり

すでに密教よりも前の時代から、仏の種類は増え続けていた。それは大乗仏教はもちろん、釈迦と同時代においても、すでに始まっていた。初期の仏典には釈迦自身の言葉として、自分よりも前に多くの「悟った者たち」がいたことが語られている。このような仏たちは、釈迦よりも過去の仏なので、過去仏と呼ばれるようになる。

その一方で、過去だけではなく未来にも悟りを開く仏を預言する経典もある。代表的な未来仏は、すでに取り上げた弥勒である。

このような時間的な広がりとは別に、空間的な広がりも、仏の世界の拡大と多様化を生んだ。この娑婆世界以外にも別の世界があり、そこでは、別の仏が法を説いていると考えた。仏教のコスモロジーは、時代とともに複雑かつ大規模化するが、それは同時に、無数の仏国土の出現でもあった。阿弥陀如来が説法する極楽浄土もその一つであるが、大乗仏教や密教のコスモロジーにおいては、無数の仏国土の一つにすぎない。そこには仏ばかりではなく、無数の菩薩たちもいる。

このように、すでに大乗仏教の時代において仏の数は十分に増え続けていたが、密教の時代にはさらに爆発的に増加する。これに関与するのがマンダラの出現である。

マンダラは仏の世界を図式化したものである。無限の広がりを持つ仏教のコスモロジーに一定の秩序を与え、単純化した見取り図である。インドの密教徒たちは、円や正方形という単純かつ安定した形で世界を表すことを好み、その結果、マンダラの多くは上下左右がシンメトリーとなる。

このようなマンダラの形態は、一定数の仏を必要とする。同じレベルに置かれる仏たちは、図形のバランスを壊さないように、四、八、十六など、四の倍数をとることが多い。一方向だけ空席になっていたり、偏っていたりするのでは、都合が悪いのである。しかも、同じレベルに位置する仏は、同格であることも求められる。たとえば、仏のグループに一人だけ菩薩や明王がいたり、男尊と女尊を無作為に置くことは許されない。

マンダラは仏の世界を単純化して表したものと述べたが、むしろ、単純かつ安定した図形を維持するために、仏たちを次々と生み出していったと言うべきであろう。しかも、密教の時代にはさまざまな密教経典が現れたが、その大半が、独自の「仏の世界」をマンダラという形で表現した。仏の大量生産は、そのたびごとに起こったのである。文献というフィクションの世界では、仏の数はいくらでも増やすことが可能だったのだ。

このような仏の大量生産は、素直に考えれば、ヴァラエティに富んだ仏の世界を作り出したはずである。しかし、すでに見たように、現実はその逆であった。それはなぜだろうか。

2　宗教美術の宿命

第一にあげられるのは技術的な制約である。インドの仏師たちは、オリジナルなイメージを追求する芸術家ではなく、伝統的な技術を身につけた職人である。彼らにとって作りやすいのは、師から受け継ぎ、すでに作例が十分あるような像である。経典や儀軌の中でどれだけ斬新な仏が出現しようとも、見たこともないような仏像を作ることはできない。まして、多くの密教経典では、それまでにはない仏のイメージとして、多面多臂や忿怒形などの像容を説くが、そもそも、石や金属などで造形的に表現すること自体が不可能なイメージも多い。

仏像が宗教的なイメージであることも考慮すべきであろう。仮に、職人たちが技術的に作ることができても、あえて作らないこともあり得る。たとえば、グロテスクな像はしばしば拒絶されたであろう。仏像は礼拝の対象であり、そこには何らかの「ありがたさ」や「崇高さ」を人々は求める。そのような情感を生み出さないような像をあえて作ることはない。とくにインドにおいては、神や仏の像は完全な姿で表されることが好まれる。これは、仏像に「枯淡」や「人間味」などを求める日本人の感性とはかなり異なる。

そもそも、仏教そのものが教理的に造形作品を拒んできたことにも注意を払うべきであろう。すべてのものは移ろいゆき、何一つとして永遠不滅のものは存在しないことが、仏教の基本的なテーゼである。それは仏の身体であっても例外ではない。仏のイメージを造形化することには、インドではつねに躊躇がつきまとったのだ。初期の仏教美術が、仏を人の姿で表さず法輪や菩提樹などのシンボルを用いたり、あるいは仏そのものはまったく表さずに、その足跡や上に浮かぶ傘蓋で、仏の存在を暗示したこともよく知られている。密教の時代においても、このような考え方はけっして失われたわけではないのである。

初期の仏教美術で、仏の代わりに特定のシンボルが現れたことも、画一化とみなすことができる。どんな場面でも、何歳の釈迦でも、特定のシンボルしか用いられないのであれば、それは画一化されたイメージそのものである。法輪や仏塔のようなシンボルによる仏の表現は、個性や心情、躍動感などを、はじめから放棄しているのだ。

3　密教美術の特殊性

仏像の誕生に三十二相という特別な身体的な特徴が寄与したことはすでにふれたが、これも画一的な表現ととらえることができる。しかし、そのような制約を持たない菩薩たちも、密教の時代にも画一化の波にのみこまれてしまった。そして、それは前節では取り上げなかった明王や女尊などの他のグループの仏たちについても、程度の差こそあれ、同様であった。これは密教の持つ特殊性からも説明する必要がある。

すでに述べたように、マンダラなどの誕生を契機に、密教では人工的に仏が量産され続けた。しかし、そのたびに完全に個性的なイメージをそれぞれに与えることは不可能である。最も簡単な対処の方法は、一部のみを入れ替えることであろう。手にする持物を変えたり、あるいは持物の花の上に載せたシンボルを別のものにするのであれば、シンボルの数だけ仏の数も増やすことができる。全体的には同じような姿をしても、一部のみを入れ替えることで、マンダラに描くことも可能になる。むしろ、共通な部分は省略してシンボルのみを描いた方が簡単であるし、分かりやすい。こうしてできたマンダラが、日本の金剛界曼荼羅に含まれるシンボルのみで描かれた三昧耶会や、チベットに伝わる砂マンダラである。

このような仏の表現方法は、密教における実践方法とも関連する。密教では仏を瞑想の中で生み出し、直接、仏に働きかけるという実践が重視された。観想法や成就法などと呼ばれ、生み出した仏に礼拝供養し、行者自身が仏と合一するのである。

このとき、密教行者は仏を生み出すために特定のシンボルをはじめに瞑想する。それを核にして、対象とする仏のイメージを組み立てていくのである。仏のイメージの中核にあるのが、このようなシンボルである。

イメージの画一化には、実践のテクニックを言葉によって伝えたことも作用したであろう。師から弟子に伝えられるのは、ヴィジュアルなイメージそのものではなく、いったん言葉に置き換えられた口伝や文献である。そこでは瞑想の説明が一定のパターンに収斂し、仏によって異なるシンボルの部分が強調されるとともに、共通する部分は簡略化されたと考えられる。そこでは言葉のレベルでも表現が画一化されていったのである。

三　画一化は何をもたらしたか

このようなイメージの画一化によって、それぞれの仏の個性が失われたことが予想される。シンボルのみに仏のイメージが集約されることで、全体が没個性化するのは当然であろう。密教美術、とくにマンダラに描かれた仏たちが単調で変化に乏しい印象を与えるのは、そのためである。しかし、その一方で、仏がグループ化することで、仏の世界全体のイメージは安定する。ステレオタイプ化した仏、菩薩、女尊、明王が、グループを単位にさまざまなマンダラに登場する。異なる種類のマンダラに同じ仏のグループが何度も登場し、細部の特徴にわずかな変化が見られても、グループ全体が与える印象には大きな違いはない。

しかし、それよりも、個性を減らすことによって仏を自在にコントロールすることの方が、密教においては、さらに重要であっただろう。大量の構成要員からなる社会において、それぞれのメンバーが記号やシンボルによって管理されることは、現代においても一般的である。くりかえしになるが、密教とは行者が仏に直接働きかける宗教である。そこでは、行者は仏と、いわば対等の立場で向かい合わなければならない。仏がどれだけいようとも、それぞれがどんな姿であろうとも、行者はそれをコントロールしつづける必要がある。イメージの画一化は、そのための最も効果的な方法だったのである。

第二章　オリッサ州カタック地区出土の四臂観音立像

はじめに

インドにおける密教美術は、おもに東北インドのベンガル、ビハール地方と、東インドのオリッサ地方で隆盛を見た。このうち、ベンガル、ビハール地方の美術は、七世紀半ばから十二世紀にかけてこの地を支配したパーラ朝の名を冠して、パーラ朝美術、パーラ様式などと呼ばれる。ナーランダーやヴィクラマシーラなどの僧院跡を中心に、黒玄武岩に高浮彫で表された石像やブロンズ製の彫像が、多数出土している。同時代のヒンドゥー教彫刻と様式上の共通性も多く、図像の解釈を中心にこれまでにもかなりの研究が蓄積されている(1)。

一方、パーラ朝の版図の南に位置するオリッサ州も、インド仏教の最後の時代まで仏教が存在した地域として知られ、密教尊像を含む多数の図像作品がこれまで発掘されてきた。とくに、ラトナギリ、ウダヤギリ、ラリタギリという三つの有名な僧院跡を擁するカタック地区は、オリッサの仏教美術の宝庫となっている。土着的な要素の強いその他の地区からの出土品に比べ、カタック地出土の作品は様式的にも洗練され、インドにおける仏教美術の傑作に数えられる作品も含まれる。

これまでオリッサの仏教美術に関しては、D・ミトラによるラトナギリ僧院跡の大部の報告書や、佐和隆研を中心とする調査隊の報告、頼富本宏による一連の研究、あるいはその他の単発的な研究が知られているが、今なおその全貌は明らかではない(2)。筆者は数度にわたる現地調査をふまえ、いくつかの論考をすでに公表し(3)、オリッサの仏教美術の体系的な解明をめざしている。本章では四臂を備えた観音像を取り上げて、代表的な作品の図像的な特徴の解明、図像内容の解釈、そして他の観音の作例との比較などを行う。

観音は菩薩のグループの代表的な尊格であるばかりではなく、この時代に作られた尊像の中でも最も人気の高い尊格である。ベンガル、ビハール地方からは約二百例、オリッサからは約九十例の作品が、これまで知られており、作例数では仏に次いで多い。いずれの地域においても菩薩のグループの中で高い人気を誇り、作例数は文殊、弥勒、金剛手などのその他の尊格を大きく引き離し、菩薩の作例全体の半数以上を占める。

このように、インド密教の栄えた地域の全般にわたって、多数の観音の作例が遺されているが、図像上の特徴に従ってその内部を細分化してみると、パーラ朝とオリッサでは、いろいろな点で相違が認められる。

グプタ朝、あるいはポスト・グプタ期以前の観音の作例には見られず、この時代の観音に現れた新たな要素として、多臂化と密教化があげられる。従来どおりの二臂の人間的な姿をした観音は、密教の時代にも数多く作られたが、四臂や六臂などの多臂像も登場するようになる。ただし、多臂化は十二臂を最大としてそれ以上は進まず、また、八臂の作例はわずかに一例が知られるのみで(4)、十臂の作品はない。一方、密教系の観音としては、金剛法、獅子吼、六字、青頸、カサルパナなどの観音が盛んに作られるようになる(5)。これらの観音は、広い意味では変化観音と呼ぶことができるが、いずれも独自の図像上の特徴を備え、成就法文献などの記述にもよく合致している。

パーラとオリッサの観音についてこれらの要素を見てみると、臂数においては、オリッサの作例では二臂が三十八例、四臂が三十例、六臂がわずかに一例で、一方、パーラからは二臂が六十三例、四臂が二十一例、六臂が十六例、八臂が一例、十二臂が四例となる。オリッサについては、六臂以上の作例がほとんど出土していない点と、四臂の出土数が全体のかなりの割合を占める点が注目される。

また、密教系の観音については、パーラからはすでにあげた五種の観音すべての出土があるが、オリッサからは金剛法が四例、六字観音が二例にとどまる。この地域では密教系の観音は隆盛ではなかったことが推測される。その一方で、オリッサ出土の観音の中には、伝統的な変化観音ということもできる不空羂索観音が何例か出土している。これらの不空羂索観音は、いずれも、オリッサで人気のあったスタイルである四臂の立像として表現される。すべての作品が等身大、もしくはそれ以上の規模を持ち、技巧的にもすぐれた作品が多く、オリッサの仏教美術の代表作に数えられるものも含まれる。

不空羂索観音に同定されてきたこれらの四臂観音の立像を中心に、オリッサの観音の図像上の特徴を考えてみよう。そして、そこから密教図像のイメージの形成について、一つの見通しを示したい。

一　補陀洛山の四臂観音像

カタック地区出土の四臂観音立像の代表例として、ウダヤギリ遺跡から出土した、補陀洛山の観音を表した作例を取り上げよう（図30）。

この作品は僧院跡から南に延びた道を一〇〇メートルほど進んだところに放置されている。この場所はやや高台になっているが、出土した状況などは明らかにされていない。作品は二メートル近い高さがあり、長方形のパネルの中央に高浮彫で、ほぼ等身大の四臂の観音の立像が表されている。そしてその周囲に尊格や人物が小さく表現さ

図30　四臂観音立像（ウダヤギリ遺跡）

れている。

野ざらしの状態で放置されているため、表面は風化し、この地方の石材に特有の白い成分が斑状に表面を覆っている。しかし、保存状態は良好で、欠損は、作品全体の向かって右上の側面、中央の観音の顔と脚部の一部、そして、周囲の尊格の一部にとどまっている。いずれの損傷も作品の価値を著しく損なうほどのものではない。おそらく長く土中にあり、近年発掘された後に風化や磨滅が進んだと見られる。背面に銘文があり、いわゆる法身舎利偈を中心とする内容であることは、すでに明らかにされている。

中心となる四臂の観音はやや腰を曲げていわゆる三曲法で直立している。髪型は観音に一般的な髪髻冠で、中央には定印を結ぶ阿弥陀が化仏として刻まれている。上半身には何も着衣はなく、ビーズ状の瓔珞、聖紐、臂釧、腕釧を飾る。いずれも細部まで念入りに表現され、豪華さをかもし出している。腰にはドーティをまとい、装飾的な腰帯を締める。長い耳朶には耳飾りを垂らし、三山形式の冠飾も戴く。全体に豪華な装身具で荘厳されている。

四臂のうちの右前手は下に垂らして与願印を示し、右後手は屈臂して数珠を持つ。左前手は掌を前に向けて、大

図32　左脇侍馬頭（図30・部分）

図31　右脇侍ターラー（図30・部分）

地から伸びた蓮華の茎をつまむ。蓮華は観音の左肩の近くで大きく花開いている。左後手は屈臂して、水瓶の首をつかんでいる。

顔の表情は、鼻梁を欠いているのが惜しまれるが、伏し目がちで瞑想的なまなざしを示し、弓なりに表現された眉や、引き締まった口元などが印象深い。

やや誇張気味に腰がくびれているものの、身体的なプロポーションも適格で、全体のバランスもよく、写実性にすぐれている。この地区から出土した作品の中でも、とくに完成度の高い優品に位置づけられるであろう。

次に観音の周囲の人物群を見てみよう。

観音の足元には向かって左に女尊、右に男尊がいる。このうち、女尊は、下半身が土中にあるが、おそらくうずくまっていると考えられ、中央の観音の方を見上げている（図31）。ただし、頭部は残念ながら欠損している。左手にはウトパラを持ち、右手でその花弁を開くしぐさをしている。このような女尊はカタック地区の観音の脇侍としてしばしば登場し、ターラーに比定されている。

この時代のターラーは右手は与願印を示し、左手にウトパラを持った姿で表されることが最も多いが、オリッサの観音の脇侍においてのみ、このような独特のポーズをとったターラーが現れる。また、花弁を開くのではなく、合掌する手にウトパラをはさむ場合もしばしばある。合掌するターラーの姿は、わが国の胎蔵系の図像集においても見出され、インドで主流となった、右手与願印、左手ウトパラのターラーよりも古いタイプとみなす研究者もいる(6)。はたしてこの違いが、時代の先後関係によるものか、あるいは地域的な差異であるかは検討が必要であるが、インドにおいてはカタック地区の観音の脇侍においてのみ、このターラーが現れる点は注目される。

ターラーと対となる場所にいる男尊は、忿怒形をとり、四臂を備える（図32）。四臂のうち前の二臂は胸の前で交叉させている。何か持っているようにも見えるが明確ではない。残りの二臂のうち、右後手は上にあげて掌を開く。左後手は棒状のものの先端を握っている。髪の毛は逆立ち、いわゆる炎髪となり、これをロープ状のもので結わえている。その他にも臂釧、腕釧、腰帯などとして、蛇を体に巻き付けている。

この忿怒尊も、観音の脇侍としてしばしば現れる馬頭であろう。ほとんど同じ特徴を備えた馬頭が、オリッサからもパーラからも観音の脇侍として出土している。馬頭の単独尊の作例はインドからはほとんど発見されていないが、脇侍としての馬頭の特徴は比較的安定している。四臂ではなく二臂の作例も多く、その場合も、この作品の組み合わせのように、胸の前で交叉させたり、腕組みをしたりするものと、右手を上にあげ、左手を斧の上に載せているものがある。この作品で左手で握っている棒状のものも、おそらく斧であろう。

観音の頭部の左右には小さな龕が作られ、その中にそれぞれ女尊が坐っている。このうち、向かって右の女尊は四臂を備え、結跏趺坐で坐る（図33）。ブリクティーである。右前手に数珠、右後手は上にあげ、左前手は膝の近くで水瓶を手にし、左後手は屈臂して三叉の棒を持つ。同時代のブリクティーの典型的な姿であり、ターラーや馬

図34　右脇侍未比定女尊（図30・部分）

図33　左脇侍ブリクティー（図30・部分）

頭とともに観音の重要な眷属尊として脇侍に加わる。ブリクティーの場合、ターラーのような地域的な差異はなく、パーラ朝から出土した観音像にもよく似た姿で現れる。ただし、単独尊の場合、ほとんどが結跏趺坐を組むが、脇侍として表現される場合には、主尊の観音やその他の脇侍に合わせて、立像の場合もある。

向かって左の女尊は、左膝を立てて観音の方を向いて坐り、両手で合掌している（図34）。持物等は確認できず、図像上の特徴にも乏しいため、尊名は不明である。他の観音の作例には類似の女尊は登場しない。ベンガル、ビハール地方から出土した観音で脇侍が四尊の場合、上記の三尊に善財童子が加わることが一般的で、女尊ではない。

作品全体の上端には七つの方形の龕が作られ、それぞれの中に仏坐像を一尊ずつ置いている（図35～37）。これらの七仏の印相は、向かって左より定印、定印、与願印、転法輪印、定印、施無畏

図35　上段向かって左（図30・部分）

印、触地印である。印相からは密教系の五仏を予想させるが、配列に特定の意味を見出すことは困難である。龕と龕の間には柱が表現され、さらに各龕の上部には半円形の装飾がほどこされている。この部分全体が建造物、とくに宮殿を模していることは明らかで、類似の建造物の表現は、形態は若干異なるものの、バールフットやサーンチーの欄順装飾、あるいはガンダーラの浮彫などにも見られ、古代以来の典型的なモティーフである。

これらの七仏の下には四人の人物が横一列に置かれている。いずれも中央の観音の方を向いて坐り、向かって左の二人は合掌し（図35）、右の二人のうちの前の人物は何か供物のようなものを持ち、後ろの人物も右手に何か握っている（図37）。これらの人物は、腕の筋や骨を誇張して表現され、さらに体にも肋骨が浮き出ている。インドにおいて、仏や菩薩をこのようにやせ衰えた姿で表現することはなく、おそらく、苦行者や聖仙を意図したものであろう。ただし、右端の人物のみはそれ以外の三人の人物とは異なり、苦行者風の身体表現はされていない。

図36　上段中央（図30・部分）

図37　上段向かって右（図30・部分）

中心となる観音の周囲で、これらの人物や尊格を配する部分は、上端の宮殿の部分を除いて、意図的に凹凸が作られている。おそらくこれは山岳表現で、観音の聖地である補陀洛山を表現していると考えられる。

観音を中心に多くの尊格や人物をその周囲に配したこの作品は、何を表しているのであろうか。また、未比定の尊格や、観音と周囲の人物群の関係は何であるのか。これらについて、次に文献から考察してみよう。

二　作品の解釈

観音の浄土である補陀洛山について詳しく説く経典としては、『華厳経』の「入法界品」がよく知られている。しかし、そこに説かれる補陀洛山の情景は、風光明媚な山であることが示されているだけで、具体的に観音のまわりにどのような尊格や人物がいるのかは明らかにされていない(7)。

この作品に描かれた補陀洛山に比較的よく合致する文献は、『不空羂索神変真言経』（大正蔵　第一〇九二番、以下『神変真言経』）である。同経の第二十六「出世解脱壇像品」には不空羂索観音を中心としたマンダラの描き方が説かれている(8)。経典の記述をたどりながら、この補陀洛山マンダラの姿を再現してみよう（図38）。

経典によれば、補陀洛山は白い絹布に描かれる。その形状は須弥山に似て、九つの頂を持つ。九つのうち、一つは中心に置かれるため、周囲を八つの峰が取り囲んでいたのであろう。補陀洛山には宝の木や花咲く樹木が生い茂っている。山の下は大海となっており、種々の海獣が泳ぐ。中心の峰の頂は丸く平らで、宮殿楼閣が置かれ、その中央の獅子座に不空羂索観世音が結跏趺坐で坐っている。観音は四臂で「梵天面」を有し、三眼を備える。宝冠を戴き、そこには化仏が置かれる。天衣をまとい、臂釧、腕釧、瓔珞で飾られる。四臂のうちの三臂には、蓮華、

世間自在王　　毘盧遮那　　阿弥陀

七仏

執金剛秘密主

毘倶胝
(Bhṛkuṭī)

蓮華遜那利
(Padmasundarī)

三十二仏　　三十二仏

不空羂索観世音

多羅
(Tārā)

湿婆廢多
(Śvetā)

一髻羅刹
(Ekajaṭā)

度底使者
(Dūtī)

十波羅蜜の五尊*　　十波羅蜜の五尊*

不空羂索菩薩*　　不空奮怒王*

諸天子衆　五苦行仙衆　　諸天子衆　五苦行仙衆

三十二天（周囲を取り込む）

大梵天等の諸天（周囲を取り込む）

難陀龍王　跋難陀龍王　龍女

八舎利宝塔

具壽慶喜　　釈迦牟尼仏　　金剛秘密主

五十四仏

持真言者

図38　『不空羂索神変真言経』「出世解脱壇像品第二十六」所説の補陀洛山マンダラ概念図
（*印を付けた尊はサンスクリットおよびチベット訳テキストには含まれない）

三叉戟、羂索を持ち、残りの一臂は施無畏印を示す。

観音の周囲には多くの眷属尊が描かれる。そのすぐ左右にはターラーとシュヴェーター、そしてこの二尊の後ろにはブリクティーとパドマスンダリーがいる。観音の座の下の左右には不空羂索菩薩と不空奮怒王が置かれ、それぞれの後ろには十尊の波羅蜜尊が半数に分かれて並ぶ。そしてさらにその後ろには、右側に一髻羅刹、左側に度底使者がいる。これら二尊はいずれも多臂の忿怒形で、身体からは火炎を発し、蛇の装身具や虎皮、髑髏の首飾りなどをつける。手には羂索や剣、曲刀、三叉戟、そして斧などを持つ。

不空羂索菩薩と不空奮怒王の下には五人の苦行仙と天子の集団がいる。さまざまな花果を持ち、半跏坐で坐る。

中心となる観音の上には、七尊の仏を横一列に描く。これらの仏は右手で「摩頂相」を作り、結跏趺坐で坐る。さらにこの七仏の中央の仏の前には、払子を手にして仏を仰ぎ見る執金剛秘密主が置かれる。七仏の上には毘盧遮那と、さらにその左右に阿弥陀と世間自在王如来が獅子座の上に結跏趺坐で坐る。観音の左右にも三十二仏が描かれる。

以上が不空羂索観音をとりまく諸尊の配置で、マンダラの中心部分である。この周囲を三股の金剛杵と華鬘が取り囲み、その外側には三十二天神と梵天以下の諸天が描かれる。そしてふたたび金剛杵と華鬘の帯が置かれ、龍王と龍女、諸々の天などがさらにそのまわりを取り囲む。

観音の宮殿の外には八基の仏舎利塔が置かれ、菩提樹とその下で説法の姿を示す釈迦などが描かれる。その他にも、観音の周囲には諸々の大菩薩、声聞、縁覚、苦行者、天子などが居並び、観音を供養すると説かれている。このように、『神変真言経』が伝えるマンダラ像は、補陀洛山上に展開する壮大な観音の世界であったことが分かる。

さて、前節で詳しく見たウダヤギリの四臂観音立像と、この経典の記述を比べてみると、かなり符合する部分があることが分かる。四臂の観音が補陀洛山の中心に位置し、その周囲にはターラーやブリクティーなどの眷属尊が置かれる。向かって左上にいた女尊はシュヴェーターかパドマスンダリーであろう。いずれも供物を手にして半跏で坐ると説かれていた(9)。右下の忿怒尊の姿は一髻羅刹や度底使者の描写に重なるところが多い。ただし、この二尊はいずれも女尊であるため、すでに述べたように馬頭と考えた方が妥当であろう。作品の上部に置かれた七尊の仏は、観音の上に横一列に並ぶ「七仏」に対応する。彼らが宮殿の中に坐っているのも、観音の住居である宮殿の楼閣を表したものであろう。その下に小さく表現された四人の人物は、位置は一致しないが、苦行仙に相違ない。ただし、右端の人物は、苦行者の姿をとらないことから、天子であるかもしれない。

このように、『神変真言経』に説かれる補陀洛山上の観音のマンダラは、実際の作例を解釈するときの有力な情報源となる。しかし、その一方で、経典の内容と実際の作品とのあいだに隔たりや相違があることも確かである。

中心となる不空羂索観音そのものが、結跏趺坐ではなく立像で表され、持物も一致しない。図38に示したように、その周囲にはほぼシンメトリカルに多数の尊格が描かれたはずであるが、実際に登場するのは四尊の眷属尊と七仏、そして苦行仙等と思われる四人の人物に限られる。また、忿怒形の尊格は臂数や事物の一部が一致しないばかりではなく、経典では女尊であったのに対し、作品では男尊となっている。

『神変真言経』には、このほかにもさまざまな姿の不空羂索観音が説かれる。その姿は多様で、臂数のみを見ても二臂から三十二臂まで七種類のヴァリエーションがある（浅井 1998）。観音を中心として、この「出世解脱壇像品第二十六」のように諸尊を従えた観音の世界を説く部分もある。とくに「清浄無垢蓮華王品第十一」には、やはり補陀洛山上の観音と諸尊が説かれ、多くの尊格が「壇像品」と重なる(10)。また、観音ではなく釈迦を中心とする大規模なマンダラが、「広大解脱曼荼羅品第十三」に説かれている。そこでも、中尊のすぐ近くに不空羂索観音とその眷属が置かれている。しかし、この作品とまったく同じ配置を示す箇所は同経の中には存在しない。「出世解脱壇像品第二十六」に説かれる観音の世界は、実際は白い絹布の上に描かれた。これにさまざまな者が供養や礼拝をし、その結果、功徳を得ることができるとされる。このような白描はインドには現存しないが、経典の記述を見る限り、おそらく実際に行われていた礼拝方法であったのであろう。

しかし、ここで取り上げた四臂観音立像は、布に描かれた観音を中心とするマンダラを浮彫にしたものではなく、また、経典の内容を忠実に再現したものとはいいがたい。作品に現れる個々の尊格やモチーフについては、経典の中に合致する箇所を見つけ出すことはそれほど難しくはないが、その総体である作品全体と、文献の記述から再現されるイメージの世界とのあいだには、相当な隔たりがある。つまり、経典内容を再現するために作品が作られたとはいえないのである。

さらに、『神変真言経』の全体の成立に、かなりの時間が必要であったことも考慮に入れなければならないであろう。同経の漢訳とチベット訳テキストのあいだには大きな相違があることから、両者がもとづいたサンスクリット原典は、経典の異なる発展段階に位置づけられることが予想される[11]。たとえば、ここで取り上げた第二十六についてみても、チベット訳は漢訳よりもかなり短く、不空羂索菩薩や不空奮怒王、そして七仏、毘盧遮那以下の三仏、金剛秘密主などが含まれていない[12]。このような儀軌的な内容を伝える文献に増広が加えられた場合、実際にそれにもとづく実践そのものが変化したために増広が必要であったのか、あるいは文献の中だけで文章の追加がなされたのかは、明らかではない。この場合でいえば、布に描く尊格に新たなメンバーが加わったために文献に修正を加えた可能性と、実際のイメージは変化せず文献のみに新たな尊格を増やしただけであった可能性の両方がある。

三　四臂観音立像の一般的特徴

カタック地区から出土した四臂観音立像の全体的な傾向を、その他の観音の作例も視野に入れながら検討してみよう。

四臂観音の立像に該当する作例は、図像上の特徴を確認できない断片を除いて、現在十四例ある。出土地はラトナギリが八例、ウダヤギリが五例で、一例は不明である。主な特徴をまとめると表1のようになる。

まず、全作品を通じて認められるのは、いずれも等身大の規模の大きな作品であるという点である。カタック地区からは多くの尊像彫刻が出土しているが、三メートルを超すような作品から十数センチメートルの小像まで、その規模には大きなばらつきがある。大作と呼び得るものは、僧院本堂の本尊と考えられる触地印仏坐像や、金剛手、ターラー、チュンダーなどがあげられるが、いずれも同じ種類の小品の出土もあり、規模の大きな作品のみが出土しているのは四臂観音立像に限られる。これ以外の観音、つまり二臂の観音と四臂の坐像にも大規模な作品がわずかに見られるが、ほとんどが小品である。

四臂観音の立像に共通する第二の特徴として、装身具があげられる。補陀洛山の観音像で言及した瓔珞、腰帯、臂釧、腕釧、冠飾などは、若干の形式の違いはあっても、すべての作品に現れ、その様式も固定化している。

四臂の印と持物は与願印、数珠、蓮華の茎、水瓶というのが一般的であるが、約半数の作品は羂索を持ち、この種類の観音を不空羂索に同定するための根拠の一つとなる。羂索を持たないと判断した作品も、磨滅などの理由で確認できない可能性がある。特殊な持物としては、ウダヤギリから出土し現在パトナ博物館に所蔵されている作例

表1　オリッサ州カタック地区出土の四臂観音立像

No.	出土地	所蔵・所在	持　物	化　仏	羂　索	眷属尊*	その他の特徴等	出　典
1	Ratnagiri	現地	右手数珠・与願印、左手蓮華・水瓶	○	なし	H スーチームカ	四臂金剛主立像と対	Saraswati 1977:Pl. 63;Mitra 1981:Pl. CIX (B);佐和1982:口絵8, 挿図80.7図;佐久間1991-3:B-S1-S2a-S2d-M1-2;森1998b:No. 248, 図80～82;2000:図9 [図39]
2	Ratnagiri	現地	右手与願印・数珠と羂索(一部のみ残存)、左手蓮華・水瓶	?	○	T H	頭部欠損	Mitra 1983:Pl. CCCXL;佐和1982:挿図15;6図;佐久間1991-3:B-S1-S2a-M1-11;1991-3:B-M1-5 (重複);森1998b:No. 249, 図83～85;2000:図10;2001a:図4-10;2002:図6 [図40]
3	Ratnagiri	現地	右手与願印・数珠、左手蓮華・水瓶	なし?	なし			Mitra 1983:Pl. CCCXXVIII (A);佐和1982:44図;佐久間1991-3:B-S1-S2a-M1-3;森1998b:No. 250
4	Ratnagiri	現地	右手与願印・数珠、左手蓮華・羂索	仏塔	○	T B	三眼	Mitra 1983:Pl. CCCXXXIV (A);佐和1982: 8図;頼富・下泉1994:口絵;佐久間1991-3:B-S2a-S2e-P5-1;森1998b:No. 251, 図86～89;2000:図11;2001a:図13;2002:図7, 図8 [図41]
5	Ratnagiri	現地	右手与願印・数珠と羂索、左手蓮華・脇侍の馬頭の頭の上	仏塔?	○	H	膝より下欠損、三眼	Mitra 1983:Pl. CCCXXXIX (B);佐和1982:51図;佐久間1991-3:B-S1 -S2a-M1-10;B-S2a-S2e-P5-1 (重複);森1998b:No. 252
6	Ratnagiri	現地	右手与願印・数珠と羂索、左手水瓶・蓮華をもち馬頭の頭の上	○ 仏塔	○	T B H	三眼	Mitra 1983:Pl. CCCXXXIV (B);佐和1982:口絵9, 9図;頼富・下泉1994:口絵;佐久間1991-3:B-S2a-S2e-P5-2;森1998b:No. 254, 図90～92;2000:図12;2001a:図4-9;2002:図9, 図20 [図42]
7	Ratnagiri	現地	右手与願印・数珠と羂索、左手蓮華・水瓶	○ 仏塔	○	T B H	現在は腰より下のみ残存、三眼	Mitra 1983:Pls. CCCXXXIV (C), CC-CXXXV (A);佐久間 1991-3:B-M1-12;森 1998b:No. 255
8	Ratnagiri	現地	右手与願印・数珠と羂索、左手蓮華・水瓶	欠損のため不明	○	T B H		森2001a:口絵2, 図6 [図43]
9	Udayagiri	不明	右手与願印・数珠、左手蓮華・水瓶	○?	?	T B		佐和1982:143図;佐久間1991-3:B-S1-S2a-S2d-M1-4;森1998b:No. 256
10	Udayagiri	Patna Mus.	右手与願印・数珠、左手蓮華・蛇の巻付く三叉戟	なし?	なし	T B	光背上部に九尊の仏坐像、三眼	Saraswati 1977:Pl. 65;佐久間1991-3:B-S1-S2a-S2b-M1-P5-1;森1998b:No. 257, 図94～96;2000:図13;2001a:図4-11;2002:図10 [図44]
11	Udayagiri	現地	右手与願印・数珠、左手蓮華・水瓶	○	なし?	T B H 未比定女尊	山岳表現、光背上部に七尊の仏坐像	佐和1982:口絵16, 131図;佐久間1991-3:B-S1-S2a-S2d-M1-3;森1998b:No. 258, 図97～101;2000:図1～8;2001a:図4-2～4-5;2002:図11 [図30～37]
12	Udayagiri	現地	右手与願印・数珠と羂索、左手蓮華・水瓶	仏塔	○	T B	光背上部に九尊の仏坐像、三眼	佐和1982:137図;佐久間1991-3:B-S1-S2a-M1-4;森1998b:No. 259, 図102～104;2000:図14;2001a:図11;2002:図12 [図45]
13	Udayagiri	現地	右手与願印・数珠、左手蓮華・水瓶	?	?		光背上部、左前手欠損	森1998b:No. 260, 図105;2000:図15 [図46]
14	不明	Patna Mus.	右手与願印・数珠、左手蓮華・水瓶	欠損のため不明	欠損のため不明	T H	頭部および両腕欠損	佐和1982:140図;佐久間1991-3:B-S2d-1;森1998b:No. 261

＊眷属尊の略号　T:ターラー　B:ブリクティー　H:馬頭

図39　四臂観音立像
（ラトナギリ現地第１僧院跡）

図40　四臂観音立像
（ラトナギリ現地第１僧院跡）

図41　四臂観音立像
（ラトナギリ現地第１僧院跡）

図42　四臂観音立像
（ラトナギリ現地第１僧院跡）

図44　四臂観音立像（パトナ博物館）

図43　四臂観音立像
（ラトナギリ現地第１僧院跡）

図46　四臂観音立像（ウダヤギリ遺跡）

図45　四臂観音立像
（ウダヤギリ遺跡）

の、蛇の巻き付いた三叉戟がある。これも不空羂索の持物として『神変真言経』で言及されることから、しばしば注目されてきた。

同じように、額の三眼も、不空羂索との結びつきを示すときにあげられる特徴である。多くの作品に縦長の三眼が額の中央に刻まれているが、ウダヤギリの作例のように、これを表現しないものや確認できない例も一部ある。

観音を他の菩薩や尊格と弁別する特徴に、阿弥陀仏の化仏があるが、これらの作品では一部の作例に化仏が表現されていない。その代わり、仏塔を模したモティーフが現れる。また仏塔と化仏を重ねたような作品もいくつかある。

次に周囲の尊格を見てみよう。ほとんどの作品が周囲に眷属尊や仏を置き、単独の例は二例にとどまる。眷属尊としてはターラーが最も多く、登場しないのはラトナギリの一例のみである。この作品は金剛手と対をなすもので、おそらく僧院の門衛の役割を果たしていた。金剛手の場合も同じようにスーチームカと忿怒尊を左右に配することから、両者の統一性を求めたことも予想され、その他の作品とは別個に扱った方が妥当であるかもしれない。その他の眷属尊ではブリクティーか馬頭、あるいはその両者が現れる。いくつかの作品で、大地から伸びた蓮華の上に結跏趺坐の女尊が坐っているが、これが経典に現れたシュヴェーターやパドマスンダリーであるかどうかは不明である。また、同じ場所に仏坐像が置かれる作品もある。類似の仏の表現はその他の尊格にも見られる(13)。

ウダヤギリの補陀洛山の作品に見られたように、上部に仏を並べたものはこのほかに二例ある。いずれも同じウダヤギリから出土した作品であるが、仏の数は七ではなく九である。印相は五仏の印相すべてが現れ、九仏の二例はほぼ同じ配列のようである。また三例は共通して、中央の仏が転法輪印を示している。ウダヤギリの僧院跡の作品（図46）では、この仏の台座にさらに法輪のモティーフが現れ、『神変真言経』の中で言及されていた説法を示

図47　二臂観音坐像
（ラリタギリ出土・インド博物館）

図48　二臂観音坐像
（クルキハール出土・インド博物館）

す釈迦と何らかの関わりがあるのかもしれない。

補陀洛山を表した山岳表現は、その他の四臂観音立像にはまったく見られない。また、補陀洛山で修行をする苦行仙等の姿もない。同じような山岳表現は、二臂の観音の坐像に四例あり、このうちの三例は同じカタックから出土している（図47）。残りの一つはビハール州のクルキハールの出土で、現在、インド博物館にある（図48）。いずれの作品も山岳表現の中に苦行者を置き、また、動物や水鳥の姿が描かれている場合もある。脇侍も登場し、ターラーとブリクティーが三例、ハヤグリーヴァとスダナクマーラが一例である。

これまで述べてきたことをまとめると、オリッサの四臂観音の立像は、一部の持物や化仏の有無などに若干の相違は認められるものの、ほぼ一定した図像学的な特徴を備えていたことが分かる。しばしばターラーをはじめとする眷属尊を伴い、また、多くの作品で蓮華の上に二仏もしくは二女尊を置く。補陀洛山のモティーフが現れるのは一例のみであるが、この作品もそれ以外の特徴は他の四臂観音の立像と共通し、山岳表現のみを加えたと見ることができる。オリッサのカタック地区出土の四臂観音の立像は、多様な観音が偶然に、四臂をとり立像で表されたのではなく、すべてがある一つの特定の尊格を意識して制作されたと考えるのが妥当であろう。

そして、持物としてしばしば登場する羂索や額の三眼などの特徴は、このタイプの観音が不空羂索観音であることを強く示唆している。もっとも『神変真言経』をはじめとする文献で不空羂索観音のイメージは一定せず、また、現存するこれら四臂の立像の作例をすべて不空羂索観音に比定することが可能であるかどうかは断言できない。

四　二臂観音との関係

それでは、現存の作例に見られるこれらの特徴は、どこから来たのであろうか。四臂という特徴は、通常の二臂に新たに二臂を加えたものとして理解されがちである。しかし、同じオリッサの二臂の観音を概観すると、四臂の立像との直接的な結びつきは希薄であることが分かる(14)。

同じ立像であっても、オリッサの二臂の観音はほとんどが金剛手と対となった作例である。規模も比較的小さく、ターラーなどの眷属尊を伴った作例はまったくない。二臂の坐像の場合、金剛手とセットのものはほとんどないと考えられるが、やはり小品が多く、四臂の立像に見られたような豪華な装身具をつけた作品はきわめてわずかである。また、二臂の坐像で眷属尊を伴うものは、先述の補陀洛山を表現した三例のみである。一方、同じ四臂でも、坐像について見てみると、作例数としては十例あまりあるが、稚拙なものが多い。作品の洗練度や構成の点から見て、オリッサの他のタイプの観音、すなわち二臂像一般や四臂の坐像をもとに、新たに二臂を加えたり姿勢を変えたりすることで四臂の立像を作ったとは、とうてい考えられないのである。

ただし、唯一結びつく可能性のあるものとして、ラリタギリの八大菩薩の中の二臂の観音立像がある（森 1998 : Nos. 226, 397）。臂数は異なるが、規模の点や、脇侍にターラーとブリクティーが現れることなどは共通する。ターラーはここでも睡蓮の蕾を開く仕草をする。しかし、このような八大菩薩の各尊を単独のパネルに表す例はラトナギリとウダヤギリに見られないことや、逆に四臂の観音立像がラリタギリからは一例も出土していないことは、ラリタギリの孤立性を示唆するもので、これら二つのタイプの観音のあいだに何らかの直接的な影響関係を想定するのは困難である。

ベンガル、ビハール地方から出土した観音との関係を次に見てみよう。

両地域からの観音の作例はきわめて多く、とくに二臂の観音がその半数以上を占めることについては、前にもふれた。そのうち密教系の観音を除いた二臂の観音は、ほとんどが右手で与願印を示し、左手で蓮華を持つ。坐像と立像の割合はやや坐像が多いが、この特徴は共通である。周囲の尊格について見てみると、眷属尊を伴わず単独で表されるもの、ターラーとブリクティーを伴うもの、これに馬頭を加えた三尊を伴うもの、さらにスダナクマーラを加え左右に二尊ずつ配したものがある（図49）。最後のパターンの場合、光背上部に五仏がしばしば表され、カサルパナ観音に比定される。これらのパターンの現れる頻度は、坐像と立像とのあいだで顕著な差異がない。二臂の観音については、立像、坐像の別にそれほど重点が置かれていなかったことが分かる。

これに対し、四臂の観音では、圧倒的に立像の作例が多い。坐像はわずかに三例が知られているにすぎないが、立像は二十例近く存在する。しかも立像の場合、ターラーとブリクティーを伴った作品がそのほとんどを占める。

明らかに脇侍を伴わない単独の立像は、比較的時代の下るブロンズ像が一例あるのみである。また、これらの女尊以外の尊格としては、コルカタのインド博物館のナーランダー出土の作品で、馬頭とスーチームカを足元に置いた作品が一つだけである。ターラーと馬頭の組み合わせは知られていない。これらの四臂の観音立像に新たに加えられた持物は、数珠と水瓶で一定し、これは坐像でも同様である。オリッサの四臂立像にしばしば見られた羂索を持った作例はない。また、額に三眼が表されたものもほとんどなく、さらに冠飾にはつねに化仏が表現されている。

脇侍のターラーについて見てみると、右手は与願印を示し、左手にはウトパラの茎を持つものが多い。まれに合掌するものもあるが、オリッサの場合のようにウトパラの蕾を持つのではなく、茎の根元を両手にはさむ。ウトパラの花弁を開く仕草を示すものはまったく現れない。

図49　二臂観音立像
（ナーランダー出土・ナーランダー考古博物館）

こうして見ると、パーラから出土した四臂の観音は、立像が多数を占めるという点でオリッサと同じ傾向を示すが、オリッサに見られたような図像上の特徴の「ゆれ」はほとんどなく、しかも、そこで共通して現れたいくつかの特徴を欠いていることが分かる。図像上の特徴が安定していることから、これらの四臂の立像が、オリッサの場合と同じように特定の観音を意識して作られていた可能性もあるが、その方向性はオリッサのそれとは一致しない。むしろ、二臂の観音のヴァリエーションの中から二女尊のみを伴うタイプを取り出し、これに二臂を追加しただけという印象さえ受ける。これは、二臂と四臂の作例のあいだに、臂数の他には顕著な差異がほとんど認められないことによるのであろう。少なくとも、オリッサの四臂の観音立像のモデルを、パーラの同じタイプの観音に求めるには問題があるであろう。

五　西インドとの関係

不空羂索観音に比定可能なオリッサの四臂観音立像は、どこに起源を持つのか。これまで見てきたように、同じオリッサの他のタイプの観音や、隣接するベンガル、ビハール地方には、それを見出せなかった。現時点ではその明確な答えを提示することはできないが、最も可能性が高いところとして、西インドの石窟群をあげることができる。とくに密教系の尊格が含まれるエローラの石窟がその有力な候補になるであろう(15)。

エローラをはじめとし、オーランガバードやカーンヘリーなどのマハーラーシュトラ州の内陸部に点在する石窟遺跡には、等身大、もしくはそれ以上の大きさを持つ菩薩像が、浮彫の形で多数残されている。これらの菩薩の種類は、ほとんどが観音と弥勒であるが、エローラの後期窟である第11・12窟には、金剛手や文殊、さらに八大菩薩の作例も現れる。これらの菩薩の堂々とした体軀や身体表現、表情などは、オリッサの四臂観音立像にきわめて近い印象を与える。エローラでは、観音の足元に、その四分の一程度の背丈のターラーとブリクティーがしばしば表現されている。また、観音ではなく金剛手であるが、胸の前で腕を組む童子形の忿怒尊が、これらの女尊のようにその足元に置かれている。[16]

エローラの観音は時代によって装身具をつける場合とつけない場合がある。[17]第10窟までの前期窟では装身具をつけずドーティのみを身につけ、対となる弥勒が装身具をつけることと対照的となる。しかし、第11・12窟の後期窟では、一転して豪華な装身具で体を飾りたて、「飾られない菩薩」から「飾られた菩薩」への転換がある。そして、これらの装身具の種類と様式は、オリッサの四臂観音が身につけていたものとほとんど共通している。

時代によるこのような転換は、頭前の化仏についても該当する。観音が阿弥陀の化仏をつけることは必ずしも一般化しておらず、エローラの場合、前期窟では仏塔を飾る観音もしばしば現れる。そして、同じような小仏塔の冠飾は、オーランガバードやカーンヘリーでも認められる。化仏が必ず観音の冠飾に現れるようになるのは、エローラの後期窟、すなわち密教的な色彩が濃厚になってからである。装身具と頭前の装飾を見る限り、オリッサの四臂観音は、西インドの観音図像の展開過程の中に位置づけることができるのである。

インドにおいて多臂の仏教図像がはじめて現れたのも、この西インドの石窟寺院と考えられている。オーランガバードの第九窟の四臂観音立像、カーンヘリー第41窟の十一面四臂観音立像、エローラ第8窟の四臂観音立像などが、その最も初期のものとされる。[18]いずれも四臂の観音立像であることは注目に値する。

仏教の尊格が人間的な二臂の姿を捨てて多臂の姿をとるには、おそらく大きな抵抗があったであろう。しかし、その一方で、ヒンドゥー教の至高神であるシヴァ、ヴィシュヌ、ブラフマー、あるいはマヒシャースラマルディニーのような主要な神々が、早くから多面や多臂、あるいは多面多臂で表されている。[19]同じ地区でヒンドゥー教の石窟が築かれ、おそらく同一の工房や工人によって仏教窟も造営されたエローラのような場所では、多臂化への抵抗は、他の地域に比べれば比較的小さくすんだかもしれない。そして、二臂に最も近い四臂の姿を、ヒンドゥー教の神々と図像上の特徴の多くを共有している観音に適用したことも想像に難くない[20]。オリッサの四臂観音の立像は、オリッサ内部やパーラ朝下で二臂から増広させたのではなく、すでに四臂の姿をとっていた西インドから、そのイメージが伝わったと考えた方が、自然なのである。

註

（1）パーラ朝の仏教美術に関するこれまでの研究については、宮治（1993a）、森（2001a）参照。
（2）Mitra（1981, 1983）、佐和編（1982）、頼富（1990）、定方（1997）、Donaldson（1995）。
（3）森（1997b, 1997c, 1998a, 1998b, 1999）。
（4）スワート出土、個人像。この作品については宮治（1997b）に詳しい紹介がある。
（5）ただし、六字観音と青頸観音はポスト・グプタ期の作例がサールナートなどから多数出土している。また多臂化が始まったのはパーラ朝以前であった可能性が高い。この問題については最後に取り上げる。
（6）石田（1975a：30）、田中（1993：5-7）参照。このような姿をとるターラーを説く文献には、アーナンダガルバ（Ānandagarbha）の『タットヴァーローカカリー』（*Tattvālokakarī*）がある（森　1997d：311）。
（7）梶山（1994：344）。
（8）大正蔵　第二〇巻、三〇四頁下〜三〇五頁下。
（9）同経の他の部分では、ターラーとシュヴェーターが対となることが多く、パドマスンダリーが言及されないこともあることから、この尊はシュヴェーターの可能性が高いと考える。
（10）大正蔵　第二〇巻、二六八頁下〜二六九頁中。
（11）大正大学の綜合仏教研究所を中心に、同経のサンスクリット写本の研究が進められている。それによれば、サンスクリット・テクストとチベット訳は比較的よく一致するらしい。伊藤他（1991）、伊藤他（2001）、大塚（2004）、高橋（1992）、木村他（1998）、鈴木他（2000）参照。影印版が密教聖典研究会（1997）として刊行されている。

（12）TTP, Vol. 8, No. 365, 58.4.3–59.4.5.
（13）たとえば、森（1996：図15：1997c：図5）。
（14）この点において、田中（1993）における多臂観音の展開に関する考察には疑問がある。単に臂数の少ないものから多いものへという流れだけで多臂像の展開をとらえるのは、一面的であろう。このことは、宮治が指摘するように（1997b：7）、ナーランダーの十二臂の観音立像が八世紀という比較的早い時期の制作とされることにも関連する。
（15）オリッサの密教美術と西インドとのつながりは、これまでも金剛手や八大菩薩、あるいは仏三尊形式などからも指摘されている。石黒（1985）、頼富（1982a）、朴（1997）、森（1997c）など参照。このうち朴は、オリッサから西インドへという方向の可能性もあげている（1997：83）。
（16）頼富（1982a：40–41）では蘇婆呼童子と解釈されている。
（17）西インド石窟の観音の特徴に関する以下の記述は、山田（1979）によっている。
（18）宮治（1996b：7）による。肥塚（1979）を含む仏教美術研究上野記念財団助成研究会（1979）も参照。この他に金剛手の四臂像がエローラ第10窟にあるが（石黒　1985：188）、少し時代が下るであろう。
（19）肥塚（1979）。
（20）観音の図像的特徴のヒンドゥー的要素については、佐久間・宮治（1993）の解説部分参照。

第三章　インドの不空羂索観音

はじめに

不空羂索観音は代表的な変化観音の一つである。不空羂索の呪の功徳を説く経典が六世紀末には漢訳されていることから、すでに、それまでにはインドにおいてその信仰が確立していたことが知られる。中国や日本のみならず、チベットやネパール、さらには東南アジアにおいても、不空羂索観音の作例が遺されている。大乗仏教の伝統を受け継いだ地域のほとんどで、この尊格が信奉されていたことが分かる。わが国においても、東大寺法華堂の立像や興福寺南円堂の坐像のような貴重な作例が伝えられている。

わが国の不空羂索観音については、おもに仏教美術史の立場からすでに相当の研究の蓄積があるが(1)、その起源となるインドについては不明な点が多い。その理由の一つは、文献に見られる不空羂索観音の尊容がきわめて多岐にわたることである。文献間で持物や面数臂数が一致しないばかりか、『不空羂索神変真言経』(以下『神変真言経』)のような大部な経典では、尊容の異なる不空羂索観音が十種類以上説かれている。図像学では一般に作例の典拠を文献に求める。しかし、不空羂索観音の場合、文献を根拠にして現存する作例を同定することが、困難なのである。これは、『神変真言経』に依拠し八臂像が一般的なわが国の不空羂索観音とは、大きく様相が異なる。後述するように、インドには、このような尊容の不空羂索観音の作例は現存しない。

インドにおいても、獅子吼観音、六字観音、青頸観音のように、特徴的な尊容を持ち、それが『サーダナマーラー』のようなサンスクリット文献にもよく合致した観音の作例があるが、不空羂索観音をそれらと同じように扱うことはできない。また准提観音や馬頭観音のように、インドでは観音ではなく女尊や忿怒尊として信仰された尊格とも、不空羂索は区別されなければならない(2)。インドにおいて不空羂索はきわめて扱いにくい変化観音なのである。

もっとも、インドの不空羂索観音に関する研究が、これまでまったくなかったわけではない。清水乞、頼富本宏、田中公明、宮治昭、佐久間留理子などの諸氏の研究において、インドの特定の観音像が不空羂索である可能性が指摘されている(3)。また前章でも述べたように、近年『神変真言経』のサンスクリット写本が中国で発見され、経典を中心とした研究が進められている。本章では、これらの先行研究をふまえた上で、インドの不空羂索観音について、新たな視点からの考察を行いたい。

一　名称

「不空羂索」の原語はサンスクリットの amoghapāśa である。この語は a-mogha（不空）と pāśa（羂索）という二つから構成される。前半の a-mogha は、「迷乱する、誤る」という意味の動詞 muh の派生語 mogha に否定を表す接頭辞 a が加えられてでき、「誤ることのない、確実な」という形容詞となる。muh からは moha という名詞も作られ、これは「痴」に相当する語であるが、amogha の場合、このような否定的な語感はない。amogha は名詞としても用いられ、ヒンドゥー教の至高神であるシヴァやヴィシュヌあるいはスカンダの異名にもなる。また、チベット語では「利益ある」（don yod）と訳され、ここでもネガティブな意味は与えられていない。

一方の pāśa は「縛り付ける、固定する」を意味する動詞 paś から作った語で、しっかり固定するための縄などを表す。本来、この語と密接な関係を有している神格は、ヴェーダの重要な神ヴァルナである。司法の神であるヴァルナは、罪人を見つけ出すや、たちまちのうちに手にした索縄（pāśa）すなわち羂索によって縛り上げ、懲罰を与えるという。羂索は司直のシンボルなのである。ヴァルナは、ヒンドゥー教においては西方の守護神にまで地位を低下させるが、そこでも羂索はアトリビュートとして保持されている。わが国でもヴァルナは十二天の中の水天として伝わり、羂索を持った姿で描かれる。なお、ヒンドゥー教ではヴァルナの他にも冥界の王ヤマが羂索を持つことがあるが、この神も死者の生前の行いを裁く神で、もう一方の手に持った杖で懲罰を与える。

「不空羂索」という尊名については、十三世紀の醍醐寺の学僧教舜による『秘鈔口決』の「第十五　不空羂索法」の説明が紹介されることが多い。それによれば、羂索が菩薩の慈悲を表し、猟師が獲物を余さずとらえる網や縄に喩え、この菩薩の羂索が衆生を救済することに「空しからざる」、すなわち不空であるという。この比喩や語義釈は、インドの文献や漢訳経典には含まれないため、尊名の由来としてその信憑性や起源は不明である。pāśa に漁撈の網や狩猟の投げ縄の意味は見出されず、漢訳の名称である「不空羂索」から導き出された後世の教理的な解釈である可能性が高い。サンスクリットの Amoghapāśa という名称からは「(固定するのに) 確実な索縄を有する者」というのが最も素直な理解であり、これにシヴァやヴィシュヌの異名としての amogha と、懲罰権のシンボルである pāśa のイメージが重ね合わされていると考えられる。

二　文献

不空羂索観音を説くおもな漢訳経典に、以下の九種がある。(4)

①『不空羂索呪経』隋・闍那崛多訳。五八七年。大正蔵　第一〇九三番。
②『不空羂索神呪心経』唐・玄奘訳。六五九年。大正蔵　第一〇九四番。
③『不空羂索呪心経』唐・菩提流志訳。六九三年。大正蔵　第一〇九五番。
④『不空羂索陀羅尼経』唐・北天竺婆羅門大首領・李無諂訳。七〇〇年。大正蔵　第一〇九六番。
⑤『不空羂索陀羅尼自在王呪経』唐・宝思惟訳。六九三～七〇六年。大正蔵　第一〇九七番。
⑥『不空羂索神変真言経』（『神変真言経』）唐・菩提流志訳。七〇九年頃。大正蔵　第一〇九二番。
⑦『不空羂索陀羅尼儀軌経』唐・阿目佉訳。七四六～七七四年。大正蔵　第一〇九八番。
⑧『不空羂索毘盧遮那仏大灌頂光真言経』唐・不空訳。七〇五～七七四年。大正蔵　第一〇〇二番。
⑨『聖観自在菩薩不空王秘密心陀羅尼経』北宋・施護訳。大正蔵　第一〇九九番。

このうち①と②、③と④はそれぞれ同本異訳の関係にあり、さらに⑦は⑥の『神変真言経』の巻頭部分の別訳に相当する。

これらの経典の中で最も大部で、しかもインド密教史上、重要な位置を占めるのが、八世紀初頭に菩提流志によって訳された⑥の『神変真言経』である。全体は七十八品からなり、膨大な数の印、呪、真言、作壇法、画像法、供養法などが説かれている。先述のように、本経のサンスクリット写本が中国から発見され、わが国の大正大学綜合仏教研究所を中心とした研究グループによって研究が進められている。また、経典の内容に関する研究としても、本経所説のマンダラや不空羂索観音の尊容などについての考察が、いくつか発表されている。(5)

サンスクリット原典の発見とその研究によって、経典の成立そのものにも新たな問題が生じた。従来、この経典は漢訳とチベット訳とのあいだで内容がかなり異なり、漢訳に比べチベット訳が簡略な傾向にあることが指摘されてきた。(6)サンスクリット原典とこれらを比べると、チベット訳が原典にきわめて近いことが分かった。そして、漢訳がこれよりも増広された内容を持つのは、漢訳者の菩提流志が翻訳に用いた原典が現在の写本よりも発展した形態を持っていたのではなく、菩提流志自身が内容を膨らませて「創作」していた可能性が指摘されているのである。(7)

『神変真言経』では十一カ所において不空羂索観音の尊容が説かれ、さらにこれに類似した尊名である「不空王観世音菩薩」「不空広大明王観世音菩薩」「不空大可畏明王観世音菩薩」などの尊名を含めると、その数は二十カ所近くに上る。いずれにおいても、作壇法や画像法のように尊像を制作したり描いたりするための情報として登場する。これらに見られる不空羂索観音などの特徴はきわめて多様である。(8)面数臂数だけを取り上げても、三面二臂、三面六臂、一面四臂、一面十八臂、十一面三十二臂などがある。坐勢は結跏趺坐をとることが多いが、半跏趺坐も現れるほか、具体的な坐勢を説かないものもある。臂数がさまざまであることに応じて、持物も一定しない。尊名に含まれる羂索や、観音の第一のアトリビュートである蓮華は、ほぼ共通して含まれるが、羂索が現れない場合もある。さらに瓶、数珠、鉤、幢などが加えられたり、印相として施無畏、合掌、あるいは「揚掌」という仕草も現れる。仏教の尊格の持物としては特殊な三叉戟がしばしば含まれることも注目される。このほか、阿弥陀の化仏を頭前につけることは共通して見られ、額に三眼をつけること、左肩から鹿皮をかけることに言及する箇所もある。

『神変真言経』以外の経典では、不空羂索観音の尊容について、以下のような記述が見られる。

(1)大自在天のような姿をする。頭髪は螺髪で華冠を戴く。左肩から黒鹿皮をかけ、種々の瓔珞をつける（①②③⑦）。

(2)三眼で身色は黄白色。黒鹿皮をつける。四臂を持ち、左上の手は蓮華、左下は水瓶（澡灌）、右上は数珠を持ち、右下は施無畏印を示す。蓮華の上に立ち、天妙衣やさまざまな装身具を身につける。頂上には阿弥陀の化仏を置く（④⑤）。

(3)頭に天冠を戴き、紺色の髪は垂下する。あらゆる装身具で飾り、頭上には阿弥陀の化仏を置く。四臂のうち、左上の手は蓮華瓶、左下は施無畏印、右上は数珠、右下は施無畏印を示す。[9] 胸の前には卍字を記す。蓮華の台座の上に立つ（④⑤）。

このうち(1)では臂数や持物について説かない。(2)(3)はいずれも四臂であるが、持物は共通しない上に、いずれも尊名に含まれる羂索が現れない。黒鹿皮を左肩からかけること、阿弥陀の化仏を戴くこと、衣装や装身具で豪華に荘厳されることなどは一致している。

これらの経典の記述は、いずれも白い布などに観音の姿を描く方法として登場する。描いた画像に対する供養法がこれらに続いて説かれ、呪や真言と合わせて、不空羂索観音の実践法が全体で説明される。身色が黄白色で髪は紺色というように色が指定されていることから、彩色画であることも予想されるが、それ以外の細部の説明がないことから、白描画の一部に彩色をほどこしただけであったのかもしれない。いずれにせよ、実際に尊像すなわちイコンとして制作することを前提として、尊容が説明されている点には注意が必要である。これは『神変真言経』においても、不空羂索観音やその他の観音たちが、作壇法や画像法の中で説明されていることと共通する。

三　パーラ朝期の観音の地域性

パーラ朝期の観音は地域間でかなりの差異がある。この時代、密教の尊像が大量に制作されたのは、パーラ朝の版図であったベンガル、ビハール地方と、その南に位置するオリッサ地方の二つの地域にほぼ限られる。カシミール地方や南インドからも若干の作例が報告されているが、ここでは取り上げない。ベンガル、ビハール地方とオリッサ地方とでは、共通の尊格を表しながらも、様式、モティーフ、素材などで、相違点が認められることも多く、観音の場合もその例外ではない(10)。

これら両地域から出土した観音の作例数は、断片や奉献小塔の作例を除き、およそ二百八十例を確認できる(11)。この数は同時代の他の菩薩と比べ、突出している。これに並ぶ作例数は、如来像（おそらくその大半は釈迦）に見られる程度で、当時の仏教徒がいかに観音に対して篤い信仰を有していたかが知られる。約二百八十例のうち約二百例がパーラ朝のもの（ポスト・グプタ期を含む）で、残りの約八十例がオリッサからである。絶対数の違いは、両地域からの仏教尊像の出土数にほぼ比例する。

これらの観音像から、密教系の変化観音である獅子吼観音、六字観音、青頸観音、金剛法を除くと、二百三十例程度となる。これらの変化観音は、文献に根拠のある明確な図像上の特徴を有し、他の観音から区別することができる。残った約二百三十例を、臂数、立像・坐像の別に従って地域ごとに示すと、**表2**のようになる。なお、ターラーなどの四尊の脇侍を伴い、光背上部に五仏を配した観音（**図50**）は、カサルパナ観音という密教系の変化観音に比定されることがあるが、ここでは変化観音とは扱わず、**表2**に含めた。

表2からは次のような点を読み取ることができる。パーラ朝の版図であったベンガルとビハールから出土した作品には二臂の像がきわめて多く、七割以上を占め、さらにそのうちの約三分の二が坐像である（図51）。四臂以上の多臂像は、四臂に二十三例、六臂に十九例、八臂に一例を数えるが、十臂は作例を見出せず、次は十二臂の四例となる。十二臂を超える多臂像も現存しない。立像と坐像の割合は、多臂像になると二臂像とは逆転して、立像が圧倒的多数を占める。十二臂像はすべて立像である。日本の不空羂索観音が、『神変真言経』を典拠とした八臂像で一般に表されることと比べて、八臂像がほとんど残されていない点はとくに注目される。

一方、オリッサから出土した観音は、二臂像が三十一例、四臂像が三十例とほぼ同数を占めている。しかも六臂以上の作例が六臂の立像の一例を数えるのみであることから（森　1997b：作例14、図26）、観音の作例全体に四臂像が占める割合が、パーラ朝に比べてかなり高いことが分かる。立像と坐像の割合は、二臂像の場合、パーラ朝と

表2　パーラ朝期の観音作例数

	パーラ	オリッサ
二臂坐像	84	21
二臂立像	42	10
四臂坐像	4	15
四臂立像	19	15
六臂坐像	6	0
六臂立像	13	1
八臂坐像	1	0
十二臂像	4	0
計	173	62

図50　二臂観音立像
（ボードガヤ博物館）

図51　二臂観音坐像（インド博物館）

図52　四臂観音立像
（ナーランダー考古博物館）

図53　六臂観音坐像
（インド博物館）

図54　十二臂観音坐像
（ナーランダー考古博物館）

同様に坐像が立像の二倍程度となるが、四臂像では同じである。ただし、四臂像についてさらに詳しく見ると、立像がいずれも二メートル近い像高を持った、水準の高い作品であるのに対し、坐像は小品が多く、技術的に立像と同レベルにあるのは二、三例にすぎない。さらに注目されるのは、このような四臂の観音立像の何例かが、羂索を持物として持つことである。オリッサの中でも特別な位置を占める四臂の観音立像については、次節で詳しく取り上げる。

持物は二臂像の場合、右手で与願印を示し、左手に蓮華を持つ。坐像の場合、右足を垂下させて踏割蓮華に置く遊戯坐をとることが多く、その場合、左手は左足の後ろの台座に置き、そこから蓮華の茎が上に伸びる。パーラ朝の四臂像、およびオリッサの四臂坐像では、与願印と蓮華に加え、数珠と水瓶を持つ作品が圧倒的に多い（図52）。これらの持物は、ヒンドゥー教のブラフマー、あるいはポスト・グプタ期の弥勒の持物が導入された可能性が指摘されている（宮治　2001：29）。

パーラ朝の六臂像は、これらに梵篋と施無畏印が加えられることが一般的であるが、羂索もいくつかの作例で認められる（図53）。一例のみ三叉戟があることが報告されているが、出版されている図版からは確認できない（Saraswati　1997：Pl. 71）。また、六臂像の場合、一部の腕が欠損していることが多いため持物全体を把握することは困難である。オリッサ出土の唯一の六臂像は、全体が摩滅していて持物はすべて不明である。十二臂像のうち、保存状態も良好で作品としても水準の高いナーランダー博物館の立像（表3作例6、図54）では、持物と印相は与願印、宝を示す与願印、与願印、数珠、施無畏印、施無畏印（以上右手）、蓮華、梵篋、蓮華、羂索、果実を示す与願印、水瓶（以上左手）となっている。

四　オリッサの四臂観音立像

オリッサの観音像の中でとくに注目される四臂の立像は、断片を除き、これまで十四例確認されている（表1）。これらはいずれも等身大あるいはそれ以上の像高を持った作品で、この地域を代表する尊像彫刻として、しばしば紹介されてきた。出土地はラトナギリとウダヤギリの各遺跡で、カタック地区内のもう一つの重要な遺跡ラリタギリからの出土はない。ラトナギリとウダヤギリの出土品の傾向がよく似ていることと、ラリタギリのそれが独自であることは、四臂観音立像以外でも広く認められる(12)。

十四例の四臂観音立像には、いくつかの共通した特徴がある。コンダライト石に高浮彫で表され、蓮台の上に立っている。やや形式化は見られるものの、人体表現は写実的で、的確なプロポーションを持つ。堂々とした体軀とすらりと伸びた長い手足を持ち、四臂のうち、後ろの一組の手は、肘を曲げて上に向けている。髪型は髪髻冠で、太く表現された頭髪の筋がシンメトリカルに左右にまとめられ、房状になった髪が肩に垂下する。ややくぼんだ眼窩に伏し目がちの瞑想的なまなざしを持ち、広い額、引き締まった口元といった特徴的な表情を示す（図55）。頭前には化仏が置かれるものも多いが、装飾的な冠帯のみの作品もある。一部の作品には額の中央に第三の眼が垂直に刻まれている。長い耳朶には耳飾りをつけ、瓔珞、臂釧、腕釧、腰帯など、いずれも手の込んだ豪華な装身具を飾る。左肩から斜めにかけられた聖紐も連珠を帯状にした華やかなものである。

右前手は下に垂らして与願印を示し、左前手は蓮華を持つ。屈臂した右後手は数珠を、左後手は水瓶を持つことが多いが、いくつかの作品では、右手に数珠とともに、羂索を持つ。ラトナギリの一例では、左後手の水瓶に代わって羂索を持ち、右前手は脇侍の男性忿怒尊の頭に載せる（表1作例5、図42・61）。その他、特徴的な持物としては、ウダヤギリ出土でパトナ博物館の前庭に展示されている作例が、蛇のからみついた三叉戟を左後手で持っている（表1作例10、図44）。三叉戟は『神変真言経』でしばしば不空羂索観音の持物として言及されるため、これまでにも注目されてきたが、経典中の記述には蛇は言及されていない。類似の持物は、密教系の変化観音の一つ獅子吼観音の作例にも登場する。

光背に複数の眷属を伴う例も広く見られる。蓮華を開く仕草をするターラーと、二臂あるいは四臂で忿怒形をとる馬頭が多く見られ、さらに結跏趺坐で坐るブリクティーの姿もしばしば現れる。ウダヤギリにある作例（表1作例11、図30）では、さらに合掌する女性像が表されているが、これも観音の眷属であるシュヴェーター、もしくはパドマスンダリーと考えられる。この作品については、前章において詳しく検討した[13]。

図55　四臂観音立像頭部（図41・部分）

このほか、一部の作品では、中央の観音や眷属尊たちの乗る蓮華と同じ根から枝分かれした蓮華が光背の上にまで高く伸び、そこに仏坐像あるいは女尊坐像を表す。また、光背上部に七尊もしくは九尊の仏坐像を横一列に並べた作品が三例ある（表1作例10〜12）。各尊の比定は困難であるが、一例（表1作例12、図45）では中央の仏坐像が転法輪印を示し、さらにその台座に法輪と二頭の鹿があることから、釈迦と見て間違いないであろう。

これらの特徴の中で、不空羂索観音との関係でとくに注目されるのは、多くの作品に見られた羂索である。一例（表1作例4）を除き、いずれも右後手に数珠とともに持っている。逆に、羂索を除けば、与願印、蓮華、数珠、水瓶の持物の組み合わせは、パーラ朝の多くの四臂観音とまったく同じである。四臂の観音で羂索を持った作例が、ベンガルやビハールからは一例も報告されていないことと、著しい対比を示すのである。経典の記述との関係では、パトナ博物館の作例の三叉戟も注目されるが、この観音像は羂索を持っていない。また、黒鹿皮をまとうことも文献には広く見られ、パーラ朝の観音では実際の作例（図53）にも現れたが、オリッサの四臂観音立像で鹿皮が明確に表された作品は確認できない。

五　羂索を持つ尊格

オリッサの四臂観音像に特徴的に見られた羂索は、この時代の他の尊格たちの持物としても現れる。ただし、その数は蓮華やウトパラなどの持物よりも表される頻度は低く、しかも、これを手にするのは特定の尊格に限定される。

パーラ朝期の尊格の中で、羂索を手にする作例をまとめると表3のようになる。主尊以外にも、主尊の横に脇侍として表される尊格が、羂索を持つ例もあるため、これを表4に示した。

主尊のうち観音に関しては、パーラ朝の六臂像に四例、十二臂像に二例、確認できる。いずれも多臂像であるが、左手の一つに羂索を持つ。パーラ朝の版図からは羂索を持った四臂の観音の出土がないことは、すでに述べたとお

表3　主尊が羂索を持つ作例

No.	尊　名	出土地	所蔵・所在	臂数	左右	その他の特徴など	出　典
1	観音	Kurkihar	Indian Mus., Acc. No. Kr4/A25137	6	左手	台座にターラーとブリクティー	Saraswati 1977 Pl. 76;佐久間1993:図3;佐久間1991-3:C-S1-S2a-S2e-3
2	観音	Gaya?	National Mus., New Delhi, No. 5992	6	左手	台座にターラーとブリクティー	Saraswati 1977:Pl. 72;佐久間1991-3:C-S1-S2a-S2e-5
3	観音	Gaya?	Lucknow Mus.	6	左手	台座にターラーとブリクティー	Mallmann 1948:Pl. IX (a);佐久間1991-3:C-S1-S2a-S2e-3;佐久間2002:口絵1
4	観音	Kurkihar	Indian Mus., Calcutta, Acc. No. 5860	6	左手	台座にターラーとブリクティー	Mallmann 1948:Pl. IX (b);Huntington 1984:Pl. 115;佐久間1991-3:C-S1-S2a-S2e-2
5	観音	不明	Indian Mus., Calcutta, Acc. No. 2076	12	左手	左右にターラー、ブリクティー、馬頭	Banerji 1933:Pl. XXXIV (a);佐久間1991-3:E-1
6	観音	Nalanda	Nalanda Mus.	12	左手	左右にターラー、ブリクティー、馬頭、スーチームカ	佐久間1991-3:E-3;森 2001a:口絵10;2002:図5 [図54]
7	チュンダー	Nalanda	National Mus., New Delhi, Acc. No. 47. 34	18	左手		Saraswati 1977:Pl. 140;Huntington 1984:Pl. 169;森喜子1990:2. 4. 13
8	チュンダー	Cuttack	Patna Mus. No. 6500	12	左手	光背上部左右に二菩薩、台座左右に二女尊	Sraswati 1977:Pl. 138;頼富・下泉1984:p. 202;森 1998b:No. 429, 図121～124;2002:図14 [図56]
9	大随求	Nalanda	National Mus. of Ethnology, Leiden, No. 3063-4	4	左手		Raven & van Kooij 1986:Fig. 54
10	大随求	Bhavanipur, Dacca Dt.	Dacca Mus., Acc. No. 66.40	8	左手		Banerji 1933:Pl. XLI (b);Huntington 1984:Pl. 206;森喜子1990:2. 9. 2;森2001a:口絵14
11	マーリーチー	Nalanda	Indian Mus., Calcutta, Acc. No. 6267	6	左手	羂索を持つ手は欠損	Saraswati 1977:Pl. 126;森喜子1990:2. 10. 10, 図10;2002:図13 [図14]
12	マーリーチー	Nalanda	Nalanda Mus.	8	左手	羂索を持つ手は期剋印を示す	Saraswati 1977:Pls. 124, 125;森喜子1990:2. 10. 12
13	マーリーチー	Nalanda	Nalanda 郊外	8	左手	羂索を持つ手は欠損	Saraswati 1977:Pl. 122;森喜子1990:2. 10. 19
14	マーリーチー	Nalanda	Indian Mus., Calcutta, Acc. No. 3827/A25131	8	左手	羂索を持つ手は欠損	Saraswati 1977:Pl. 120;森喜子1990:2. 10. 4, 図8, 9
15	マーリーチー	Nalanda	Nalanda Mus.	8	左手	羂索を持つ手は期剋印を示す	Saraswati 1977:Pl. 128
16	マーリーチー	Nalanda	Nalanda Mus.	8	左手	羂索を持つ手は期剋印を示す	森喜子1990:2. 10. 14
17	マーリーチー	Bihar Sharif, patna Dt.	Indian Mus., Calcutta, Acc. No. A 24356	8	左手	羂索を持つ手は期剋印を示す	森喜子1990:2. 10. 1
18	マーリーチー	不明	Indian Mus., Calcutta, Acc. No. 4614	8	左手	羂索を持つ手は期剋印を示す	Banerji 1933:Pl. XLII (d);Saraswati 1977:Pl. 119;森喜子1990:2. 10. 1
19	マーリーチー	Nalanda	Indian Mus., Calcutta	8	左手		Banerji 1933:Pl. XLII (c);Saraswati 1977:Pl. 123;森喜子1990:2. 10. 9
20	マーリーチー	不明	Indian Mus., Calcutta, Acc. No. 6268	6	左手	羂索を持つ手は期剋印を示す	Banerji 1933:Pl/ XLII (b);森喜子1990:2. 10. 21
21	マーリーチー	Bihar	不明	6	左手		Huntington 1990:Fig. 12
22	マーリーチー	Kurkihar	Lucknow Mus., Acc. No. B.282	8	左手	羂索を持つ手は期剋印を示す	頼富・下泉1994:p. 212
23	マーリーチー	Bihar	National Mus., New Delhi	6	左手	羂索を持つ手は期剋印を示す	森1998b:No. 444, 図128～130;2001a:図2-9
24	マーリーチー	Panditsar, Faridur Dt., Bengal	Dacca Mus. No. 46	8	左手	羂索を持つ手は期剋印を示す	Saraswati 1977:Pl. 117;Huntington 1984:Pl. 213;森喜子1990:2. 10. 5;森2001a:口絵15

25	マーリーチー	Kendrapara	Indian Mus., Calcutta	8	左手	羂索を持つ手は期剋印を示す	頼富・下泉1994:p. 212;森喜子1990:2. 10. 3
26	マーリーチー	Ayodhya	不明	8	左手	羂索を持つ手は期剋印を示す	森喜子1990:2. 10. 8
27	マーリーチー	Khiching	Baripada Mus.	8	左手	羂索を持つ手は期剋印を示す	Sahu 1958:Fig. 71
28	マーリーチー	Astaranga	不明	8?	左手		Sahu 1958:Fig. 74;森喜子1990:2. 10. 16
29	マーリーチー	Udla	不明	6?	左手	羂索を持つ手は期剋印を示す	Sahu 1958:Fig. 79;森喜子1990:2. 10. 7
30	マーリーチー	Odisoandeigoda, Singhapur	不明	10	左手	羂索の有無は明確には確認できない	Donaldson 1995:Fig. 17
31	マーリーチー	Ramcandi	不明	8	左手	羂索を持つ手は期剋印を示す	Donaldson 1995:Fig. 15
32	ドゥルゴーターリニー・ターラー	Lalitagiri	Indian Mus., Calcutta, Acc. 6956/A24130	4	左手	光背上部左右に一体ずつの仏坐像と女尊坐像	Sahu 1958:Fig. 38;森喜子1991:2. 7. 3. 1, 図8;森 1998b:No. 530, 図150～153;2001a:図5-12;2002:図15 ［図57］
33	金剛ターラー	Ratnagiri	現地？	8	右手	奉献塔龕中の浮彫	Mitra 1983:Pl. XCVII（A）;森喜子1991:2. 7. 5. 1
34	金剛ターラー	Uttaresvara Temple, Ayodhya	現地？	8	右手		Sahu 1958:Fig. 67;森喜子1991:2. 7. 5. 2
35	不動	Vikramasila	Vikramasila Excavation Project	2	左手		頼富・下泉1994:p. 162;森雅秀1990:3. 1. 2
36	不動	Ratnagiri	現地	2	左手	奉献塔龕中の浮彫	Mitra 1981:Pl. LXXIII（A）;森雅秀1990:3. 1. 1
37	降三世	Bodh Gaya	Mahant's compound	8	左手		Huntington 1984:Pl. 110;森雅秀1990:3. 2. 1
38	降三世	Nalanda, Site 9	Patna Mus., Acc. No. 8457	8	左手		Huntington 1984:Pl. 170;森雅秀1990:3. 2. 2
39	降三世	Nalanda	Nalanda Mus.	不明	左手	腰から下のみ現存	森雅秀1990:3. 2. 3, 図1;頼富・下泉1994:p. 166;森 2001a:図7-11, 7-13
40	マハーカーラ？	Abhaypur, Monghyr Dt., Bihar	Patna Mus.	4	左手		Huntington 1984:Pl. 150
41	ヤマーンタカ	Nalanda	Nalanda Mus.	6	左手	羂索を持つ手は期剋印を示す	Saraswati 1977:Pl. 176;森雅秀1990:3. 4. 1, 図3;頼富・下泉1994:p. 170
42	ヤマーンタカ	Ratnagiri	現地博物館	6	左手	羂索を持つ手は期剋印を示す	Mitra 1983:Pl. CCCXXXIII（B）;佐和1982:33図;森雅秀1990:3. 4. 3;頼富・下泉1994:p. 176
43	ヤマーンタカ	Ratnagiri	不明	2	左手	羂索を持つ手は期剋印を示す	Mitra 1983:Pl. CCXCV（A）;森雅秀1990:3. 4. 2
44	サンヴァラ	Patharghata, Bhagalpur Dt., Bihar	Indian Mus., Calcutta, Acc. No. A 24365.4552	12	左手	羂索を持つ手に金剛杵も持つ	Huntington 1984:Pl. 195;森雅秀1990:3. 6. 1
45	サンヴァラ	不明	Indian Mus., Calcutta	12	左手	羂索を持つ手に金剛杵も持つ	森雅秀1990:3. 6. 3, 図5
46	サンヴァラ	不明	British Mus., Acc. No. 1976-27.1	12	左手	羂索を持つ手に金剛杵も持つ	森雅秀1990:3. 6. 5
47	サンヴァラ	不明	Collection Mr. & Mrs. James W. Alsdorf, Chicago	12	左手	羂索を持つ手に金剛杵も持つ	森雅秀1990:3. 6. 6
48	サンヴァラ	不明	Pan-Asian Collection	12	左手	羂索を持つ手に金剛杵も持つ	森雅秀1990:3. 6. 4
49	サンヴァラ	Ratnagiri	Patna Mus. Acc. No. 6505	12	左手	羂索を持つ手に金剛杵も持つ	Mitra 1983:Pl. CCCXXVII（A）;佐和1982:. 75図;森雅秀1990:3. 6. 2;頼富・下泉1994:p. 148;森1998b:No. 539, 図155～157;2001a:図7-15;2002:図16 ［図58］
50	サンヴァラ	不明	National Mus., New Delhi	12	左手	羂索を持つ手に金剛杵も持つ	森雅秀1990:3. 6. 7;頼富・下泉1994:p. 147

表4　脇侍が羂索を持つ作例

No.	主尊の尊名	羂索を持つ尊	位置	出土地	所蔵・所在	臂数	左右	その他の特徴など	出　典
1	仏	忿怒形の男尊	台座の左	Ratnagiri	Patna Mus.	2	左手	右手は剣を持つ	佐和1982：挿図90；森1998b：No. 47
2	観音	馬頭	左脇侍	Nalanda	Nalanda Mus.	2	左手	右手は剣を持つ	Saraswati 1977：Pl. 61；佐久間1991-3：A-S1-M1-II-8；森2002：図19［図60］
3	観音	馬頭	左脇侍	Ratnagiri	現地	4	左後手	主要な二臂は胸の前で交差	表2作例6に同じ；森2002：図20［図61］
4	金剛法	忿怒形の男尊	台座中央	Nalanda	Indian Mus., Calcutta, Acc. No. 3784/A25142	2	左手	右手は剣を振り上げる	Banerji 1933：Pl. IX(a)；Saraswati 1977：Pl. 81；佐久間1991-3：A-M3-II-1；森2001a：口絵7
5	文殊	ヤマーンタカ	右脇侍	Udayagiri	遺跡近くの小学校	6？	左手	水牛にまたがる	森1998b：No. 334, 図112～114；2001a：図3-11, 3-12
6	弥勒	忿怒形の女尊	左脇侍	Bodh Gaya	Indian Mus., Calcutta, Acc. No. 3790/A25136	4	左後手	主要な二臂は胸の前で斧の上に置き期剋印を示し、右後手は木の枝と鉤を持つ	Saraswati 1977：Pl. 5；森2001a：図6-1；森2002：図17［図24］
7	金剛手	忿怒形の男尊	左脇侍	Ratnagiri	現地	4	左後手	主要な二臂を胸の前で交差させ、右後手は手のひらを上に上げる	Saraswati 1977：Pl. 64；Mitra 1981：Pl. CIX(A)；佐和1982：挿図82, 図10；森1998b：No. 354, 図116～118；2001a：図6-9；2002：図18［図59］
8	ターラー	忿怒形の女尊	左脇侍	Itkhauri, Hazaribagh Dt., Bihar	不明	2	左手	右手は施無畏印	Huntington 1984：Pl. 40；森喜子1991：2. 8. 2. 15
9	ターラー	忿怒形の女尊	左脇侍	Bodh Gaya	Mahant's compound	2	左手	右手は施無畏印	Leoshko 1995：Pl. 6
10	ターラー	忿怒形の女尊	左脇侍	Nalanda?	不明	2	左手	右手は剣を持つ	Huntington1990：Fig. 7
11	ターラー	忿怒形の女尊	左脇侍	Sarnath	Sarnath Mus.	2	左手	右手は斧の上に置く	森喜子1991：2. 8. 2. 16, 図12～14
12	ターラー	忿怒形の男尊	左脇侍	不明	Indian Mus., Calcutta	2	左手	右手は剣を持つ	森喜子1991：2. 8. 2. 14, 図11
13	マーリーチー	ヴァラーリー	中央	Bihar	National Mus.	4	左手	ラーフの上に乗る御者	表3作例23に同じ

りである。二臂の観音で羂索を持つ例は、パーラ、オリッサいずれにおいても知られていない。また、観音以外の菩薩で羂索を持つ尊格も見あたらない。

観音以外で羂索を持つ尊格は、女尊と忿怒尊に二分される。女尊ではマーリーチー（図14）の作例が多いが、これはこの時代のマーリーチーの作例総数がかなりの数に上るためである。三面六臂、もしくは三面八臂をとる。羂索の持ち方は、左の第一手を胸に当てて人差し指を伸ばし、同じ手で羂索の下の端を握るか、あるいは身体の横に伸ばした左手の一つで単純に握るかの、いずれかである。前者は文献では「羂索を伴った期剋印」（sapāśatarjanī）と呼ばれる。

図57　ドゥルゴーターリニー・ターラー（インド博物館）

図56　チュンダー（パトナ博物館）

図59　四臂忿怒尊（ラトナギリ遺跡）

図58　サンヴァラ（パトナ博物館）

チュンダーも多臂の女尊で、しかもその臂数が一定しないが、十二臂と十八臂の作例で一つずつ、羂索を持つ例が確認できる（図56）。大随求（Mahāpratisarā）は五守護（Pañcarakṣā）と呼ばれるグループの一尊で、やはり多臂の中の左の一臂で羂索を持つ。以上の三種の女尊は、いずれも初期密教で人気の高かった陀羅尼の女尊であるという共通点がある。

これに対し、ドゥルゴーターリニー・ターラー（図57）と金剛ターラーは、パーラ朝期できわめて作例の多いターラーの中で、密教化された特殊なターラーである。いずれも多臂であるが、金剛ターラーは右手に羂索を持つ。

表3と**表4**で示した尊格の中で、右手で羂索を持つのはこの金剛ターラーのみである。

忿怒尊のグループでは不動、ヤマーンタカ、降三世、サンヴァラ（図58）があげられる。不動が右手に剣、左手に羂索を持つことは、わが国でも一般的であるが、インド出土の不動の作例そのものがきわめて乏しい。残りの三尊は多面多臂の姿を持ち、左手の持物の一つとして羂索を持つ。ヤマーンタカが羂索を持つのは、この尊と密接な関係を持つヒンドゥー教の神ヤマが、羂索をアトリビュートの一つとすることに由来するのであろう。

一方、脇侍に関しては、ターラーの左脇侍に五例あるほかは、主尊に特定の傾向は認められない。仏、文殊、弥勒（図24）、金剛手（図59）、二臂観音（図60）、四臂観音（図61）の左脇侍に、それぞれ一例ずつ現れる。出土地にも特定の偏りはない。

羂索を持つ脇侍たちはいずれも忿怒形をとり、観音やターラーの場合、馬頭であった可能性が高い。ただし、ターラーの脇侍は一例を除きすべて女尊で、その名称は明らかではない(14)。また、弥勒は両脇侍とも女尊で、他に類例のない特殊な組み合わせである。文殊の脇侍は六面六臂を備えたヤマーンタカである。また、四臂を有するものが三例あり、いずれの場合も、上にあげた左後手に羂索を持つ。二臂の場合、左手に羂索を持つことはこれまでと

図61　四臂忿怒像（図42・部分）

図60　二臂観音坐像
（ナーランダー考古博物館）

同様である。

羂索を持つこれらの尊格が、ほとんどの作例で左脇侍として現れることも、羂索を持つ手が左であることと関連するかもしれない。羂索はそれを持つ尊格の左肩近くの光背に表されることが多い。右脇侍として羂索を持つ尊を配置した場合、主尊とのあいだに羂索を表すだけの十分な空間が確保できない。ただし、脇侍に忿怒形の尊格を置いた作例を見ると、羂索の有無にかかわらず、左脇侍となることが圧倒的に多いことも、その理由と見るべきかもしれない。

日本でも不空羂索観音や不動明王が羂索を持つ場合、ほとんどがその左手に持つ。ただし、その形態はインドのものとは異なり、両端に金属製の環などをつけた長い索縄で、これを幾重にも束ねて手にすることが多い。一方、インドでは先端を丸くした太いロープ状の形をとり、その下端を左手に持つ。丸い部分は上方に伸び、空中に浮かんでいるように表される。胸の前で期剋印を示しながら持つ場合も、先端の丸い部分は身体の横にまで伸びている。同じ羂索であっても、日本とインドとでは、その表現はかなり異なるのである。

インドの羂索（パーシャ）が、本来懲罰を与える神の特徴であったことはすでに述べたが、『マハーバーラタ』などの叙事詩には、武器としての羂索の用例がある。(15) そこでは、戦場の場面で敵に向かって投げつけられる「ナーガの羂索」（nāgapāśa）は、敵の体、とくにその足を固定する武器であったらしい。ちょうど蛇が自分の身体を巻き付けて獲物を身動きさせないように、羂索が機能する。単なる投げ縄ではなく、特殊な力を持った魔術的な武器なのである。

このナーガの羂索を手にする戦士は、剣や弓矢のような一般的な武器も同時に持っているが、それは利き手の右手で保持されたであろう。仏教の尊格たちが武器の一つとして羂索を左手に持ち、右手には別の武器を持っていたのは、このためと考えられる。不動は右手に剣を持ち、馬頭も剣や斧を右手に持つ。多くの忿怒尊たちは、羂索以外にも金剛杵や弓矢、剣などで武装していた。羂索は剣などと比べ、明らかに補助的な武器であり、左手に保持されるのが、表現上適当と考えられたのであろう。

なお、ナーガの羂索という武器は、ヴァルナの持物などとして仏教文献にも頻繁に現れ、そのイメージは仏教徒によっても共有されていたと考えられる。また、密教の忿怒尊たちは、しばしば身体にナーガを装飾品のように巻き付けて表される。(16) これはグロテスクな表現と見るよりも、ナーガの羂索の持つ魔術的な力を、忿怒尊がコントロールできることを示すのであろう。主尊で羂索を持つ尊格のかなりを忿怒尊が占め、脇侍では例外なく忿怒尊だったのは、羂索のこのような力を身につけていたからと考えられる。

それでは、なぜオリッサの四臂観音立像のみは、一例を除きすべて右手で羂索を持っていたのであろう。ここでも造形上の理由があげられるかもしれない。四臂像で羂索を持つべき左の後ろの手の近くには、すでに蓮華が表されている。茎が下に伸び、円形の満開の花を咲かせた蓮華は、形態的に羂索にきわめて近い。これに隣接させてさらに羂索を置くよりも、数珠を持った右の後ろの手に持たせる方が画面構成が容易であるし、作品全体のバランスも優れている。

しかし、いずれにせよ、本来左手に持つべき羂索が右手に置かれているのは、図像の伝統からは逸脱している。さらに、剣のような武器ではなく、数珠や水瓶などとともに現れるのは、武器としての羂索が有していた機能が、すでに失われていると見てよいであろう。このことは、一般に単独で保持される羂索が、数珠とともに一つの手に握られていることにも関連する。数珠を持ちながら同じ手に羂索を握る例は、オリッサの四臂観音像以外にはまったく現れない。聖職者や行者と結びついた数珠のような持物を持ちながら羂索をあやつることは、武器として羂索をとらえている者には想像もできないであろう。

羂索を持つ六臂や十二臂の観音たちも、同じ手ではないが数珠や水瓶を持っていた。その点では、彼らの持っていた羂索も武器としての性格はすでに認められないかもしれない。しかし、左手に単独で持つという羂索の表現は、ここでも保持されている。図像上は同じ羂索であっても、左右いずれの手に持つかで、羂索が持つ意味は異なるのである。

それでは、不自然な形であっても、四臂の観音立像にあえて羂索を持たせたのはなぜだろう。図像成立の背景となる当時の仏教を視野に入れて、その理由を考えてみよう。

六　実践とイコン

不空羂索観音を説く経典が、いずれもこの尊格の呪を説き、しかも画像の描き方として尊容を説明していたことはすでに指摘した。とくに『神変真言経』以外の経典は、いずれも不空羂索の呪の効能などを説いた密呪経典や陀羅尼経典であった(17)。その中では、画像の不空羂索は「大自在天の如し」というようなあいまいな表現で示され、持物を明記する場合にも、羂索は登場しなかった。それに対し、格段に整備された内容を持つ『神変真言経』では、何種類もの不空羂索が説かれているが、その多くは羂索を持物の一部として持つ。そして、それに呼応するかのように、「大自在天の如し」というようなあいまいな表現も姿を消す。

不空羂索にかかわらず、呪の効能を説く経典には、呪を用いた実践法と、呪と結びついた尊格が登場することが一般的である。しかし、これらは同時に成立したのではない。はじめに特定の呪に対する信仰があり、これを中心とした儀礼や実践が整備されていく過程で、イコンが導入されたと見るのが自然である。実際、インドでは特定のイコンを用いない宗教実践は、ヴェーダの祭式以来、現代のヒンドゥー教の儀礼に至るまで、きわめて一般的である。礼拝や供養にイコンは必ずしも必要ないのである。

密呪や陀羅尼を説く経典が作られるのは、呪、実践法、イコンが登場したさらに後である。実践体系を文字として記録することによって、煩瑣な儀礼を正確に反復したり、他者に伝えたりすることが可能となる。経典として編纂することで、実践法そのものの権威を高めることも期待されたであろう。いずれにせよ、経典の編纂時にはすでにイコンを含めた実践法が存在していたのであり、その逆ではなかったはずである。

不空羂索に対する信仰が、イコンというイメージを備えたものではなく、本来、特定の呪に対するものであったことを考えると、実践で用いられるようになったイコンが羂索を有するかどうかは、おそらく問題にならなかったであろう。既存の大自在天像や観音像を用いて実践したとしても、それを不空羂索という呪の本尊とみなせばよかったのである。特定のイコンがいかなる名称で呼ばれるかは、それがどのように用いられたかという文脈に左右されるのであり、絶対的なものではない。見方を変えれば、羂索という持物の有無が、不空羂索という尊名比定の根拠とはなり得ないのである。

忿怒尊と並んで、陀羅尼を起源とする女尊たちが、しばしば羂索を持って表されることも注目される。陀羅尼という呪文が持つ呪術的な力は、対象を固定し懲罰を与えるという羂索本来の機能や、戦場で用いられた魔術的な武器としての羂索の役割に、きわめてなじみやすい。相手をコントロールする力が集約されているのが羂索なのである。仏教に背を向けるものたちを力ずくで改宗させる忿怒尊にも、このような力が期待されている。

ところで、密教は象徴をきわめて重視する宗教である。マントラ（真言）やムドゥラー（印）はその代表的なものであるが、尊格も特定のシンボルと結びつく。観音と蓮華、弥勒と龍華、文殊と梵篋などは、そのよく知られた例である。尊格と結びついたシンボルは「三昧耶形」となって、尊格そのものを表し、マンダラでは尊形の代わりに描かれることもある。しかし、パーラ朝期の実際の尊像を見ると、このようなシンボルは、対応する尊格の作例にすべて等しく現れるわけではない。蓮華と観音の結びつきは安定しているが、弥勒は龍華以外にも数珠や水瓶を持つことがあり、文殊はパーラ朝の初期ではウトパラのみを持ち、時代が下るとその上に梵篋を載せるようになる。ばらつきのある多様なイメージが次第に一つに収斂し、その過程で尊格に結びついたシンボルが、アトリビュートの位置を確立していったと考えられる(18)。

このようなプロセスは、実践で用いられたイコンにも当てはまるであろう。当初、イコンは一定したものではなかったし、一つのものである必要もなかったが、密教における象徴重視の流れの中で特定のシンボルが尊格と結びつき、その尊を表すトレードマークのようになった。不空羂索の場合、陀羅尼と関連を持ち、しかも尊名の一部にもなっている羂索が、そのようなシンボルとみなされたのであろう。

不空羂索を説く経典が、初めはあいまいな表現でこの尊格のイコンを説明していたのに対し、『神変真言経』では、多くの場合、羂索を持物の一つとしてあげるようになった背景には、このような状況が予想される。そして、オリッサの四臂観音立像が、単独で左手に持つという羂索を表現する伝統を無視してまで、持物の一つとして右手に、すなわち最も目立つ場所に羂索を加えたことも、この持物が、本来の機能や性格を失いながらも、尊格のアイデンティティーを示すシンボルとして重視されたためではないだろうか。

おわりに

インドにおいては、経典などの文献に説かれる尊格の特徴と、実際に造形された尊像とは、完全には一致しない。仏伝図や前生図のように説話的な美術の場合、文献の内容を比較的忠実に図像の中に再現することもあるが、礼拝や供養を目的とした尊像の場合は、造像の伝統の中で受け継がれたモティーフやテーマが支配的になる。とくに大乗仏教の時代から信仰されてきた観音や弥勒のような菩薩たちは、独自の図像的な伝統を有し、それは経典などの文献を直接の典拠とするものではない。大乗経典にはさまざまな尊格が登場するが、その尊容に関する情報はきわめて乏しいし、含まれていたとしても、それが活用されることもまれである。たとえば『法華経』「普門品」では観音の三十三変化身が説かれるが、それがインドにおいて実際に図像表現された例はない。尊像と文献はそれぞれ自律的な伝統を持ち、その一部の要素が共有されていたと見るべきである。

このような関係は大乗仏教から密教の時代になっても維持されたと考えられる。初期の密教経典の中には、すでに数多くの尊格が登場し、しかも具体的な尊容についての記述も見られるが、実際に制作された作品は、大乗仏教以来の伝統を忠実に受け継いでいることが多い。フィクションの世界である文献の内容に比べ、造像の場はより現実的、保守的な立場を守ったともいえよう。

しかし、その一方で、成就法や観想法とよばれる密教独自の瞑想法を説く文献では、尊格の面数や臂数、持物に始まり、顔の表情、身体的特徴、衣装や装身具に至るまで、具体的なイメージが詳細に規定されている。行者が特定の尊格を瞑想（観想）するためのマニュアルであるからである。そして、実際の作例も、このような特徴を忠実に表現したものが現れる。密教の変化観音である獅子吼観音や六字観音もそのような尊格たちである。造像の場に密教文献が大きな影響を与え、また、実際の作例の持つイメージが、文献の内容にも反映されたと考えられる。

不空羂索観音は密教系の変化観音としては最も初期に位置し、しかも密教の黎明期にその形成に重要な役割を果たした陀羅尼信仰とも関連を持つ。文献と作品との関係が大きく変わろうとした過渡期に位置づけることができるであろう。経典において尊容に関する記述が多様であったのは、そのような不安定な状態を表すとも考えられる。

図像学的な伝統に反する形で羂索を手にするオリッサの四臂観音立像は、その不自然さのゆえに不空羂索観音を強く意識した作例と考えられる。しかし、それ以外の観音の作例においても、羂索の有無といった図像学的な特徴が不空羂索観音の同定の絶対的な条件とはならないことは、すでに述べたとおりである。いかなる文脈で、たとえばどのような実践の場で用いられたかが、尊名を比定するための重要な指標になるのである。しかし、それは図像学や美術史の領域を越えた問題となるであろう。

註

（1）浅井（1988）および同書所収の参考文献リスト参照。
（2）これらのインドにおける密教系の変化観音と、女尊や忿怒尊を起源とする観音については、森（2001a）第五章参照。
（3）清水（1974）、頼富（1990）、田中（1993, 1998）、佐久間（1991–1992）、佐久間・宮治（1993）、佐和（1997）、宮治編（2001）などがある。不空羂索に関する先行研究は、頼富（1990）と田中（1998）にまとめられている。このほかにLeoshko（1985）がパーラ朝の不空羂索観音を扱い、本章とも関連する。ナーランダーやクルキハールなどのビハール出土の多臂の観音像に関する考察である。
（4）浅井（1998：19）に従う。頼富（1990：635）にも類似のリストがあげられているが、『摂無礙経』（大正蔵　一〇六七番）と『仏説持明蔵瑜伽大教尊那菩薩大明成就儀軌経』（大正蔵　一〇六七番）がこれに加えられる。また、三種のサンスクリット文献、四種のチベット訳文献もあわせてあげられる。
（5）高橋（1992）、野口（1998, 2001）、前田（1999）、木村（2001）など。
（6）頼富（1990：89–105）。
（7）野口（1998）。
（8）同経に説かれる不空羂索観音の尊容は井上（1979：15–17）、朴（2001：102）にまとめられている。
（9）⑤では右と左が入れ替わっているが、異読に「左」を「右」と読むものがあり、おそらく誤記と考えられる（大正蔵　第二〇巻　四二八頁下）。
（10）以下に示す観音の地域差については、宮治・佐久間（1993：108–112）、宮治（2001：25–31）にも示されている。
（11）以下の作例数は、宮治昭先生主宰の「パーラ朝美術研究会」で収集した資料に筆者自身が補足したものに、もとづく。なお森（2001a：156）において示した観音の作例数は、パーラ朝の二臂のものに誤記がある。表2を参照されたい。

(12) オリッサ州カタック地区の仏教美術については、森（1998b）参照。

(13) 補陀洛山のモティーフを伴う観音像については、森（2001a：148–155）参照。

(14) パーラ朝のターラーで脇侍を伴う作品については、森喜子（1993）参照。

(15) Emeneau（1988）。

(16) 森（1990）参照。

(17) 不空羂索に対する信仰が本来、陀羅尼に対するものであったことは、田中（1998：86）でも指摘されている。

(18) パーラ朝期の弥勒と文殊の図像上の特徴については、森（2001a：109–115, 216–219）参照。

第四章　エローラ第11窟、第12窟の菩薩群像

はじめに

エローラの第11窟、第12窟は、いずれも三層からなる大規模な仏教石窟としてよく知られている。この二つの窟はエローラにおいて最後に完成された仏教石窟であり、如来像ばかりではなく、菩薩や女尊、あるいは多臂像などが含まれることから、密教的な要素が認められることも、しばしば指摘される。制作年代には諸説があるが、七世紀から八世紀というのが、大方の見解である。密教経典の成立年代から考えて、この時期に密教的な尊像が現れることには、別段、問題はない。とくに、11窟、12窟のいずれにも見られる八尊、ないしは十尊の菩薩のグループが、胎蔵マンダラやその典拠である『大日経』などで重要な役割を果たす八大菩薩に比定され、これらの尊像のグループに中尊が加えられて、八大菩薩マンダラと呼ばれることも多い。そして、これが胎蔵マンダラの祖形であるという見方や、インドにおけるマンダラの最初期の作例として紹介されることもある。

このいわゆる八大菩薩や八大菩薩マンダラについては、密教学や仏教美術を専門とする研究者たちによって、すでに多くの考察がなされている。すなわち、伊東（1981）、頼富（1990, 1991a, 1992）、松長（1999）、田中（2001）、朴（2001a）、定金（2001）、海外でもGupte（1964）、Malandra（1993）、Donaldson（1995）などの研究があげられる。

その結果、これらの菩薩の尊像が観音、金剛手、弥勒、文殊、虚空蔵、地蔵、除蓋障、普賢からなる八大菩薩であるということについては、初期のGupteや伊東は別にして、ほぼ同意が得られている。研究者間の見解の相違は、どの尊像に八大菩薩のいずれを当てはめるかにある。図像的な特徴が安定している観音、金剛手、弥勒、文殊の四尊については問題はないが、残りの四尊、とくに地蔵と除蓋障については、持物との対応が一定しないため、意見が分かれる。

筆者自身も、これらの作品について、三尊形式の脇侍菩薩からの展開という視点から、簡単な考察を加えたことがある（2001a）。そこでは、エローラの後期仏教窟で流行した観音（蓮華手）と金剛手という組み合わせに、弥勒と文殊というこれに準ずる有力な菩薩が続き、残りの位置を虚空蔵や地蔵などの比較的知名度の低い四尊が占めるという見方である。これは主尊である如来像の左右の前方に、四尊あるいは五尊ずつ並ぶ形式だけではなく、二メートル前後の正方形を縦横三等分し、九つの区画を作り、中心を取り囲むように八尊の菩薩を並べた形式にも該当する。森（2001a）では、前者を礼拝像タイプと呼び、後者をパネルタイプと呼んだが、いずれの場合も、研究者のあいだで意見が一致しない四尊については、比定を保留した。その上で、主尊と両脇侍からなる三尊形式から発展してできた礼拝像タイプも、それを格子状の区画に並べたと考えたパネルタイプも、密教のマンダラと呼ぶことには慎重な姿勢を示した。

エローラのこのいわゆる「八大菩薩」については、尊名比定の問題を除けば、すでに議論は尽くされた感がある。しかし、いくつかの新しい視点を導入することで、これまでとは異なる解釈の可能性が生まれるのではないかと思われる。そのような視点として、本章では以下の三点から考察する。

①「八大菩薩」の諸作例を、段階的に変化したものとしてとらえる。

②「八大菩薩」だけではなく、祠堂内に含まれる他の尊像や壁画も視野に入れる。
③祠堂内を一つの原理で解釈するのではなく、複数のプログラムが混在しているという可能性も認める。

一　図像上の特徴

問題となる「八大菩薩」は、礼拝像タイプが第11窟の第二層、左右の祠堂にそれぞれ一例ずつ（図62の①②）、第12窟の三つの層それぞれの本堂に一例ずつ（図63の③④⑤）、合計五例、パネルタイプは第12窟の第二層と第一層、そして両層をつなぐ階段途中から横に開窟された中二階部に合計五例ある。ただし、これらはいずれも「八大菩薩」と呼ばれながらも、構成や形式が一定しない。

礼拝像タイプの場合、第11窟の二例では、如来像の左右に立つ二菩薩は脇侍菩薩として、他の菩薩たちよりも大きく表され、その手前に残りの三尊ずつが直立して並ぶため、二脇侍菩薩と六菩薩という印象を受ける。第12窟では、第三層と第二層の二例では、脇侍菩薩とは別に八尊の菩薩の立像を並べるため、全体は十尊になる。脇侍菩薩が一回り大きく表現されることは第11窟と同様である。第12窟第一層のみは八尊がほぼ同じ大きさで表現されているが、立像ではなく、遊戯坐をとる坐像である。また、ここでは脇侍が極端に小さくなり、如来像の隣で胸から上だけを現している。

礼拝像タイプの場合、祠堂や本堂の入口から入った左右に、財宝神のジャンバラや、ターラーと思われる女尊の坐像が表されることがある。第11窟向かって右の祠堂、第12窟第三層と第二層の本堂がこれに該当する。また、第12窟第一層では、ジャンバラではなく、四臂のチュンダーの坐像が現れ、さらにその外である入口左右には、弥勒

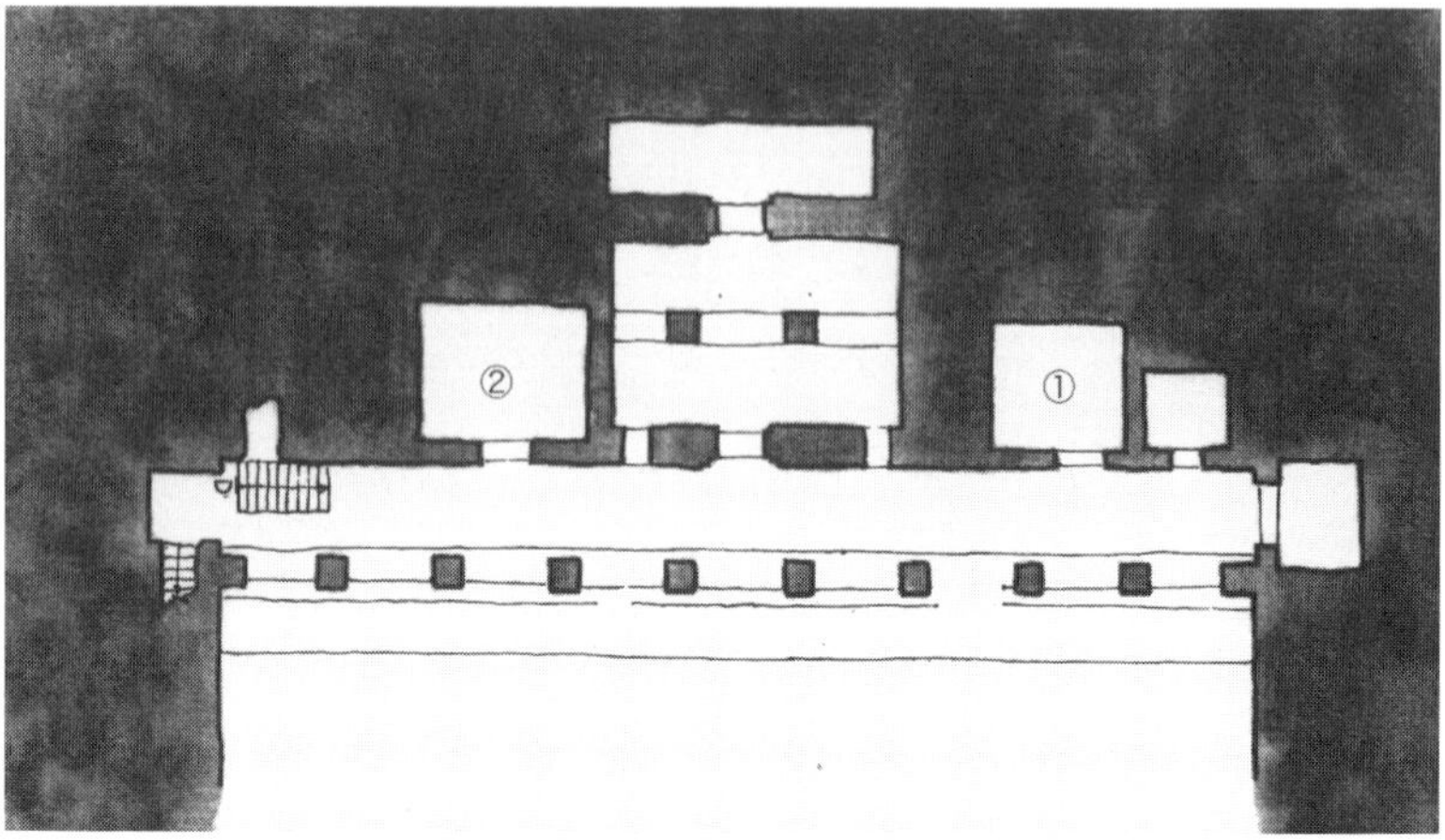

図62　エローラ第11窟第二層プラン

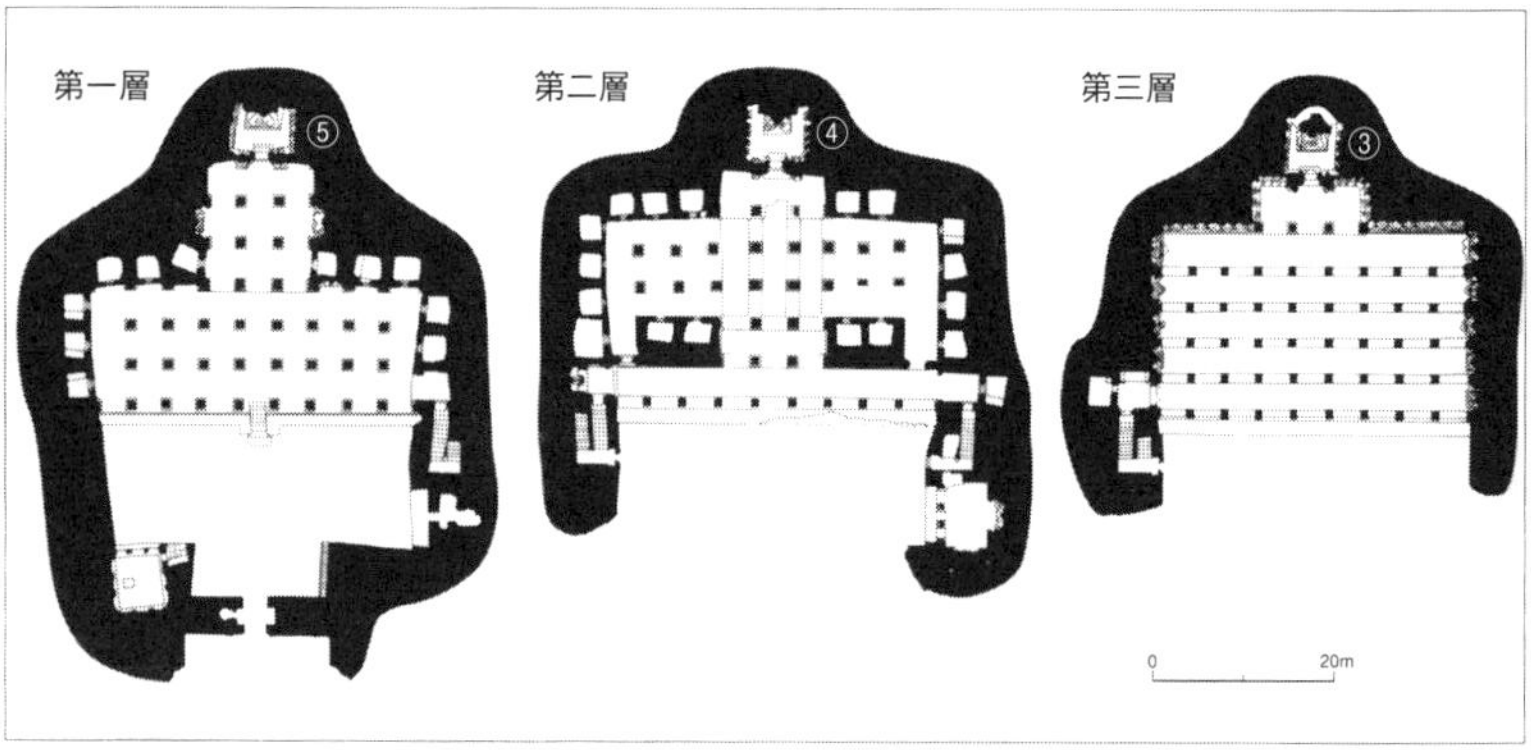

図63　エローラ第12窟プラン

表5　第11窟第二層向かって右の祠堂①（図64〜67）

	名称	右持物	左持物	その他の特徴
R1	観音	払子	蓮華	化仏、髪髻冠、本尊脇侍
R2	弥勒	払子？	欠失	仏塔飾り
R3	（不明）	剣（上部のみ残存）	欠失	
R4	（不明）	払子？	花？	
L1	金剛手	払子	睡蓮の上に金剛杵	本尊脇侍（図65）
L2	文殊	欠失	睡蓮の上に梵篋	文殊固有の首飾り
L3	（不明）	欠失	未敷蓮華の茎	
L4	（不明）	欠失	幢幡	
R5	ジャンバラ	シトロン	マングース	鼓腹、遊戯坐
L5	ターラー？	欠失	睡蓮	立像

表6　第11窟第二層向かって左の祠堂②（図68・69）

	名称	右持物	左持物	その他の特徴
R1	観音	払子	蓮華	化仏、髪髻冠、本尊脇侍
R2	弥勒	払子？	欠失	仏塔飾り
R3	（不明）	剣（上部のみ残存）	欠失	
R4	（不明）	払子？	花？	
L1	金剛手	払子	睡蓮の上に金剛杵	本尊脇侍（図65）
L2	文殊	欠失	睡蓮の上に梵篋	文殊固有の首飾り
L3	（不明）	欠失	未敷蓮華の茎	
L4	（不明）	欠失	幢幡	
R5	ジャンバラ	シトロン	マングース	鼓腹、遊戯坐

表7　第12窟第三層③（図70・71）

	名称	右持物	左持物	その他の特徴
R1	観音	払子	蓮華	化仏、髪髻冠、本尊脇侍
R2	弥勒	花	欠失	仏塔飾り
R3	（不明）	花	剣（直接握る）	
R4	（不明）	花	欠失	
R5	（不明）	花	欠失	
L1	金剛手	払子	睡蓮の上に金剛杵	本尊脇侍
L2	文殊	花	睡蓮の上に梵篋	
L3	（不明）	花	未敷蓮華の茎	
L4	（不明）	花	幢幡	
L5	（不明）	花	未敷蓮華の茎	
L6	ターラー？	なし	睡蓮	半跏坐
R6	ジャンバラ	シトロン	マングース？	遊戯坐、右足の下に壺

表8　第12窟第二層④（図72～75）

	名称	右持物	左持物	その他の特徴
R1	観音	払子	蓮華	化仏、髪髻冠、本尊脇侍
R2	弥勒	欠失	腰に当てる	仏塔飾り
R3	（不明）	剣（直接握る）	腰に当てる	
R4	（不明）	不明	腰に当てる	
R5	（不明）	不明	腰に当てる	
L1	金剛手	払子	睡蓮の上に金剛杵	本尊脇侍
L2	文殊	花？	睡蓮の上に梵篋	
L3	（不明）	花？	未敷蓮華の茎	
L4	（不明）	花？	幢幡	
L5	（不明）	花？	腰に当てる	
R6	ターラー？	なし	睡蓮	半跏坐（図75）
L6	ジャンバラ	シトロン	マングース？	遊戯坐、右足の下に壺（図74）

表9　第12窟第一層⑤（図76～80）

	名称	右持物	左持物	その他の特徴
R1	観音	欠失	蓮華	化仏、髪髻冠
R2	弥勒	欠失	龍華	仏塔飾り
R3	虚空蔵？	宝珠	睡蓮の上に剣	
R4	除蓋障？	宝珠	幢幡	
L1	金剛手	欠失	植物？	上半身はほぼ剥落
L2	（不明）	欠失	欠失	
L3	文殊	与願印	睡蓮の上に梵篋	
L4	普賢？	与願印	三つの蕾の花	
R5	ターラー	与願印	睡蓮	半跏坐
L5	チュンダー	右後手に水瓶	左後手は不明	四臂で、定印に鉢
R6	弥勒		龍華	（図79）
L6	文殊		睡蓮の上に梵篋	（図80）

表10　パネルタイプ（図81・82）

	名称	右持物	左持物	その他の特徴
R1	観音	台座に置く	蓮華	
R2	弥勒	台座に置く	龍華	
R3	虚空蔵？	台座に置く	蓮華の上に剣	
R4	普賢？	台座に置く	植物	
L1	金剛手	台座に置く	睡蓮の上に金剛杵	
L2	文殊	台座に置く	睡蓮の上に梵篋	
L3	地蔵？	台座に置く	蓮華の上に宝珠	
L4	除蓋障？	台座に置く	幢幡	

図64　第11窟第二層向かって右祠堂の観音

図65　第11窟第二層向かって右祠堂の金剛手

図66　第11窟第二層向かって右祠堂の八大菩薩（向かって左列）

図67　第11窟第二層向かって右祠堂の八大菩薩（向かって右列）

図69　第11窟第二層向かって左祠堂の八大菩薩（向かって右列）

図68　第11窟第二層向かって左祠堂の八大菩薩（向かって左列）

図70　第12窟第三層の八大菩薩（向かって左列）

図71　第12窟第三層の八大菩薩（向かって右列）

図72　第12窟第二層の八大菩薩（向かって左列）

図73　第12窟第二層の八大菩薩（向かって右列）

図75　第12窟第二層のターラー

図74　第12窟第二層のジャンバラ

図76　第12窟第一層の八大菩薩（向かって左列）

図77　第12窟第一層の八大菩薩（向かって右列）

図79　第12窟第一層の弥勒

図78　第12窟第一層のチュンダー

図80　第12窟第一層の文殊

図81　第12窟のパネルタイプの八大菩薩

図82　第12窟のパネルタイプの八大菩薩

と文殊の坐像が置かれている。

パネルタイプの場合、五例で大きな違いはなく、中心に定印を結ぶ如来像を置き、同じ区画内でその左右に、払子を持った脇侍立像を小さく表現する。周囲の菩薩たちは輪王坐のようなくつろいだ姿勢をとり、左手に固有の持物を持つ。一例を除いて、座に蓮台が表現されるが、下の三区画ではそれが省略されている作品も一つある。

それぞれの作例に見られる菩薩たちの特徴を表5から表10に示す。これに続く頁には、各尊の写真図版を掲載した（図64～82）。

二　「八大菩薩」の再検討

1　構成と表現の多様性

すでに述べたように、第11窟と第12窟の「八大菩薩」の作例には、形式上の相違が見られる。礼拝像タイプに限っても、脇侍を含めた八尊のみで構成される第11窟の二例と、十尊からなる第12窟第三層と第二層、そして、坐像八尊で構成される第12窟の第一層に大きく分かれる。構成だけではなく、様式の点でも、これら三つのグループは異なる点が多い。

第11窟の二つの祠堂に見られる脇侍以外の六尊ずつの菩薩たちは、同じような姿をしながらも、腰のひねりや腕の構えなどで微妙な体の動きが与えられ、それぞれが個性をもって表されている。これに対し、第12窟の上の二層では、正面向きのいささか硬直気味の身体を持つ。持物を持つ腕も、体に密着させてやや前面に出す単調な表現である。全体的に、八尊相互で変化に乏しく、クローン人間や同じ制服を着た戦士のような印象を与える。顔つきも、やや下ぶくれ気味の豊満な面貌を持つ第11窟の菩薩たちに比べ、第12窟ではむしろ精悍さが感じられ、場合によっては無表情な顔つきが並ぶ。ただし、これはほぼ同一の姿をした八尊にのみ当てはまることで、主尊の如来の左右に立つ脇侍たちは堂々とした体躯を持ち、体を乗り出すような動きに満ちたその姿は、第11窟の脇侍たちと大きな違いはない。

最後の第12窟第一層は、これまでの四作例とは、立像と坐像という違いがあるため、簡単には比較できないが、全般に身体表現に精彩を欠き、手足や筋肉にも有機的なつながりが乏しい弛緩した体つきである。この窟に限り、脇侍が胸から上のみの小像となっていることは、すでに述べたとおりである。

このような違いは、菩薩たちの図像上の特徴にも、ある程度対応している（以下、表5～10参照）。

第11窟第二層の二例では、脇侍の観音と金剛手、これに続く弥勒と文殊以外は、いずれもそれぞれに固有の持物を持ち、さらに観音は化仏、弥勒は仏塔飾り、文殊は固有の首飾りを備え、容易に比定できる。それ以外で明確に確認できる持物は、剣、未敷蓮華、幢幡の三種である。このうち、剣を持つ菩薩の位置がわずかに異なるが、それ以外は位置も共通である。その他の菩薩たちは腕の欠損が多いため確認できないが、これらの図像上の特徴からは、左右の祠堂でおそらく同じグループの菩薩たちが制作されたと考えてよいであろう。同じ第二層の左右という対称的な位置からも、ほぼ同時期の制作であることが予想される。

第12層の第三層と第二層は、やはり図像上の特徴から、観音、金剛手、弥勒、文殊は容易に比定でき、前の二例と同じ位置にあることが分かる。残りの菩薩たちの固有の持物には、剣、幢幡、未敷蓮華がここでも見られ、その位置もほぼ前と同様であるが、入口に一番近い菩薩たちの持物は、第三層の中尊から見て左の列で未敷蓮華が現れるほかは、腕の欠失などではっきりとは判別できない。持物の特徴からは、入口に近いこれらの菩薩たちを加えて、第11窟の八尊を十尊に増広した形式であることが予想されるが、新たに加えられた二尊を比定できるだけの根拠に乏しい。

第12窟第一層の八尊が、坐像というこれまでとは異なる姿勢をとることはすでに述べてきたが、持物の点でも明確な違いがある。中尊から見て右の列の三番目の菩薩が、右手に宝珠を握り、左手には直立した剣を載せた睡蓮の茎を持つ。さらに、四番目の菩薩は、やはり右手に宝珠を握り、左手に幢幡を持つ。一方、左の列では、文殊がその定位置であった二番目を別の菩薩に譲っている。この菩薩は両腕とも持物を失っているため、比定できない。三番目の文殊は睡蓮の上に梵篋を載せた通常の姿をとり、その次の四番目の菩薩は、三つの蕾のついた植物の茎を左手に握る。これまでの作例とは異なる図像の体系を、彼らが備えていたことが分かる。剣は共通して見られるものの、これまでは剣の柄を握り直立して構えていたのに対し、ここでは蓮華の上に立てている。

このような新たな図像上の特徴によく符合するのが、第12窟の中二階と第一、二層に見られたパネルタイプの菩薩たちである。中尊の左右の区画には観音と金剛手、それに隣接する区画で、向かって左上には龍華を手にした弥勒、右下には梵篋を載せた睡蓮を握る文殊が確認できる。残りの区画には、上段中央が剣を載せた蓮華、上段右が三つの蕾のついた植物、下段中央が宝珠を載せた蓮華、下段左が幢幡で、それぞれ菩薩の左手の持物として現れた。そして、それらを持つ八尊の菩薩たちは、立像ではなく坐像で表される。宝珠を直接持たず蓮華の上に載せたり、幢幡を持つ菩薩が宝珠を持たないという相違はあるものの、アトリビュートとしての持物は、第12窟第一層の八尊の菩薩たちとほぼ同じ体系にもとづいていると見てよいであろう。

このように、エローラのいわゆる八大菩薩の作例は、第11窟の二例に現れる八尊、それを図像上の特徴ではほぼ踏襲しながら、さらに二尊を加えた第12窟の上の二層、そして、それらと一部の特徴は共有しながらも、異なる体系を導入した第12窟の第一層およびパネルタイプの五例とまとめることができる。
石窟の工法上、これらの石窟は上から下に開窟され、さらに第11窟が第12窟に先行することを考えると、この順序で、菩薩たちの姿や特徴が変化していったことが予想される。おそらく、その時間の幅は、数十年、場合によっては百年以上と見てよいであろう。このような長期間にわたって、一貫した図像上の特徴を持った一つの菩薩のグループが、つねに意識されて制作されたと考える方が、おそらく不自然である。これまで、八大菩薩という枠組みで、これらの菩薩たちのグループをすべて解釈しようとしてきたことは、このような時間の幅を過小評価しているのではないだろうか。

八大菩薩を説く文献『八大菩薩曼荼羅経』などに見られる図像の体系は、最後の第12窟第一層や、パネルタイプの菩薩たちにかなりよく符合する。それは、アトリビュートを直接手に持たず、蓮華の上にシンボルのように載せる方法が、密教の尊像に広く見られることにも結びつけられる。従来のように、密教の文献に説かれる八大菩薩を意識している作品は、これらに限定しておいた方がよいであろう。ただし、その場合、八大菩薩のマンダラを説く文献がすでに存在し、それに従って、これらの作品が制作されたと考えるよりも、第11窟から第12窟の上層部を経て変化してきた菩薩のグループが、最下層の第一層に至ってようやく固定化して、それが八大菩薩成立と関わったという程度ではないだろうか。その段階では、マンダラという意識があったかどうかは疑問である。

ところで、はじめにもふれたように、筆者はエローラのこれらの菩薩たちの作例を「マンダラ」と呼ぶことに躊躇している。これに関して、田中（2001：9）はそれが「円で囲まれておらず、放射状に仏たちが配置されていない」という理由からであると理解しているが、(1)そうではない。そのような形式上の問題よりも、むしろ、本質は作品と文献との関係にある。インドの密教の経典や儀軌にはマンダラの制作方法がしばしば説かれ、実際にそれにもとづいて、当時、多くのマンダラが作られたのは確かである。しかし、エローラの菩薩たちの群像やパネルは、そのようなマンダラ制作のマニュアルを前提とするような作品とは、とうてい思われない。むしろ、すでに述べているように、三尊形式に由来する観音と金剛手の二脇侍に、段階的に菩薩を加え、ある段階で八尊として落ち着いたという状況を想定した方が自然である。そこに表された菩薩たちは、マンダラ制作マニュアルが説くイコンとしての菩薩ではなく、その場に実際に現れた、いわば血の通った菩薩そのものなのである。

2　立ち現れた菩薩たち

それでは、同じような姿をして並ぶこれらの菩薩たちは、何にもとづき、何を表しているのであろうか。最後に成立したと考えられる第12窟第一層の作例とパネルタイプを除き、第12窟第二層までの四例では、菩薩たちは直立した姿で、一列に並んで表された。その位置は、祠堂や本堂の左右の側壁沿いである。ここに整列した菩薩たちは、左右で向かい合わせに立っている。彼らは中央の如来の左右に表された脇侍とは異なり、如来に付き従うわけでもなく、あるいは守門神のように堂内を守る役割を果たしているわけでもない。むしろ、祠堂や本堂に入ってきたわれわれ参拝者を取り囲むかのような印象を与える。その姿勢も、菩薩像や守門神の立像にしばしば見られる、腰や首をわずかにひねる三曲法はほとんどとらず、正面性の強い直立に近いものである。それは、第12窟の二例ではより顕著になり、隊列を組んだ戦士を思わせる。

密教ではなく大乗仏教の経典から、このような菩薩のグループを解釈してみたい。

多くの大乗経典の冒頭には、釈迦が説法を始める前に神変を示す記述が現れる。そこでは三千大千世界、すなわち宇宙全体を震動させたり、宇宙全体を白毫から発した光で照らし、さまざまな仏国土を聴衆に示したりする。そのような神変の一つに、十方世界にある仏国土を代表する菩薩たちが、釈迦の説法の場に参集するというプロセスがある。たとえば『華厳経』「入法界品」の冒頭では、舎衛城のジェータ林すなわち祇樹給孤独園にある大楼閣を舞台に、釈迦がさまざまな神変を示す。釈迦が獅子奮迅という三昧に入ると、楼閣は無数の聴衆を包摂するために宇宙全体と同じ規模まで拡大され、宝石や黄金、傘蓋、幢幡などのさまざまな装飾によって豪華に荘厳される。そして、楼閣全体が清浄にされ美化されるために、種々の荘厳や供物の雲、雨、花、樹木、瓔珞、華鬘、楽器、天女が手にする幢幡などで覆われる。このようにして完全に荘厳された世界が出現すると、まず、東の方角の無数の仏国土を過ぎた果てにある仏国土から、毘盧遮那願光明という菩薩が、無数の菩薩たちとともに大楼閣にやってくる。そして、その東に準備された蓮華台の獅子座に結跏趺坐をして坐る。以下、順に南、西、北、そして東北などの四隅と上下の合計十方から、それぞれの仏国土を代表する菩薩がジェータ林の大楼閣に到来し、釈迦の周囲の座を占める（梶山　1994a：28–43）。

このような記述は、『華厳経』「入法界品」と同じ頃に編纂されたと考えられる『大品般若経』にも見られる。そこでは、釈迦の口から放射された光によって三千大千世界が照らし出され、無数の世界の者たちが相互に照見しあう。そして、東の果てにある宝積如来の仏国土から、普明という菩薩が、無数の出家、在家の菩薩や童男童女をひき連れて釈迦如来のところへ来て供養し、その集会に参加する。以下、十方の残りの仏国土からも、同じように、それぞれを代表する菩薩たちが釈迦の集会に参集する（梶山　1994b：457）。エローラの菩薩たちを、これらの十方世界から参集した菩薩たちと解釈することが可能である。

立像で正面性の強い菩薩の群像は、すでに述べたように、脇侍とも礼拝像とも異なる独特の姿であるが、釈迦の集会に参加するために到来した姿と見れば、その特異性も納得できる。宇宙の果ての仏国土から、まさに到着した瞬間の菩薩たちを、正面向きの立像で表したのである。第12窟の第三層と第二層では、脇侍を含めると菩薩の数が十になることも、十方世界からの菩薩の数に合致している。第11窟では八尊であったことはこのことと矛盾するかもしれないが、八という数も全体を表すということで説明可能である。

このような、菩薩たちを大乗経典の神変と結びつけた解釈は、むしろ、菩薩以外の要素に大きく関わっている。祠堂や本堂の中央に坐る如来像は、その背障の装飾モティーフなどから、単なる歴史上の釈迦ではなく、久遠実成の仏を意図していることが、すでに指摘されている（宮治　1993b：243）。象、獅子、ヴィヤーラカ（グリフォンに似た有翼の動物）、マカラ、ナーガなどを上下に重ねた背障の装飾モティーフは、大地、虚空、天界という宇宙全体を表し、これを玉座として坐す釈迦は、宇宙全体に君臨する宇宙主としての釈迦をイメージしたものなのである。このような「宇宙仏」としての仏陀の姿は、カーンヘリーやアジャンターなど、エローラ近辺の仏教石窟においても広く見られる。

祠堂や本堂の上部に並ぶ仏坐像も、大乗経典の神変と結びつけることができる。菩薩群像を置く祠堂や本堂内部には、側壁および入口左右の壁の上部に棚のようなスペースを作り、ここに仏坐像を複数並べている。第11窟第二層向かって左の祠堂の場合、側壁には三体、入口の左右の壁にはそれぞれ二体ずつある。第12窟では側壁の仏坐像は五体になる。定印を結ぶものが多いが、説法印も一部に見られる。これらの仏坐像が何を表しているかについては定説がないが、神変の記述に見られる仏国土の仏たちとして理解することができる。すなわち、十方世界から参集した菩薩たちは、その前に、それぞれの仏国土で、その国土を支配する仏から許可を得た上で、大楼閣へと向かう。堂内で直立する菩薩たちが背後に残してきた仏国土とその仏を、菩薩の上部に表現したのである。

第11窟第二層の場合、これらの坐仏の頭上に樹木が表現されているのも注目される。このようなモティーフは第

12窟第三層で、本堂前の広間の向かって左に並ぶ定印の仏坐像にも見られる。この仏坐像は七体を数え、それぞれが異なる種類の樹木を頭上に置くことから、各自が特有の菩提樹を有する過去七仏と解釈されている（平岡　2000）。これと対称となる向かって右にも、同様に七体の仏坐像が並ぶ。ただし、こちらには樹木ではなく傘蓋が掲げられ、印も説法印をとる。この七体についてはは尊格比定に定説はないが、向かって右の七体と合わせた十四体が、いずれも釈迦とは異なる仏を表していることは確かであろう。祠堂内の仏坐像も、このような多仏を前提とする仏教世界観が背景にあったと考えられる。

これらに加え、堂内の壁画も神変の状況を意識していると思われる。第12窟第三層の本堂には、エローラの仏教窟では珍しく壁画が部分的に残っている。そこに表されているのは、天井の中心から同心円状に広がる円環状のモティーフと、それに沿って生い茂る樹木の枝、天井の余白の部分を埋めるように作られた格子とその中に描かれた蓮華と飛天や天女たちである。壁にも、菩薩像の光背の斜め上に男女の飛天の姿が見られる。おそらく、当初は、本堂の内部が、このようなモティーフで覆い尽くされていたのであろう。そこは単なる仏像を安置した礼拝空間ではなく、さまざまな装飾モティーフで荘厳された仏の世界なのである。これは、神変のときにジェータ林の大楼閣が、光に満ちあふれ、宝石、花、樹木などで荘厳されたことを彷彿とさせる。

3　陀羅尼経典との関わり

このような神変のイメージは、大乗経典だけではなく、一部の密教経典にも受け継がれる。その中で注目されるのが、『出生無辺門陀羅尼経』という経典である。この経典名は唐代の不空訳（大正蔵　第一〇〇九番）のものであるが、類似の内容を持った経典が九種存在する（大正蔵　第一〇〇九～一〇一八番）。このうち、最も古いものが呉の支謙訳の『仏説無量門微密持経』（大正蔵一〇一一番）で、訳出年代は三世紀の前半である。以下、東晋、梁、隋などでも訳出され、最後の不空訳が八世紀半ばとなる。少なくとも五百年にわたりインドで流布していたことが確実で、その成立年代からは、密教経典と呼ぶよりも、大乗仏教における陀羅尼経典としてとらえるべきであろう。なお、この場合の陀羅尼とは、口に誦する呪句としての陀羅尼という密教で一般的なものではなく、大乗の菩薩が体得受持すべき心の状態を指す（堀内　1996：125）。

この経典では、ヴァイシャーリーが舞台となる。釈迦が三カ月後に涅槃に入ることが明らかにされ、遺経としての教えが説かれることになる。そのため、経の対告衆すなわち聴衆として目連と舎利弗によって比丘が集められ、さらに、釈迦が神変を示して、三千大千世界の聴衆が、ヴァイシャーリーの大楼閣へと参集する。そして、それらとは別に、釈迦によって菩薩が十方世界へと派遣され、それぞれの方角で無数の菩薩が集められて、ふたたび大楼閣へと至るというプロセスがある。大楼閣に参集した菩薩たちを含む聴衆を前にして、菩薩のなすべきことや大乗仏教の教えの真髄を説くのが、経典の中心部分である。

十方の仏国土から菩薩が参集するというプロセスは、『華厳経』などでも見られたが、ここでは、仏国土に派遣され、ふたたび大楼閣へと戻る十尊の菩薩たちの名称に、観音、弥勒、文殊などの著名な大乗の菩薩たちが含まれる。漢訳の種類によってその訳語や順序に異同があるが、オリジナル・テキストでは、ほぼ一定であったと推測される。なお、九種の漢訳の中で不空訳のみは、十尊ではなく二十三尊の菩薩の名称をあげる。これは既存の十尊に十三尊を加えたものだが、これら二十三尊の中には、金剛界マンダラの周囲に配される賢劫十六尊の名称がすべて含まれる。本来の十尊のうちの五尊も賢劫十六尊のメンバーであり、この経典が賢劫十六尊の成立に何らかの形で関わったことが予想される。

十方世界から参集する菩薩たちの名称は、『華厳経』や『大品般若経』にも現れたが、毘盧遮那願光明や普明のように、その名称は特殊なものである。図像の伝統を有しないこのような菩薩を、尊像として造形化することは、おそらく不可能であっただろう。しかし『出生無辺門陀羅尼経』では観音や文殊などのよく知られた大乗の菩薩の名称が用いられ、神変において大楼閣に参集する菩薩を、このようなイメージでとらえていたことが分かる。

エローラの菩薩群像において、観音、弥勒、文殊が必ず含まれていたことは、すでに前節で見たとおりである。神変で活躍する菩薩たちを造形化するときに、このような既存のイメージを用いることが、ある程度可能だったのである。そして、そのようなイメージを有しない菩薩たちには、剣や未敷蓮華、幢幡のような固有の持物を与えることで、相互の区別をつけたのであろう。

ただし、観音と脇侍を構成する金剛手は、『出生無辺門陀羅尼経』の十菩薩、あるいは二十三菩薩の中には含まれない。脇侍の観音と金剛手のみは、同じ姿で整列する他の菩薩たちとは異なり、三尊形式の脇侍の姿を堅持したことから、十方の菩薩としての役割よりも、伝統的な脇侍としてとらえられたと見るべきであろう。

『出生無辺門陀羅尼経』のような経典をエローラの菩薩像の解釈に用いるのは、唐突に見えるかもしれない。しかし、エローラにおいて陀羅尼信仰が流行していたことは、第6窟や第8窟に陀羅尼の女尊の一人であるマハーマーユーリー（孔雀明妃）の大規模な作品があることや、菩薩の群像がある第12窟に、おそらく陀羅尼の女尊たちを集めたと考えられる十二の坐像があることから、容易に推測される。第12窟の女尊たちをすべて比定することは困難であるが、孔雀を伴うマハーマーユーリーをはじめ、ブリクティーやジャーングリーなどが含まれる。また、漢訳年代の幅の広さや、チベット大蔵経にインド撰述の注釈書が残されていることから、この経典が、インドでは長期間にわたり広範囲に流布していたことも確かである。エローラがその一カ所であったとしても不思議ではない。

なお、同経の末尾には、この経典を受持する者たちを八夜叉と八菩薩がつねに守護するという功徳が説かれている。ここで登場する八菩薩は、経の冒頭で十方世界に派遣される菩薩たちとはまったく異なり、八王子とも呼ばれる（堀内　1996：139–140）。彼らは密教の「八大菩薩」とも一致しないが、八尊の菩薩をグループとしてとらえる発想が認められることは注目される。

4　その他の要素

菩薩が並ぶ祠堂や本堂には、入口から入って左右の壁にジャンバラやターラーなどの坐像が置かれる。組み合わせはジャンバラとターラーが三例で、ターラーとチュンダーが一例である。これらの尊像を大乗経典の神変から解釈することはできない。むしろ、僧院の入口に置かれる財宝神としての役割を担っていると見るべきであろう。これについては頼富（1991b）に詳しいが、一対の男女の財宝神の組み合わせは、ガンダーラのパーンチカとハーリーティー像ですでに見られ、マハーラーシュトラでも、アジャンター第2窟やオーランガバード第7窟において、ヤクシャ・ヤクシニーの姿で表される。類似の組み合わせはオリッサでも見られるが、女尊は稲穂を持ったヴァスダラーに交代することもある。

エローラで見られるジャンバラとターラーの組み合わせは、他の地域ではまったく見られない独自のものである。経典や儀軌類、あるいは成就法類などでも、それを説くものがないことは、すでに頼富（1991b）が指摘している。エローラ特有の組み合わせと見るしかないが、男女の財宝神を寺院の入口に安置するという発想は、他地域と共通である。また、一般に遊戯坐をとることの多いターラーが、ここではつねに半跏坐をとることにも注意を要する。このような坐法は、地域的には相当の距離の開きがあるが、インドネシアのヴァスダラー像によく見られる。エローラの女尊はウトパラを左手に持ち、ヴァスダラー固有の持物である穀物の穂を手にすることはないが、ターラーではなく、ジャンバラの配偶尊として知られたヴァスダラーと比定することも、可能性としてはあり得る。

本尊の如来像は、宇宙主としての仏陀という解釈を示したが、これには別の要素を指摘することができる。台座の左右にしばしばアパラージターと地天が表されていることから、降魔成道の釈迦が基本になっているからである。頭上に広がる樹木も、菩提樹を表したものとして、降魔成道の場面で広く見られる。ただし、これらを『出生無辺門陀羅尼経』と結びつけることも不可能ではない。ヴァイシャーリーでの釈迦による寿命の放棄は、仏伝の中では「第二の降魔」とも呼ばれ、それまで釈迦につきまとってきたマーラに対して釈迦が最終的な勝利を収めた出来事であると、伝統的に解釈されてきた。おそらくそのためであろう、『出生無辺門陀羅尼経』群の最古の漢訳である支謙による『仏説無量門微密持経』は、経典の別名として「成道降魔・得一切智」という名称をあげている。

本尊と二脇侍に関しては、これまでにもくりかえしてきたように、エローラで一般的な観音と金剛手を左右に配した三尊形式が基本である。この二脇侍のみは他の菩薩たちとは明確な区別が与えられ、つねに払子を持った堂々とした姿で表されている。しかし、松長（1999）が指摘するように、その他の菩薩たちとは持物の重複が認められないことから、十方の仏国土から参集した菩薩たちの一部も構成していると解釈すべきであろう。この二尊は三尊形式と菩薩のグループという二つのカテゴリーに共有された存在なのである。

三　神変の世界

従来、八大菩薩マンダラとして紹介されることが一般的であったエローラ第11窟、12窟の菩薩群像に対して、大乗経典の神変という視点からとらえてみた。そうすることによって、これまであまり問題にされなかった菩薩たちの特徴的な姿勢や、八尊ではなく十尊となる菩薩の数などが、比較的自然に説明できる。さらに、菩薩以外の要素である主尊の如来やその装飾モティーフ、上部に置かれた複数の仏坐像、壁面や天井の装飾などのすべてを、無理なく関係づけることができた。この点において、別の文脈からではあるが、田中（2001：11）がマンダラの起源として「報身の説法に連なった菩薩の集会 pariṣan-maṇḍala」をあげているのは正鵠を射ている。しかし、そのような集会の場面から密教のマンダラに至るまでには、さまざまな段階を経る必要があるであろう。ましてや、すでに儀軌や図像の存在しているマンダラをもとに、エローラのような菩薩群像を作るという考え方は、そのような段階をわざわざ後戻りさせて神変の場面を再構成したことになり、妥当とは思われない。

第11窟、12窟の菩薩群像の制作に、ある程度の時間の幅があったことは、すでに述べた。本章で提示した大乗経典の神変という視点から解釈できるのは、第12窟の第二層までであろう。これらと、第12窟第一層や、それに類するパネルタイプの作品とのあいだには、明らかな断絶がある。後者を密教の八大菩薩として解釈することは、持物の体系から判断しておそらく可能である。しかしその場合も、八大菩薩マンダラのような既存のマンダラにもとづくのではなく、段階的に整備されてきた菩薩のグループが、のちの胎蔵マンダラのような八大菩薩を含むマンダラに影響を与えたと見る方が適切であろう。

註

（1）たとえば、田中（2001：9）。

付記

本文中の図62は佐藤（1997）から、図63は平岡（2000）からの複写で、一部加工を行った。

第三部　密教仏のイメージの展開

第一章　十忿怒尊のイメージをめぐる考察

はじめに

文化が地域や時代によって限定された存在であることは言うまでもないが、人種、民族、言語をはじめ、階級、職業、世代、性などのさまざまな社会条件によっても、さらに文化は規定されている。共通の要素を持った文化の緩やかな集合体として文化圏というものを設定すると、一つの文化圏の内部は、このようないくつもの文化が重層的な構造をしていることが分かる。これらの文化のあいだの境界線は固定的ではなく、きわめて流動的である。そして一つの文化圏の中でさまざまな文化が互いに影響を与えあい、他を浸食したり吸収したり、あるいは生成、消滅、再生などをくりかえしながら時間とともに推移していく。このような文化の複合体である文化圏相互の関係も同様であり、設定される文化圏という境界自体も流動的である。

文化の受容と変容は、文化と文化とのあいだの、このような動的な関係の一つのパターンである。ある文化が他の文化へ伝播し、吸収され、その過程において文化の内部に何らかの変化が生じる。それは、信仰を中心とした文化の一つの形態である宗教においても変わりはない。文化の受容と変容、あるいは宗教の受容と変容は、異なる地域や時代のあいだで当然起こるし、文化圏の中で文化が重層的な構造をしていることを考えれば、その中でも絶えず起こっているはずである。

宗教が伝播するとき、最も早く受け入れられるのはイメージやシンボルであろう。イメージやシンボルの特徴は、何よりも「目に見える」ことであり、「目に見えない」教理や理念よりも容易に人々の注意をひきつけることができる。とくに、文化圏を越えて宗教が伝播するとき、このような「目に見える」イメージやシンボルは、言葉の壁を乗り越えて伝播していく力を持っている。一つの文化圏を越えて広範囲の広がりを持った宗教の多くは、すぐれたシンボル体系を持っている。(1) 実際、宗教の波及度は、その宗教の持つイメージやシンボルがもたらすある種の「力」に比例することが多い。ここでは、そのような力をイメージやシンボルが持つ「意味の喚起力」とよぶことにしよう。

イメージやシンボルは、宗教に限らず、共同体の結束の強化や集団構成員の帰属意識を高めるためにしばしば利用される。国旗をはじめとするさまざまなエンブレムは、その代表である。ある宗教が意図的に——しばしば政治的に——導入される場合にもイメージやシンボルは大いに利用される。これは、日本やチベットに仏教が導入されたときのことを考えればよく理解できる。そこでは仏法僧の三宝、すなわち仏像、経巻、僧侶という、仏教の最も重要なシンボルがきわめて効果的に機能している。

ところで、イメージやシンボルは、何らかの意味を伴っていることが多い。イメージが伝播するとき、当然そのイメージが持っている意味も伝えられるが、イメージと意味の両者が必ずしも同じように伝えられるわけではない。たとえば、あるイメージが別の文化に伝播するとき、そのイメージがまったく変化せずに生き続けることがある。しかし、その場合、もともと有していた意味をそのまま示しているとは限らず、わずかに異なった意味を表す場合もあれば、まったく異なった意味が生じる場合もある。

同じように、イメージ自体も新しい文化に適合するために変化することがある。その場合にも、本来持っていた意味がそのまま伝えられる場合から、まったく違う意味を表す場合まで、さまざまである。

さらに、イメージが別の文化に伝えられる際に、本来の姿をすっかり失い、まったく新しいイメージに生まれ変わって伝えられる場合もある。これはイメージの伝播や受容というよりは、イメージの拒絶とよぶべきであろう。

以上のように、複数の文化のあいだでイメージが伝播する場合には、イメージ自体の変化の有無や、イメージの持っている意味の変化に応じて、さまざまな可能性が想定される。これはシンボルの場合でも同様である。

このような意味やイメージの変化は自然に起こるだけではない。たとえば、受け入れ側の文化に、伝播されるようなイメージがまったく存在しない場合、すでに受け入れ側にある別のイメージがしばしば利用される。もちろん、この場合、両者のイメージ間のある種の相同性が前提になっている。これは、受容者側によるイメージの意図的なすり替えとよぶことができる。逆に、イメージの意味の方を受容者側が意図的に読み替える場合も考えられる。もちろん、このようなイメージのすり替えと意味の読み替えの両者が同時に起きる場合も想定できる。いずれも、イメージの持っている意味の喚起力の刷新や強化が期待されている。

イメージの受容と変容に際して起こるこのようなパターンをふまえ、本章では十忿怒尊（dasa-krodha）とよばれる十尊の男尊からなるグループを対象にして、あるイメージが異なる文化のあいだでどのように伝播し、変容していったかを実際にたどる。(2)

以下、インドで成立した十忿怒尊が当時どのようにイメージされていたかを明らかにした上で、インドで仏教が滅んだ後、そのイメージがどのようにネパールに伝えられたかを、チベットの事例も視野に入れながら考察する。

一　インドにおける十忿怒尊の成立

十忿怒尊とは、東西南北の四方と北東などの四隅、これに上下の二方向を加えた十方向を護衛する十尊の忿怒尊である。名称と守護する方向は次のとおりである。ヤマーンタカ（東）、プラジュニャーンタカ（南）、パドマーンタカ（西）、ヴィグナーンタカ（北）、アチャラ（北東）、タッキラージャ（南東）、ニーラダンダ（南西）、マハーバラ（北西）、ウシュニーシャチャクラヴァルティン（上）、スンバラージャ（下）。南、西、北の三方向の忿怒尊の各名称に、順にアパラージタ、ハヤグリーヴァ（馬頭）、アムリタクンダリンがあてられることもある。(3) 上下の忿怒尊は、上述の組み合わせのほかに、スンバラージャ（上）とヴァジュラパーターラ（下）の場合もある。

十忿怒尊のように、仏や菩薩、あるいは仏教の教えを守る神々は、仏教の中では早くから現れる。たとえば、密教以前の仏教では金剛手がいる。金剛杵を手にして護衛として仏に従う金剛手の姿は、ガンダーラなどから出土した美術作品の中に数多く表現されている。特定の方角を守る尊格としては、四天王が早くから信仰を集めた。インドで成立し、中国、チベット、日本などに広く伝播した。彼らに比べると十忿怒尊の成立は遅く、無上瑜伽タントラ系の密教経典の出現をまたなければならない。ただし、個々の忿怒尊が仏教パンテオンに登場する時期は、これよりもかなり早いものもあり、一様ではない。十忿怒尊はもっぱらマンダラの楼閣の外縁部に配置され、マンダラという神聖な空間に外敵が侵入することを防ぐ。水平方向の八方向ではなく、上下の二方向が加えられていることから、マンダラが立体的な構造を持ってイメージされていたことが分かる。

十忿怒尊各尊がこのグループに統合される前に備えていた固有の特徴は不明な点が多いが、一部の忿怒尊に関しては知られている。東方を守るヤマーンタカは、水牛に乗り、六面六臂そして六本の足を備えている。西方のハヤグリーヴァは日本では馬頭の名で知られているが、その名のとおり、前頭部に馬の首をつける。北方のヴィグナーンタカは、象頭のヒンドゥー教神ガナパティを踏みつけて表現される。アチャラはその漢訳名である不動として、わが国でも信仰を集めている。童子の姿で表され、目は天地眼、すなわち左右で別の方角を向き、弁髪を垂らしている。手には剣と羂索を持つ。南東のタッキラージャの起源は明らかではないが、マントラが日本の愛染明王と共通していることから、愛染明王の持物である弓矢を特徴としてあげることができるかもしれない(4)。その他の忿怒尊については、十忿怒尊のメンバー以外では登場しなかったり、固有の特徴を備えていなかったりする。

近年、インド密教の遺跡の発掘が進み、当時の造形作品が多数出土している。この頃、マンダラを制作する場合、一尊一尊のシンボルのみを描くという方法が一般的であったと考えられるが、同時代の文献には、彫像や塑像、画像などを利用する方がそれよりもすぐれた方法であるという記述がある。しかし、実際には、十忿怒尊に関しては、わずかにヤマーンタカに四例、アチャラに二例の作例が知られているだけで、十尊全体のセットはこれまで発見されていない。

図83　ヤマーンタカ
（ナーランダー考古博物館）

ヤマーンタカの作例の一つ（図83）は、六面六臂を備え、右膝を曲げ左足を伸ばす展左とよばれる姿勢で水牛の上に立つ。足の数は明瞭ではないが、左右に三本ずつ重ねられて表現されているように見える。持物は右手に金剛杵と剣、左手に羂索とカパーラ（頭蓋骨でできた杯）が確認できる。羂索を持つ手は、人さし指を立てる期剋印を示している。残りの持物は確認できない。身体的特徴は、背が低く肥満体で腹がつき出ている。装身具に瓔珞、臂釧、腕釧、足飾りがあり、これらはいずれも蛇（あるいはナーガ）でできている。このほかに、人間の頭をつなげた大きな首飾り、丸い耳飾りやドーティとよばれる衣装をつけている。髪は炎のように逆立ち、髑髏の宝冠が見える。

ヤマーンタカの第二の作例は、三面六臂で足の数は二本である。腕の破損が多く、持物は剣（右）、羂索を持った期剋印（左）しか確認できない。前例と同じような身体的特徴を備え、装身具も共通している。(5)

第三例は、一面二臂で水牛の上に展左で立つ。右手に剣を持ち、左手には期剋印を示しながら羂索を持つ。(6)アチャラの作例はいずれも同じ特徴を持つ。(7)一面二臂で、右膝を立て左膝を地面につけて蹴りあげるような独特のポーズをとる。右手は剣、左手は羂索を持つ。耳飾り、瓔珞の装身具などを身につける。

このように現存する作例が限られている現在、インドにおける十忿怒尊のイメージを、われわれは当時の造形作品に求めることはできない。しかも、このわずかな作例も、十忿怒尊の一部であるのか、単独の尊像として制作されたのか、明らかではない。したがって、十忿怒尊のイメージを、われわれは別の情報源、すなわち当時書かれた文献の中に求めなければならない。(8)

瑜伽タントラから無上瑜伽タントラの過渡期に位置する『幻化網タントラ』（*Māyājālatantra*）には、十忿怒尊のうち上下の二尊を除く八尊が登場し、かなり詳細な尊容の記述がある。(9)

たとえばヤマーンタカは、身体の色は青黒い雲のようで、身の丈は低く大きな腹を持つ。六面六臂六足を備え、各面には目が三つずつある。正面の顔は牙をむき舌を出す大忿怒相、右面は舌を出し、左面は唇をかんだ忿怒相である。頭頂には文殊菩薩の像を戴く。この後に持物の記述が続く（持物については表11参照）。続いて、衣と装身具に虎皮と八匹のナーガをあげ、黄色い髪に髑髏を冠とすると述べ、最後に乗物の水牛に言及する。

その他の七尊の臂数は、パドマーンタカとマハーバラが八臂であるほかはすべて六臂で、面数はいずれも三面である。足の数については特別の言及がないことから二本と考えられる。また三眼も共通の特徴である。瓔珞、臂釧、腕釧などにナーガを用いるのは、前述のヤマーンタカの作例でも見られたが、プラジュニャーンタカ、パドマーンタカ、タッキラージャの三尊にもその記述がある。

各尊に固有の特徴としては、表11にまとめた持物のほかに、身色、顔の色、表情などが少しずつ異なる。アチャラに関する記述には、斜視で童子の姿をとることが含まれている。ヤマーンタカが文殊菩薩像を頭頂に戴くのは、この尊が文殊の化身と考えられていたからで、他の忿怒尊には見られない。

『仏説幻化網大瑜伽教十忿怒明王観想儀軌経』（以下、『十忿怒尊観想儀軌』大正蔵　第八九一番）という漢訳経典が残されており、同書が述べる忿怒尊の特徴は、すでに見た『幻化網タントラ』のそれによく一致する。注目すべきは、『幻化網タントラ』では八尊であった忿怒尊の数が、ここではスンバラージャとヴァジュラパーターラが加わり十尊になっていることである。この二尊の記述は他の八尊に比べるとかなり短いが、持物と身色は明記されている。

無上瑜伽タントラを代表する経典『秘密集会タントラ』（*Guhyasamājatantra*）にも十忿怒尊が登場する。ただし、十忿怒尊がそろって言及されるのはテキストの第十三章以降で、第十二章までは第一章に四方の四尊が登場するにすぎない(10)。『秘密集会タントラ』は第十二章までの前半部、第十三章から第十七章までの後半部、そして十七章全体を要約した第十八章の三つの部分に分かれ、前半部の成立が後半部に先行するといわれている（松長　1996：90–

表11　十忿怒尊の系統とその持物

位置	名称		ジュニャーナパーダ流系	聖者流系	サンプタタントラ系	幻化網タントラ系
東	ヤマーンタカ	右	黒金剛槌、剣、明妃	金剛鎚、円盤、金剛杵	金剛鉤、円盤、金剛杵	剣、金剛杵、矢
		左	宝、蓮華、明妃	TP、鈴、斧	TP、鈴、斧	TP、般若経、弓
南	プラジュニャーンタカ	右	白金剛杖、剣、明妃	金剛杵、金剛杖、剣	金剛羂索、金剛杵、剣	金剛杵、宝杖、矢
		左	宝、蓮華、明妃	TP、鈴、斧	期剋印、鈴、斧	TP、般若経、弓
西	パドマーンタカ	右	赤蓮華、剣、明妃	赤蓮華、剣、棍棒	鎖、蓮華、剣	金剛杵、宝杖、槍、矢
		左	宝、円盤、明妃	鈴、斧、羂索	鈴、斧、羂索	TP、般若経、蓮華、弓
北	ヴィグナーンタカ	右	金剛杵、剣、明妃	二重金剛杵、円盤、棍棒	鈴、二重金剛杵、円盤	剣、斧、矢
		左	宝、蓮華、明妃	TP、鈴、斧	TP、棍棒、斧	TP、般若経、弓
北東	アチャラ	右	剣、金剛杵、明妃	剣、金剛杵、円盤	剣、円盤、金剛杵	剣、金剛杵、矢
		左	宝、蓮華、明妃	期剋印、斧、羂索	期剋印、鈴、羂索	TP、般若経、弓
南東	タッキラージャ	右	鉤、剣、明妃	降三世印、金剛杵、剣	降三世印、鉤、剣	印、金剛杵、矢
		左	宝、蓮華、明妃	降三世印、羂索、鉤	降三世印、金剛杵、羂索	印、般若経、弓
南西	ニーラダンダ	右	青杖、剣、明妃	青金剛杖、剣、円盤	青金剛杖、剣、円盤	金剛杵、宝杖、矢
		左	宝、蓮華、明妃	TP、蓮華、斧	TP、蓮華、斧	TP、般若経、弓
北西	マハーバラ	右	三叉戟、剣、明妃	金剛杖、剣、円盤	三叉戟、剣、円盤	金剛杵、宝杖、剣、矢
		左	宝、蓮華、明妃	TP、蓮華、斧	TP、蓮華、斧	TP、般若経、槌、弓
上	ウシュニーシャチャクラヴァルティン	右	黄円盤、剣、明妃	仏頂印、金剛杵、蓮華	仏頂印、円盤、蓮華	印、剣、矢
		左	宝、蓮華、明妃	仏頂印、期剋印、剣	仏頂印、期剋印、剣	印、般若経、弓
下	スンバラージャ[1]	右	金剛杵、剣、明妃	金剛杵、円盤、宝	金剛杵、円盤、宝	金剛杵、鉤、矢
		左	宝、蓮華、明妃	TP、蓮華、剣	TP、蓮華、剣	TP、般若経、弓
	典拠		NPY 第１章	『成就法略集』、NPY 第２章	NPY 第３章、『教えの花環』	『幻化網タントラ』、『十忿怒尊観想儀軌』、NPY 第20章[2]

略号 NPY：ニシュパンナヨーガーヴァリー、TP：羂索を持つ期剋印（tarjaṇīpāśa）

1）幻化網タントラ系では、スンバラージャは上に位置し、代わってヴァジュラパーターラが下に置かれる。

2）NPY と他の二文献とのあいだには、いくつかの持物の異同がある。

91)。十忿怒尊が後半部以降にしか現れないのは、十忿怒尊というグループの成立が後半部の成立と同時期であったことを予想させる。実際、後半部でも十忿怒尊各尊の名称は一定せず、現行の名称がそろって現れるのは、全体で最も成立の遅れる第十八章だけである。

『秘密集会タントラ』には十忿怒尊各尊の図像的な特徴ははっきり説かれていない。わずかに第十三章で、ヤマーンタカが三面六臂、他の九尊が三面と記されているにすぎない(11)。

『秘密集会タントラ』に関係する文献で十忿怒尊の特徴に詳しいのは、このタントラの二大流派の一つ聖者流の典籍『成就法略集』(*Piṇḍīkṛtasādhana*)である。同書の第六十偈以降の約四十偈がこれを述べる(12)。それによると十忿怒尊はいずれも三面六臂で三眼を持ち、それぞれ異なった持物を手にしている(表11参照)。すでに見た『幻化網タントラ』の系統の十忿怒尊と比べると、持物にかなりの違いがあることが分かる。

インドの十忿怒尊の重要な情報を含む文献が、インド後期密教を代表する学僧アバヤーカラグプタ(Abhayākara-gupta, 十一世紀後半～一一二五?)による『ニシュパンナヨーガーヴァリー』(*Niṣpannayogāvalī*)である。同書は全体が二十六章に分かれ、各章が一つ、ないしは数種のマンダラの観想法を扱う。

十忿怒尊の記述は、全二十六章のうち、第一章、第二章、第三章、そして第二十章に含まれる(13)。

このうち、第一章は聖者流と並ぶ『秘密集会タントラ』の重要な流派ジュニャーナパーダ流のマンダラである。このマンダラにはヤマーンタカ以下の四方の四尊が含まれるにすぎないが、マンダラ全体の観想法に先立って、十忿怒尊を載せた巨大な車輪状の武器「守護輪」(rakṣācakra)の観想が行われる。守護輪は十方に十本の輻があるため「十輻輪」ともよばれ、輻に乗った忿怒尊が守護輪の中にあるマンダラを護衛している(14)。

ここに現れる十忿怒尊はいずれも三面六臂で、持物はこれまでに見てきた十忿怒尊との共通点は少ない(表11)。

同書の記述によれば、十忿怒尊は、比較的おとなしい四尊と、より恐ろしい姿をした六尊の二つのグループに分かれる。すなわち、ウシュニーシャチャクラヴァルティン、タッキラージャ、アチャラ、スンバラージャの四尊は、頭に宝冠をつけ、さまざまな宝石を身につける。わずかに牙をむき、ひげをはやす。それ以外の六尊は、ぎざぎざの眉、逆立った褐色の髪、眉毛、ひげがはえる。口を大きく開け、牙をむき出し大笑している。凶暴な八匹のナーガを飾り、背丈は低く、よく太った腹をつき出す。十尊に共通する特徴として、展左の姿勢、顔の三眼、主要な二臂で自分とよく似た姿の明妃を抱くことがあげられる。

第二章は、すでに述べた『成就法略集』にもとづいた阿閦マンダラである。ここでは十忿怒尊はすべてマンダラの中に登場する。いずれも三面六臂で、各忿怒尊が手にする持物は『成就法略集』中のそれに正確に一致する。それ以外の特徴として、展左、三眼があげられているが、外見的特徴は単に「恐ろしい姿をする」と述べるだけで、それ以外は前の第一章の守護輪上の十忿怒尊と同じであるとする。

第三章は『サンプタタントラ』とよばれる経典にもとづくマンダラである。このマンダラには十忿怒尊は含まれないが、第一章と同じように、はじめに十忿怒尊を乗せた守護輪の観想を行う。この十忿怒尊も三面六臂で、持物は前の第二章のものときわめてよく似ている（表11参照）。相違点は、ヤマーンタカの金剛鉤（第二章では金剛鎚）、プラジュニャーンタカの金剛羂索（同じく金剛杖）、パドマーンタカの鎖（棍棒）、マハーバラの三叉戟（金剛杖）、ウシュニーシャチャクラヴァルティンの円盤（金剛杵）の五点のみである。(15)

『サンプタタントラ』の成立時期は無上瑜伽タントラの中でもかなり遅く、諸タントラの折衷的な内容を持っているといわれる（塚本他　1989：260–261）。とくに『秘密集会タントラ』の影響は大きく、十忿怒尊の持物も聖者流の十忿怒尊から借用したものと考えられる。十忿怒尊共通の装身具としては、五つの髑髏の髪飾り、輪などの五

つの印、人間の生首をつないだ首飾りをあげている。(16)

『ニシュパンナヨーガーヴァリー』の第二十章「文殊金剛マンダラ」は『幻化網タントラ』に依拠しており、十忿怒尊の構成メンバー、持物、身体的特徴、装身具などいずれも、すでに見た『幻化網タントラ』や『十忿怒尊観想儀軌』とよく似ている（表11参照）。ただし、後者の十忿怒尊が般若経典を共通して持っていたのに対し、ここでは抱擁する明妃の乳房をふれるようになっている。

このように『ニシュパンナヨーガーヴァリー』では第一章から第三章、そして第二十章でそれぞれ異なった特徴の十忿怒尊が説かれていることが分かる。以下、便宜上この四組の十忿怒尊を、依拠する流派や文献に従い、順にジュニャーナパーダ流系、サンプタタントラ系、幻化網タントラ系とよぶことにしよう。

二　チベットの十忿怒尊

インドにおいて仏教は、アバヤーカラグプタの時代から約一世紀後にその地からほとんど姿を消し、その伝統はおもにチベットとネパールに受け継がれた。ここでは、まずはじめにチベットの十忿怒尊から見ていくことにしよう。十忿怒尊の作例として、チベット仏教美術の図像集として有名な『三百尊図像集』を取り上げる。

『三百尊図像集』はチャンキャ・ラマの活仏ロルペー・ドルジェ（一七一七〜一七八六）の撰になる図像集で、全体は百葉からなる。表側の面には各尊の図像が三尊ずつ横一列に並べられ、裏面には表面の各尊のマントラが書かれている。『三百尊図像集』は、すでに前世紀の末から欧米の学者たちにその存在が知られ、何度か刊行されている。オリジナルは木版本と考えられるが、白描や書き起こし図を含め、細部の図像的特徴の異なるいくつかの系統が存在している[17]。

『三百尊図像集』は、仏、菩薩、護法尊、女尊、祖師などの仏教パンテオンのカテゴリーで、いくつかのグループにまとめられている。このうち護法尊の一部である第七十一葉から第七十四葉にかけて十忿怒尊が現れる（図84）。

ここに描かれた十忿怒尊は、十尊全体がほとんど同じ姿をしている。よく注意して細部に目を向けると一部の持物が異なっていることが分かるが、むしろ、まったく同じ姿の十尊の持物を一部入れ替えただけといった方が妥当である。持物については後でふれるとして、おもな特徴を列挙してみる。

三面六臂を備え中心の二臂で明妃を抱く。髪は逆立ち、まわりには火炎の光背がある。背景にはさらに雲形の文様が描かれる。一重の蓮弁の上に展左の姿勢で立つ。顔は忿怒相で眉はつりあがり、額には第三眼がある。髑髏の冠、丸い耳飾り、臂釧、腕釧、足飾りをつけ、虎皮を腰に巻く。

持物は中心の二臂以外に見られ、このうち右の上の手は十尊共通して宝を持つ。左の下の手には、金剛杵を持つアチャラを除き、いずれも剣を持つ。また左の上の手にも、円盤を持ったハヤグリーヴァ（パドマーンタカ）以外は、みな蓮華を掲げる。右の下の手に各尊固有の持物が見られる。ヤマーンタカから順に鎚、杖、蓮華、金剛杵、剣、鉤、杖、三叉戟、円盤、金剛杵である。このような持物の組み合わせは、前節で見た四種の十忿怒尊の系統の中に一つしかない。ジュニャーナパーダ流系の十忿怒尊である[18]。中心の二臂で明妃を抱くことや、その明妃が男尊とまったく同じ持物を持つことも、『ニシュパンナヨーガーヴァリー』の中の「自分とよく似た姿の明妃を抱く」という記述に一致する。

持物以外の特徴もよく一致するが、装身具に関しては、テキストでは、ややおとなしいグループとより恐ろしいグループの二つに分かれていたのに対し、ここでは、その折衷的な特徴が共通して見られる。たとえば髑髏冠や虎

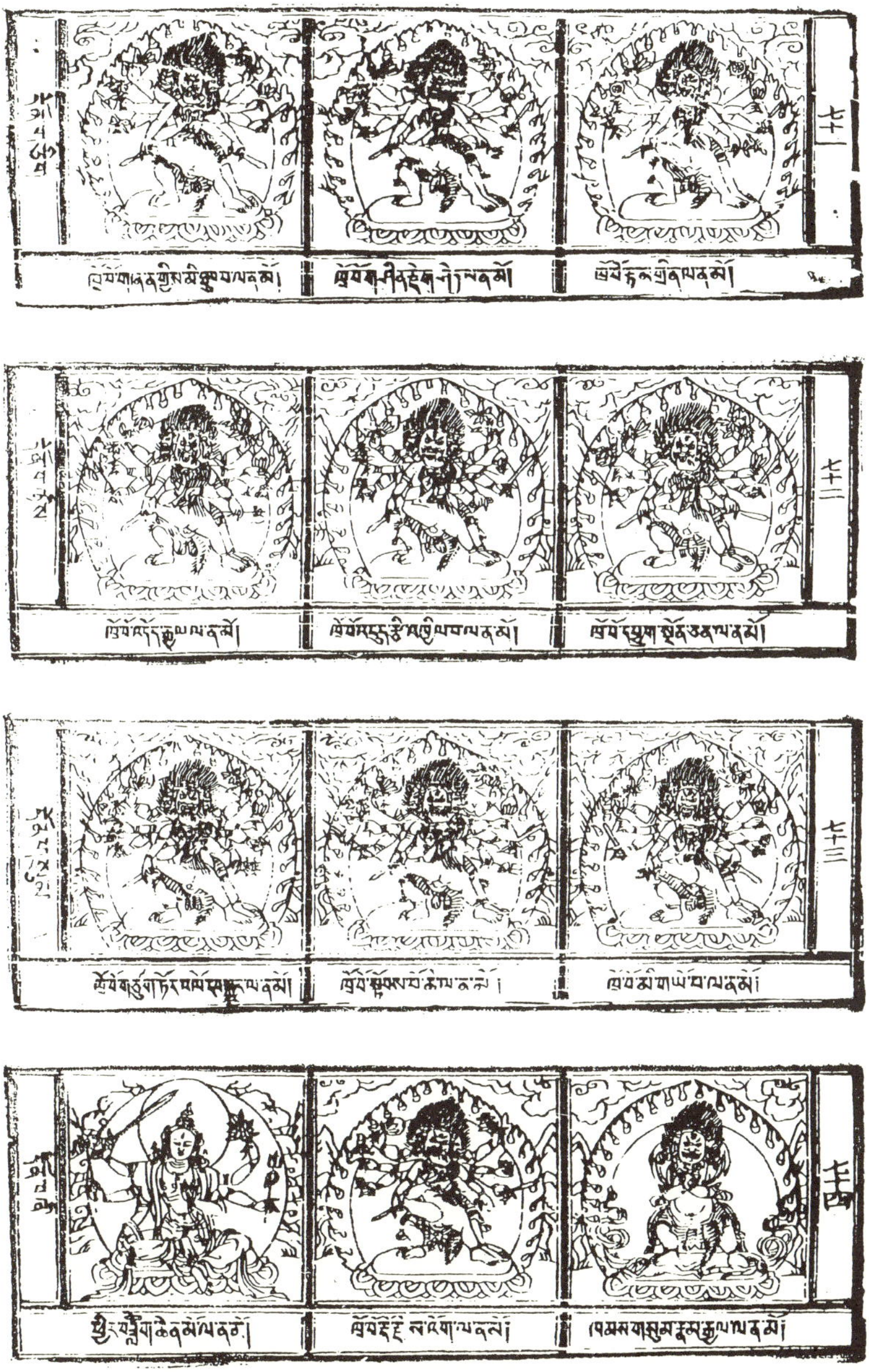

図84　十忿怒尊（『三百尊図像集』第七十一～七十四葉）

皮は身につけるが、臂釧などはナーガではなく、円形のシンプルな装身具を飾っている。

ロルペー・ドルジェが『三百尊図像集』を編纂したときに、護法尊の中にジュニャーナパーダ流系の十忿怒尊を選んだのは、彼の属していたゲルク派が、『秘密集会タントラ』をツォンカパ以来、最重要経典とみなしていたことを反映すると考えられる。

なお『三百尊図像集』の中の諸尊の配列順序は、左から右へという場合のほかに、一種の三尊形式として中央に主要尊、その左右に脇侍を置くという方法が見られる。ここでも中央、右あるいは左、そしてもう一方という順序が各葉でとられている。

三　ネパールの十忿怒尊

次にネパールの十忿怒尊の作例として、カトマンドゥ市内にある二つの仏教寺院チュシュヤ・バハとジャナ・バハの十忿怒尊を取り上げてみよう。

チュシュヤ・バハは十五世紀頃建立されたと見られる、カトマンドゥ市内でも比較的古い仏教寺院で、中庭を建物が取り囲む典型的なバハ形式をとる。建物からはひさしを支える「ほおづえ」が数多く張り出し、ここにすぐれた仏教彫刻が見られる(19)。入り口にあたる北面の建物の、道路に面した壁面には十二本のほおづえが置かれ、このうちの十本に十忿怒尊が刻まれている（図85）。

十二本のうち両端の二本はガナパティとマハーカーラである。十忿怒尊の配置は、向かって一番左がウシュニーシャチャクラヴァルティン、一番右がスンバラージャで、上下の二尊が両側に位置する。残りの八尊はヤマーンタ

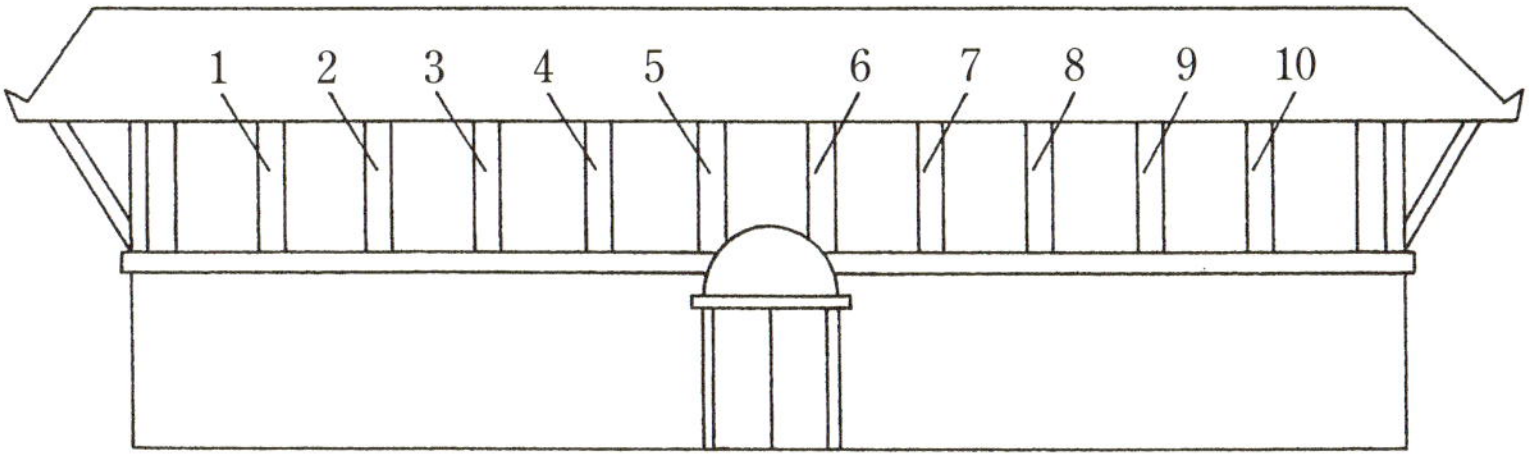

1．ウシュニーシャチャクラヴァルティン　2．ヤマーンタカ　3．プラジュニャーンタカ
4．パドマーンタカ　5．ヴィグナーンタカ　6．タッキラージャ　7．ニーラダンダ
8．マハーバラ　9．ケーカラ（＝アチャラ）　10．スンバラージャ

図85　チュシュヤ・バハ北面のほおづえの配置図

カ以下の四方の四尊が向かって左側に、タッキラージャ以下の四隅の四尊が右側に、いずれも左から順に並ぶ。ほおづえには尊名の銘があり比定が容易ではあるが、アチャラには別称のケーカラ（kekara，文字どおりには「斜視」）が用いられている。どのほおづえも忿怒尊の頭上に樹木の装飾がほどこされ、足の下には一重の蓮台をはさんで裸形の人物が横たわる。最下段には供養女、あるいは二十八宿（女尊の姿をとる）の一部が表現される（図86～95）。

忿怒尊はいずれも右手を上にあげ右足を前に出すか、逆に左手を上にあげ左足を前に出すポーズをとる。この二種のポーズは交互に現れ、隣りあう二つの像がシンメトリーになるよう配置される。身体的特徴としては短軀、鼓腹で、髪は逆立ち、太い眉、丸い三つの眼、牙を備えた忿怒の表情をとる。髪には宝冠をつけ、人間の頭をつないだ長い環が首から膝までたれ下がっている。腰にドーティをつけているほかは衣装はなく、首には瓔珞をかける。さらに蛇の形をした臂釧、腕釧、足飾り、聖紐（左肩から右脇にかける細い紐）が認められる。

チュシュヤ・バハのほおづえの十忿怒尊はすべて一面二臂である。そして十尊が共通して片方の手に宝を持つ（宝は柄のついた三つの球で表現される）。宝を持つ手は、プラジュニャーンタカとニーラダンダを除いて左手である。もう一方の手には、各尊がそれぞれ異なる持物を持つ。ヤマーンタカから順

図86　ウシュニーシャチャクラヴァルティン

図87　ヤマーンタカ

図88　プラジュニャーンタカ

図89　パドマーンタカ

図90　ヴィグナーンタカ

図91　タッキラージャ

図92　ニーラダンダ

図93　マハーバラ

図94　ケーカラ（アチャラ）

図95　スンバラージャ

に列挙すると、金剛の鎚、金剛杖、蓮華、金剛杵、鉤、杖、三叉戟、剣、円盤、金剛杵である。この組み合わせは、すでに見た『三百尊図像集』の各尊固有の持物、すなわちジュニャーナパーダ流系の十忿怒尊が右の第一臂に持つ持物に一致する。もう一方の手に持つ共通の宝も、やはり同系の十忿怒尊の左手の持物に見られることから、この十忿怒尊は、三面六臂であるジュニャーナパーダ流系の十忿怒尊の一面二臂版と考えてよいであろう。(20)

インドの四種の系統の十忿怒尊にほとんど共通して見られた三面六臂という特徴が、ここでは一面二臂になっている理由は何であろうか。ほおづえという特別な形態が規模を縮小させたというような技術上の制約ではないであろう。多面多臂像のほおづえの作例はカトマンドゥ市に数多くあるし、チュシュヤ・バハでも四仏などは四面八臂をもって表現される。この場合、消失した残りの四臂の持物がその手がかりとなるであろう。四臂のうちの二臂は明妃を抱き、残りの二臂はほとんどの場合、剣と蓮華を持っていた。(21)三面を持つことや明妃を伴うことも同様に十忿怒尊共通の特徴であり、チュシュヤ・バハの十忿怒尊は、これらの共通な要素を可能な限り取り去った姿であると考えられる。

次にジャナ・バハの十忿怒尊に移ろう。

ジャナ・バハはカトマンドゥ市の中心部アサン・トールにあるネワール仏教の代表的寺院で、マツェンドラナートともよばれる。(22)

十忿怒尊は、この寺院の中庭にある三層の本堂の二カ所に分かれて置かれている（図96）。一カ所は東側にある本堂入り口の両袖で、もう一カ所は南側の扉にはめこまれている（図97〜101）。前者に二尊、後者には左右二尊ずつ三段で、すべて合計しても八尊にしかならない。なぜ残りの二尊が制作されなかったかは明らかではない。(23)

この作例には、銘もなく配列の順序にも一定の法則はないので、おもに持物から各尊の比定作業を行わなくては

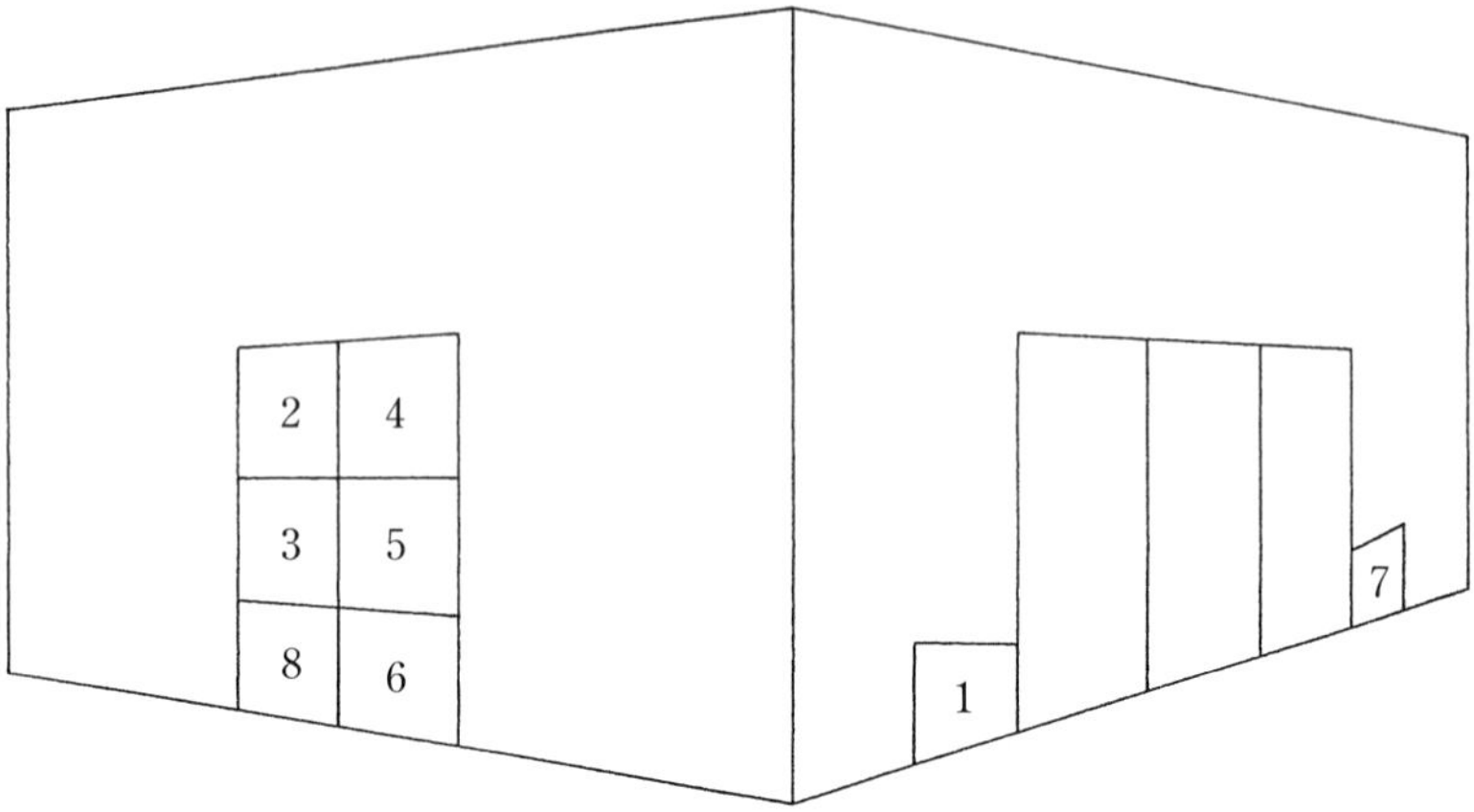

これはジャナ・バハの本堂を東南の角より見た概念図である。図中の番号は表12の番号に対応する。

図96　ジャナ・バハの忿怒尊の配置概念図

	名　称		持　物
1	ヤマーンタカ	右	金剛鉤、金剛杵、円盤
		左	鈴、TP、？
2	プラジュニャーンタカ	右	剣、杖（？）、金剛杵
		左	鈴、斧、TP
3	パドマーンタカ	右	剣、斧、金剛杵
		左	？、蓮華、鈴
4	ヴィグナーンタカ	右	円盤、二重金剛杵、杖
		左	TP、鈴、斧
5	アチャラ	右	円盤、剣、斧
		左	TP、施無畏印、蓮華
6	ニーラダンダ	右	杖、剣、金剛杵
		左	蓮華、円盤、鈴
7	マハーバラ	右	蓮華、鉤、剣
		左	円盤、金剛杵、TP
8	スンバラージャ	右	剣、斧、金剛杵
		左	蓮華、円盤、鈴

（TP：羂索を持つ期剋印，？は持物が判別できないことを示す）

表12　ジャナ・バハの忿怒尊の持物

図97　ジャナ・バハ本堂南面の扉

図99　ヤマーンタカ

図98　マハーバラ

図101　ヴィグナーンタカ

図100　パドマーンタカ

ならない。持物はいくつか不明な物があり、また扉の場合、はめこむ際に削られたと思われるものもあるが、ほとんどが判別可能である（表12）。前節で述べた四種の十忿怒尊のうち、これらの持物に正確に一致するものはないが、聖者流系とそれにきわめて近いサンプタタントラ系にかなりの共通点が認められる。ヤマーンタカ、プラジュニャーンタカ、ヴィグナーンタカ、マハーバラの四尊は、確認できるすべての持物が一致し、残りの四尊についても、六つの持物のうち少なくとも四つは共通である(24)。

聖者流系、あるいはサンプタタントラ系の十忿怒尊はいずれも展左の姿勢をとったが、ジャナ・バハの忿怒尊は、向かって右側に置かれたものは展右を、左側に置かれたものは展左をする。また胸に当てる手も右側の忿怒尊は右の第一臂、左側は左の第一臂というように、左右に二尊が対称形になるようになっている。同じような特徴はチュシュヤ・バハにおいても見られた。

持物以外の特徴は、ジャナ・バハの場合も八尊すべてでほとんど共通である。

三面六臂を備え、短軀で鼓腹、逆立った髪、髑髏冠、丸い三眼の忿怒の表情は、牙をむいた大きな口でさらに強調されている。上半身は裸で、人頭の環や、十字にたすきがけにした甲冑を身につける。腰に巻いた虎皮の一部が膝のあたりで確認でき、さらに腰からは長い鎖のついた鈴が中央と左右の三カ所から伸びている。大きな耳飾り、臂釧、腕釧、足飾りなどの装身具が確認できるが、ここではチュシュヤ・バハの場合と異なり、蛇ではなく単純な輪の形をし、むしろ『三百尊図像集』のものに近い。足の下には、門の両脇の二尊の場合は上下二方向に花弁をひらく二重蓮華が、扉の六尊の場合は一重蓮華の台が置かれる。背後には、まわりに火炎模様をあしらった光背が見られる。

これらの特徴は、ほとんど、これまで取り上げてきた文献や作例に共通して見られるものである。また忿怒尊相互で持物を除いて変化が乏しいことが、尊名比定の判断に持物の比較以外の方法がないことの原因になっている。ジャナ・バハの場合、足の姿勢と腕の位置が左右対称になるように注意が払われているが、これは、一般に守護尊は展右、護法尊は展左の姿勢をとるというインド以来の伝統（森　1990：74）を無視して、装飾性を優先させたことをうかがわせる。

おわりに

インド、チベット、ネパールそれぞれの十忿怒尊をいくつか取り上げてきた。十忿怒尊のイメージと意味について、いくつかの点を指摘しよう。

第一に、十忿怒尊のイメージは、インドではほぼ確立していることが分かる。十忿怒尊のメンバーが固定化したのち、インド密教の後期には彼らのイメージはいくつかの系統に分かれる。そして、系統間のイメージの違いは、おもに持物の違いに現れる。チベットやネパールでも十忿怒尊の系統がたどれることから、各系統の相異なるイメージはこれらの地域でも一貫して受け継がれ、変容を受けることは少なかったことがわかる。

第二に、十忿怒尊のいくつかの系統がこのように確立していったのに対し、グループを構成する個々の忿怒尊は各自の特徴を次第に失い、イメージが画一化していったことを指摘できる。いうなれば各尊の個性の喪失である。これは十忿怒尊という集団への組織化と同時に進行していった。インド密教の後期には、ヤマーンタカやアチャラなど一部の忿怒尊に個性が残っていた幻化網タントラ系を除き、他の系統の内部では、十忿怒尊の特徴はいずれも変化の乏しいものになっている。このような傾向はチベットやネパールではさらに進み、各尊がシンボルとして持つ特定の持物を残して、他の個性をすべて喪失してしまう。そして、どの忿怒尊も、短軀、鼓腹、三眼、忿怒の表情、虎皮、蛇の装身具といった、いわばステレオタイプ化した特徴と、このシンボルとの組み合わせにすぎなくなってしまう。そこでは、忿怒尊の存在意義は各尊それぞれにあるのではなく、彼らがグループを形成してはじめて得られるものなのである。

第三に、このようなイメージが持っていた意味について述べるならば、イメージの画一化は、十忿怒尊の各尊が備えていた意味の喚起力を低下させていると考えられる。忿怒尊相互の違いが、単にシンボルとしての持物の違いにしか現れなければ、そのシンボル体系を知らない者たちにとって、それらのイメージは単なる「忿怒尊」以上の内容を示し得ない。外敵の侵入からの防御という機能も、寺院の周囲やマンダラの外周に置かれることから意識されていたということはできるが、ネパールの作例で見たように、装飾性が優先されることによって特定の方角との結びつきは希薄になり、十方の守護者という役割は失われている。

このように、イメージの画一化や単純化は、意味の喚起力という点から考えれば好ましい傾向ではないかもしれないが、しかし、それはイメージにとって必ずしもネガティブな側面だけを持っていたわけではない。むしろステレオタイプ化することによって、イメージは時代や地域を超えた安定性を獲得することができる。インドで身につけたイメージを維持しながら、十忿怒尊がチベットやネパールでさらに何百年も生き続けるためには、そのイメージが特異性を排除した平均的なものでなくてはならなかったのである。言い換えるならば、十忿怒尊の各メンバーは、仏教パンテオンという地域的にも時代的にも、さらに大きな広がりを持つグループの構成員となるために、みずからその個性を放棄したのである。

註

（1）例外的なケースとして、創唱者（教祖）によって始められた宗教は、このようなイメージやシンボルを必要としないことがある。それはとくに教祖自身のカリスマ性が有効に働いているあいだに多く見られる。しかしその場合にも、組織の拡大に伴ってイメージやシンボルが導入されることが多い。宗教組織の中核に入れない一般の信者にとって、教祖やそのまわりの選ばれた人々が、そのままその宗教のイメージとなっている。

（2）十忿怒尊については、Bhattacharyya（1968：252–256）、Mallmann（1964：114–134）、頼富（1985：162–164）、立川（1978a：132）参照。

（3）これらの三尊は十忿怒尊のメンバーになる以前から単独で信仰されていた（大正蔵　第一〇七二番、一二一一番、一二三三番など）。またプラジュニャーンタカ以下の三尊の名称がヤマーンタカにならって作られたことも容易に想像できる（yama+antaka, prajñā+antaka etc.）。しかしアパラージタ以下の三尊が十忿怒尊に組み入れられ、これにプラジュニャーンタカなどの名称がつけられたのか、あるいはヤマーンタカにならって作られたプラジュニャーンタカなどが、のちにアパラージタ等と同一視されたのかは、明らかではない。

（4）ヴィグナーンタカを除くこれら各尊の特徴は頼富（1985：57–172）に詳しい。ガナパティを踏むヴィグナーンタカの作例はBhattacharyya（1947：Pl. V-e）、Mallmann（1975：Pl. XX-1）にある。

（5）Mitra（1983：Pl. CCCXXXIII（B））.

（6）Mitra（1981：Pl. CCXCV（A））.

（7）Mitra（1981：Pl. LXXIII（A））、頼富（1985：90）。なお、インドやチベットでは日本の不動にあたる尊名にアチャラとチャンダマハーローシャナの二系統があり、十忿怒尊の場合には前者、単独尊の場合には後者があてられることが多い（頼富　1985：90–91）。しかし、たとえばアバヤーカラグプタの『教えの花輪』（*Āmnāyamañjarī*）には十忿怒尊の名称にチャンダマハーロシャナが登場し（TTP, Vol. 55, 163. 2. 8）、両者の区分は必ずしも厳密ではなかったようである。

（8）ただし、この場合、十忿怒尊のイメージを持っていたのは、サンスクリット文献を読み書きできるひとにぎりの知的エリートであったことに注意しなくてはならない。

（9）大正蔵　第八九〇番。TTP, No. 102. 漢訳では大正蔵五六一頁下、五六三頁下～五六四頁上、五六六頁上～五六七頁上、五六九頁上～五七一頁下。このうち、各尊の尊容については五六六頁上～五六七頁上が詳しい。また五七一頁中下には、のちに十忿怒尊に加えられるスンバとヴァジュラパーターラの名も現れる。
（10）Matsunaga（1978：8–9, 54, 57–59, 61–67, 113, 117, 120）.
（11）ただし第十八章には、四隅の四尊のシンボルとして、アチャラの剣、タッキラージャの鉤、ニーラダンダの杖、マハーバラの三叉戟が言及されている（Matsunaga　1978：120）。
（12）Poussin（1896：10–12）. なおPoussin（1896：12）ではマハーバラの左の第二臂の持物が欠字になっているが、チベット訳（TTP, Vol. 85, 276.1.8）より「蓮華」を補う。
（13）Bhattacharyya（1972：1–2, 6–7, 8, 41–42）.
（14）守護尊の観想法は羽田野（1958：42–43）参照。
（15）Bhattacharyya（1972：8）のプラジュニャーンタカの持物「斧と羂索」を、東京大学図書館所蔵のサンスクリット写本（Matsunami 1965：No. 215）などから「鈴と斧」とする。またウシュニーシャチャクラヴァルティンの持物「二本の剣」を、同じく「期剋印と剣」と読む。チベット訳（TTP, Vol. 80, 129.2.1–5）は訂正後の読みに一致する。また『サンプタタントラ』への同じ作者の注釈書『教えの花輪』もこの読みに一致する（TTP, Vol. 55, 163.2.4–3.7）。
（16）「五つの印」は一般には瓔珞、腕釧などの五種の装身具を指すが（Bhattacharyya　1968：438）、ここでは五仏を象徴する輪、金剛杵、宝、蓮華、羯磨杵を指すと考えられる。
（17）立川（1987b：341–342）。ここでは東洋文庫が所蔵する木版本を参照した。
（18）ただし『ニシュパンナヨーガーヴァリー』と『三百尊図像集』とでは、右上の手と左下の手の持物が入れ替わっている。これは『ニシュパンナヨーガーヴァリー』が列挙する四つの持物を、右下、右上、左下、左上という順番ではなく、右下、左下、右上、左上と解釈したためであろう。
（19）van Kooij（1977）にこれらの詳しい研究がある。以下の考察もこれに負うところが大きい。
（20）『ニシュパンナヨーガーヴァリー』第一章との一致はすでにvan Kooij（1977：48）に指摘されている。

(21) 例外の二尊であるパドマーンタカとアチャラは、すでにそれぞれのシンボルとして蓮華あるいは剣を持っている。彼らの持物の組み合わせが他と異なるのは、同じ持物を重複して持たせない配慮からと考えられる。
(22) ジャナ・バハについては、立川他（1988）参照。
(23) 八尊のみ制作されたのはスペース上の理由と考えられるが、十忿怒尊から八尊を選んだ基準としては持物が考えられる。制作されなかったタッキラージャとウシュニーシャチャクラヴァルティンは他の八尊と異なり、二臂を使って印を結ぶ。後でふれる装飾性の重視という点から、他との統一を破るこの特徴が嫌われたためではないであろうか。
(24) 聖者流系では、ニーラダンダとマハーバラの持物はまったく同じであるので、ここでの比定も逆になるかもしれない。

第二章　賢劫十六尊の構成と表現

はじめに

インドに始まり、チベット、ネパール、あるいは中国、日本へと伝播していった密教の歴史の中で、最も重要なマンダラの一つに金剛界マンダラがある。瑜伽タントラ以降、インドやチベットで流行したマンダラは、そのほとんどが金剛界マンダラをひな型としたことや、日本においては胎蔵マンダラと一組となり「両界曼荼羅」とよばれたことは、周知のとおりである。金剛界マンダラは大日如来を中尊とし、その周囲に四仏、十六大菩薩、諸供養菩薩等を配し、三十七尊から構成されるが、これらの諸尊のまわりに、さらに十六尊の菩薩が四尊ずつ四方に置かれる場合がある。大乗仏教においてすでに信仰を集めていた弥勒や普賢などの菩薩を中心に構成されたこれら十六尊は、伝統的に「賢劫十六尊」とよばれてきた（図102）。

基本的に円と方形によって構成され、上下左右が対称的な形をとるマンダラは、中尊以外の尊格は複数の尊格――その多くは四の倍数――からなるグループを構成している。そして、周縁から中心に向かってマンダラ諸尊の位階の上昇を表現するため、中尊から等距離に位置する同一グループの尊格は同等の地位に置かれている。マンダラの諸尊をいくつかの部族（kula）に分類するという密教特有の思想は、このようなヒエラルキーによって横割り

図102　金剛界八十一尊曼荼羅部分（太山寺）

にされたパンテオンを縦の方向で統合するために編み出された原理といえよう。密教の歴史では、仏部、蓮華部、金剛部の三つの部族から、仏部、金剛部、蓮華部、摩尼部という四部を経て、仏部、金剛部、宝部、蓮華部、羯磨部の五部族へと展開する。マンダラはこのような部族の概念を反映した構造をとる。もっとも、部族の思想がはじめにあって、それを表現するためにマンダラが生み出されたのではないであろう。むしろ、仏教的コスモロジーを前提としたマンダラを説明する原理として、部族の思想が要請されたと考えた方が自然である。

金剛界マンダラを構成する三十七尊は、これらの部族に結びつけられている。そのため、多くの尊格は、部族名をその名の一部に含んだり、金剛の語を冠した、いわば人工的に作り出された尊格たちである(1)。

これに対して、三十七尊のまわりに置かれる賢劫十六尊は、大乗仏教の時代からすでに信仰されてきた菩薩たちで、その名称からも、部族と結びついた尊格とは性格も起源も異なることがうかがわれる。賢劫十六尊の内訳は次のとおりである。

弥勒、不空見、滅悪趣、除憂闇、香象、勇猛、虚空蔵、智幢、無量光、月光、賢護、網明、金剛蔵、無尽慧、弁積、普賢。

賢劫十六尊の「賢劫」とは、文字どおりには「吉祥なる時代」を意味し、人間の寿命が現在よりもはるかに長かった過去世を本来は指していたようであるが、(2) 時代が下ると、諸仏が現れ衆生を救済する現在の劫を示す語として、広く用いられるようになった。現在の劫に成仏する菩薩の数は千に整えられ、その名称と由来などが『賢劫経』（大正蔵　第四二五番）などに説かれている。これらの経典では弥勒が千仏の筆頭にあげられ、また彼ら千仏は無量光如来の子とみなされていることから、二、三世紀頃よりインドから中国・中央アジアにかけて盛んになった弥勒信仰や阿弥陀仏信仰との結びつきが予想される。賢劫千仏信仰は、のちに、現在の劫ばかりではなく過去世、未来世にもそれぞれ千仏が顕現するという三千仏信仰へと拡大され、現在の賢劫に対して過去に荘厳劫、未来に星宿劫という名称が登場するようになる（大正蔵　第四四六～四四八番参照）。

金剛界マンダラでは三十七尊の周囲の第二院に賢劫十六尊に替えてこの賢劫千仏を描いてもよいといわれる。後述するように、チベットや日本の金剛界マンダラの実際の作例にも、㈠賢劫十六尊を描いたもの、㈡賢劫千仏を描いたもの、㈢その両者を描いたもの、の三種類が存在する。そのため、古来より賢劫十六尊は賢劫千仏の代表的な菩薩をまとめたものと、しばしば理解されてきた。しかし、実際には賢劫十六尊のうちおよそ半数は賢劫千仏の中に含まれず、(3) 両者は異なる起源を持つと考えられる。『宝雲経』や『無量寿経』では、弥勒を上首とする賢劫千仏のほかに賢護（Bhadrapāla）らの十六尊を別に立てている。(4) また、チベット仏教の伝承であるが、賢劫千仏を四方に二百五十尊ずつ配したマンダラの場合、各方角の上首は、東方の弥勒以外はいずれも賢劫十六尊には含まれない

金剛界	悪趣清浄	文殊金剛	法界語自在
弥勒	弥勒	弥勒	普賢
不空見	不空見	文殊	無尽慧
滅悪趣	滅悪趣	香象	地蔵
除憂闇	除憂闇	智幢	虚空蔵
香象	香象	賢護	虚空庫
大精進	大精進	海慧	宝手
虚空蔵(庫)	虚空蔵(庫)	無尽慧	海慧
智幢	智幢	弁積	金剛蔵
無量光	甘露光	勢至	観自在
月光	月光	滅悪趣	勢至
賢護	賢護	除憂闇	月光
光網	光網	光網	光網
金剛蔵	金剛蔵	月光	無量光
無尽慧	無尽慧	無量光	弁積
弁積	弁積	虚空庫	除憂闇
普賢	普賢	除蓋障	除蓋障

表13　『ニシュパンナヨーガーヴァリー』第十九〜二十二章所説の賢劫十六尊

威徳手（Śrīgupta）、智称（Jñānakīrti）、善愛目（Prīcandravaktra）の三尊である。[5]

ところで、賢劫十六尊のように大乗仏教の時代から信仰を集めた菩薩のグループとしては、八大菩薩が有名である。[6] 八大菩薩は経典によっていくつかの組み合わせがあることが知られ、それらには賢劫十六尊の中の弥勒や普賢、虚空庫（虚空蔵）などを含むものもあるが、八尊すべてが賢劫十六尊に一致するものは見当たらない。また八大菩薩の場合、金剛手と地蔵は必ず含まれ、観音（観自在）もその一つに数えられることが多いが、この三尊はいずれも賢劫十六尊の構成員ではない。賢劫十六尊は八大菩薩と共通の菩薩を含んではいるが、八大菩薩を増広して形成されたわけではないと考えられる。

金剛界マンダラと直接には関係を有さないが、賢劫十六尊の構成員がすべて登場する文献として、無辺門（Anantamukhā）の陀羅尼の功徳を説いた『出生無辺門陀羅尼経』（大正蔵　第一〇〇九番）をあげることができる。同経の冒頭には、賢劫十六尊を含む二十三尊の菩薩名が列挙されている。[7] しかも、興味深いことに、二十三尊中の十六尊の菩薩名は賢劫十六尊の配列にかなり近いものになっている。

賢劫十六尊は、金剛界マンダラ以外にも、このマンダラの影響を強く受けて成立したとされる悪趣清浄マンダラに登場する。また、賢劫十六尊と多くの尊格を共有する十六尊の菩薩のグループが、「文殊金剛マンダラ」と「法界語自在マンダラ」に現れる。この二つのマンダラは、瑜伽タントラから無上瑜伽タントラへの過渡期に成立したと考えられ、いずれも文殊を中尊とするが、十六尊の菩薩は両者のあいだでも一致しない（表13）。

さて、金剛界マンダラの賢劫十六尊は、従来より、構成する菩薩、配列、図像上の特徴などに種々の説があることが指摘されてきた。本章では、異同があるとされる十六尊の、配列の整理と図像上の特徴の確定を試みる。これまでの研究は主として漢文資料を中心に行われ、対象も日本の金剛界マンダラに限定されてきた。そこで、ここではサンスクリットやチベット語の諸文献も参照する一方で、インドには現存しないマンダラの図像例をチベットやネパールに求め、各地域の賢劫十六尊について、文献、作例の両面からのアプローチを行ってみよう。

一　金剛界マンダラの賢劫十六尊

1　インド

金剛界マンダラの典拠となる経典は、言うまでもなく『初会の金剛頂経』すなわち『真実摂経』（*Tattvasaṃgraha*）である。実際にマンダラを表現する場合、他のいくつかの経典から図像的情報が利用されたといわれるが（石田　1975a）、賢劫十六尊に関しては該当する文献は見出せない。

『真実摂経』中の賢劫十六尊に関する記述は、初品の金剛界品の、第一章金剛界大マンダラと第二章金剛秘密マンダラに含まれる（堀内　1983 : 112, 227）。これらはそれぞれ、わが国に伝わる九会の金剛界マンダラの成身会と三昧耶会に相当する。このうち、はじめの金剛界大マンダラでは、マンダラの具体的な制作方法を説明する段落の末尾に、三十七尊の記述に続けてわずかに「外側の輪に大薩埵（mahāsattva）を安置せよ」と述べるにすぎない。ここからは「大薩埵」の具体的な尊名や構成員、各尊の形態やシンボルなどを知ることはできない。もう一方の金剛秘密マンダラでは「外側に適宜、弥勒等の各自の印（svacihna）を置け」と説かれる。弥勒は、賢劫十六尊、賢劫千仏のいずれの場合も第一にあげられる菩薩であるため、この記述だけでは、言及される諸尊が十六尊、千仏のいずれであるかは明らかではない。

『真実摂経』の漢訳には梵本と同じ系統に属する不空訳（大正蔵　第八六五番）と施護訳（大正蔵　第八八二番）と、さらに梵本とは系統を別にし、より古い形態を示す金剛智訳（大正蔵　第八六六番）の三本が存在する。賢劫十六尊についてのこれらの記述に対応する箇所は、不空訳と施護訳では梵本に忠実な翻訳であるが、金剛智訳の『金剛頂瑜伽中略出念誦経』（以下『略出経』）では「弥勒をはじめとする各自の印を描くか、千菩薩を観想せよ」と述べられる(8)。梵本にも見られた「弥勒等の各自の印」の語は、金剛智訳では賢劫十六尊の各自の印を指し、賢劫十六尊それぞれを象徴するシンボルが存在していたことが予想される。さらに金剛智訳では、この少し後の段落に、「十六大菩薩」の名のもとに弥勒、不空見以下の賢劫十六尊の菩薩名がすべて登場する（大正蔵　第十八巻、二四一頁上）。十六尊の順序はすでに前節で述べたものに一致する。また、金剛智訳と同じ系統に属する不空訳の儀軌『金剛頂一切如来真実摂大乗現証大教王経』（以下『大経王経』大正蔵　第八七四番）にも、同じ順序で十六尊の名称が列挙されている(9)。

『真実摂経』の釈タントラといわれる『金剛頂タントラ』（*Vajraśekharatantra*）にも、三十七尊の外側に賢劫千仏と賢劫十六尊のいずれかを配置せよという記述が見られる(10)。同経には「外側のマンダラのあらゆるところに賢劫の大薩埵を千尊配置せよ。〔十六尊の〕標幟が何であるかを知るものは、弥勒以下の大薩埵全尊を配置せよ」とあり、内容的には金剛智訳の『略出経』に符合している。ただし、十六尊の具体的な尊名や各尊のシンボルについては依然として言及されない。

インドで著された『真実摂経』の註釈書の中で最も重要なものの一つ、アーナンダガルバ（Ānandagarbha）の『タットヴァーローカカリー』（*Tattvālokakarī*）は、賢劫十六尊あるいは賢劫千仏について、より明確に規定している。[11]まず金剛界大マンダラの章への註で「弥勒などは東に位置し金剛薩埵と同じように金剛杵を持つ」と述べ、続いて南、西、北の各方角では、それぞれ、金剛宝、金剛法、金剛業と同じように、順に宝、金剛蓮華、羯磨杵を持つとする。十六大菩薩の各方角の上首である金剛薩埵、金剛宝等の四尊と同じように、四部のシンボルである金剛杵、宝、蓮華、羯磨杵を持つのである。さらに、この直後に「賢劫尊に共通する明呪」としてマントラをあげているが、「賢劫尊」が千仏と十六尊のいずれを指しているかははっきりしない。[12]

続く金剛秘密マンダラへの註では、アーナンダガルバは賢劫千仏と賢劫十六尊の二説をあげる。まず、東南西北の四方にそれぞれ二百五十ずつの五鈷杵、金剛宝、金剛蓮華、羯磨杵を描くように述べる。これは、金剛界大マンダラと同じ四部のシンボルであり、賢劫千仏を四分した各方角の二百五十尊を象徴している。次に、弥勒、不空見、滅悪趣、除憂闇のシンボルとして東に金剛杵を四つ、同様に残りの十二尊の四尊ずつの名称があげられ、それぞれのシンボルがやはり宝、金剛蓮華、羯磨杵であることが示されている。

アーナンダガルバには『タットヴァーローカカリー』のほかにも金剛界マンダラの儀軌である『サルヴァヴァジュローダヤ』（*Sarvavajrodaya*）の著作がある。[13]同書は後世、チベットでも権威ある儀軌として扱われたが、三十七尊の外側については賢劫千仏の名称をすべてあげて千仏を描く説をまず示し、十六尊を描く場合は尊容は「意のままに」と述べるにとどまる。

金剛界マンダラの外院（第二院）に十六尊を配する説と賢劫千仏を配する説との二説があったことは、インド後期密教まで継承されたらしい。十一世紀から十二世紀にかけて活躍したアバヤーカラグプタによるマンダラ観想の儀軌『ニシュパンナヨーガーヴァリー』には、当時、流行していたと考えられるマンダラ観想法が紹介され、金剛界マンダラもその中に含まれる。外院の尊格については、アバヤーカラグプタはまず賢劫十六尊の尊名を列挙し、各方角の四尊ずつが、順に阿閦、宝生、無量光、不空成就の四仏に似ると述べる（Bhattacharyya 1972：46）。アーナンダガルバの場合、十六尊は金剛薩埵などの四菩薩と同様であったが、『ニシュパンナヨーガーヴァリー』の説く金剛界四仏は右手に順に金剛杵、金剛宝、金剛蓮華、羯磨杵を持ち、アーナンダガルバの説く四菩薩のシンボルに一致する。また、尊容も仏形ではなく、衣装、装身具も、大日を除く三十二尊と同じ菩薩形をとり(14)、具体的なイメージやシンボルはアーナンダガルバの説と変わりはない。

十六尊の記述に続けて、アバヤーカラグプタはまず賢劫千仏を十六尊の代わりに観想する方法をあげている。ただし、各尊の名称は煩瑣を恐れて明記しないと述べ、賢劫千仏説があることを紹介するにとどめる。

アバヤーカラグプタには『ニシュパンナヨーガーヴァリー』の姉妹作ともいうべきマンダラ儀軌書『ヴァジュラーヴァリー』（*Vajrāvalī*）がある（Mori　2009）。同書には実際の灌頂儀礼で用いられるマンダラの制作方法が説かれる。儀礼のためのこのマンダラは、各尊のシンボルのみで構成されている。金剛界マンダラの外院に関しては、弥勒、不空見以下の十六尊の名称と、そのシンボルとして、やはり四部のシンボルである金剛杵、宝、蓮華、羯磨杵が四つずつあげられている(15)。賢劫千仏説は述べられていない。

金剛界マンダラに関連するインドの諸文献中の賢劫十六尊（あるいは賢劫千仏）についての記述をまとめておこう。

根本タントラである『真実摂経』では「大薩埵」「弥勒等」という漠然とした表現であったが、梵本に先行する金剛智訳の『略出経』では、十六尊説と賢劫千仏説の二説あることが明記され、十六尊の名称もすべて登場する。ここに現れる十六尊の名称と配列は、この後の諸文献のあいだでも一貫している。また同経の記述からは弥勒等の十六尊が「各自の印」を持っていたことが予想されるが、それが何であったかは経典には明記されていない。類似の記述は『金剛頂タントラ』にも見出されるが、十六尊のシンボルの全容はここでも明らかにはされていない。

アーナンダガルバの注釈書では賢劫千仏と十六尊の二説を併記した上で、いずれの場合も四部のシンボルである金剛杵、宝、蓮華、羯磨杵があげられている。千仏と十六尊とでは、シンボルの数が一方角あたりで二百五十であるか四であるかの違いはあっても、シンボル自体に違いはない。アバヤーカラグプタの二著作においても、これは同様である。ただし、十六尊の尊容としてアーナンダガルバが金剛薩埵等の四菩薩をあげるのに対して、アバヤーカラグプタは阿閦等の四仏と同じと説く。また、実際の儀礼のためのマンダラでは賢劫千仏は現れず、描かれるのは十六尊を象徴する四部のシンボルに限られる。

2　チベット

文献でたどることのできるチベットの金剛界マンダラは、インドの伝統に忠実であったことが知られる。これは、前項で紹介したアーナンダガルバの『サルヴァヴァジュローダヤ』やアバヤーカラグプタの『ニシュパンナヨーガーヴァリー』などの諸儀軌が、権威をもってチベット仏教に受け入れられたためであろう。

十二世紀の碩学プトンによる金剛界マンダラ儀軌（東北　五一〇五番）は、アーナンダガルバの『サルヴァヴァジュローダヤ』に対する註釈の形式をとり、金剛界マンダラの第二院にはやはり賢劫千仏を配する[16]。十九世紀にジャムヤン・ロテルワンポ（'Jam dbyang blo gter dbang po）らによって著されたマンダラ理論書『タントラ部集成』（*rGyud sde kun btus*）もアーナンダガルバとプトンの流れをくみ、賢劫十六尊への簡単な言及もあるが、賢劫千仏を描くことを第一に記す。(17)『タントラ部集成』に説かれるマンダラは、ロテルワンポの属したサキャ派のゴル寺において前世紀末に作成された。金剛界マンダラは、百三十九種のマンダラからなるこのコレクションの第二十二番目に位置し、そこでは賢劫千仏が各部族を象徴する青、黄、赤、緑に塗り分けられ、各部のシンボルを手にした姿で描かれている（bSod nams rgya mtsho 1983）。

一方、アバヤーカラグプタの二著作にもとづいて著された文献では、賢劫十六尊は四仏と同じ姿をとるという『ニシュパンナヨーガーヴァリー』の記述をそのまま踏襲している。パンチェン・ラマ一世（十六～十七世紀）によるマンダラ成就法の手引書や、チャンキャ・ラマ（十七世紀）による二著作への註釈書がこれに相当する。(18)

チベットの金剛界マンダラの作例は、わが国においても比較的よく知られている。このうち、早くから紹介されているものはラダック地方の仏教寺院の壁画である。たとえばアルチ寺の三層堂の二階には三十七尊からなる金剛界マンダラが描かれている。マンダラ自体には賢劫十六尊も賢劫千仏も描かれていないが、マンダラの下方に、一列が八尊で上下二列からなる賢劫十六尊の姿が確認できる（加藤・松長　1981：20–21）。十六尊は四尊ずつ四部を象徴する身色をし、坐法を含めて尊容は十六大菩薩の上首四菩薩に似ている。また、同じアルチ寺の大日堂には三十七尊に十六尊を加えた五十三尊の金剛界マンダラがある。このマンダラは五仏以外のすべての尊が刀剣を持つという独特の特徴を備え、賢劫十六尊もその例外ではないが、身色はこのマンダラでも各方角ごとに部族を象徴する色が塗られている（加藤・松長　1981：42）。さらに、チャチャプリ寺の本堂には、賢劫十六尊を第二院に、賢劫千仏を第三院に配した金剛界マンダラがあることが知られている。ここでも賢劫十六尊と賢劫千仏は四部を象徴するシンボルを手にし、東から順に青、黄、赤、緑に塗り分けられている（岩宮 1987：71）。

北京の故宮慈寧宮宝相楼に、清朝の時代に制作されたチベット仏教のブロンズ像コレクションがある（Clark 1937）。この中に『ニシュパンナヨーガーヴァリー』にもとづくマンダラの諸尊が含まれていることが明らかにされている（田中 1985）。金剛界マンダラの諸尊のブロンズ像もこの中に含まれ、同書の規定どおり、賢劫十六尊は四部を象徴するシンボルをそれぞれ手にする姿で表現されている。(19)

このように、チベットの金剛界マンダラでは、インドで成立した諸文献の規定が忠実に継承され、実際の図像例においても、四部のシンボルと色彩に統一された賢劫十六尊あるいは賢劫千仏が登場する。

3　ネパール

インド後期密教の影響を直接受け、膨大なサンスクリット文献を受け継いだネパール仏教では、金剛界マンダラに関する伝承も、インドで成立した儀軌類がそのまま利用されたと考えられる。たとえばカトマンドゥ盆地を中心とするネワール仏教徒たちのあいだに残る『ニシュパンナヨーガーヴァリー』や『ヴァジュラーヴァリー』、あるいは両文献と同一の内容を含む『アーチャーリヤ・クリヤーサムッチャヤ』（*Ācāryakriyāsamuccaya*）の写本数は、そのまま、これらの文献のネワール仏教への浸透度を物語っている。(20) アーナンダガルバの『サルヴァヴァジュローダヤ』もネパール系の写本が伝えられている。

ここでは、ネパールの密教僧クラダッタ（Kuladatta）によって著されたとされる金剛界系のマンダラ儀軌『所作集』（*Kriyāsaṃgraha*）を取り上げて、ネパールにおける賢劫十六尊を追ってみよう。(21)

『所作集』の後半部に五十三尊からなる金剛界マンダラの尊名とシンボルを列挙した「（マンダラに）彩色をほどこ

す儀軌」（rajaḥpātanavidhi）がある。[22] この場合の五十三尊も、チベットの伝承と同様、金剛界の三十七尊に賢劫十六尊を加えたものである。ここに述べられている賢劫十六尊は、配列についてはインドやチベットの金剛界マンダラのそれに一致するが、シンボルは弥勒が龍華樹と水瓶、不空見が眼を載せた蓮華といったように、各尊が独自の標幟を持ち、四菩薩や四仏と同じ四部のシンボルで表されたこれまでのものとは異なっている（**表14**）。

尊名	シンボル
弥勒	龍華樹・水瓶
不空見	蓮華眼
滅悪趣	鉤
除憂闇	杖
香象	香の容器
大精進	剣
虚空蔵	蓮華法炬
智幢	如意法幢
甘露光	甘露瓶
月光	蓮華月輪
賢護	宝
光網	金剛網
金剛蔵	青睡蓮
無尽慧	甘露瓶
弁積	蓮華宝
普賢	宝鬘

表14　『所作集』所説の賢劫十六尊とシンボル

『所作集』があげる賢劫十六尊のシンボル体系と同じものは、金剛界マンダラの影響を受けたといわれる悪趣清浄マンダラに見出すことができる。悪趣清浄マンダラの典拠となる『悪趣清浄タントラ』には『九仏頂タントラ』と『清浄タントラ』の二系統があることが知られている。十数種存在する悪趣清浄系のマンダラの代表的な二種のマンダラである九仏頂マンダラと一切智大日マンダラは、それぞれこれら二系統のタントラにもとづく。このうち、一切智大日マンダラを説く『清浄タントラ』は八世紀頃という比較的早い時期に成立したとされるが、九仏頂マンダラの典拠である『九仏頂タントラ』の成立は十一、二世紀頃にまで下り、しかもインドではなくネパールで著されたとする説もある（乾 1988, 1989）。実際、『九仏頂タントラ』およびそのマンダラはネパールで大いに流行した。

賢劫十六尊は九仏頂マンダラ、一切智大日マンダラの両者に含まれるが、『所作集』と同じシンボル体系を明記しているのは九仏頂マンダラの方である。[23]『サルヴァヴァジュローダヤ』の著者であるアーナンダガルバは、九仏頂マンダラの儀軌も著している（TTP. No. 3460）。この儀軌は『九仏頂タントラ』に先行し、また漢訳されていることが指摘されているが（乾 1989）、賢劫十六尊が持つそれぞれ異なったシンボルは、すでにこの儀軌に含まれる(24)。

九仏頂マンダラの賢劫十六尊のシンボル体系は、諸文献のあいだで一貫している。アバヤーカラグプタは九仏頂マンダラの観想法と制作方法を先述の二著作の中でそれぞれ記述し、このマンダラを「悪趣清浄マンダラ」とよんでいる。賢劫十六尊のシンボルはこれらの文献でも維持されている(25)。チベットの諸文献、たとえばパンチェン・ラマ一世やチャンキャ・ラマの儀軌、あるいは『タントラ部集成』でも、これは同様である(26)。

『九仏頂タントラ』は『所作集』の成立にも関与したといわれている（乾 1988：113）。『所作集』の説く賢劫十六尊が『九仏頂タントラ』の賢劫十六尊と同じシンボル体系を持つことの背景に、『九仏頂タントラ』の影響力があると考えられる。

図103　賢劫十六尊の中の金剛蔵菩薩
（カトマンドゥ市、ムシュヤ・バハ）

『所作集』の賢劫十六尊が『九仏頂タントラ』に由来する根拠として、十六尊の第九番目の菩薩名があげられる。この尊名は九仏頂マンダラの諸文献では、「無量光」（Amitaprabha: Tib. 'Od dpag med）と「甘露光」（Amṛtaprabha: Tib. bDud rtsi'i 'od）の二種類が現れる(27)。とくに時代の下る文献ほど甘露光である傾向が強い。金剛界マンダラの場合、この菩薩の尊名はすべて無量光であって甘露光の例はなかった。『所作集』

では金剛界マンダラを説きながら、この菩薩を無量光ではなく甘露光とよんでいる。ここからも『九仏頂タントラ』の説く賢劫十六尊のシンボル体系の『所作集』への流入をうかがうことができる。[28]

十六尊の各尊がそれぞれのシンボルを持物として持つ九仏頂マンダラの賢劫十六尊の作例は、カトマンドゥ市内でも見ることができる。カトマンドゥ市北部タメル地区にある古寺ムシュヤ・バハ（Musyabaha）には、ひさしを支える「ほおづえ」に賢劫十六尊の彫刻がほどこされている[29]（図103）。ここでも、甘露瓶をシンボルとして持つ第九番目の菩薩には「甘露光」の銘文が刻まれている。

4　日本

日本の金剛界マンダラに含まれる賢劫十六尊の配列と構成員に異説がいくつかあり、諸文献のあいだで一致をみないことは、すでに古くより指摘されている。[30] これは、たとえば高田修らによって『高雄曼荼羅の研究』（高田他 1967：43）の中で分かりやすい表の形でまとめられている。

ところで、日本の金剛界マンダラの研究資料は、近代の研究者による論考を別にしても、文献資料、図像資料の両者にわたり、膨大な数に上る。これらの資料を網羅的にすべて扱うことは不可能である。ここでは、大正蔵やその図像部などに収録されており、比較的参照が容易なものに限って、賢劫十六尊について見ていくことにしたい。その場合、まずはじめに十六尊の配列と構成メンバーについて、文献資料からと図像資料の中でも尊名が明記されているものから整理する。そして、これとは別に、各尊の持物や三昧耶形などのシンボルについて、これに言及する文献を参照しながら、図像資料を中心にまとめてみることにする。

賢劫十六尊の配列と構成員は、インドやチベットの金剛界マンダラに含まれたものが第一にあげられる。これは悪趣清浄系のマンダラにも現れ、ネパールの文献でも一貫していたことは、すでに見たとおりである。ここでは、以下この配列を便宜上「配列A」とよび、これを基準としてその他の配列を示していこう。

配列Aを示す文献は、すでにふれた金剛智訳の『略出経』と不空訳の『大教王経』の二点があげられる。また、慈覚大師円仁によって著された『大教王経』に対する注釈書『金剛頂大教王経疏』(大正蔵　第二二二三番)には賢劫十六尊の各尊の名称とその由来が説かれているが、十六尊の順序は『大教王経』にほぼ一致している。(31)『略出経』と『大教王経』はともにインドより請来された文献であり、インドやチベットの伝承においても同じ配列が見られることより、配列Aはそれ以外の配列よりも古い形であると考えてよいであろう。

わが国の文献資料や図像資料で配列Aをとるものはほとんどない。そしてA以外の配列は、一様ではなく多岐にわたっている。しかし配列Aとそれ以外の配列とを比較してみると、次のような点を指摘することができる。

㈠配列の異同は同一方向に位置する四尊のあいだでのみ起こり、他の方角の尊格と入れ替わることはない。

㈡東方の四菩薩と南方の四菩薩は、配列Aとそれ以外とでほとんど異同はない。

㈢西方の四菩薩は両者の配列のあいだで異同があるが、構成する菩薩は同じである。

㈣北方の四菩薩は配列・構成員ともに両者のあいだで異同がある。

各項目について該当する文献などをあげながら説明しよう。

㈠については問題はないであろう。

㈡については若干の例外がある。(32)東方の第三位の菩薩に配列Aでは滅悪趣が置かれたが、これに代わって除蓋障をあげるものがいくつかある。また南方第三位の菩薩である虚空蔵の代わりに金剛幢あるいは如意幢が現れる文献もある。(33)これらはいずれも別の菩薩への置き換えであるが、東方第三、第四の菩薩を入れ替えた文献がある。すなわち『賢劫十六尊』（大正蔵　第八八一番）は除憂（＝除憂闇）、除悪（＝滅悪趣）の順をとる（大正蔵　第十八巻、三三九頁上）。また文秘の『秘蔵記』は第三位に除無闇、第四位に無量慧をあげている（大正蔵図像部　第一巻、一五頁上）。

㈢の西方の四菩薩については、配列Aでは無量光、月光、賢護、光網であったのに対し、非配列Aでは無量光、賢護、光網、月光の順となる。ただし、ここでも例外として『秘蔵記』が賢護、無量光、月光、網明（光網）という順をあげる。

㈣についてはいささか複雑な様相を示している。配列Aでは北方の四尊は金剛蔵、無尽慧、弁積、普賢の順序で並んでいた。配列Aをとらない場合、このうちの金剛蔵と普賢はつねに現れるが、残る二尊には無尽慧と弁積のほかに文殊と智積の名称が現れる。必ず含まれる金剛蔵と普賢のうち、普賢は第四位という定位置を動かないが、金剛蔵は第三位に置かれる場合と第一位に置かれる場合の二つのパターンが認められる。金剛蔵の位置に応じてこれらを便宜上、配列B、配列Cとよぶことにしよう。

ここで北方の四菩薩についてA、B、Cの配列を示しておく。

A：金剛蔵、無尽慧、弁積、普賢

B：x、y、金剛蔵、普賢

C：金剛蔵、x、y、普賢

（x、yには無尽慧、弁積、文殊、智積の中からいずれか二尊が選ばれる）

まず配列Bであるが、ここでx、yで表した二菩薩には無尽慧以下の四菩薩が無秩序に現れるわけではなく、いくつかのパターンがある。文献によっては、一つの菩薩のところに二尊の菩薩名をあげ、そのいずれでもよいとするものがある。[34] 二尊の菩薩名の組み合わせは、無尽慧と智積、文殊と弁積の二組がある。これらの二菩薩ずつは同じシンボルで表現され、互換性があると考えられたのであろう。実際に x、y に登場するパターンもこれにほぼ従う、すなわち、無尽慧・弁積あるいは文殊・智積のような組み合わせはあっても、無尽慧・智積、文殊・弁積の二例はほとんど現れない。ただし、ここでも例外として『秘蔵記』の x＝智積、y＝無尽慧、『金剛界大曼荼羅図真別処本』（大正蔵図像部　第一巻、五六〇頁）の x＝文殊、y＝弁積があるが、一般的ではない。そして、無尽慧あるいは智積をはじめに置き、後に残りの二尊のうちの一尊が選ばれる例（B_1）と、逆に文殊と弁積のいずれかがはじめに置かれ、他の菩薩がその後に置かれる場合（B_2）に分類することができる。具体的な組み合わせとしては、B_1 に無尽慧・弁積（『賢劫十六尊』、淳祐『金剛界七集』、興然『金剛界七集』）、無尽慧・文殊（淳祐『金剛界七集』『叡山本八十一尊曼荼羅』）、B_1 として文殊・無尽慧（『三十七尊賢劫十六尊外金剛二十天図像』『金剛界三昧耶曼荼羅図』）、文殊・智積（『金界発恵鈔』『両部曼荼羅義記』）、弁積・無尽慧（明達『両界図位』）があげられる。[35] 組み合わせとしては可能であるが弁積・智積のパターンはなく、また智積がはじめに置かれる例も『秘蔵記』を除いて見当たらない。

配列Bに比べて配列Cは単純である。x、y のところには文殊と智積がこの順序で現れるのみである。[36] この文殊と智積という尊名は、すでに見たように配列Aには現れず、配列Bになってはじめて登場した二菩薩である。また、配列Cの金剛蔵が第一位に置かれている点は配列Aと同じであるが、先ほどの互換性から考えれば弁積（＝文殊）、無尽慧（＝智積）の順となり、配列Aの無尽慧、弁積とは逆になっている。配列Cの場合、西方四菩薩の順序が配列Aではなく配列Bと共通であったことや、文殊・智積の組み合わせが配列Bの中でも比較的新しい文献に見られることから、配列Bの文殊、智積、金剛蔵という B_2 の組み合わせを配列Aに合わせて金剛蔵、文殊、智積としたものではないであろうか。

<table>
<tr><th>A</th><th>B_1</th><th>B_2</th><th>C</th></tr>
<tr><td colspan="4">弥勒</td></tr>
<tr><td colspan="4">不空見</td></tr>
<tr><td colspan="4">滅悪趣</td></tr>
<tr><td colspan="4">除憂闇</td></tr>
<tr><td colspan="4">香象</td></tr>
<tr><td colspan="4">大精進</td></tr>
<tr><td colspan="4">虚空蔵</td></tr>
<tr><td colspan="4">智幢</td></tr>
<tr><td colspan="4">無量光</td></tr>
<tr><td>月光</td><td colspan="3">賢護</td></tr>
<tr><td>賢護</td><td colspan="3">光網</td></tr>
<tr><td>光網</td><td colspan="3">月光</td></tr>
<tr><td>金剛蔵</td><td>無尽慧</td><td>文殊
弁積</td><td>金剛蔵</td></tr>
<tr><td>無尽慧</td><td>弁積
文殊</td><td>無尽慧
智積</td><td>文殊</td></tr>
<tr><td>弁積</td><td colspan="2">金剛蔵</td><td>智積</td></tr>
<tr><td colspan="4">普賢</td></tr>
</table>

表15　賢劫十六尊の配列

A、B_1、B_2、Cの各配列をまとめたものが**表15**である。

賢劫十六尊の配列と構成員に三ないし四系統あることをふまえて、日本の金剛界マンダラにおける十六尊のシンボル体系を見ていこう。

インド以来の配列Aを示す『略出経』や『大教王経』には、各尊の個々のシンボルについての言及は含まれない。これらについて述べる文献が現れるのは、時代が下ってからである。賢劫十六尊のより古いシンボル体系を伝えるのは、文献資料よりもむしろ図像資料であると考えられる。

空海が中国より請来した金剛界マンダラの原本は現存しないが、これをもとに何回かにわたって転写された、いわゆる現図系の九会の金剛界マンダラが伝えられる[37]。また、現存する最古の両界曼荼羅といわれる紫綾金銀泥絵の「高雄曼荼羅」も参照することができる。高雄曼荼羅からはマンダラの尊像のみを取り出した白描集も制作された。さらに、現図系ではないが、長く伝真言院曼荼羅とよばれ、現在では西院本とよばれることも多い小幅本の金剛界マンダラや、十二世紀頃の制作といわれる金剛界マンダラの残闕（いわゆる甲本）、さらには投華得仏の儀式に実際に使用されたと見られる東寺所蔵の平安期の敷曼荼羅などが残されている[38]。

これらは、最後の敷曼荼羅を除き、いずれも九会からなる金剛界マンダラである。九会マンダラの場合、中央の成身会には賢劫千仏が置かれ、三昧耶会、微細会、供養会、降三世会、降三世三昧耶会の五会には賢劫十六尊が描かれている。敷曼荼羅は成身会に相当するが、賢劫千仏ではなく賢劫十六尊が描かれる。これらの図像資料の賢劫十六尊のシンボルを比較してみると、同一マンダラの五会のあいだばかりではなく、異なるマンダラのあいだでも、シンボル体系はほとんど変わりがないことが知られる。シンボルの名称と配列は次のとおりである[39]。

（東）水瓶、独鈷眼、梵経、樹枝

（南）鉢、剣、宝、幢

（西）光焔、賢瓶、光網、半月

（北）梵経、五色雲、井字金剛杵（独鈷杵を井桁に組む）、剣

これらのシンボルは白描の九会マンダラや巻子本の白描集においても同じ配列で描かれている[40]。

文献に見られるシンボル体系はどうなっているであろうか。円仁や円珍の師であった青龍寺の法全に由来すると推測される（栂尾　1927：247）『賢劫十六尊』は、尊名とシンボル名をあげる数少ない文献資料である。同書の示すシンボルは現図のものと比べると一部で一致しないものがあるが、多くは共通している[41]。また石山流の開祖として東密の伝統に大きな影響を与えた淳祐（八九〇～九五三）の『金剛界七集』は、図像資料に見られたシンボルをほぼそのままの順序であげている。ただし、東方第三、第四、北方第一、第二のシンボルをそれぞれ逆にする（大正蔵図像部　第一巻、一九六～一九八頁）。

このように、文献資料においては若干の例外は認められるものの、図像資料においては十六尊のシンボル体系はきわめて安定していたことがうかがわれる[42]。これは、十六尊の尊名や配列で見られた混乱とは対照的である。そして、シンボル体系の安定性は、これらの混乱がシンボルの異同にもとづくものではないことを示唆している。むしろ、尊名や配列の混乱、とくに北方の四菩薩に関するそれは、シンボルと特定の尊格との対応関係が、普賢を除い

てあいまいであったことに起因すると考えられる。

日本の金剛界マンダラに現れるシンボル体系は、すでに見た十六尊の配列のいずれの系統に一致するであろうか。配列Aと配列B・Cとの違いは、西の四菩薩の順序にあった。これら四尊のシンボルの順序と比べてみると、光焔、賢瓶、光網、半月であり、配列B・Cの無量光、賢護、網明、月光と正確に対応している。また配列Cが配列Bをもとにした比較的新しい配列であったことを考慮すれば、中国からの請来本を原本とするこれらの図像資料はCではなくBの配列を示していると考えるべきであろう(43)。

おわりに

これまで述べてきたことより、インド密教とその後継者であるチベット密教の流れと、中国を経由して日本に伝えられた密教の流れとのあいだでは、金剛界マンダラの第二院に配される賢劫十六尊に大きな断絶があることが明らかとなった。

アーナンダガルバ以降のインドやチベットの金剛界マンダラでは、賢劫十六尊は四つの部族のシンボルである金剛杵、宝、蓮華、羯磨杵を手にし、四部を象徴する色で塗り分けられるという、部族の思想を文字どおり体現した姿で表された。部族という理念を徹底させることによって、十六尊のそれぞれの菩薩が個性を捨てた単純な姿をとることになったのである。これは、顕教の菩薩が密教の菩薩へと変化する一つのパターンであるということもできる。

しかしながら、根本タントラである『真実摂経』が成立した当初の賢劫十六尊が、依然として顕教の菩薩としての側面を保ち、各尊がそれぞれを象徴するシンボルと結びついていたことは、経典中の「各自の印」という言葉から推測される。ただし、日本の金剛界マンダラの賢劫十六尊が備えていたようなシンボル体系は、インドの文献の中には見出すことはできなかった。

インドやネパールでは『悪趣清浄タントラ』の九仏頂マンダラに、独自のシンボルで象徴される賢劫十六尊が現れる。九仏頂マンダラの十六尊のシンボル体系を日本の金剛界マンダラのそれと比較してみると、かなりの菩薩で一致していることが分かる。この二つの体系は、本来は同じものであったとはいえないまでも、よく似たシンボル体系を出発点とした可能性もあるであろう(44)。ネパールの金剛界マンダラに九仏頂マンダラの十六尊のシンボル体系が登場したことは、単なる借用ではなく、類似のシンボル体系への一種の回帰とみなし得るかもしれない。

十六尊の各尊が独自のシンボルを持つことを説く文献がインドには見出せないことと同様、アーナンダガルバが説くような四部のシンボルを備えた賢劫十六尊は日本の金剛界マンダラには現れない。現図曼荼羅に代表される日本の金剛界マンダラが成立した時代には、四部あるいは五部の概念は十分浸透していなかったためであろうか。その後、日本の金剛界マンダラは、部族という理念よりも大・三・法・羯の四印によって解釈されることが一般的であった。

従来よりいわれてきた賢劫十六尊の配列および構成員の異同は、日本の金剛界マンダラにしか現れず、インドまではさかのぼり得なかった。インド、チベット、ネパールでは、十六尊の名称と配列は一貫していたことが明らかとなった。十六尊の配列の違いは、大きくAと非Aの二つに分かれ、このうちA以外の配列はさらにB_1、B_2、Cの三つに分類することができた。AとA以外とでは西方と北方の八菩薩の配列に大きな違いがあるが、A以外の配列を示す三系統は、どのシンボルをどの菩薩のものとみなすかという違いにすぎず、シンボル自体は、尊名比定の混乱とは対照的にきわめて安定している。とくに北方の菩薩に見られる配列や尊名の混乱は、シンボルとそれによって象徴される菩薩との結びつきの弱さも一因となっていると考えられる。たとえば、配列Aでは登場することのなかった文殊が配列BやCで登場するようになったのは、梵篋というシンボルとの結びつきが、他の無尽慧や弁積よりも強かったからであろう。

インド・チベットの賢劫十六尊と日本のそれとの相違は、密教図像の伝統を継承する両地域の姿勢にも関連している。整備された儀軌が存在し、作品よりも文献に優越性を与える反面、儀礼のために作ったマンダラは、儀礼が終了すればただちに破壊されるという、インド・チベットの密教図像の伝統とは異なり、このような優越性を持った文献が存在せず、逆に請来本や現図などに代表される図像資料を重視したことが、日本における賢劫十六尊の混乱を招いた最も大きな要因ではなかったであろうか。

註

（1）ただし、三十二尊の多くは従来から信仰されてきた尊格を起源としていることが、田中によって指摘されている（田中　1981, 1983）。

（2）『根本説一切有部毘奈耶』（大正蔵　第一四四二番、六七〇頁下）。Cowell & Neil（1970：344）.

（3）『賢劫千仏名経』（大正蔵　第四四七番）があげる千仏の中で賢劫十六尊にも登場する尊格は、弥勒、不虚見（不空見）、香象、無量光、月光、楽説聚（弁積）の六尊にすぎない（括弧内は賢劫十六尊の尊名）。千仏のサンスクリットおよび漢訳名はWeller（1928）を参照した。

（4）大正蔵　第六五八番　二〇九頁中、同第三六〇番　二六五頁下。

（5）サキャ派のゴル寺のマンダラ・コレクション（bSod nams rgya mtsho　1983：Nos. 22–24）による。これらの四尊の名称は、Weller（1928）の千仏のリストでも、弥勒は五番、威徳手は二五七番、智称は五一〇番、善愛目は七五六番と、ほぼ二百五十の間隔をおいて登場する。

（6）八大菩薩については、本書第二部第四章を参照。

（7）テキストは以下のとおり。

不空見菩薩。文殊師利童真菩薩。滅悪趣菩薩。断憂闇菩薩。除一切蓋障菩薩。網光菩薩。滅一切境界慧菩薩。観自在菩薩。不疲惓意菩薩。香象菩薩。勇猛菩薩。虚空庫菩薩。無量光菩薩。月光菩薩。智幢菩薩。賢護菩薩。海慧菩薩。無尽慧菩薩。金剛蔵菩薩。虚空蔵菩薩。普賢菩薩。弁積菩薩。慈氏菩薩（大正蔵第一九巻、六七六頁上）。

（8）不空訳は大正蔵　第十八巻、二一七頁上、施護訳は同三七五頁下、三六一頁上、金剛智訳は同二四〇頁下。このうち、金剛智訳の本文は以下のとおり。

次画弥勒等自印記。所応画者。皆随意画。又想千菩薩。各在諸方。悉具厳飾。

（9）『大教王経』と同本異訳である不空訳『金剛頂蓮華部心念誦儀軌』（大正蔵　第八七三番）には、該当する部分はない。

（10）TTP, No. 113, vol. 5, 29. 5. 1-3.

（11）TTP, No. 3333, vol. 71, 186. 3. 4-6; 214. 4. 6-5. 2.

（12）梅尾祥雲も類似の解釈を示している（1927：274–275）。

（13）サンスクリット・テキストは、密教聖典研究会（1986, 1987）および森口光俊（1989）によって発表されている。賢劫千仏の該当箇所は後者に含まれる。

（14）ただし坐法については、四仏の場合は結跏趺坐であったが、他の菩薩や女尊たちは薩埵趺坐（sattvaparyaṅka）をとるという違いがある（Bhattacharyya　1972：46）。

（15）TTP, No. 3961, vol. 80, 102. 5. 6–103. 1. 2.

（16）Lokesh Chandra（1968, part 11：683.6–700.4）.

（17）'Jam dbyang blo gter dbang po（1971, vol. 4：75.5–76.6）.

（18）Pan chen blo bzang chos kyi rgyal mtshan（1973：85.2–5）；TTP, No. 6236, vol. 163, 11.2.1–5.

（19）このほかにもTucci（1986）所収の金剛界マンダラ（Pl. 219）が賢劫十六尊を含む五十三尊マンダラであることが、田中によって指摘されているが（1987：163）、図版からは細部の表現は判別できず色彩も明らかではない。また、『ニシュパンナヨーガーヴァリー』のマンダラは、チベット人画工による白描がRaghu VīraとLokesh Chandraによって刊行されているが（1967）、誤って賢劫十六尊が大日と四波羅蜜のまわりに配され、四仏と十六大菩薩の四つの月輪がこれを取り囲むような形に描かれている。

（20）各文献の写本の現存状況は、塚本他（1989）の各項参照。

（21）『所作集』については、乾（1998）、桜井（1996）、Tanemura（1997）参照。

（22）TTP, No. 3354, vol. 74, 44. 1. 2–5. 8.

（23）Skorupski（1983：29–31, 166–168）. 普明マンダラの賢劫十六尊は、経典では名称、シンボルとも明確ではない。またアーナンダガルバやヴィシュヴァヴァルマン（Viśvavarman）の儀軌（TTP, No. 3458, vol. 77, 307.4.6–5.1; No. 3453, vol. 76, 124.4.4–6）では、尊名のみが列挙されるが、その配列はこれまで見てきたものとも日本のものとも一致しない（Skorupski　1983：312）。プトンは普明マンダラの儀軌（東北、五一三四番）の中で、金剛界マンダラと同じ配列で、しかも尊容も四菩薩と同じ賢劫十六尊を紹介する（Lokesh Chandra　1968：705.6–707.1）。これは、ラダック（岩宮　1987：42）やチベット本土の作例（栂尾　1986：図III9–2, bSod nams rgya mtsho　1983：No. 27）にも一致する。

（24）TTP, No. 3960, vol. 77, 8.3.2–5.8. 大正蔵　第一九巻、九〇頁上中。

（25）Bhattacharya（1972：66–67）; TTP, No. 3961, vol. 80, 104. 5. 5–7.

（26）Pan chen blo bzang chos kyi rgyal mtshan（1973：113.1–114.1）; TTP, No. 6236, vol. 163, 12.1.5–2.5; 'Jam dbyang blo gter dbang po（1971, vol. 6：353.6–355.2; 371.1–372.4）.

（27）『九仏頂タントラ』のサンスクリット・テキストは甘露光、チベット訳では無量光、アーナンダガルバの儀軌ではチベット訳が無量光、漢訳が甘露光、アバヤーカラグプタの二著作は梵蔵いずれも甘露光、『タントラ部集成』は無量光、パンチェン・ラマ一世、チャンキャ・ラマの注釈書は甘露光である。

（28）金剛界マンダラの賢劫十六尊に九仏頂マンダラのそれをあてる例は、たとえば立川の紹介する現代のネワール仏教の絵師による金剛界マンダラにおいても見られる（1987：163）。
(29) ムシュヤ・バハについてはLocke（1985：271）参照。
(30) たとえば本圓『両部曼荼羅義記』（大日本仏教全書、第五十二巻、二〇八頁中〜二〇九頁中）。また『密教大辞典』『密教辞典』（いずれも法藏館刊）の「賢劫十六尊」の項参照。
(31) 除憂闇と香象の順序が逆になっている（大正蔵　第六一巻、三三二頁上）。
(32) 淳祐『金剛界七集』（大正蔵図像部　第一巻、一九六頁下）、『金剛界三昧耶曼荼羅図』（同一〇六九頁）、『三十七尊賢劫十六外金剛二十天図像』（同一〇八八頁）など。
(33) 金剛幢は淳祐『金剛界七集』（大正蔵図像部　第一巻、一九七頁中）、『金界発恵鈔』（大正蔵　第二五三三番、一三二頁中）などに、如意幢は『両部曼荼羅義記』（大日本仏教全書　第五十二巻、二〇八頁下）に、それぞれ登場する。
(34) 淳祐『金剛界七集』（大正蔵図像部　第一巻、一九八頁上）、明達『両界図位』（大正蔵図像部　第二巻、八五〇頁）、亮憲『金剛界曼荼羅尊位現図抄私』（同一一三五頁）など。
(35) 各出典の該当箇所は註(32)〜(34)参照。
(36) 『金界発恵鈔』（大正蔵　第二五三三番、一三三頁中）、『金剛界大曼荼羅図』（大正蔵図像部　第一巻、四八二・四九〇頁）、澄瞬『両部曼荼羅私抄』（同第二巻　一〇二四〜一〇二七頁）、亮憲『金剛界曼荼羅尊位現図抄私』（同第二巻、一一三四〜一一三五頁）。
(37) 現図よりも古い形式を伝えるとされる『五部心観』や青蓮院旧蔵「金剛界諸尊図様」（柳沢　1965）には、賢劫十六尊は含まれない。空海は八十一尊の金剛界マンダラを請来したと伝えられるが、この流れをくむ遺品は現存しない（小野　1937、小久保　1986）。
(38) このほか台密系のマンダラとして八十一尊からなる一会の金剛界曼荼羅が伝えられ、十点ほどの作例が遺されている。台密の八十一尊曼荼羅についてはすでにいくつかの研究があり、大きく分けて二系統あることが知られている（田中　1946、錦織　1975）。賢劫十六尊については、賢劫十六尊のみを描くものと千仏もあわせて描くものの二種がこの二系統に対応する。しかし、十六尊の持物を比較すると、妙法院版（大正蔵図像部　第一巻、別紙三）

が現図曼荼羅と同じ持物を持つのに対し、根津本や叡山本（大正蔵図像部　第二巻、七〇六～七一一頁）では戟や剣などまったく別の持物が現れる。八十一尊曼荼羅の賢劫十六尊については、稿を改めて検討したい。

(39)　栂尾（1927：275–276）、石田（1979：132）にもあげられている。

(40)　いわゆる御室版や石山寺蔵『金剛界大曼荼羅図』（大正蔵図像部　第一巻、四八二頁）、『三昧耶形法輪院本』（同一一二二～一一二九頁）、『金剛界三昧耶曼荼羅図』（同一〇六四～一〇六九頁）など。

(41)　除悪の三股杵、無量光の蓮華、金剛蔵の独股、普賢の五智印は一致しない。

(42)　たとえば、不空見のシンボルである独眼（独鈷の左右に眼を置く）が十字形の金剛杵になるといった程度の変化はある。

(43)　近現代の研究者による現図曼荼羅を中心とする比定作業でも、北方の四菩薩は無尽慧、弁積、金剛蔵、普賢の配列をとるものがほとんどである。例外として、石田が無尽慧と弁積を逆に（石田　1975a）、また高田修らが、文殊、無尽慧としている（高田　1967）。このうち、石田はのちに『両界曼荼羅の智慧』（石田　1979）において、弁積と無尽慧を逆転させている。また高田らは、文殊、無尽慧の順は淳祐の『金剛界七集』の持物との対応に一致させたとしている。なお石田は、現図の胎蔵界の不空見、一切憂冥は、それぞれ金剛界マンダラの不空見、除憂闇から補ったとするが（石田　1975a：20）、もしこれが正しいとすれば、現図胎蔵界の成立時には、金剛界の賢劫十六尊のシンボル体系はすでに成立していたことになる。

(44)　賢劫十六尊とよく似たグループを含む文殊金剛マンダラや法界語自在マンダラも、諸菩薩のシンボル体系に関しては共通の基盤を持っていたのではないであろうか。

第三章　チベットの大日如来

はじめに

密教における最も重要な仏の一人が大日如来であることは言うまでもない。それはチベットにおいても同様である。大日如来を描いた壁画、タンカ、あるいは浮彫やブロンズ像などが、数多く遺されている。大日如来を中尊とするマンダラも何種類か知られている。しかし、この仏を法身、すなわち宇宙の真理そのもので、あらゆる仏の根源的な存在としてとらえる日本密教とは、その位置づけはかなり異なる。

仏をどのようにとらえるかは、インド仏教史においてきわめて重要な問題であった。歴史上のブッダである釈迦以外にも仏はいるのか、それは時間的にさかのぼる過去仏や、未来に出現する弥勒のような仏であるのか、われわれの世界以外にも別の世界があり、そこでも仏によって法が説かれているのか。このような考えは仏教の歴史のかなり早い段階から認められるが、大乗仏教を信奉する者たちは、時間や空間の広がりの中に複数の仏たちを見出し、ついにはその数が無数であると考えるに至った。それらの仏たちを整理し体系づけたのが「仏身論」であり、とくに法身、報身、応身の三種の仏身を説く三身論であった。

法身は法、すなわち仏の悟りそのものであり、本来、姿や形を持たない。大乗仏教では『華厳経』の毘盧遮那仏がその代表的なものとして知られ、のちの密教の大日如来の先駆となる。報身は菩薩として積み重ねてきた修行の果を享受する仏である。修行の果こそ悟りにほかならない。報身仏の例としてしばしばあげられる阿弥陀仏は、法蔵菩薩が誓願を立て、修行を完成させた仏である。阿弥陀仏は悟りを享受するための仏国土である極楽浄土にとどまり、そこで説法もする。最後の応身は、衆生や時代に応じて、それにふさわしい姿をとって出現する仏で、仏国土を離れ、われわれの身近において法を説く。歴史上のブッダである釈迦もその一人と考えられた。

日本密教では、法身としてマハーヴァイローチャナ（摩訶毘盧遮那）如来すなわち大日如来を立て、この法身によって加持された報身である毘盧遮那如来が説法をすると説かれる。「加持」というのは密教で重視される用語であるが、「宗教的な力のはたらきかけ」とでも理解することができる。金剛界マンダラや胎蔵マンダラの主尊として、その中央に描かれているのは法身としての大日如来である。

これに対してチベットでは、法身である大日如来は色や形を離れた存在であり、その姿を表現することはできないと考える。そのため、マンダラに描かれているのは法身ではなく、法身によって加持された報身としての毘盧遮那如来となる。

日本密教で最も重視されるマンダラは、金剛界と胎蔵のいわゆる両部のマンダラである。金剛界にあわせて胎蔵界とし、両界曼荼羅と呼ばれることもある。いずれも大日如来を中尊とするため、マンダラとは大日如来を中心とした仏たちの世界図として説明されることも多い。そして、大日如来以外の仏を中尊とするマンダラは「別尊曼荼羅」としてまとめられ、特定の修法のための特殊なマンダラのように扱われる。

しかし、インドの密教の流れの中で、大日を中尊とするマンダラが流行したのは、それほど長い期間ではない。よく知られた密教の時代区分に、所作、行、瑜伽、無上瑜伽のタントラ四分法があるが、このうち、大日如来を中尊とするマンダラが説かれたのは、行タントラと瑜伽タントラのそれぞれ一部にすぎない。胎蔵マンダラが前者、金剛界マンダラが後者の代表であるが、『悪趣清浄タントラ』とよばれる瑜伽タントラの経典にも、大日如来を中尊とするマンダラが含まれる。

初期密教の所作タントラの時代には、伝統的な仏である釈迦を中心とするマンダラや、陀羅尼の尊格で構成されたマンダラが多い。一方、後期密教ともよばれる無上瑜伽タントラでは、数多くのマンダラが登場するが、その中で大日如来を中尊とするものは皆無に等しい。代わって現れるのは、秘密集会、ヘーヴァジュラ、サンヴァラ、カーラチャクラなどの名称を持つ、多面多臂で、しばしば忿怒の姿をした仏たちである。これらはいずれも仏教パンテオンの中心的な存在の尊格となるが、その座がふたたび大日に与えられることはなかった。もっとも、大日如来がマンダラから完全に姿を消してしまったわけではなく、中尊に準ずる複数の仏の中の一尊として、しばしばマンダラに描かれている。

チベットで見られる大日如来の作例のうち、主尊もしくは単独で表されるものは、胎蔵マンダラの主尊である胎蔵大日、金剛界マンダラの金剛界大日、そして、『悪趣清浄タントラ』にもとづく一切智大日の三種にほぼ限られる。本章ではこれら三種の大日について、重要な作例を示しつつ、順に紹介しよう。そして、マンダラの中尊以外の大日如来の例もいくつか示す。

なお、すでに述べたように、チベットの大日如来は毘盧遮那如来と表記すべきであるが、慣例に従い、大日如来とする。大日如来はチベット語では「ナンパルナンゼ」（rnam par snang mdzad）と訳され、略称として「ナムナン」（rnam snang）あるいは「ナンゼ」（snang mdzad）と、しばしばよばれる。胎蔵大日は「ゴンチャン」（sngon chang）、金剛界大日は「ドルイン」（rdor dbyings）、一切智大日は「クンリク」（kun rig）という訳語が一般に用いられるが、いずれも略称である。

一　胎蔵大日

1　吐蕃期の胎蔵大日

インド仏教において大日如来（あるいは毘盧遮那如来）が主要な尊格として登場したのは、おそらく『華厳経』であるが、チベットには、明確に『華厳経』の大日如来（毘盧遮那如来）に比定できる作例は知られていない。現存するチベットの大日如来の中で最も古い作例は、八世紀後半から九世紀にかけて作られたもので、現在五点程度、確認されている。いずれもいわゆる胎蔵大日である。胎蔵大日は『大日経』（『大毘盧遮那成仏神変加持経』）を典拠とする胎蔵マンダラの主尊であるが、これらの作品はマンダラの一部ではなく、八尊の有力な菩薩たち、すなわち八大菩薩を伴った形式をとる。

『大日経』がチベット語に翻訳されたのは、九世紀前半のことと考えられている。八二四年に編纂されたチベット最古の訳経目録『デンカルマ目録』に、この経典名が見出されるからである。翻訳はインド人シーレーンドラボーディとチベット訳経僧ペルツェクの二人の手になる。これらの人物の生没年については明らかではないが、チベット訳と漢訳との比較などから、翻訳が八世紀にまでさかのぼることは、おそらくないと考えられている。このことは、チベットの最初期の胎蔵大日の作例が、『大日経』の翻訳・導入以前に位置づけられることを示唆している。これらの作品は『大日経』そのものではなく、この経典と密接な関係を持ち、大日如来と八大菩薩を説く、何らかの文献にもとづいて制作されたと考えられている。八大菩薩も『大日経』と関連を有する尊格グループではあるが、『大日経』そのものにはまとまった形では説かれず、八大菩薩を従えた大日如来という形式も、同経には登場しない。

胎蔵大日の最初期の作例は、敦煌を中心としたいわゆるシルクロードと、現在の青海省などに含まれる東チベットの二カ所から発見されている。(1)

このうちシルクロードからは、敦煌莫高窟出土でスタイン収集の絹絵（大英博物館所蔵）、安西楡林窟の壁画、そして正確な出土地は不明であるが三連式の仏龕、の三点があげられる。敦煌莫高窟については、第14窟の壁画も胎蔵大日の可能性が指摘されている。敦煌は七七六年から七八一年にかけて吐蕃王朝によって支配されており、これらの作品もこの時代に位置づけられる。

図104　胎蔵大日八大菩薩像（大英博物館）

スタインが敦煌からもたらした絹本着色の大日如来と八大菩薩像（図104）は、縦九五・〇センチメートル、横六三・五センチメートルの大きさで、中央にやや大きく胎蔵大日を描き、その左右に縦に四尊ずつ菩薩を配する。作品の上下の部分などに若干の破損があるが、かなり良好な状態で残され、とくに中央の大日如来の部分は、彩色もよく残っている。大日如来は方形の台座の上に結跏趺坐で坐り、定印を結んでいる。頭部は髪髻冠とよばれる高く結い上げた髪型をし、これに冠飾をつける。長い髪が肩まで垂れたいわゆる垂髪を有し、瓔珞、腕釧、天衣、条帛などで身を飾る。菩薩形の大日如来で、わが国の作例とも共通する典型的な胎蔵大日如来の姿である。丸みを帯びたやや大きめの顔に、眉や目を細く描き、耳は誇張気味に大きく表されている。円形の頭光と光背は、同心円上に幾重にも円が描かれる。台座の左右には動物の姿が認められるが、おそらく大日の座にしばしば表される獅子であろう。頭上には豪華な天蓋も吊り下げられている。

菩薩たちはいずれもくつろいだ姿勢で坐り、中央の大日如来の方に、わずかに身体を向けている。大日如来に近い方の手を持ち上げて、それぞれの尊に固有の持物を示している者もいる。これらの持物や、さらに尊名の書き込みから、各尊を比定することができる。

現在、ネルソン・アトキンス美術館が所蔵する三連式の仏龕（図105）についても、おもな特徴を見てみよう。この作品は三つの部分を革紐で連結し、左右の部分を観音開きのように開閉することができる。わが国でも高野山金剛峯寺に著名な仏龕があり、国宝に指定されている。弘法大師の枕本尊と古くからいわれてきたが、実際に唐代の中国で制作され、日本に請来されたと考えられている。形式的には敦煌の仏龕もこれによく似た構造を持つが、作品の主題は異なる。

中央の部分には本尊に相当する胎蔵大日が大きく浮彫にされ、敦煌の絹絵と同様に、その左右に八大菩薩が四尊ずつ縦に並んでいる。胎蔵大日如来が定印を結んだ菩薩形で表されているのも同じである。台座の左右に獅子がやはり描かれるが、中央には象らしき動物も表されている。八大菩薩の持物は判然としないものもあるが、直接、手に持つ場合と、蓮華の上に載せて蓮華の茎を手にする尊もいる。

この作品には胎蔵大日と八大菩薩以外にも複数の尊格や人物が含まれている。まず、大日の台座の下方には、二

図105　胎蔵大日八大菩薩仏龕（ネルソン・アトキンス美術館）

尊の菩薩と一人の僧形の人物がいる。菩薩は八大菩薩たちが坐る蓮と同じ根から枝分かれした蓮台に乗る。二尊のあいだのやや下方にいる僧形の人物は、合掌してうずくまった姿で表されている。向かって右の菩薩は僧形の人物の頭に右手を伸ばしてふれ、左の菩薩は両手で水瓶らしきものを差し出し、僧形の人物の頭上に水をそそいでいるように見える。おそらくこれは灌頂の場面を表し、僧形の人物を菩薩たちが灌頂し、頭を按ずる（「摩頂」という）様子を表現している。

初期の密教経典には、灌頂のために諸尊図を準備し、これを前にして儀式を行うという記述がしばしば見られる。このような諸尊図が「マンダラ」とよばれることもあるが、後世の金剛界マンダラなどの幾何学的でシンメトリカルに諸尊を配したものとは異なり、いわば「諸尊群像図」のような形式をとる。そして、これらの諸尊の中に摩頂の姿をとる仏が含まれることもある。灌頂とは仏となる資格を弟子に与える最も重要な密教の儀礼である。儀礼の場で弟子に灌頂を与えるのは師僧に相当する阿闍梨であるが、それは仏によるイニシエーションを再現したものにほかならない。仏龕に表されているのは、このような灌頂の儀式の情景であり、儀礼の場で用いられた諸尊図であったのかもしれない。折り畳み式で移動が容易であるため、灌頂を行うたびにその儀式の場に運び込まれ、終わればふたたびしまい込むことができる。灌頂を受ける弟子は、中央の下部に描かれた僧形の人物に、自分自身を重ね合わせたのであろう。

仏龕には、これらの尊格や人物のほかにも、大日如来の上部左右には飛天が、また左右の扉の部分には仏と二従者（あるいは菩薩）、四天王、四臂の明王が、上下三段の区画に表されている。二人の従者は仏の下に置かれるが、その脇侍ではなく、中央の大日如来に向かって合掌している。左右の仏たちも大日如来に近い方の手を上にあげているが、これも大日如来への礼拝の姿であろう。さらに、四天王や明王たちも左右対称となるように配置され、全体を見るものの視点が、中央の大日如来に収斂するような効果を生み出している。これらの左右の部分は、折り畳めば扉となって中央部分を保護する役目を持つが、そこに描かれている四天王や明王たちは、大日如来と八大菩薩、さらには灌頂という儀礼の場を守る、護法的な役割も果たしている。大日如来を中心とする求心的な構造をとることは、単なる礼拝用の仏龕ではなく、特定の機能を有する作品であったことを予想させる。

敦煌莫高窟に近い安西楡林窟の第25窟には、壁画の胎蔵大日如来（図106）が残されている。この大日如来も八大菩薩を伴っていたと考えられるが、残念ながら壁画の剝落で大日の左辺が失われ、右辺に四尊の菩薩が残されるのみである。これらの四尊は縦一列ではなく、上下左右に二尊ずつ並ぶ。尊名を示す題記があり、中国側の資料によると、中央の尊には「清浄法身盧舎那仏」とある。『華厳経』の法身毘盧遮那如来を意図しているようであるが、尊容はこれまでと同様、菩薩形をとる典型的な胎蔵大日如来である。台座の左右に獅子を置く点も共通している。

図106　胎蔵大日如来（安西楡林窟第25窟）

現存する右辺の四尊の菩薩のうち、大日の隣の二尊（虚空蔵と弥勒）は、大日に近い方の手を上に持ち上げ、残りの二尊（地蔵と文殊）は、両手を胸の前に置く。失われた左辺の四菩薩もおそらくこれと対称となるポーズをとっていたと考えられる。左右の対称性が意識され、中央の大日如来への求心性を与える方法は、これまでの二作品と共通する。

敦煌とその周辺ばかりではなく、東チベットのカム地方にも、吐蕃時代の胎蔵大日如来と八大菩薩像が二例遺されていることが、近年の研究で明らかにされた。一つはチベット自治区チャムド地区のチャムドゥンで、もう一つは青海省玉樹県（ジェクンド地区）のビドである。いずれも岩壁に浮彫で表された磨崖像で、チャムドゥンの像高は約四メートル、ビドの像（図107）は約一・六メートルある。両地域とも外国人への未開放地区であるため、限られた数の写真しか公開されていない。

このうちチャムドゥンの像は、地面から伸びる蓮台の上に結跏趺坐で坐り、定印を結んでいる。肩から胸にか

図107　胎蔵大日如来（ビド）

けてカタとよばれるショール状の布が掛けられているため、装身具等は確認できないが、宝冠を戴いている点などから、菩薩形であることが推測される。蓮台の下には二頭の獅子が大きく表されている。大日如来の左右には、八大菩薩が四尊ずつ、それぞれ縦一列に並んで坐っている。これも、敦煌の絹絵や仏龕に見られた八大菩薩の配列の方法に一致する。ただし、公開されている写真からは、尊容の細部までは確認できず、各尊の比定は困難である。制作年代は、銘文の内容から西暦八〇四年であることが判明している。

一方、ビドの像は近年、表面が金色を中心とする塗料で塗り直され、さらに奉献された衣や装飾品で全身が覆われ、オリジナルの尊容はほとんど確認できない。ただし、定印を示すと考えられる手の位置、蓮台の下の二頭の獅子、左右に表された八大菩薩などから、これまでと同様、菩薩形の胎蔵大日と見るのが妥当と考えられている。八大菩薩は大日如来の左右、上下二段に二尊ずつ配され、楡林窟と同じ形式をとる。ただし、いずれも坐像であったこれまでの作例とは異なり、ビドの八大菩薩は立像である。また、銘文は、チャムドゥンの作例とほぼ同じ時期の八〇六年の制作であることを伝えている。

このように敦煌とその周辺から出土した作品よりはやや遅れるが、東チベットにおいても胎蔵大日と八大菩薩像が制作されていたことが確認される。八世紀後半に建立された中央チベットのサムエ寺にも、かつて胎蔵大日と八大菩薩を安置していたことが指摘されている。この像は現存しないが、吐蕃時代の八世紀から九世紀にかけて、チベットの広い範囲で、胎蔵大日と八大菩薩の組み合わせが知られていたことが分かる。これは『大日経』のチベット語への翻訳に先行するもので、おそらく、これらの尊を説き、『大日経』とも関わりを持つ先駆的な文献が、すでにチベットにおいて流布していたことを予想させる。

これらの現存する作品は、いずれも胎蔵大日如来を中心に置き、その左右に八大菩薩を四尊ずつ配している。八大菩薩の配置の方法には、縦に一列に並べる場合と上下二段に二尊ずつ配する場合の二つのパターンがあったが、おそらくそれは、作品制作上のスペースの制約によるものであろう。いずれにしても、中心と左右というシンメトリカルな構図になることに変わりはない。インドではエローラ石窟に、縦横三つずつの碁盤の目の区画を壁面に作り、中心を除く八つの区画に八大菩薩を刻出した例があるが、吐蕃時代のチベットには、これに類した構図のものは知られていない。あくまでも大日如来とその左右という意識が強かったようだ。このことは、灌頂の儀式で用いられ、胎蔵大日と八大菩薩以外の尊格や人物を表したと考えられる仏龕の場合、さらに顕著である。

2　ペンコル・チョルテン

前伝期の吐蕃王朝の時代には広く知られていた胎蔵大日と八大菩薩であったが、いわゆるランダルマの破仏以降の混乱期を経て、後伝期になると、作例はきわめてわずかになる。チベットの伝統的な絵画であるタンカは、チベット本土のみならず海外でも大量の作品が出回り、コレクターや博物館などでも収集されているが、この中で胎蔵大日を描いた作品はほとんど知られていない。もっとも、胎蔵大日を主尊とする胎蔵マンダラは、わずかではあるが遺されている。十九世紀の終わりにサキャ派の名刹ゴル寺で制作された『タントラ部集成』の中の一点や、富山県の立山博物館所蔵品などが知られている。とくに前者は『西蔵曼荼羅集成』のタイトルで百三十九点のマンダラ複製画のセットとして刊行され、マンダラ研究そのものに大きく寄与した。このセットに含まれる胎蔵マンダラに対する詳細な研究も、これまでにいくつか発表されている。

これらの胎蔵マンダラ以外の貴重な作例として、ギャンツェのペンコル・チョルテンの胎蔵大日をあげなければならない。ラサの南西約一五〇キロメートルにある要衝ギャンツェには、一四一八年に創建されたペンコル・チューデとよばれる僧院群がある。ここに含まれる建造物の一つで、ペンコル・チューデ全体のシンボル的な存在が、八層からなる仏塔ペンコル・チョルテンである。その内部には七十五の龕室を備え、二百五十体の彫像と二万体ともいわれる尊像の壁画を擁している。ペンコル・チョルテンはクンブム・チェンモ（大十万仏）という別称を持つが、それもあながち誇張ではない。十五世紀初頭に制作されたこれらの尊像群は、チベット仏教美術の精華ともいわれている。

ペンコル・チョルテンの第二層は『大日経』に代表される行マンダラの階層で、彫像や壁画はこのクラスの経典に説かれる尊格を中心としている。その中の一つ、不空羂索観音を主尊として安置する「不空羂索堂」には、胎蔵マンダラの諸尊が壁画として描かれている(2)。中尊の大日如来はひときわ大きく壁面に描かれ、その左右に観音と金剛手を、それより一回り小さく脇侍のように置く。この二尊はマンダラを構成する蓮華部院と金剛手院の代表である。それ以外のマンダラの諸尊は、余白を埋めるように整然と並べられる。マンダラから仏たちを取り出し、壁面に整列させたような状態である。壁画の主題にマンダラが選ばれることはチベットではしばしばあるが、マンダラそのものを描く場合と、このようにマンダラの仏たちを取り出して、中尊や主要な尊以外は均等に並べて描く場合がある。

中尊の大日如来は、定印を結び結跏趺坐で坐す点は吐蕃期のものと同様であるが、大衣とよばれる僧衣を身につけ、菩薩形ではなく仏形で表される。装身具も宝冠を戴くほかは、瓔珞や腕釧などはつけていない。髪型も仏に一般的な螺髪の髪型をとるようで、垂髪は認められない。一般に菩薩形をとる胎蔵大日が、このように宝冠以外は仏形で表されているのは、何らかの典拠にもとづいていると考えられるが、明確な理由は明らかではない。なお、インドに遺る胎蔵大日も大半は菩薩形をとるが、オリッサのラリタギリ遺跡からは仏形の胎蔵大日が出土している（森　1998b　392, No. 5）。円珍が日本に請来した胎蔵系の図像集『胎蔵図像』にも、着衣は菩薩形でありながら、頭部は頭頂にわずかに宝冠を表すのみで、仏に固有の肉髻を持つ大日如来が描かれている（山本　1997：19）。これらの仏形、もしくはその要素を持つ大日如来と、何らかのつながりがあるのかもしれない。

ペンコル・チョルテンの第三層にある金剛薩埵堂には、菩薩形の胎蔵大日によく似た尊像の壁画（図108）がある。肩まで届く垂髪や、宝冠、首飾り、瓔珞などの豪華な装身具で飾り立てる。大衣ではなく天衣を肩からかけているところも、吐蕃期の胎蔵大日と共通する。ただし、相違点として、定印の上に金剛杵を直立させることがあげられる。この尊は『大日経』ではなく『金剛場荘厳タントラ』という経典に説かれる大日如来とされる。この経典は日本には伝わらなかったが、『大日経』に続いて現れた重要な経典『金剛頂経』と密接な関係を持つ。図像的なイメージは胎蔵大日如来を継承するものであろう。

さらにペンコル・チョルテンの第五層には、ブロンズ製の巨大な菩薩形の大日如来の像（図109）がある。単に大日如来とのみ紹介されることが多いが、定印を示し、垂髪や宝冠、種々の装身具を伴う姿は、典型的な胎蔵大日である。第五層は東西南北の四方に、やや大きめの龕室があり、その壁面には、およそ四十点の金剛界マンダラを中

図108　大日如来（ペンコル・チョルテン第三層金剛薩埵堂）

図109　大日如来（ペンコル・チョルテン第五層東室）

心とする瑜伽タントラのマンダラが描かれている。この大日如来は東の龕室の主尊として安置されている。

二　金剛界大日如来

胎蔵大日如来に比べ、金剛界大日如来は比較的作例に恵まれている（図110）。とくに、ラダックやスピティ、ガリなどに代表される西チベットの仏教寺院や遺跡には、数多くの金剛界大日や、この尊を中尊とする金剛界マンダラが、壁画や塑像の形で遺されている。わが国の場合、胎蔵と金剛界の二種のマンダラは、しばしば一具のマンダラとして扱われるが、チベットでは、胎蔵マンダラは行タントラに属するマンダラの一種にすぎず、それに対し、金剛界マンダラは瑜伽タントラの代表的なマンダラとみなされている。しかも金剛界マンダラは、後期密教に相当する無上瑜伽タントラの基本的な枠組みを備えたマンダラでもある。金剛界マンダラを重視する姿勢は、そのままマンダラの主尊である金剛界大日如来の人気の高さにも反映されている。

図110　金剛界大日如来（個人蔵）

金剛界大日如来および金剛界マンダラの主要な作例として、スピティのタボ寺大日堂と、ラダックのアルチ寺三層堂に含まれる作品を中心に見ていこう。なお、ここでは詳しくは取り上げないが、チベットの金剛界マンダラの作例として、先述のペンコル・チョルテンの第五層の四十点に及ぶ壁画も重要である。

1　タボ寺

タボ寺は西チベットのスピティ地方の代表的な仏教寺院で、十一世紀初頭にリンチェン・サンポによって創建されたと伝えられる。リンチェン・サンポは後伝期の劈頭を飾る訳経僧で、おもに西チベットで活躍した。チベットにおける仏教の復興に大きく貢献したことで知られる。瑜伽タントラの教理と実践にとくに優れた才能を発揮し、『真実摂経』や『悪趣清浄タントラ』などのこのジャンルの主要な経典の翻訳でも、その名が知られている。後出のラダックのアルチ寺を含め、西チベットでリンチェン・サンポが創建に関与したとされる寺院は数多い。

タボ寺は、かつてヨーロッパのチベット学者のトゥッチやスネルグローヴが訪れ、記録を残しているが、一九八〇年代に入り、わが国の高野山大学や成田山の調査隊が本格的な調査を行った。さらに一九九〇年代に入って、ウィーンのシュタインケルナーを中心とする学際的な研究グループが多角的に調査・研究を行った。同寺が伝える壁画や銘文、文献資料などは、十一世紀のチベット仏教のタイムカプセルとでもよぶべき貴重なものである。

タボ寺には大小合わせて九つの堂宇があるが、そのほぼ中央に位置する大日堂の中に、大日如来を中心とする、いわゆる立体マンダラが遺されている。大日堂は前室と後室という二つの部分からなり、これを短い通路がつないでいる。立体マンダラがあるのは前室で、後室は二脇侍菩薩と仏坐像からなる塑像の三尊像が置かれている。この本尊は、身色は赤で定印を結ぶことから阿弥陀と解釈されてきたが、近年、胎蔵大日の可能性を指摘する研究も発表されている。

前室の金剛界マンダラの諸尊は、中尊の大日をやや奥まったところに置き、残りの尊格はいわゆる懸仏のような状態で、周囲の壁面に並べる。金剛界の基本的な尊格は三十七尊であるが、四波羅蜜の四尊は、チベットでは一般に尊像で表さずに三昧耶形（象徴的な形態）をとるため、ここでも表されていない。大日如来と四波羅蜜を除く三十二尊は、後室への通路の一部も含む周囲の壁に横一列に並べられている。その配置プランはマンダラにおける方位をある程度反映している。マンダラの構造がそのまま再現されているわけではないが、立体マンダラとよんで差し支えないであろう。

タボ寺大日堂の大日如来がとくに注目されるのは、その独特の形態にある（図111）。マンダラの中尊である大日如来は当然一尊であるが、ここでは四体の大日如来が背中合わせに置かれている。四体の大日如来は、宝冠や装身具を飾る菩薩形で、両手は転法輪印を示すまったく同じ尊容を持ち、大きな一つの蓮台の上に乗る。チベットの金剛界大日如来には智拳印と転法輪印の二種の印が現れるが、この両者はいずれも胸の前に両手を置く印で、形態的にもよく似ている。智拳印に金剛杵を握る作例もいくつかある。これはネパールの金剛界大日如来にもし

図111　金剛界大日如来（タボ寺大日堂）

ばしば見られる特徴である。

一尊の大日如来を四尊で表すことは、金剛界マンダラを説く『真実摂経』の記述に忠実に従ったためと考えられている。すなわち、同経の冒頭で「五相成身観」という実践によって一切義成就という名の菩薩が金剛界如来として成仏し、一切如来によって灌頂される。このとき金剛界如来は「一切如来の獅子座に一切の方向に顔を向けて坐した」(堀内 1983 : 30) と説かれている。ここで一切方に向いて坐した金剛界如来が、報身の毘盧遮那如来、すなわち金剛界の大日如来なのである。同じ尊容の大日如来を四方に向けて坐らせているのは、この一切方に顔を向けた状態を表しているのである。

この四体の背中合わせの像によって金剛界大日如来を表す方法は、同じスピティにあるラルン寺でも見られ(ただし後補の跡が顕著)、ほかにも若干の作例が報告されているが、後世のチベットではほとんど継承されなかった。その代わりに四面を備えることで、それを示すことが一般的になる。また、四面の表現の方法も、次に見るラダックのアルチ寺では、正面の左右に二面を置き、正面の上に残りの一面を置く方法がとられたが、右面を一つ、左面を二つ(あるいはその逆)に並べるか、もしくは後ろの面を省略し、左右に一面ずつ並べるという方法が主流となる。いわゆる頂上面を置くようなラダックの方式は、一切の方角に顔を向けるという記述には必ずしもふさわしくないように見えるが、壁画などの絵画として描く場合には、四面すべてを描き、かつ左右のバランスも保たれるという、表現上の利点がおそらくあったのであろう。

金剛界の立体マンダラは、チベットではこのほかにもいくつかの作例が知られ、ラダックのアルチ寺、マンギュ寺、小スムダ寺の各大日堂に見られる。ただし、これらの寺院では塑像と壁画をあわせてマンダラを構成し、全体を塑像とするタボ寺とは異なる。タボ寺のように三十三尊の塑像で立体マンダラを構成する例は、時代は下るが、十五世紀前半のペンコル・チューデの金剛界堂にある。ここでは三十三尊の塑像のほかに、金剛界マンダラでこれらの尊を取り囲むように描かれる賢劫千仏が、壁画として描かれている。また、中尊の大日如来は、四体ではなく四面である。これは、先述のペンコル・チョルテンに描かれた金剛界マンダラの壁画に見られる大日如来と同じ尊容である。

2　アルチ寺三層堂

チベットの仏教美術に対して世界的な関心がはじめて集まったのは、チベット本土に遺された作品ではなく、ラダックの仏教寺院を飾る壁画であった。この地が一九七〇年代後半に外国人に開放されると、欧米や日本から先を争うように研究者たちが訪れ、数多くの貴重な作品を見出した。とくにアルチ寺三層堂のマンダラは、それまでに知られていたチベットのいかなるマンダラよりも古い時代の作として、各界にセンセーションを巻き起こした。

しかし、ラダックがチベット文化圏の中では最も西に位置するいわば辺境の地であることは、つい見失われがちになる。西チベットに相当するガリ地方の中でも、タボ寺のあるスピティや、ツァパランなどの遺跡で知られるグゲなどよりも、ラダックはさらに西にある。チベットのマンダラの代表のように扱われることもあるアルチ寺三層堂のマンダラも、チベット仏教美術全体から見れば、表現様式やマンダラの形態などは、きわめて特異な特徴を有する。

アルチ寺三層堂は、この寺院を構成する堂宇の中でも最も古い層に属し、創建にはタボ寺と同じくリンチェン・サンポが関与したと伝えられる。様式的にも、十一世紀から遅くとも十二世紀には完成していたと推定されている。三層堂は文字どおり三層からなる建造物であるが、一層から二層にかけて三体の巨大な菩薩像が置かれている。これらの三体は入口以外の三つの壁面の前に立ち、中に入る者たちを圧倒する偉容を放つ。

アルチ寺三層堂の第二層には、十点のマンダラの壁画が描かれているが、これらはいずれも金剛界系のマンダラと考えられている。(3)ただし、経典や儀軌に説かれる金剛界マンダラとは、構造が異なる。二重の楼閣を作り、内側の楼閣はさらに井桁状に九つの区画に分け、大日如来を中心とする九尊を置く。その外側の第二重の部分には、本来ならば四仏の四方に置かれる十六大菩薩などが一列に並び、内側の楼閣を取り囲む。

十種のマンダラのうち、二点は剝落が著しく、中尊の尊容は分からない。残る八点のうちの五点は、大日以外の仏を中尊とするマンダラで、大日如来が中尊となるのは残りの三点となる。これらの大日如来は、ほぼ共通の尊容を持つ（図112）。身色は白で智拳印を結び、結跏趺坐で坐る。四面を備えるが、すでにふれたように、そのうちの一面は中心の面の上に置かれる。台座である蓮台の上には二頭の獅子が背中合わせにうずくまり、その上に大日如来が坐る。蓮台や台座に組み込まれるのではなく、大日如来が直接その上に乗るのは、獣座の本来の機能をより明確に示すものである。

図112　金剛界大日如来（アルチ寺三層堂）

上半身には装身具以外には衣装をつけず、下半身には裙が肌に密着して表される。肩からは天衣がたなびき、左右の髪の生え際からはリボン状の冠帯が翻る。空中に浮流するこれらの装飾は他の尊格にも見られるものであるが、作品全体に独特の軽やかさを与え、仏たちの世界の非現実性を見る者に印象づける。

四面のうちの中心の顔は、卵形の輪郭に小ぶりの鼻や口が描かれる。目尻が鋭く横に伸び、黒や朱によって隈取りされた目が印象的である。左右の面では、横顔でありながら両目とも正面と同じような形態で描かれるため、外側の目は顔から横に飛び出してしまっている。人体表現としては写実性を欠くが、この表情こそ、ラダックの古様の顕著な特徴として、広く紹介されてきたものである。華奢にさえ見える細い腕や、極端にまですぼめられたウエストは、男尊でありながら女性的なイメージを帯びている。実際、同じマンダラに描かれる女尊たちも、身体の輪郭はほとんど同じで、丸く大きく乳房を描くことで、もっぱら男尊との違いを示している。

アルチ寺は三層堂のほかに大日堂にも金剛界マンダラの壁画がある。大日堂も三層堂とほぼ同時期に創建されたと伝えられ、様式も共通している。二点の金剛界マンダラのうち、一点は三重の同心円で構成され、大日と四仏以外のすべての尊が、剣を右手に構える独特の尊容を持つ。構造、尊容ともに文献上の典拠は見出せない。中尊の大日如来は三層堂のものと様式的にも図像的にも大差はない。もう一点のマンダラは、『真実摂経』に説かれるマンダラの一つで、降三世マンダラとよばれる。わが国の金剛界九会曼荼羅では降三世会に相当する。中心の大日如来はこれまでの作例と同じ尊容を持つが、大日のまわりの四波羅蜜を除き、残りのすべての尊が、右膝を曲げて左足を伸ばして立つ忿怒形で表される。四隅に置かれる女尊（おそらく供養菩薩）も、周囲の眷属尊を四尊ずつ伴う点など、このマンダラも経軌の記述に一致しない。

アルチ寺の大日堂には、すでにふれたように、金剛界の立体マンダラがあり、四面の塑像の大日如来があるが、奉納された大衣などで身体が覆われてしまっているため、頭部以外を見ることができない。塑像でありながら、背後の面に相当する一面を中央の面の上に置いているのは、壁画のマンダラの中尊に見られた絵画表現におそらく影響を受けたのであろう。

三　一切智大日如来

大日如来として紹介されるチベットのタンカや彫刻で、最も作例数が多いのは、胎蔵大日でも金剛界大日でもなく、一切智大日とよばれる尊格である（図113）。これは、大日如来といえば金胎いずれか、もしくは大乗仏教の華厳の毘盧遮那にほぼ限定されているわが国の状況とは、大きく異なる点である。

図113　一切智大日如来（北京・白塔寺）

一切智大日は、その名のとおり「すべての知恵を備えた」（sarvavid）という形容詞を冠した大日如来で、「普明大日」と訳されることもある。この大日如来は『悪趣清浄タントラ』に説かれるマンダラの主尊で、マンダラそのものも一般に「一切智大日マンダラ」（図114）とよばれている。『悪趣清浄タントラ』は『真実摂経』などと同じ瑜伽タントラに属する経典で、成立は『真実摂経』より若干遅れる。わが国には宋代に儀軌がわずかにもたらされたのみで、経典そのものは伝来していない。『真実摂経』の内容を敷衍した釈タントラともみなされているが、実際には、両者にはそれほど密接な関係は見られない。

図114　一切智大日マンダラ（ギメ美術館）

現在、『悪趣清浄タントラ』の名称を持つ経典には、内容の異なる二系統がある。これはチベット語への翻訳時期の違いに従って、旧訳本と新訳本と区別される。このうち旧訳本はチベット語訳のみ残り、チベットでおもに伝承された。チベット仏教で『悪趣清浄タントラ』といえば、この旧訳本を指す。一方の新訳本は、サンスクリット写本が現存し、ネパール仏教で重視された。サンスクリット写本を伝えたのも、カトマンドゥ盆地在住の僧侶階級であるヴァジュラーチャーリヤたちである。

別系統でありながらも同じ名称を持つこの経典が、チベットやネパールで流行したのは、葬送儀礼と結びついたことによる。『悪趣清浄タントラ』という経典名に含まれる「悪趣」とは、輪廻における悪い生まれ変わり、すなわち地獄、餓鬼、畜生、修羅の四つを指す。死者がこれらの悪趣に堕すことなく、逆に善趣、すなわちよい生まれ変わりの人か天（神）に再生できることを、「悪趣清浄」とよぶのである。

チベットでは死者が出ると、一連の葬送儀礼が行われるが、死者の追善回向のために、タンカや仏像、あるいはツァカリとよばれる小さな仏画が制作され、寺院に奉納される。死後ただちに作られるため、このようなタンカなどは「ギョクゴ」（急ぎの回向）とよばれる。死後から初七日までのあいだは、死者の次の生まれ変わりがまだ定まっていないと考えられたため、よき生まれ変わりが得られるように作られるのである。そのため、ここで作られるタンカは、とくに「ケータク」（よき転生のきざし）ともよばれ、死者の名で注文されるといわれる（小野田2011：174）。

このときにタンカや仏像に選ばれる尊格やマンダラは、ラマ僧によって選定されるが、悪趣への輪廻を断ち、善趣に向かわせるために、『悪趣清浄タントラ』の一切智大日マンダラが選ばれることが多い。その場合、マンダラそのものを描くほかに、主尊の一切智大日如来を描いたタンカや、マンダラに含まれる尊格をマンダラから取り出して、一切智大日の周囲に配した作品も多く見られる。

現存する作品にも、このような形式のものを見ることができる。また一切智大日やそのマンダラを描いた作品には、きわめて豪華なものから木版画に至るまで、さまざまな種類がある。追善という性格のため、貴族や高僧の死後に著名な仏画師に依頼して財を惜しまず制作にあたらせた作品もあれば、木版を用いて大量生産されたものを購入して納めたこともあったのであろう。

『悪趣清浄タントラ』そのものも葬送儀礼と関連を持ち、葬儀や法要などで読誦された。いわゆる『チベットの死者の書』（正式名称は『シト・ゴンパ・ランドル』）は、死者が次の生まれ変わりに至るまでの四十九日間の遍歴の過程を描いた経典であるが、その中に、死者が自分の葬送儀礼を見るという一説がある。そこで用いられているのが『悪趣清浄タントラ』で、死者が悪趣に堕すことがないよう執り行われると記されている。

新訳本が流布したネパールでも、この経典は葬儀で重視された。同経には荼毘、すなわち死者の火葬の次第を説く箇所があり、実際にその記述や関連する注釈書、儀軌類を用いて、火葬が執り行われた。この儀礼は「護摩」（ホーマ）とよばれるが、本来、護摩はインド古来の献供の儀式で、密教に取り入れられた後も、基本的には供養の性格を維持している。『悪趣清浄タントラ』は護摩が荼毘と結びついた特異なケースである（Skorupski 1983b）。護摩で護摩木や供物を投ずる火炉は、そのまま遺体を焼くための炉として用いられるが、その炉の底には悪趣清浄マンダラが描かれる。このマンダラは一切智大日のマンダラではないが、中尊の釈迦獅子は「悪趣清浄王」ともよばれ、大日如来と同体とみなされている。護摩炉に描かれるマンダラは、実際の尊格の姿ではなく、シンボルで尊格を代用する簡略なものであるが、中尊の位置には金剛界の大日如来のシンボルと共通する輪宝が描かれる。

一切智大日如来の尊容は、旧訳本の『悪趣清浄タントラ』に「ほら貝やジャスミンの花や月のように［白く］、四面を備え、金剛の獅子座に坐し、禅定の印を示し、あらゆる宝石で飾られているように描け」（Skorupski 1983a：312-313）と記されている。身色が白、四面で定印を結び、獅子座の上で結跏趺坐をする菩薩形の大日如来であることが分かる。実際の作例に見られる一切智大日如来もこれに従うが、しばしばそのシンボルである輪宝を定印の上に載せる。身色が白で四面を有するという特徴は、金剛界大日と同じであるため、しばしば両者は混同される。また、画家自身が両者を同体とみなし、折衷的な図像を描くこともあったらしい。定印の上の輪宝に代わり直立した金剛杵を描く作品もあるが、これも金剛界大日如来が智拳印に金剛杵を握ることに関連するのであろう。

一切智大日如来のマンダラそのものも、基本的には三十七尊で構成され、金剛界マンダラと尊格数を一致させている。一方、大日如来の印である定印は、胎蔵大日如来が示した印である。マンダラの一切智大日の四方には、胎蔵系の四仏である宝幢や開敷華王の名が見られ、胎蔵マンダラも参照してこのマンダラが作られたことが分かる。一切智大日如来の持つ金剛界大日と胎蔵大日の融合的な姿は、このようなマンダラの成立背景にも関連するのであろう。

四　大日如来を含むマンダラ

胎蔵、金剛界、一切智という、チベットの三種の大日如来について詳しく見てきた。チベットでタンカや壁画、彫刻などの主尊として表される大日如来は、ほぼこれに尽きる。チベット美術を扱った図書や図録には、大日如来あるいは毘盧遮那如来として、これ以外の尊を紹介するものもあるが、実際は釈迦やその他の仏であることが多い。

無上瑜伽タントラの時代には、さまざまな種類のマンダラが登場したが、はじめに述べたように、その中で大日如来を中尊とするものはほとんどない。インドのマンダラの伝統を継承したチベットでは、作例数の上でも、この無上瑜伽タントラのマンダラが圧倒的に多い。これらのマンダラにも大日如来が登場することはあるが、中尊ではなく、それに準ずる位置を占める。たとえば、無上瑜伽タントラの代表的な経典の一つ『秘密集会タントラ』の場合、マンダラの中尊は阿閦や文殊金剛とよばれる尊格で、大日如来は四仏の一尊として東に位置する。中尊となった仏たちは金剛部とよばれるグループに属し、その部族主である。『真実摂経』などの瑜伽タントラでは、マンダラの東に置かれたのが、これら阿閦たちであった。中央と東の仏が入れ替わったのが、『秘密集会タントラ』のマンダラなのである。その背景には、瑜伽タントラから無上瑜伽タントラへの移行するときに、阿閦などの金剛部の仏たちが、仏教のパンテオンの中で優位を占めるようになったことがある。無上瑜伽タントラに属する多くのマンダラが、ヘールカとよばれる忿怒形の尊格を主尊とするが、このヘールカを部族主とするヘールカ族も金剛部と解釈されている。その場合、大日に相当する尊格はシャーシュヴァタ（Śāśvata）とよばれ、やはりマンダラでは中央ではなく東に置かれることが多い。

このように、無上瑜伽タントラのマンダラでも、大日如来は主尊とはなり得なくとも、いくつかのマンダラに登場し、また別の名称を持つ仏が大日如来と同体と解釈された。インド密教の最後を飾る時輪マンダラにも大日如来は登場し、西に位置する仏となる。これらのマンダラの伝統は、ほとんどがチベットに忠実に継承され、多くの作品が生み出された。また、『チベットの死者の書』と関連する「寂静・忿怒百尊マンダラ」のようなチベット独自のマンダラにも、大日如来の姿を見出すことができる。

おわりに

最後に、チベット仏教にとって、大日如来はどのような仏であったのかを考えてみよう。仏たちの世界が大日如来を中心として成り立ち、すべての教理体系の根幹に法身の大日如来を置く日本密教とは、それはかなり異なる。チベット仏教には有名な活仏制度がある。高僧が特定の尊格の生まれ変わりと考えられ、死後も輪廻を続けながら衆生の救済につとめるとされる。活仏制度というのは一般の呼称で、むしろ転生ラマ制度とよんだ方がふさわしい。数ある転生ラマたちの中で最も有名なのが、チベットの精神的な指導者ダライ・ラマで、観音の生まれ変わりと信じられている。転生ラマ制度を始めたのは、ダライ・ラマの属するゲルク派ではなく、カギュ派と伝えられる。カギュ派の一派カルマ派の黒帽カルマパが、チベットにおける転生ラマの始まりであるが、このラマもやはり観音の化身と信じられている。これらの転生ラマが観音の生まれ変わりとみなされたのは、慈悲の菩薩である観音こそ、衆生救済のためにあえて輪廻の世界にとどまる仏に、最もふさわしいからであろう。観音に対する信仰は、密教のイメージの強いチベットでも、一般の仏教徒にとって重要な位置を占める。

転生ラマたちの本来の尊格が、俗世において衆生救済につとめる菩薩であるのは自然なことであるが、如来が選ばれることもある。ダライ・ラマと並ぶゲルク派の重要な転生ラマ、パンチェン・ラマは、阿弥陀如来の生まれ変わりであるといわれる。阿弥陀の仏国土である極楽浄土のイメージは、タンカや壁画などを通して、人々のあいだにも広く浸透している。

大日如来は、観音や阿弥陀のように転生ラマと結びつくことはない。それは、われわれと同じ輪廻の世界にとどまったり、来世に往生できるような、仏国土の住人とは考えられなかったからである。

チベットには尊像たちの姿を統一的な規格で描いた「尊像図像集」とよばれる絵画作品がある。これらは、しばしば「イダム」とよばれる仏たちを集成したものと伝えられる。イダムとは僧侶や在俗の信者の守り本尊のことで、灌頂が与えられたときにしばしば決定される。このような図像集には、イダムとしてさまざまな尊格の姿があげられているが、大日如来はまったくといっていいほど登場しない。大日如来は、日々の実践を行う上で身近な尊格としてはとらえられていなかったことが分かる。

これに類することとして、成就法という実践があげられる。成就法とは、特定の尊格を観想し、これに対し礼拝や供養をしたり、その尊格と一体となって衆生の救済につとめる実践法である。インド密教において盛んに行われ、その方法を説いた成就法文献も残されている。チベットでも成就法の伝統は受け継がれ、インドの文献にならい成就法の手引き書が数多く著された。これらの成就法には、仏、菩薩から女尊、護法尊に至るまで、さまざまな尊格が登場するが、やはり大日如来が含まれることはない。

ゲルク派の開祖にして、チベット仏教最大の学僧の一人ツォンカパに、ケートゥプジェという高弟がいる。彼は師ツォンカパの大著『真言道次第』の内容を要約する形で、『タントラ仏教総論』という著作を著している。その中で、ケートゥプジェは、大日如来を行タントラと瑜伽タントラの教主、すなわちこれらの教えを説いた仏としてのみ取り上げる。

行タントラについては、その主たる経典が『大日経』で、それを説いた者と説いた場所について、釈迦の報身である毘盧遮那が、「華厳で荘厳された世界」である「色究竟天の密厳宮の大雪の湖」で説いたとする。華厳で荘厳された世界とは、大乗経典の『華厳経』で説かれた壮大な世界を意図し、色究竟天とは、色界、すなわち空間や物質の存在する世界の中の最高処を指している。色界の上には無色界があるが、そこは空間的な広がりが存在しない世界で、仏が法を説くのは色界から下となる。毘盧遮那が『大日経』を説いたのは、その中ではわれわれから最も遠いところとなる。

一方の瑜伽タントラについては、色究竟天に住する報身の毘盧遮那が、四面を備えた毘盧遮那の応身を作り出し、それが須弥山に至って金剛宝楼閣の宮殿に住し、法輪を転じる、すなわち説法をするとともに、瑜伽タントラの経典を編纂したと述べる。須弥山頂は三十三天ともよばれ、本来は帝釈天をはじめとする諸天の住処である。われわれの住む娑婆世界と同じ欲界に属するが、その位置は依然としてはるか上方の神々の世界である。

ケートゥプジェによるこれらの毘盧遮那の説明は、師のツォンカパの考えを踏襲したものと見てよいであろうし、その根拠は『大日経』や『真実摂経』などの経典そのものに求められるが、無上瑜伽タントラの諸経典を知る彼らにとって、大日如来はあくまでも行タントラと瑜伽タントラという、いわば発展途上にあった密教経典の教主にすぎない。しかもその住処は、衆生たちからはるかに離れた須弥山頂や色究竟天にあったと考えられていたのである。チベットの大日如来が、転生ラマ制度と結びつくこともイダムに選ばれることもなく、実際の作例がこれらの経典に説かれるものにほぼ限られているのは、このためであろう。

註

（1）敦煌と東チベットの胎蔵大日については、おもに田中（2000）の第二章「敦煌出土の胎蔵大日八大菩薩像」に依拠した。

（2）ペンコル・チョルテン第二層の胎蔵大日と諸尊については、田中（1998b）による。

（3）アルチ寺三層堂の金剛界マンダラについては、森（2011b：89-111）参照。

第四章　ネパールの大日如来

はじめに

ヒマラヤの小国ネパールが、日本のメディアに登場する機会はそれほど多くはない。貧困な国への海外援助というステレオタイプなニュースであったり、その対比として、手つかずな豊かな自然と最後の秘境といった、桃源郷のようなイメージがしばしば強調される。最近は不安定な政治状況や、それに連動する深刻な治安の悪化が時折取り上げられる。

しかし、南アジアの仏教の歴史の中で、ネパールがきわめて重要な役割を果たし、今でも仏教が「生き続けている」国であることが、わが国に伝えられることはほとんどない。ネパールの仏教は、インド仏教の後継者としての正統性と、それを継承しながらも自国の文化や社会の中ではぐくむことによって生み出された独自性という、二つの特徴を持っている。この二つは相矛盾するものではなく、たがいに補うことで、ネパールの仏教にある種の強靭さを与えている。まずはじめに、これら二つの視点から、わが国ではほとんど知られることのないネパールの仏教について簡単に説明しよう。それは、ネパールの大日如来を理解する上で必要な情報であると考えられるからである。

一　ネワール仏教概観

東西に長い国土を持ったネパールは、インド、チベット、中国という三つの大きな文化圏に接し、ちょうどそのはざまに位置づけられる。ヒマラヤの登山で活躍するシェルパ族は、チベット系の民族であるし、十八世紀以降、ネパールを支配しているゴルカ王朝は、インド系である。ここでネパール仏教とよぶのは、ネパールの中心であるカトマンドゥ盆地に残る仏教で、おもにネワールという民族によって継承されてきたため、ネワール仏教とよばれることもある。ネワール族が話すネワール語はチベット系の言語で、インド系のネパール語とは別である。カトマンドゥ盆地においてネワール族はマイノリティーであるが、インド系の住民と共存関係にあり、文化的にも社会的にも大きな影響を受けている。

地図の上でカトマンドゥの位置を確認すると、インドの北東部のベンガル地方やビハール地方にきわめて近いことが分かる。これらの地域こそ、インドで最後まで仏教が生き続けた地域であった。釈迦の出生の地が、インド国境に近いネパールのルンビニーであることはよく知られているし、釈迦が布教活動を行ったのも、パータリプトラとよばれた現在のパトナ市や、サールナート、ラージギルといったガンジス河流域にほぼ限定されている。その後、インド仏教はインド亜大陸の南端近くや北西部のガンダーラなどに及ぶ、きわめて広い範囲に伝播するが、グプタ朝末の五、六世紀頃からはヒンドゥー教におされて次第に勢力を失う。そして、カシミールやオリッサなどにいくらかの勢力を残しつつも、仏教揺籃の地であるインド北東部を最後の牙城となすに至る。七世紀後半に興り、この地域を支配していたパーラ朝の庇護を受けることで、インド仏教は最後の栄華をみる。しかし、十二世紀にこの王朝が滅んだことで支持基盤を失い、イスラム教徒の侵攻にさらされた結果、十三世紀初頭にはインドから仏教はほぼ姿を消すことになる。

カトマンドゥ盆地に仏教がはじめて導入されたのは四、五世紀頃と考えられているが、インド仏教と活発な交流があったのは、パーラ朝の時代であった。パーラ朝の仏教は、ナーランダーやヴィクラマシーラなどの名で知られる大僧院を中心とした仏教であったが、その一方で在野の修行者も数多く輩出した。ネパールから多くの留学僧がインドの大僧院を訪れ、その成果を自国に持ち帰る一方で、密教的な実践をもっぱらとするさまざまな行者たちが、その活動領域をネパールにまで広げている。カトマンドゥはインドとチベットの交易上の重要な拠点でもあった。物資の移動は文化や人材の交流ももたらす。チベットからインドへ向かう中継基地の役割をカトマンドゥは果たし、またインドからチベットへ布教を試みる者の前線基地でもあった。十一世紀にチベットから招聘されたアティーシャは、約一年間カトマンドゥに滞在し、寺院の建立と布教につとめたことが知られる。十三世紀はじめにインドから亡命して、この地で活動していた密教行者ミトラヨーギンは、チベットに招かれ数年間その地に滞在したのち、ふたたびカトマンドゥに戻っている。

カトマンドゥを訪れたこのような人々は、さまざまな仏教の文献をもたらした。現在、カトマンドゥ盆地には膨大な数の仏教文献が遺されている。タイトル数だけでも数千に上るであろう。これらの一部はネパールで成立したものであるが、大半はサンスクリットで書かれたインドの仏教文献である。みずからの言語に翻訳した上で仏教を受容したチベット人とは異なり、ネパールの仏教徒たちは、サンスクリットの仏教文献をそのまま受け継いでいる。現在、インドには仏教の写本はほとんど遺されていない。近代の仏教学はネパールに遺されたこれらの文献の上に成立したといっても過言ではない。その写本の内容は、大乗経典や密教経典、儀礼の手順や所作をまとめた儀軌類、ジャータカやアヴァダーナとよばれる仏伝文学など、きわめて多岐にわたる。ネパールの仏教徒たちは、これらの文献を自国の言語で書かれたもののように扱い、その伝統は現在でも維持されている。

ネワール仏教を支えてきた僧侶階級には、ヴァジュラーチャーリヤとシャーキャという二つがある。前者は「金剛阿闍梨」という訳語を当てることができ、金剛乗すなわち密教の師という語に由来する。後者のシャーキャは釈迦の氏族名に一致し、みずからの出自をそこに求めている。ネパールでは、これらの名称は単に僧侶を指すのではなく、彼らが属する社会集団の名称となっている。カトマンドゥは社会的にもインドの影響下にあったが、とくに十四世紀頃からいわゆるカースト制度も導入され、十六、七世紀にはほぼ確立する。その結果、僧侶階級の者たちが同職集団となり、職業の世襲、集団外との婚姻の制限などが厳格に定められるようになった。現在、ヴァジュラーチャーリヤもシャーキャも妻帯し、家庭生活を営んでいる。僧侶たちの妻帯がネパールでいつ頃から許されるようになったのかは明確ではないが、カースト制度に組み込まれていった時期に重なるであろう。それ以前は、仏教サンガ（僧団）は特定の階級の者に限定されず、オープンなもので、受戒ののち特定の修行をした者が、シャーキャあるいはヴァジュラーチャーリヤとよばれていたらしい。今日では、それぞれの僧侶カーストのメンバーは特定の仏教寺院に所属してサンガを構成するが、一般の在家信者はこれとは別のカーストに属し、人生儀礼や葬儀などの場面で、特定の僧侶の施主となってそのサービスを受けるにすぎない。僧侶が家庭を持ち、一般信徒の人生儀礼を受け持つという形態は、わが国の仏教における寺院と檀家の関係に似ているようにも見えるが、ヒンドゥー社会の中での生き残りをかけた戦略だったといえよう。

二　五仏の中の大日如来

ネワール仏教の大日如来の中で、作例として最も多いのは、五仏の中に含まれる大日如来であろう。五仏、すなわち五尊からなる仏のグループは、インド密教以来、仏教パンテオンの中核をなす仏たちである。密教の先駆となる大乗経典の一つ『金光明経』には四方の四仏が説かれ、これを継承した『大日経』には、中央に大日如来を加えた五仏が登場する。いわゆる胎蔵五仏である。四方の仏は東が宝幢、南が開敷華王、西が無量光、北が天鼓雷音であるが、この顔ぶれはその後のインドやチベットの密教では定着しなかった。そこで主流となったのは金剛界マンダラなどに含まれる『金剛頂経』系の五仏で、金剛界五仏とよばれる。

金剛界五仏は『真実摂経』にそろって登場するが、同経には詳しい尊容は説かれていない。五仏がそれぞれ固有の身色、印相、座などを備えていることが明確に説かれるのは、『真実摂経』の釈タントラに位置づけられる『金剛頂タントラ』からである。仏教パンテオンの尊格を五つの部族に分け、その部族の上首、すなわち部族主に、これらの五仏を当てたのもこの経典である。また、五仏はそれぞれ仏の五種の智慧に対応するため、わが国では五智如来とよばれる。五仏のおもな特徴と五智、部族との対応を表に示すと**表16**のようになる。

ネパールではこれらの金剛界の五仏が、寺院の壁画や絵画の中にしばしば描かれる（**図115**）。寺院の場合、たいてい入口の梁の上部に描かれる。五仏の配列は、向かって左より宝生、阿閦、大日、阿弥陀、不空成就の順となることが多い。絵画ではまれに阿弥陀や宝生を中央に置いた例がある。五尊はいずれも僧衣のみを身につけた僧形（仏形）で表される。彩色されている場合の身色は**表16**のとおりで、印もこれに一致するが、中央の大日如来は説

名称	方位	身色	印	座	五智	部族
大日	中央	白	智拳印(覚勝印)	獅子	法界体性智	仏部
阿閦	東	青	触地印(降魔印)	象	大円鏡智	金剛部
宝生	南	黄	与願印	馬	平等性智	宝部
阿弥陀	西	赤	定印	孔雀	妙観察智	蓮華部
不空成就	北	緑	施無畏印	ガルダ鳥	成所作智	羯磨部

表16　金剛界五仏

図115　スヴァヤンブー仏塔図（個人蔵）

法印（転法輪印）を示す。結跏趺坐を組んだ足の上には一様に托鉢の鉢を持つ（大日如来は載せる）。乗り物の動物が表されなければ、身色と印以外に五仏相互を区別するものはないことになる。

わが国の金剛界マンダラなどに描かれる金剛界の大日如来は、通常、智拳印を結ぶ。左手をかるく握り、その人差し指を右手で覆う仕草をとるこの印相は、ナーランダー出土のブロンズ像や、オリッサのウダヤギリ遺跡の浮彫の大日如来像でも見られるが、ネパールの大日如来ではあまり見ることがない。若干の作例は確認されているが（図116）、ほとんどは説法印で、とくに五仏の中の一尊として表される場合は、ほぼ例外なく説法印をとる。説法印と智拳印は、いずれも胸の前で両手を組み合わせるような形をとる印である。説法印が変化して智拳印が作られたという説もあり、インドではいずれか決めがたい折衷的な形態の作例もある。しかし、ここで取り上げる五仏の一尊としての大日如来の作例では、明らかに智拳印ではなく説法印を示している。

この大日如来を中心とする五仏の配列を、金剛界マンダラでの位置で示すと、向かって左より、南、東、中央、西、北となる。大日が中央に置かれ、四仏の前半二尊が向かって左に、後半の二尊が右に置かれている。金剛界の五仏の位置を意識していることは間違いないであろう。しかし、実際にマンダラと同じように大日を取り囲むように残りの四仏を配した例はない。横一列に並べるほかに、絵画の場合、大日如来を頂点にした山型に置くものもある（図117）。

図116　智拳印を結ぶ大日如来
（カトマンドゥ市、ジャナ・バハ）

図117　マハーラーガヴァジュラ（個人蔵）

金剛界マンダラでは、五仏の中で大日如来のみは僧形ではなく菩薩形をとって表されることになっている。わが国の金剛界マンダラや先述のインドの作例でもそうであるし、チベットでも忠実に守られることが多い。ネパールでは金剛界マンダラの作例はほとんど存在しないが、マンダラ儀軌などの文献は伝えられており、その尊容が知られていなかったわけではない。また、金剛界マンダラの流れをくむ法界語自在マンダラには、多面多臂ではあるが菩薩のように装身具を身につけた姿で大日如来が表現され、作例も多い。菩薩形の大日如来が伝えられているにもかかわらず、絵画や寺院の入口などに描かれる場合は、あえて僧形を選んでいるのである。

さらに、金剛界の大日如来は、典拠となる『真実摂経』において「あらゆる方角に顔を向けた」（堀内 1983：30）と説かれている。そのため、チベットでは四方に顔を向けた四面を備えた姿で表すことが一般的で、場合によっては、四体の大日如来像を背中合わせに置いて、何とかしてこの記述に合致させようとしたタボ寺などの作例が知られている（本書第三部の「第三章　チベットの大日如来」参照）。ところが、僧形をとり、他の四仏と一列に並ぶ大日如来像に、このような姿をした作例は見当たらない。これらの点から考えて、大日如来を中心とするこれらの五仏は、金剛界五仏とよぶよりも、金剛界「系」の五仏とよんで、区別した方がよいであろう。

それでは、このようなイメージはどこから来たのであろうか。それを解くカギは、ネパール仏教がインド密教の忠実な後継者であったことに、おそらく関係する。それは文献や教理の後継者というばかりではなく、図像や美術というイメージの領域においても同様であったことを示すものである。

ニューデリーの国立博物館に、五仏を表した浮彫の作品がある（図16）。横長の黒玄武岩のパネルに、五尊の仏を一列に並べている。様式や素材から、明らかにパーラ朝の作品であることが分かる。五尊の仏は印相から判断して、向かって左より不空成就（施無畏印）、阿閦（触地印）、大日（説法印）、宝生（与願印）、阿弥陀（定印）に比定することができる。いずれも僧形で表され、装身具や豪華な衣装はいっさい身につけない。また、五尊の仏はすべて同じ大きさで表され、大日如来のみを特別扱いすることもない。配列は一部異なるものの、ネパールの五仏の作例にきわめて近いイメージを備えた作品である。

注目すべきは中央の大日如来の印相で、智拳印ではなく説法印を結んでいる。さらにその座の下には、中央に法輪を置き、その左右に二頭の鹿がうずくまっている。これは鹿野苑での釈迦の初説法を示すシンボルで、パーラ朝の仏坐像にも、説法印を示す仏坐像にしばしば見られる。この作品の中央の仏は、五仏の一尊としての大日如来を意識しつつも、伝統的な初説法の釈迦像をその表現方法として用いた、重層的な尊像なのである。

五仏のみを一枚のパネルにおさめた作品は、インドのパーラ朝ではこれ以外にはほとんど知られていないが、尊像浮彫の光背に五仏を表した作品がかなりの数に上る。光背五仏の名でよばれ、金剛界の五仏と同じ印相を示すことで注目されている（図118）。

図118　光背に五仏を置いた観音坐像
（大英博物館）

光背五仏は菩薩や女尊などの浮彫作品に登場する。パーラ朝の尊像彫刻は高浮彫で表されることが多く、方形もしくは舟形の光背を多くが備えている。五仏はこの光背の上部に横一列、もしくは、舟形光背の場合はその形に合わせて山型の配置で表される。菩薩形をとる作例が一例のみ知られているが、それ以外の光背五仏はすべて僧形をとる。ここでも五尊を区別できる特徴は印のみで、大日如来はやはり説法印を両手で示す。いずれも一面二臂であることは言うまでもない。

光背五仏の配列にはさまざまなパターンがあるが、彼らの下に表された尊像、すなわち、作品の中心にある尊格と、それは関係がある。五仏が部族の上首であったことはすでに述べたが、中心の尊像の部族主が五仏の中心を占める傾向を示す。たとえば、観音やターラーの作品の場合、その部族主である阿弥陀が中心に置かれ、マーリーチーのときには大日が中心になることが多い。

このような光背五仏の姿や配列は、ネパールの仏教絵画の上部に表される五仏のそれに通じるものである。五仏の違いが印相（絵画の場合は身色も加わる）のみというそのイメージばかりでなく、作品の上部に横一列、あるいは山型に並べるという構図も一致する。ネパールの場合、五仏の配列は、中央に大日如来を置き、それ以外の四仏もほぼ一定であったが、阿弥陀や宝生が中央に置かれることもあった。これらの作品を見ると、たとえば、阿弥陀の下には観音、宝生の下にはヴァスダラーが中心的な尊像として描かれている。これも光背五仏の配列のルールを継承していると見ると理解しやすい。

三　仏塔と大日如来

図119　奉献塔（カトマンドゥ市、ジャナ・バハ）

都市化が進み、近代的なビルやホテルが建つようになったカトマンドゥ市内も、細い路地に一歩入り込むと、今なお中世の宗教都市の面影をただよわせている。道にせり出すように建てられた寺院もさることながら、道端にある無数の仏塔が、その雰囲気作りに一役買っている。仏教寺院の境内に足を踏み入れれば、そこにも多くの仏塔が林立している（図119）。これらの仏塔は、その多くが仏教徒の寄進によって建てられたものであるため、奉献塔とよばれることもある。ほとんどの仏塔は人の背丈ほどの高さであるが、なかにはその二倍ほどのものや、逆に小ぶりの塔もある。寄進者の財力を反映しているのであろうが、時代的な流行もあったかもしれない。

これらの仏塔の多くは、四方に小さな龕を設け、四仏を飾っている。阿閦以下の金剛界系の四仏で、すでに見たとおりの各自の印を示している。五仏の中心の大日如来の姿は見られない。仏塔の四方には龕を設けることはできても、中央には覆鉢と尖塔が伸びるだけで、像を安置することはないからである。しかし、大日如来そのものの姿は表されていなくても、そこには大日如来がいると考えられる。仏塔そのものが大日如来だからである。

大日如来と仏塔との結びつきは、インド密教の初期の時代から認められる。たとえば、わが国に伝わる金剛界マンダラや胎蔵マンダラでは、尊格の姿をシンボル（三昧耶形）で表す場合、中尊の大日如来は仏塔の形をとる。

そもそも、仏塔（ストゥーパあるいはチャイトヤ）は、釈迦の涅槃の後に舎利をまつるために建立されたものが、その始まりとされる。仏塔信仰はインド仏教の中できわめて重要な役割を果たすが、とくに大乗経典では、仏塔に真理のよりどころとしての役割をしばしば与えている。『法華経』では、説法を終えた釈迦のために地中より出現した宝塔から多宝如来が現れ、釈迦の説法の正統性を認め称賛した後に、同じ仏塔内のみずからの座の横に釈迦を招き入れる（松濤他　2002：32-33）。あるいは『華厳経』の「入法界品」では、仏塔に住む文殊菩薩より主人公の善財童子が教えを受けて、悟りを求める心（菩提心）を起こし、求道の旅に出る（梶山　1994a：94-108）。仏塔は仏教の教え、すなわち法の正統性を保証し、それを生み出す源として機能しているのである。

大乗仏教の時代には「法身舎利」という言葉が登場する。釈迦などの仏の肉体そのものを指す「色身舎利」に対するもので、現実世界に現れた仏の肉体よりも、法そのものが舎利として上位に位置づけられる。パーラ朝の仏像には、光背の裏側などに「法身舎利偈」とよばれる偈頌を刻んだものが多い。仏教の教理、すなわち法の基本にある縁起を説いた偈であるが、これは色身を写し取った仏像に対して、法身の優位を強調するためである。舎利をおさめていた仏塔が法のよりどころや源とみなされるならば、その仏塔が法身そのものと考えられてもおかしくはない。そして『大日経』や『真実摂経』の段階までの密教では、法身といえば大日如来であった。

ネパールの仏塔に話を戻そう。カトマンドゥ市内や盆地全体にある無数の仏塔の頂点に位置づけられるのが、市の西の郊外にあるスヴァヤンブーとよばれる仏塔である（図120）。小高い丘の上にそびえるこの仏塔の姿は、本や映像を通してよく知られている。半球形の覆鉢とその上に置かれた四角い部分に描かれた巨大な目が印象的である。創建の年代ははっきりしないが、四、五世紀にはすでにこの地に小規模な仏塔があり、十三世紀頃には現在とほぼ同規模の仏塔が建立されていたと推測されている。その頃からすでに、インドやチベットから多くの参拝者が訪れ

図120　スヴァヤンブーの仏塔

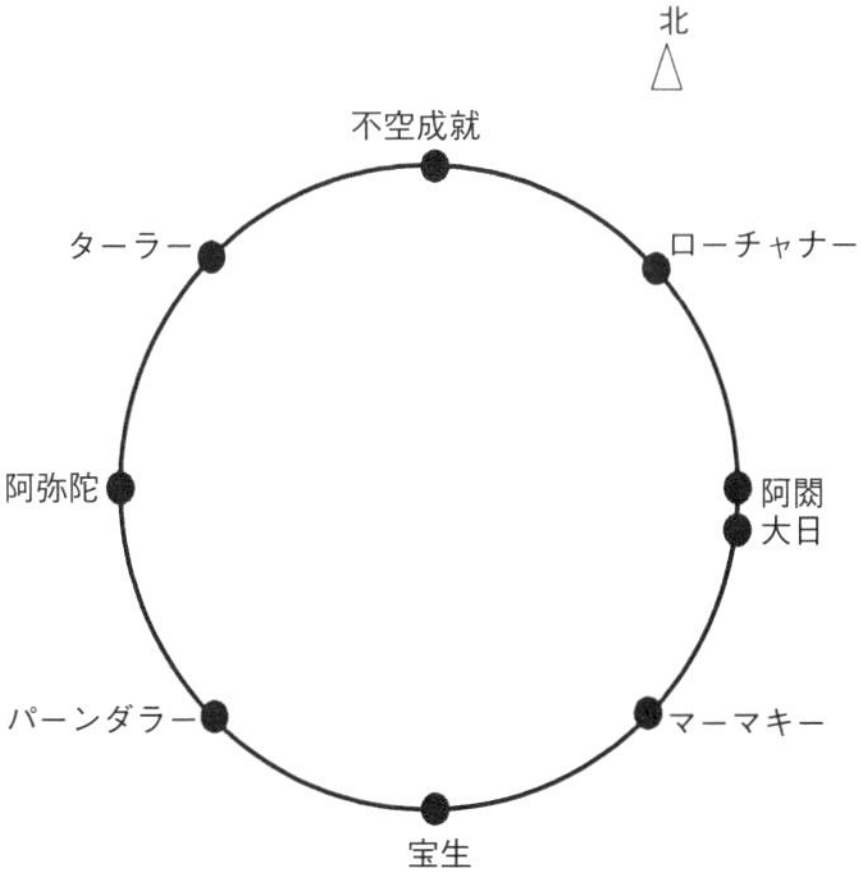

図121　スヴァヤンブーの仏塔の尊像配置プラン

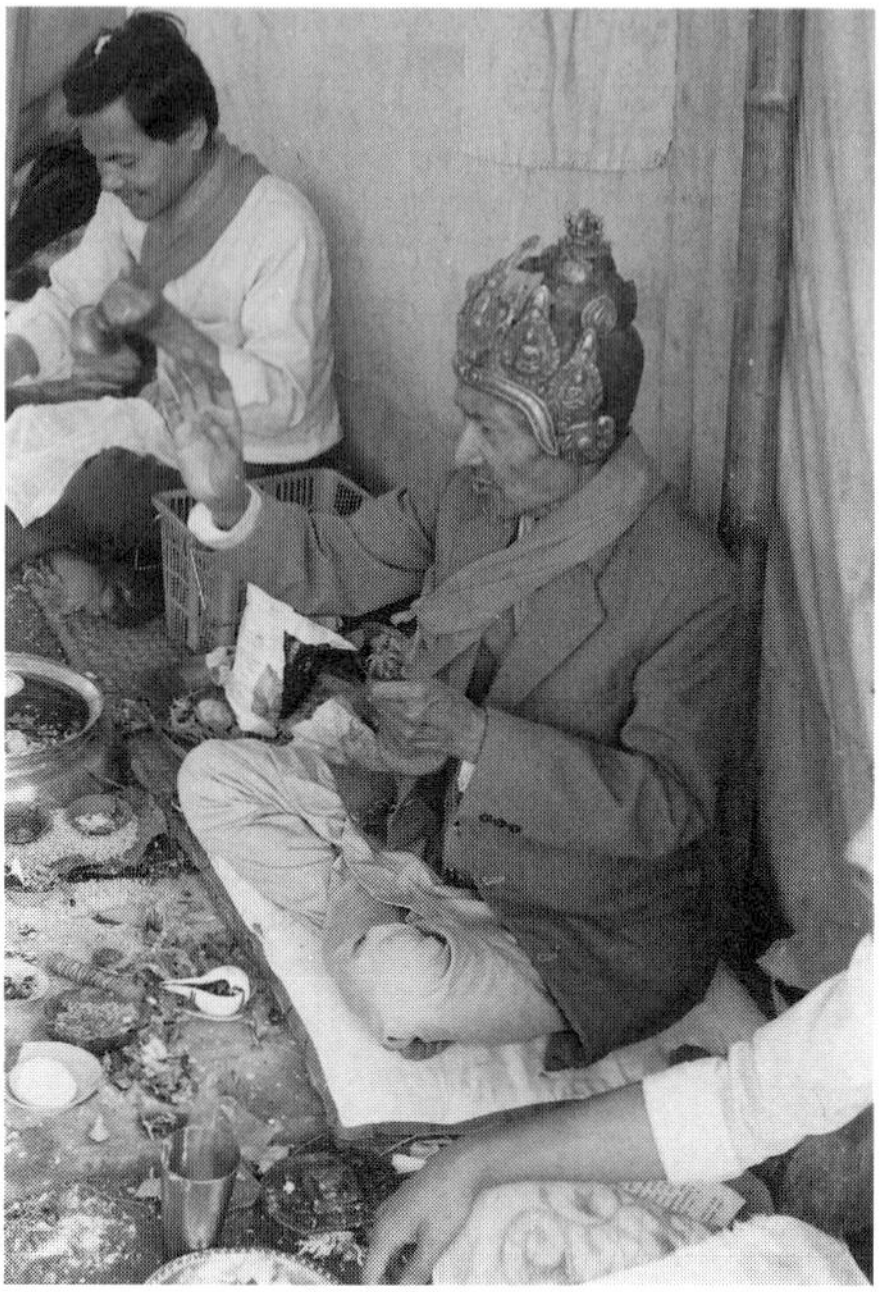
図122　五仏の宝冠をつけて儀礼を行うヴァジュラーチャーリヤ（カトマンドゥ市）

る重要な聖地であったらしい。スヴァヤンブーとは「みずから生ずるもの」を意味する。ヴィシュヌの異名として知られているが、おそらくカトマンドゥ盆地の一種の創世神話である『スヴァヤンブー・プラーナ』と関係を持つ。

スヴァヤンブーの仏塔も、市内の多くの仏塔と同じように四方に龕を持ち、阿閦以下の四仏を安置している。また、四隅には、これらの四仏の配偶尊に相当する四尊の明妃の龕も設けている。さらにこの仏塔で興味深いのは、大日如来の龕までもが、東の阿閦の向かって左側（南東側）にあることである。四仏と四明妃というバランスをとった配置に割り込むかのように、大日の龕が置かれているのである（図121）。

大日如来の像も他の尊像と同じように周囲にあるため、仏塔そのものが象徴する尊格が何であるかが、スヴァヤンブーではしばしば問題となる。その場合、金剛薩埵というのが一つの考え方である。『金剛頂経』や『理趣経』で菩薩のグループの代表的な位置を占めるこの尊格は、その後さらに地位を上昇させ、ネパールでは第六の仏で、しかも大日以下の五仏を統轄するような高位に置かれる。法身としての金剛薩埵で、仏塔が法身に対応するとすれば、この考え方も首肯される。また、スヴァヤンブーの仏塔には、傘蓋の付け根付近の四方に、五仏を表現したパネル状の装飾が置かれている。これはその下に描かれた目玉とも対応し、仏塔全体が仏の身体であるとすれば、頭部に戴く宝冠の役割を果たすことになる。ネパールのヴァジュラーチャーリヤたちは、儀礼のときに同じように五仏の宝冠をつけるが、そのとき彼ら自身は金剛薩埵と同体とみなされる（図122）。この装飾板を取り付けた段階では、仏塔全体は金剛薩埵ととらえられていたのであろう。

しかし仏塔を大日如来と見ることも依然として可能である。はじめから、五仏を統轄する存在として仏塔を金剛薩埵とみなしていたならば、ちょうどヴァジュラーチャーリヤの五仏の宝冠のように、五仏はその周囲に均等に配されたであろう。しかし、実際は四方は四仏に占められ、大日は阿閦の脇に押し込まれている。この位置は、おそらくマンダラの儀礼に関連する。

マンダラは灌頂とよばれる密教儀礼を行うときに用いられるが、灌頂で用いられる水瓶も同時に準備される。これらの水瓶はマンダラに描かれた仏たちに対応し、その水をそそがれることによって、灌頂の受者はマンダラの仏たちをみずからの内に宿すことになる。水瓶はマンダラの仏たちに対応するため、理想的にはその数だけ必要なのであるが、代表的な尊格のもののみに省略するのが通例であった。しかし、その中でも中尊の瓶は最も重要で、必ず準備されなければならないし、他の瓶に比べて大きく作られた。灌頂のためのマンダラが準備されると、これらの瓶はマンダラの周囲に安置される。このとき、中尊以外の瓶は、それぞれの方角、たとえば阿閦の瓶は東に、宝生の瓶は南といった具合に置かれるが、中尊の瓶は四方の中で対応する方角がない。そのため、便宜上、東の瓶の向かって左側に置くように定められている。マンダラの中尊をマンダラの周囲に配当するときに、東というのは中尊の定位置だったのである。

すでに述べたように、スヴァヤンブーの仏塔のユニークなところは、その上部に大きな目が描かれていることで

図123　ボーダナートの仏塔

ある。遠くから見ると、仏塔全体が巨大な人のようにも見える。傘蓋が頭頂部、覆鉢が胸から上に相当し、あたかも上半身が地上に出現したかのようである。カトマンドゥ市の北東には、スヴァヤンブーと並んでよく知られるボーダナートの仏塔があるが、この仏塔にも、同じように目が描かれている（図123）。

このような仏塔の表現は、その発祥の地であるインドでも、あるいはチベット文化圏などでも見られない。日本の五重塔や多宝塔でも同様である。しかし、仏塔全体を人体とみなす考え方は、けっしてネパール仏教に限られるものではない。日本の密教では五輪塔を禅定の姿勢をとる仏の姿とみなす伝統がある。たしかに球形や立方体の石を縦に積み重ねた五輪塔の形は、そのような伝統を知らない者にも、直感的に人間の姿を連想させる。

このように仏塔を人とみなす考え方は、仏塔が大日如来を象徴することと、じつは密接な関係がある。

仏塔のような宗教的建造物を造ったとき、その最終的な段階で完成式が行われる。これは仏像の開眼作法などと同じ儀式で、安置式（プラティシュター）とよばれる。日本でも、寺院の建立や修復を終えたのち、落慶法要が執り行われるが、これも同じ種類の儀式である。この儀式によって仏像や建造物には「魂」が入れられることになる。この変化は、仏像の場合が理解しやすいであろう。単なる木や金属でできた像が、礼拝や信仰の対象である仏という「聖なるもの」に変わるからである。

仏像の安置式では、その像として表現されている仏を像に降臨させればよいが、仏塔のような建造物ではそれはできない。そこで登場するのが大日如来で、建造物全体が大日如来であるとみなされるのである。これはすでに見たように、仏塔を法のよりどころ、すなわち法身ととらえることとも関係する。

このように宗教的な建造物全体を仏の身体とみなす考え方は、インドで広く見られる。ヒンドゥー教の寺院では、その中にまつられている寺院の本尊が建造物の姿をとって出現したと考えられている。寺院とは神の似姿なのである。寺院を建築するときにインドで行われる伝統的な建築儀礼では、農耕儀礼や生殖行為を想起させる要素がしばしば見られるが、これは、やがて出現する建造物が、大地に生み出された神であることを確認するために必要な手続きなのである。仏教の場合はそれが大日如来に集約されていることになる。

おわりに

インドとチベットにはさまれた立地条件から、ネワール仏教はその両地域の仏教と密接な関係を持たざるを得なかった。しかし、大日如来に限ってみれば、ネワール仏教はこの仏に独自の位置づけや姿を与えているようだ。

インドには胎蔵大日と金剛界大日という二種の密教の大日如来の作例が遺されている。チベットについても、すでに第三部第三章で見たように、これらの二種の大日如来やそのマンダラが、早くから伝えられ制作された。

インドとチベットのあいだにあるにもかかわらず、ネパールの仏教では明らかにこれら二種の大日如来を表したと考えられるような作例は、見出すことができない。密教の世界の中心的な存在であるはずの大日如来は、ここでは比較的目立たない存在で、特別視されているようには見えない。寺院の入口や絵画の上部に五仏の一尊として表され、その中心を占めて描かれることで、わずかに他の四仏よりも優位にあるとみなすことができる程度である。しかし、その場合も、全体的な印象は他の四仏と変わることなく、印、身色、座の動物という部分的な特徴に変化を加えただけである。五仏というグループであることが何よりも重要であり、単独で扱われることは前提とされていない。おそらく、この五仏の組み合わせは、インドのパーラ朝の浮彫彫刻で、光背に表された金剛界系の五仏の流れをくむものである。光背という作品の装飾的な部分でしかないことまで、そのままネパールの五仏は引き継いでいるように見える。

その中にあって、カトマンドゥ盆地の無数の仏塔が、大日如来と密接な関係にあることは、注意すべきであろう。仏塔の姿をとった大日如来たちに囲まれて、人々は暮らしているのである。そして、その頂点をなすのが、今なおネパール仏教のシンボル的な存在であるスヴァヤンブーの仏塔である。法身としての大日如来が仏塔として出現し、君臨しているのである。四方に描かれた巨大な目は、この仏塔が万物を視野におさめ支配していることを実感させるのに、十分な迫力を持っている。

ネワール仏教には、このほかに多面多臂の大日如来の作例が若干ある（図124）。その中でとくに重要なのは、寺院の境内に置かれた石造や金属製の台に描かれた、マンダラの主尊である（図125）。このようなマンダラは「ダルマダートゥ」とよばれるが、正式な名称は「法界語自在マンダラ」（ダルマダートゥヴァーギーシュヴァラ・マンダ

図124　大日如来像
（パタン市、ブバハ入口のトーラナ浮彫）

図125　法界語自在マンダラ（カトマンドゥ市、タン・バハ）

ラ）である。このマンダラは金剛界マンダラよりもやや遅れてインドで成立し、ネパールとともにチベットでも流行した。中尊の名称の「法界語自在」は「真理の世界の言葉に自在なるもの」を意味し、弁舌にすぐれた知恵の仏、文殊の異名とされる。しかし、この文殊は大乗仏教の菩薩としての文殊ではなく、大日如来と同格の高位の仏である。そして、ネワール仏教では大日如来そのものとみなされ、その多面多臂の尊容から、僧形の大日如来に対して、密教化した大日如来のようにとらえられている。このマンダラを表面に刻み、寺院の境内に置かれた台が「ダルマダートゥ」すなわち「法界」とのみよばれているのは、文殊の異名ではなく法身（ダルマカーヤ）とほとんど同義でその名が用いられていることを示す。

法界語自在マンダラは、インドの密教史の中では、ほぼその中間に位置づけられ、それまでに登場したさまざまな仏たちを総動員してできている。とくに金剛界マンダラの影響は大きく、中尊の四方には阿閦以下の四仏が多面多臂の姿で描かれる。そして、そのほかにも大乗仏教の菩薩たちやさまざまな女尊たち、さらにヒンドゥー教の神々や夜叉、阿修羅、龍、星宿などが含まれ、その総数は二百以上にもなる。インドの密教では、このマンダラ以後にもさまざまな種類のマンダラが登場し、規模としてもこれをしのぐものが現れるが、ネパール仏教には伝えられなかったか、伝わったとしても流行しなかった。ダルマダートゥに表されているマンダラは、ネワール仏教ではマンダラの神々を集大成してできあがった、仏の世界の完成形態なのである。その中尊を大日如来とみなすことで、密教の世界におけるこの尊の重要性を、彼ら独自の方法で表現したといってもいいであろう。

第五章　般若波羅蜜の図像

はじめに

大乗仏教の最重要の概念の一つである般若波羅蜜は、密教仏の名前でもある。般若波羅蜜を象徴する仏であるとか、仏の智恵を神格化した仏であるというような説明がなされることが多いが、むしろ、大乗仏教から密教の時代にかけて流行した陀羅尼の仏の一人として、信仰されたと推測される。陀羅尼の仏は、「陀羅尼」という語が女性名であることから、女尊として表されることが一般的である。般若波羅蜜もその例外ではなく、女尊の姿をとる。「般若波羅蜜」という語そのものも女性名詞である。

密教仏としての般若波羅蜜の図像がインドで成立したことは確実である。般若波羅蜜の図像を説く文献と、それに合致した特徴を持つ作例が、インドに遺されている。そしてその後、密教の伝播に伴い、般若波羅蜜はアジア各地に広がった。おもな地域としてチベット、ネパール、インドネシア、中国、そして日本があげられる。これらの地域で生み出された般若波羅蜜の図像には、共通した特徴が認められる。すなわち、般若経典を持物とすること、説法印を示すことが多いこと、結跏趺坐で蓮華の上に正面を向いて坐ることなどである。インドの女尊の多くが、中国や日本に伝わる過程で、男尊に姿を変えることも多い中で、般若波羅蜜の場合、女尊であることも一貫している。

しかし、大まかなイメージは共通していても、細部には地域ごとの差が現れている。その違いを中心に、アジア各地の般若波羅蜜の図像を概観しよう。

一　インド

1　成就法文献

インドの密教美術に関する重要な文献に『サーダナマーラー』がある（Bhattacharyya 1968b）。三百余りの成就法、すなわち仏の瞑想法が説かれている。同書には、全部で九種類の「般若波羅蜜の成就法」が含まれている（一五一番～一五九番）。これらに説かれる般若波羅蜜は、一五六番のみが四臂像で、それを除く八種は二臂像である。二臂が圧倒的で、例外的に四臂が現れることが分かる。顔の数はいずれも一面である。

二臂を説く八種の成就法は、腕の数は共通であるが、持物やその持ち方に違いがある。すなわち、両手に持物を直接持つタイプと、説法印を示し、その両手から伸びる植物の上に般若経を載せるというタイプとが、まずはじめに区別できる。前者には右手に赤蓮華、左手に般若経を持つ一五一番と一五五番、後者には両手で説法印を示し、体の両側に植物が伸び、その上に般若経を載せる一五二番、一五四番、一五九番がある。般若経を載せた植物には、蓮華と睡蓮の二種が現れる。

この両者を折衷したような形式もある。一五三番、一五七番、一五八番は、両手で説法印を示す点は後者のタイプと同様であるが、般若経を載せた植物が体の左側にのみ現れる。植物の種類は一五三番が青睡蓮で、残りの二つが蓮華である。

唯一の四臂像である一五六番は、この折衷形式に近い。すなわち、二臂で説法印（テキストは「法印」である）を示し、残りの二臂のうち、左手には般若経を載せた青睡蓮を持ち、右手は施無畏印を示す。

これまで、臂数と持物に注目してきたが、テキストには、このほかの情報として、体の色も示されている。白、黄色、黄金色の三種が登場するが、黄色と黄金色はおそらく同じ色を指していると考えられるので、白と黄色の二種類と考えて差し支えないであろう。白は一五一番、一五四番、一五五番の三種の成就法のみで、それ以外はすべて黄色、もしくは黄金色である。これと臂数、持物との関係を見ると、上記の三つのパターンとは明確な相関関係が認められないことが分かる。ただし、右手に赤蓮華、左手に般若経の経典を持つはじめのパターンに関しては、いずれも身色が白であることから、この二種の成就法に含まれる般若波羅蜜が、かなり共通するイメージを有していたことは推測できる。

これら、面数臂数、身色以外の特徴は、九種の成就法のあいだで大きな違いはない。蓮華の上で金剛跏趺坐で坐り、女尊にふさわしい美しい容貌や衣装、装身具を備えていることは、ほぼ共通している。特別な情報としては、髪の毛がカールした巻き毛であることを一五一番と一五四番の成就法が説く。また、一五九番のみは、般若波羅蜜を四仏、四明妃、八供養菩薩などが取り囲むマンダラの構造を持つ。ただし、マンダラの楼閣などの外部構造は言及されていない。さらに、般若波羅蜜は頭上に五仏の宝冠を戴くとも述べられている。

2　インドの作例

インドで密教美術が盛んに作られたのは、七世紀半ばから十二世紀初頭にかけて東北インドのベンガル、ビハール地方を支配したパーラ朝と、その南に位置するオリッサ地方のバウマカラ朝の時代である。このほか、マハーラーシュトラ州の石窟寺院、とりわけエローラ石窟に密教関係の仏像がある。また、北西インドのカシミール地方でも密教が栄えた時代があったが、作例数は限られている。

このうち、般若波羅蜜の作例が残されているのは、ベンガル、ビハール、オリッサである。その他の地域からの作例は、今のところ知られていない。作例数は、ベンガル、ビハール地方が五例、オリッサは三例のみである。これは、当時、人気のあった他の尊像、たとえば釈迦、観音、ターラーなどに比べて、きわめてわずかである。それ以外の女尊と比べた場合、マーリーチーやヴァスダラー、チュンダーには及ばないが、アパラージターやハーリーティーなどと同程度であり、女尊全体から見れば、必ずしもわずかな作例というわけではない。仏頂尊勝やパルナシャバリー（葉衣）のように、他の地域で比較的人気の高い女尊よりも、むしろ、まとまった数が遺っている。ただし、観音の脇侍となることのあるブリクティーやエーカジャターの場合、観音そのものの作例数がきわめて多いため、脇侍としての作例も豊富である。いずれにせよ、文献だけではなく、密教が流行していた地域において実際に般若波羅蜜の作品が作られ、人々の信仰を集めていたことは確かである。

パーラ朝の五例のうち、三例はビハール州のナーランダー僧院跡から、残りの二例はベンガル地方（現在はおそらくバングラデシュ）から出土している。また、ナーランダー僧院の三例のうち、二例はほとんど同一のブロンズ像で、同じ鋳型から作られた作品と考えられる。違いは光背上部の傘蓋の有無のみである（図126）。五例に共通する特徴は、一面二臂で結跏趺坐で坐り、胸の前で説法印を示すことである。前節の『サーダナマーラー』の般若波羅蜜のうちの、第二のパターンである。体の左右に睡蓮が伸び、その上に経典が置かれていることも、ほぼ共通して認められる。ただし、ベンガル地方から出土したマルダー博物館所蔵の一例のみは、経典の存在が確認できない。

図126　般若波羅蜜の二作例（ナーランダー考古博物館）

また、植物が睡蓮ではなく蓮華である。パーラ朝期の仏の持物として蓮華や睡蓮は広く登場するが、両者は厳密に区別され、混同されることはない。文献でも経典を載せる植物には蓮華と睡蓮の二つがあったため、蓮華が表されているとしても間違いではない。

ナーランダー出土の石像浮彫と、このマルダー博物館所蔵品は、主尊の般若波羅蜜の両側に二人の女尊の脇侍がいる。『サーダナマーラー』では脇侍について言及する成就法はなく、後述する漢訳経典にも女尊の脇侍は登場しない。尊名などの詳細は不詳である。

また、マルダー博物館の作品では、光背の上部に五仏の坐像が山型に配置されている。光背上部に五仏を置くのも、ベンガル地方を中心に、この時期、流行した形式で、観音をはじめとするさまざまな尊格に見られる。筆者はこの作品は実見しておらず、また発表されている写真図版が不鮮明であるため細

図128　マンジュヴァラ
（ダッカ国立博物館）

図127　六字観音
（ヴァレーンドラ博物館）

部が確認できないが、注目すべき作品である。

オリッサ出土の三例のうちの二例は二臂像で、一例が四臂像である。四臂という特徴は、次節以降で見るように、チベットやネパールの般若波羅蜜としてはむしろ一般的である。インドからの橋渡しになるような作例が、一例ではあるが遺されているのである。文献でも『サーダナマーラー』に、一点だけではあるが四臂像の成就法が含まれていた。説法印を示すことや、経典を載せた睡蓮を左手に持つという特徴は一致する。ただし、残りの右手が文献では施無畏印であるのに対し、作例では与願印である。

二臂の作例は、いずれも体の左側に経典を載せた睡蓮を持つ。これも『サーダナマーラー』に見られた第三のパターンに共通するが、二つの作例のうちの一つは、両手が欠損しているため、説法印を示していたかどうかは不明である。もう一例も、説法印というよりも合掌に近い構えをとっている。

このように、インドの般若波羅蜜の実作例に見られる特徴は、多少のばらつきはあるものの、ほぼ『サーダナマーラー』の規定の範囲内にある。その点で、成就法文献の記述によく合致した尊格であると見ることができる。ただし、尊容そのものは、他の尊格と共通する点もあり、文献のみから作り出された作品であるととらえるのは危険である。

たとえば、正面向きで結跏趺坐で坐る尊格としては、観音があげられる。とくに六字観音とよばれる変化観音は、四臂を備え、正面の二臂は胸の前で合掌し、残りの二臂のうち右手には数珠を、左手には経典を持つ（図127）。印や持物は正確には一致しないが、全体的なイメージは四臂の般若波羅蜜に近い。あるいは、体の正面で説法印を示し、蓮華の上で結跏趺坐で坐る女尊としては、チュンダーもよく知られている。チュンダーは、日本では准提観音となって、やはり変化観音の一人に数えられることがある。さらにさかのぼると、正面を向いて説法印を示す図像形式は、舎衛城の神変の場面の釈迦の姿がよく知られている。これらのイメージが、般若波羅蜜の図像の形成と何らかの関わりを持っていたのではないかと考えられる。

また、体の両側に経典を載せた睡蓮を伸ばすのは、文殊の一種であるマンジュヴァラにも見られ、パーラ朝ではかなりの数の作例がある（図128）。マンジュヴァラの場合、獅子の上に坐り、この特徴は般若波羅蜜には見られないが、ナーランダー博物館が所蔵する石像浮彫の般若波羅蜜像の台座には、獅子が二頭表現されている。マンジュヴァラの特徴を受け継いだ可能性もある。

二　チベット

1　主流である四臂像

インドの密教美術の伝統を、最も体系的に受け継いだのがチベットである。チベットの仏教美術に見られる尊像の種類は、他のどの地方よりも格段に多い。その大半はインドに原型を見出すことができるが、それでもチベットにはチベット独自の仏の世界がある。インドの仏教美術の単なるコピーではない。

般若波羅蜜を含む女尊についても同様である。女尊の中で最も作例数が多いのがターラーであるのはインドと同じであるが、それ以外の女尊については違いが現れる。チベットの場合、仏頂尊勝やマーリーチーなど陀羅尼の女尊の作例が比較的多い。その一方で、ヴァジュラヴァーラーヒーやナイラートミヤーといった無上瑜伽タントラの母タントラ系の女尊にも多くの作例が遺されている。

般若波羅蜜もインドに比べて作例数が多い女尊にあげられる。おそらく、この尊格が最も頻繁に登場するのは般若経典の挿絵であるが、それ以外にも、タンカの主尊として単独で描かれたり、周囲に他の尊格や人物を従えて描かれた作品もかなりの数に上る。ブロンズなどの彫刻作品もいくつか知られている。あるいは、持金剛の明妃として、いわゆる父母仏の形式をとることもある。

チベットの般若波羅蜜の現存作例からは、次のような特徴があげられる。

第一に、臂数は四臂像が最も多く（図129）、一臂像はきわめてわずかである。インドの場合、オリッサから四臂像が一例のみ報告されているが、それ以外はすべて二臂像であった。また『サーダナマーラー』においても、九種の成就法の中で四臂像は一例のみであった。インドでは圧倒的に二臂像が優勢だったのである。それがチベットでは逆転している。なお、チベットではさらに六臂像も知られているが、これについては後述する。

第二に持物や印について。作例数の豊富な四臂像の場合、四臂の持物や印にいくつかのパターンがある。まず、主要な二臂は、何も持たずに胸の前で特定の印を示すものがほとんどである。インドの作例では二臂像でも四臂像でも胸の前で説法印を示すものがほとんどであった。文献でも説法印を説いたものが多かった。これに対し、チベットでは説法印の作例もあるが、それ以外にも、両手で定印を結ぶものや、右手は施無畏印を示し左手は定印の位置に置くものがある。胸の前で示す印が、説法印であるのか定印であるのか、判別しづらいものもある。

図129　般若波羅蜜（『五百尊図像集』第六十三葉中）

残りの左右の二臂の持物も興味深い。最も一般的な組み合わせは、右手に数珠、左手に経典である。経典は直接手で持ち、蓮華や睡蓮の上に載せることは少ない。同じ持物で左右を逆にしているものもある。もう一つの組み合わせは、金剛杵と経典である。その場合は、右手に金剛杵、左手に経典という組み合わせをとり、その逆は見られない。

持物に関しても、インドの作例や文献との乖離が認められる。インドは二臂像でも四臂像でも、持物は経典を載せた蓮華か睡蓮が大半であった。それを体の両側に置く場合と、左側にのみ置く場合の二つのパターンがあったが、数珠という持物は登場しなかった。金剛杵も同様である。

2　図像の形成

インドの般若波羅蜜の図像とこれらの相違点は、どのように解釈すべきであろうか。まず考えられるのは、他の尊格からの影響である。とりわけ、インドの六字観音とほとんど同じ尊容を持つ四臂観音が注目される（図130）。他の地域と同様、チベットにもさまざまなタイプの観音がいるが、四臂観音は聖観音とよばれることもあり、とくに好まれた形式である。正面を向いて結跏趺坐で坐り、四臂のうちの二臂は胸の前で合掌し、残りの二臂のうち右手は数珠、左手は蓮華を持つ。

般若波羅蜜の図像との関係から見ると、胸の前の合掌は、般若波羅蜜の示す説法印に形が近いことが、まず指摘できるであろう。また、観音が右手に持つ数珠は、インドの般若波羅蜜にはまったくなかった特徴であるにもかかわらず、チベットの般若波羅蜜には頻繁に現れた。

観音が左手に持つ蓮華の位置に、チベットの般若波羅蜜の多くは、経典を直接持つ。インドの般若波羅蜜が蓮華や睡蓮の上に載せていた経典を、チベットでは直接持つのは、観音にとっての蓮華が持物を載せる台などではなく、観音にとって最も重要なシンボルであったため、これと同等の位置にある経典をそれに置き換えたのであろう。

一部のチベットの般若波羅蜜で経典と数珠の位置が左右で逆転するのは、般若波羅蜜にとって重要なシンボルであるこの経典を、最も目立つ位置である右の第一臂に持たせ、それよりも重要度が劣る左手に数珠を移したためと推測される。多臂像の場合、右の第一臂がその尊の本来的なシンボルを持つ手になるのは、チベットの尊像ではしばしば見られることである。

インドには例のないもう一つのパターンである金剛杵については、持金剛の存在がカギになると考えられる。持金剛はその名のとおり金剛杵を持つ仏であるが、実際には右手に金剛杵、左手に金剛鈴を持って、胸の前で両腕を交叉させている。金剛杵が方便を、金剛鈴は般若を表し、両者の合一が悟りの境地であるという密教独特のシンボリズムを体現している。その持金剛の明妃が般若波羅蜜である。持金剛の持物を振り分けて、男尊である持金剛が方便を、女尊である般若波羅蜜は般若を表す。

般若波羅蜜を単独で表した場合、持金剛を単独で表す方法と似た形式をとる。すなわち、方便を象徴する金剛杵を持つが、もう一方の般若については、もともと左手に持っていた般若経が、般若の智恵を表しているのであるから、その上さらに金剛鈴は不要である。右手に金剛杵、左手に般若経という組み合わせは、持金剛の持つ金剛杵と金剛鈴と同じ意味を持つのである。

図130　四臂観音（『五百尊図像集』第三十四葉左）

チベット仏教図像学の百科全書的な作品である『五百尊図像集』でも、般若波羅蜜の姿を確認しておこう。十九世紀にパンチェン・ラマ四世が制作に関与した『五百尊図像集』は「ナルタンの五百尊」ともよばれ、チベット仏教の仏たちの姿が網羅されていることで知られている。般若波羅蜜はこの中に三例含まれ、そのうち、二例が二臂像、一例が四臂像である。

二臂像の一例は、体の左右に蓮華（もしくは睡蓮）が伸び、その上に経典が載っている。インドで好まれた形式であることは、すでに見たとおりで、チベットでも忠実に受け継がれていたことが分かる。一般に『五百尊図像集』は、成就法文献の伝統を重視し、実際の作例よりも文献の記述に一致する傾向がある。もう一方の二臂像は、右手に蓮華、左手に経典を持つ。これも『サーダナマーラー』の中に一致する成就法が含まれていた。

四臂像はチベットの般若波羅蜜の作例に最も一般的な形式である（図129）。主要な二臂のうち、右手は施無畏印を、左手は腹前で定印の構えをとる。残りの二臂は、右手が経典、左手が数珠である。すでに経典の位置が左手から右手に移っている。おそらく、当時のチベットで一般に流布していた図像を、そのまま取り入れたのであろう。

3　アルチ寺の六臂像

最後に六臂像（図131）についてふれておく。これはラダック地方で最も有名な寺院であるアルチ寺の壁画に描かれた般若波羅蜜である。アルチ寺の中でもとくに建造の年代が古く、金剛界をはじめとするマンダラが多数描かれていることでも知られている三層堂の第一層にある。

六臂像の般若波羅蜜は、チベットの般若波羅蜜としては例外的な形式であるが、この作品はラダックの仏教美術の中でもとくに著名な壁画として、一般にもよく知られている。ラダックにとどまらず、チベット美術の代表的な作品、さらには、その最高傑作のように紹介されることも多い。

たしかに、妖艶ともいえる美しさを備えた女尊で、エキゾチックな横顔、丸い大きな乳房と、それと対比的に極端にまですぼまったウエストなどは、とくに印象深い。頭頂から背中にかけて流れるような髪飾りや、ミニアチュールを思わせる衣装の文様など、細部にわたる表現も見事である。

図131　般若波羅蜜（ラダック、アルチ寺三層堂）

六臂の印や持物のうち、体の前に置かれた二臂は、右手で数珠を持ち、左手は定印の構えをとる。残りの四臂は体の両側にバランスよく広げられ、このうち、下の一対の手は与願印のようなポーズを示し、そこから蓮華（あるいは睡蓮）が伸び、体の両側で花が開く。上の左右の手のうち、右手には先端が三つに分かれた棒を持ち、左手は経典を持つ。右手の棒を除けば、それ以外の五本の腕の持物あるいは印は、これまでの二臂像や四臂像の般若波羅蜜と共通する。後述するように、六臂の般若波羅蜜は、日本ではむしろ一般的であるが、図像上の特徴は一致しない。

この作品については、般若波羅蜜ではなくターラーと解釈されることもある。その理由として、身色がターラーに一般的な緑であること、この像の周囲に描かれた四尊の女尊がすべてターラーであり、全体が一具と見なされること、上部に描かれた五仏の中央に、ターラーと関係の深い不空成就が位置していることなどがあげられる。この可能性も含め、今後、より詳細な検討が必要である。

三　インドネシア

1　ジャワ島の般若波羅蜜

東南アジアの仏教の中で、とくに大乗仏教や密教との強い結びつきを示すのが、インドネシアのジャワ島の仏教である。ここには世界的にも有名な仏教遺跡ボロブドゥールをはじめ、チャンディ・ムンドゥやチャンディ・プラオサンなどの寺院遺跡が遺り、数多くの尊像が伝えられている。その中には、明らかに密教の尊像を表した作品、たとえば八大菩薩や大日如来、金剛薩埵などが含まれている。これらの作品には、おもに高浮彫の石像彫刻と、比較的小規模なブロンズ像とがあるが、いずれも図像上の特徴や様式、素材など、多くの点でインド東北部、すなわち、ベンガル、ビハール、オリッサの密教美術からの影響が認められる。

ジャワ島出土の般若波羅蜜の作例には、石造の作品が三例、ブロンズ像が同じく三例、知られている（小泉1999）。このうち、石造はいずれも類似の像容を持ち、一面二臂、胸の前で説法印を示し、左手から伸びる蓮華の上に経典を載せる。ただし、頭部や持物が欠損しているため、類推せざるを得ない作品も含まれる。

ブロンズ像のうちの一例は単独像で、石造作品と同じ尊容を持つことから般若波羅蜜であることは明らかであるが、残りの二例は、いずれも毘盧遮那如来と併坐する作品で、二臂で説法印をとることは通常どおりであるが、一つは蓮華の茎が途中で折れているため蓮華と経典を確認できず、もう一つは持物そのものを持たない。そのため、後者は般若波羅蜜ではなく、別の女尊とみなす研究者もいる（以上、小泉論文による）。

2　ジャカルタ国立博物館像

石造作品の中で最も保存状態もよいジャカルタ国立博物館の般若波羅蜜像（図132）について、詳しく見てみよう。この像は、インドネシアの密教美術の中でも、とりわけ有名な作品である。作品全体の高さは一二六センチメートルで、等身大よりはやや小さめであるが、インドネシアの石像彫刻としては標準的なサイズである。丸彫りに近い高浮彫で表す様式は、すでに述べたように、インド東部の密教美術の流れを直接受け継いでいる。上部がアーチ型の光背で、方形の台座の上の蓮華を座にして、結跏趺坐で坐っている。正面向きの姿勢をとり、腰や首にはひねりはなく、まっすぐに背筋を伸ばす。やや伏し目がちに視線を下に向けた表情は、瞑想に入った静謐な印象を与える。

豪華な頭飾や宝冠に始まり、瓔珞、臂釧、腕釧など、さまざまな装身具で全身を飾り、腰から下の腰帯や裙などの細かな文様がひときわ充実している。髪型は観音などに見られる髪髻冠とよばれる形式で、カールした髪の毛が肩から上腕部にかけて流れるように表され、華やかさをさらに加えている。

図132　般若波羅蜜
（ジャカルタ国立博物館）

両腕は胸の前で説法印のポーズを示し、左腕の肘の内側からは、体の外に向かって蓮華の茎が伸びている。その先端の蓮華は上向きに花弁を開き、直方体の形をした経典が、その上に水平に載っている。

これらの持物や特徴、そして結跏趺坐の姿勢、豪華な装身具などは、いずれもインドの般若波羅蜜の作例や、『サーダナマーラー』の記述によく合致している。インドで一般的であった二臂の般若波羅蜜、とくに説法印を示し、体の左側にのみ蓮華と経典を置くタイプの後継者であることが分かる。しかも、それらと同じ特徴を示しながらも、インドには例を見ないサイズと入念さを備えた作品である。

小泉の前掲論文によれば、この作品は、実在したジャワ島の王妃や王女をモデルにして制作されたという伝承があるらしい。そして、その年代により十三世紀から十四世紀にかけて制作されたことが推測されている。しかし、その一方で、様式上の特徴が十一世紀頃の作品に近似していることから、制作にまつわる伝承と様式上の年代とが一致しないことも指摘されている。しかし、このような疑問以前に、本像にはより根本的な問題がある。それは、女尊であることの不自然さである。

この作品には、すでに見たとおり、たしかに般若波羅蜜の備えるべき特徴はすべてそろっている。しかし、最も基本的な条件であるはずの女尊であることが、ほとんど感じられない。もちろん、この作品が女尊像であることは、乳房のふくらみから明らかであるが、逆にその部分を隠してしまえば、むしろ、男性の尊格である菩薩像と何ら変わりはない。顔つきもそうであるし、髪型や装身具のいずれも、菩薩に一般的な形態である。とくに、髪型の髪髻冠は、観音に固有の髪型である。

体格も同様である。同時代の女尊像にはターラーやブリクティー、あるいはヒンドゥー教のラクシュミーやドゥルガーがあるが、いずれも胴体部が胸から腰にかけて大きくくびれ、そこから腰骨、そして臀部にかけてふたたび大きく張り出し、女尊特有の体格を示す。それに対し、この般若波羅蜜は、胸から腰にかけて身体の左右の線はほとんど平行に伸び、凹凸をまったく示さない。そして、腰の張りのないまま大腿部の付け根へと至り、足のラインがそこからすぐに始まる。ふくよかな下腹部がまったく表されていないのである。

このような表現はインドやチベット、ネパールの仏像にしばしば見られるが、いずれも如来や菩薩といった男尊である。とくに、観音や文殊のような菩薩像に一般的な特徴である。そして、インドネシアにおいても、チャンディ・プラオサンの八大菩薩像などに類似した形式が見られる。

このような点からも、本作品が実在の女性をモデルにその姿を写した作品であるという伝承には、疑問を抱かざるを得ない。般若波羅蜜の図像上の特徴と完全に一致することから、なおさら、なぜ女尊ではなく男尊の体つきとして表したのか不可解である。

四　日本

1　漢訳経典と六臂像

空海をはじめとする入唐僧たちが密教を学んだ唐の長安などでも、般若波羅蜜への信仰が存在したと考えられるが、わが国への請来品を別にすれば、般若波羅蜜の作例は、現在のところ、中国では確認できない。

中国でも般若波羅蜜への信仰があったと推測されるのは、それを説く漢訳経典が遺されていることによる。『陀羅尼集経』（阿地瞿多訳、大正蔵十八巻、八〇五頁中）、『仁王般若念誦法』（不空訳、大正蔵十九巻、五二一頁上）、『仏説仏母般若波羅蜜多大明観想儀軌』（施護訳、大正蔵二十巻、六一四頁中）が、そのおもなものである。

このうち阿地瞿多訳と不空訳では二臂像が、施護訳では六臂像が、それぞれ説かれている。二臂像の場合、いず

図133　般若波羅蜜
（御室版両界曼荼羅、持明院）

図134　般若波羅蜜
（御室版両界曼荼羅、虚空蔵院）

れも左手に般若経の経典を持ち、右手は膝の上で施無畏印（阿地瞿多訳）、あるいは胸の前で説法印（不空訳）をとる。般若経の経典を左手に持つことは、インド以来の図像の伝統を受け継いでいることを示すし、蓮華の上に置くのではなく左手に直接持つという形式は、おそらく、より古いタイプの図像上の特徴と考えられる。説法印と組み合わされるのも、インドやチベットの作例や文献で広く見られたが、膝の上で施無畏印を示すのは一般的ではなかった。

施護訳の六臂像においても、主要な二臂は胸の前で説法印を示す。残りの四臂は、般若波羅蜜多経、睡蓮、嗉吉帝等を持つとされ、般若経の経典が第一にあげられているが、他の持物と並列され、主要な特徴は説法印に取って代わられている。三番目の持物の嗉吉帝については、詳細は不明である。残りの一つの持物は省略されている。

いずれの文献においても、宝冠などで美しく荘厳されていることがくりかえし述べられている。坐法については阿地瞿多訳に「師子（＝獅子）上に結跏趺坐」と述べられている。結跏趺坐は日本以外の般若波羅蜜においても例外なく見られることなので、坐法についてはとくに言及していない他の二文献も、自明のこととして省略したのであろう。ただし、乗り物に獅子をあげるのは特異であるが、ナーランダー博物館の作例では、台座に獅子が表されていた。そこでも述べたように、般若波羅蜜と同様に般若経典を持物とする文殊が、獅子を乗り物とすることから、その影響を受けたのかもしれない。

これらの経典が日本に請来されていることから、その図像も伝えられていたと考えられるが、般若波羅蜜の実際の造形としてよく知られていたのは、胎蔵曼荼羅の般若波羅蜜（般若仏母）である。

胎蔵曼荼羅には二カ所に般若波羅蜜が登場する。一つは持明院の中央部に位置する六臂像（図133）で、もう一つは虚空蔵院に含まれる二臂像（図134）である。このうち、般若波羅蜜の図像として広く流布したのが六臂像である。胸の前に置いた左手の上に経典を水平に載せ、右手はその横で説法印のような形を作る。残りの四臂のうち、左右の上の手は肩の横で手のひらを上にして保ち、右の下の手は膝の上で与願印を、左の下の手は太腿の上に定印の構えをとる。同じ六臂像でありながら、施護訳の記述には合致しない。また、ラダックのアルチ寺の六臂像とも別の系統である。

虚空蔵院の二臂像は、右手に剣を持ち、左手は施無畏印を示す。般若波羅蜜の像容としては特異で、他の作品の成立にはほとんど影響を与えていない。

2　般若波羅蜜十六善神像

密教系の経典や作例とは別に、般若波羅蜜を描いた重要な作品に「般若波羅蜜十六善神像」がある。般若波羅蜜を主尊とし、その周囲に十六善神を描く。しかし、ここに描かれる般若波羅蜜は、すでに見た胎蔵曼荼羅の六臂般若波羅蜜の図像がそのまま用いられている。たとえば、般若波羅蜜と十六善神を巻子本に白描で描いた図像集では、六臂の持物や印はもとより、衣装、装身具、坐法、さらには顔の表情に至るまで、胎蔵曼荼羅の六臂像と酷似している（図135）。おそらく、高雄曼荼羅のような白描の胎蔵曼荼羅をもとにして描かれた白描図像が、その典拠となったのであろう。東京国立博物館には、単独の般若波羅蜜の彩色画としては、おそらく唯一の作品が所蔵されているが、その図像も胎蔵曼荼羅の六臂像を踏襲している（東京国立博物館　A-12368）。

般若波羅蜜と十六善神を説く文献は『般若守護十六善神王形体』（大正蔵　第二十一巻、三七八頁上中）といわれる。同経は金剛智三蔵の訳と伝えられる密教経典である。ただし、この経には肝心の般若波羅蜜についてはまったく言及がない。図像の典拠は、経典や儀軌ではなく、胎蔵曼荼羅そのものか、それにもとづいて描かれた図像集のような作品であったと推測される。

一方、同経は十六善神については尊名と尊容を列挙している。しかし、その図像についても、実際の作例とは一部一致しないことが指摘されている。経典の記述を参考にしながらも、別の図像の伝統があったのであろう。ただし、その典拠は明らかではない。

十六善神の名称のみを、同経に説かれる順に示すと以下のようになる。

提頭攞宅善神（持国天）、毘盧勒叉善神（増長天）、摧伏毒害善神、増益善神、歓喜善神、除一切障難善神、抜除罪垢善神、能忍善神、吠室羅摩拏善神（多聞天）、毘盧博叉善神（広目天）、離一切怖畏善神、救護一切善神、摂伏諸魔善神、能救諸有善神、師子威猛善神、勇猛心地善神

このうち、括弧で補ったように、提頭攞宅善神、毘盧勒叉善神、吠室羅摩拏善神、毘盧博叉善神の四尊は四天王

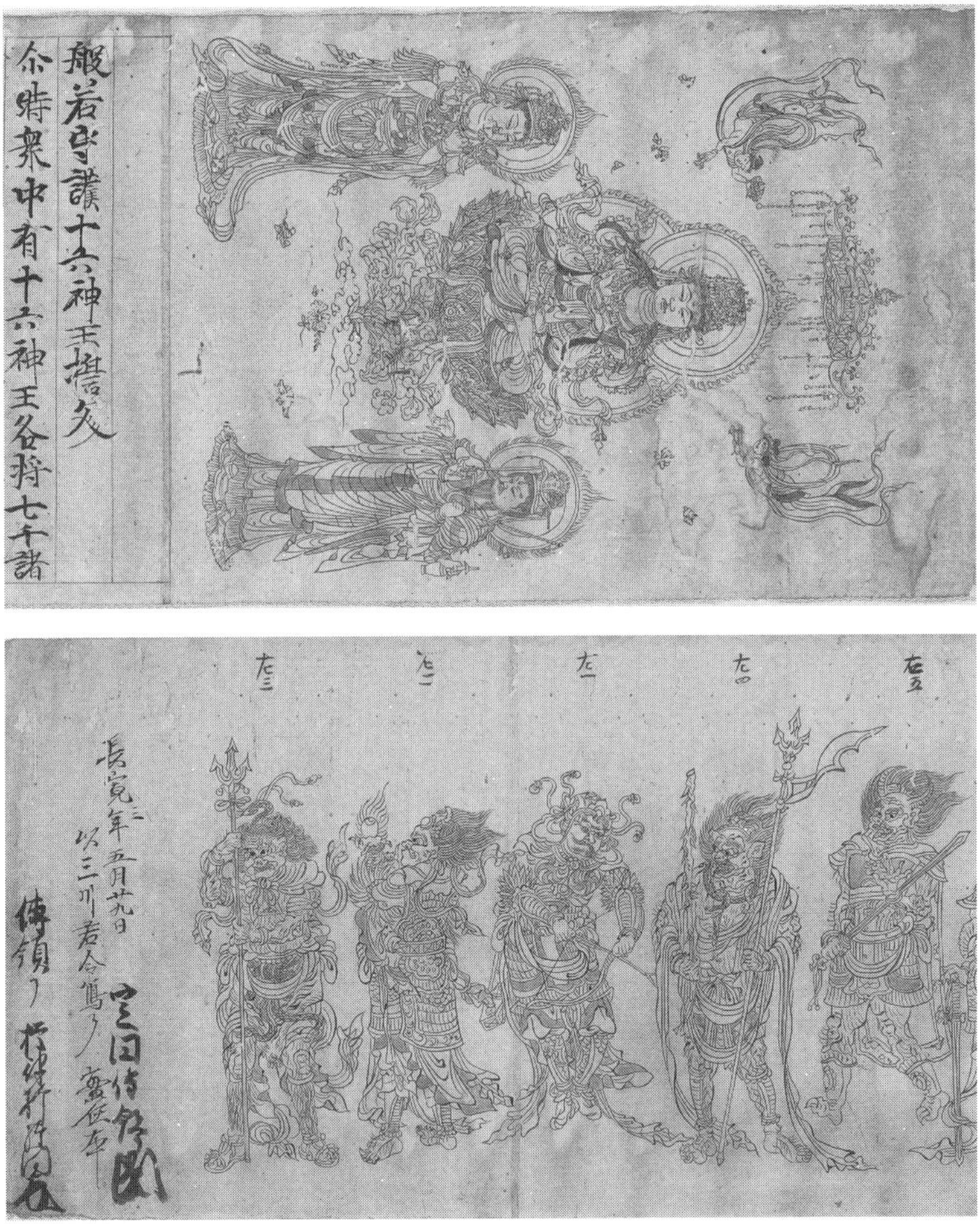

図135　般若波羅蜜十六善神白描図（個人蔵）

図136　釈迦十六善神図（六角堂能満院）

のことである。経典では持国天などのよく知られた名称を用いずに、もとのサンスクリット語を音写している。それ以外の十二神は、いずれもインドにはさかのぼり得ない神ばかりで、いかにも中国で作られた名称である。四天王をあえて音写で示しているところも、逆に本経が疑経であることを強くうかがわせる。

現在「般若波羅蜜十六善神像」は、実際はほとんど遺っていない。あるのは、主尊が般若波羅蜜ではなく釈迦如来に交代した「釈迦十六善神像」である（図136）。

「釈迦十六善神像」の場合、主尊の釈迦如来は文殊と普賢の二脇侍を伴う。また、十六善神に加えて、玄奘と深沙大将を画面の下方に加えることが多い。よく知られているように、玄奘はインドから膨大な数の経典を中国にもたらし、帰国後はその翻訳に生涯を捧げた高僧である。そして、その玄奘の求法の旅を守護したのが深沙大将であると伝えられている。このほかに、波籔仙や功徳天が加えられることもあり、「釈迦十六善神像」とよびながら、それよりも大勢の人物が描かれる作品も多く見られる。

「釈迦十六善神像」は、禅宗の重要な法会の一つである大般若経転読において、本尊として法会の場の正面に掛けられた。現在、「釈迦十六善神像」を伝えるのは、禅宗の寺院であることが多い。主尊が般若波羅蜜から釈迦に変わることも、おそらくこれに関係する。すなわち、禅宗の本堂の本尊は、文殊と普賢を従えた釈迦如来であるのが一般的である。般若波羅蜜ではなく、この三尊が描かれることによって、画像自体が禅宗にとってなじみのある儀礼空間を形作ることになる。

さらに、十六善神に加えられた玄奘と深沙大将に関しては、法相曼荼羅の影響が推測される。法相曼荼羅はその名のとおり、法相宗に伝えられる高僧の曼荼羅で、興福寺や薬師寺の作品がよく知られている。法相曼荼羅の場合、中央に描かれるのは法相宗の開祖とみなされる弥勒であることが多いが、弥勒の代わりに釈迦如来を描いた作品もある（図137）。そして、その手前に、インドから中国、日本へと至る法相宗の祖師たちを、左右に向かい合わせに並べるのであるが、その配置法は「釈迦十六善神像」のそれとよく似ている。さらに、法相宗の祖師の一人として必ず登場するのが、玄奘である。法相曼荼羅の場合、玄奘は他の高僧たちと同じように、袈裟を着て坐っているが、日本の法相宗にとって玄奘は特別な存在で、単独、あるいは深

図137　法相曼荼羅（根津美術館）

沙大将や従者を伴って描かれることも多く、その場合、背中に経典を背負った求法僧の出立ちとなる。「釈迦十六善神像」に現れるのも、この姿の玄奘であり、深沙大将や従者を伴う点も同様である。

玄奘の訳教の中でとりわけ重要であったのが『大般若経』である。また、一般の人々にもよく知られている『般若心経』も玄奘訳が流布している。般若経を介して、禅宗と法相宗が結びついて生まれた図像が、「釈迦十六善神像」なのである。般若波羅蜜の姿は見えなくても、絵の中のすべての登場人物たちが、般若経典、そして般若波羅蜜を指し示していると見るべきなのである。

第四部　マンダラの形が表すもの

第一章　マンダラの形態の歴史的変遷

一　マンダラの形と意味

「マンダラ」という言葉の対象は、マンダラにいかなる意味を見出すかによって微妙に異なる。従来までの仏教図像学や仏教美術史におけるマンダラ研究では、マンダラに含まれる仏や菩薩たちこそマンダラの主役であった。彼らがいかなる来歴を持った尊格であるのか、図像学上の特徴はどの文献を典拠としているのか、尊格相互の関係は何であるのかなどが、マンダラ研究の主流であった。しかし、近年のマンダラ研究ではマンダラは総体として扱われ、とくにその形態の持つ象徴性、宗教的意義、シンボリズムを読み解こうとする傾向が強くなった。仏、菩薩、女尊、忿怒尊などの各尊についての考察よりも、彼らを入れた「容器」全体が考察の対象となる。そして、マンダラとは「聖なる世界の縮図」であり、「マクロコスモスとミクロコスモスとの本質的同一性を覚証するための補助手段」であるというテーゼが一般に受け入れられてきている。(1) マンダラの「中身」よりも、「容器」としてのマンダラが注目されてきたということもできる。しかし「容器としてのマンダラ」とは具体的にはいかなる形態を持っているのか、あるいは、どの時代のマンダラの形態を問題にしているのかは、必ずしも明確にされていない。多くの場合、日本の両界曼荼羅に代表される美術史上の遺品や、チベットやネパールの壁画や絵画のマンダラがイメージされているようである。

本章では、インド密教の歴史の中でマンダラの形態がどのように変化したかを明らかにし、「容器としてのマンダラ」の具体的なイメージを示すことを目的とする。インドにおけるマンダラの遺品が遺されていないため、マンダラのイメージを考古学的な資料に求めることはできない。マンダラ的な構造をとる仏塔などは現存しているが、マンダラの形態を知るための資料としては用いられない。日本に伝わるマンダラ、とくに両界曼荼羅はその中では例外的な存在であるが、これをインド密教のマンダラの典型と見ることは適切ではないであろう。

マンダラの形態を知るためにわれわれが手にする唯一の資料は、当時の仏教徒たちが遺した文献である。主要なタントラ経典や論書にはマンダラの形態に関する具体的な記述がしばしば含まれる。これらを手がかりにしてインド密教におけるマンダラの形態の変遷をたどり、それをいくつかの点にまとめてみよう。そして、このような変遷を経ても、なお一貫していたマンダラの構造上の特徴を明らかにし、それによってマンダラの形態の持つ普遍的な意味を指摘する。歴史的な変遷をたどるためには初期密教の文献から取り上げるべきであるが、まずはじめに、インド後期密教の文献においてインドにおけるマンダラの完成形態を確認し、その主要な構造を提示しておく。

二　インド後期密教のマンダラの形態

インド後期密教ではマンダラはつねに二つのイメージを持っていた。一つは行者が瞑想の世界の中で作り上げた「観想上のマンダラ」（bhāvyamaṇḍala）で、もう一つは儀礼に先立って地面に描かれた「儀礼のためのマンダラ」である。後者は「描かれるマンダラ」（lekhyamaṇḍala）ともよばれ、弟子の入門儀礼である灌頂（abhiṣeka）や、寺院、尊像などの聖別式であるプラティシュター（pratiṣṭhā）などの重要な儀礼に先立って制作されたマンダラである。ここで問題にするのも、この儀礼のためのマンダラである。

儀礼のためのマンダラが実際にどのように作られたかを簡単に見てみよう。

後期密教の代表的な学僧アバヤーカラグプタ（Abhayākaragupta）は、儀礼のためのマンダラの理想的な形態として、一種の立体マンダラを考えていた。彼の主著の一つ『ヴァジュラーヴァリー』（*Vajrāvalī*）には次のような文章が含まれている(2)。

めぐり合わせのよくない時期にはシンボル（cihna）や武器（āyuddha）を［マンダラに］適宜、描く。めぐり合わせのよい時期には尊格の身体を表現する。すなわち絵画、鋳像、浮彫、塑像を［マンダラ上に］安置せよ〈13.2.6〉。

さらに彼はナーガブッディ（Nāgabuddhi）の著作やタントラ経典から類似の文章を引用し、自説を補強する(3)。少なくともこれらの文献の成立した時代には、尊像を実際に描いたり、彫像や塑像を安置してマンダラを作ったりしていたことを、これらの記述は示唆している(4)。ただし、いずれの場合も立体的に表現されるのは尊格であり、彼らをおさめる容器としてのマンダラは平面的に表現されていたと考えられる。

儀礼のためのマンダラの最も一般的な形態は、顔料を用いて地面の上に各尊のシンボルを描いたマンダラであろう。アバヤーカラグプタが、儀礼のためのマンダラを「描かれるマンダラ」とよんでいるのは、そのためである。また儀礼のためのマンダラは、状況に応じてかなり柔軟にその形態を変えたマンダラであったようである。『ヴァジュラーヴァリー』に含まれるジュニャーナダーキニーマンダラ（Jñānaḍākinīmaṇḍala）の説明の箇所には、次のような文章も現れる。

観想上のマンダラの場合、ジュニャーナダーキニー以下の［各尊の座である］雑色蓮華は、順に五頭の獅子、白象、七宝の山、水牛、八大龍王の尾、四人の死体にのる。描かれるマンダラの場合、めぐり合わせがよくなければこのようには描かない。あるいは手間がかかるのを嫌がったり、施主が簡単なものを好む場合［描かないこともある］。あるいは吉祥な恩寵（prasāda）のために、施主の力量に応じて描かれることもある。このように、これ以降のマンダラの場合にも、描くか描かないかは適宜、考察せよ〈13.3.4〉。(5)

マンダラは白、黄、赤、緑、黒の五色の顔料を用いて制作された。顔料の素材には、鉱物（あるいは宝石）、土、穀物の粉、花、煉瓦、石灰、骨の粉が、『ヴァジュラーヴァリー』にはあげられている〈13.1.1〉。このうち鉱物が用いられるのが理想的であったのであろう。各色の原料名もそれぞれ示されている。すなわち、月長石（candrakānta）、水晶（karketana）、ルビー（padmarāga）、エメラルド（marakata）、ラピスラズリ（indranīla）の五種類、あるいは真珠（muktā）、金（kanaka）、さんご（pravāla）、混合物（?）（miśra）、ラージャヴァルタ（rājavarta, 未詳）という組み合わせがあげられる。その他の材料は、花を除いて、それぞれ準備段階で色がつけられたと考えられる。また、いずれの素材を用いたとしても、素材の違いがマンダラの形態にまで影響を及ぼすことはなかった。

『ヴァジュラーヴァリー』に説かれる儀礼のためのマンダラの形態については、すでに別のところ（森　1997）で述べたことがあるので、ここでは簡単に要点をまとめておこう。

儀礼のためのマンダラ、言い換えれば地面に描かれた彩色マンダラ（rajomaṇḍala）は、大きく三つの部分に分かれる。マンダラ全体をつつむ外周部とマンダラの神々が住む楼閣（kūṭāgāra）、そして楼閣の内部である内陣である。『ヴァジュラーヴァリー』には、少なく数えても二十六種類のマンダラが説かれている。おそらくアバヤーカラグプタの時代に流布していた代表的なマンダラが選ばれているのであろう。二十六種のマンダラで、それぞれ異なる形態を持つのは楼閣内部の内陣のみである。外周部と楼閣の構造はすべてのマンダラに共通で、各区画の配色も同じであるため、まとめて説明されている。ただし、最後に説かれる時輪マンダラは外周部と楼閣部分も独自の形態を持ち、配色の方法も他のマンダラとは異なる。そのためアバヤーカラグプタは『ヴァジュラーヴァリー』での記述の順序として、時輪以外のすべてのマンダラの説明を終えた後で、時輪マンダラのみを詳しく説明している。もっとも、時輪マンダラがそれ以外のマンダラとは異なった形態を持つといっても、それは楼閣の一部の構造が独特であったり配色方法が異なるという程度で、マンダラが外周部、楼閣、そして内陣の三つの部分から構成されていることには変わりはない。

時輪マンダラ以外のマンダラに共通する形態を中心に、マンダラの構造を紹介しよう。

マンダラの外周部は火炎輪、金剛杵輪、蓮弁の三つの層からなる。このうち火炎輪は残りの二つの区画の二倍の幅を持っている。いずれも名称に応じた文様、すなわち火炎、金剛杵、蓮華の花弁が描かれる。

楼閣は複雑な構造を持つ（図138）。四方には門が開かれ、その上部にはトーラナがそびえる。マンダラは立体的な構造を平面的に表現しているため、トーラナは楼閣の外側に描かれる。楼閣の周壁は五つの層に分かれ、それぞれが名称を持つ。門は凸を逆さにしたような形で表現され、その各辺にも名称が与えられている。トーラナについては、アバヤーカラグプタは三種のタイプをあげているが、いずれも水平の十一の層から構成されている。第三のタイプのトーラナは、はじめの二つに比べると三分の一の高さしかないが、やはり十一の層からなり、しかも各層の名称は第二の説と同じである。

内陣はマンダラごとに異なるが、いくつかのパターンにまとめることができる。(6)

一つは、正方形の楼閣の内部に円を描き、これを縦二本、横二本の井桁の帯によって九つの区画に分けたもので

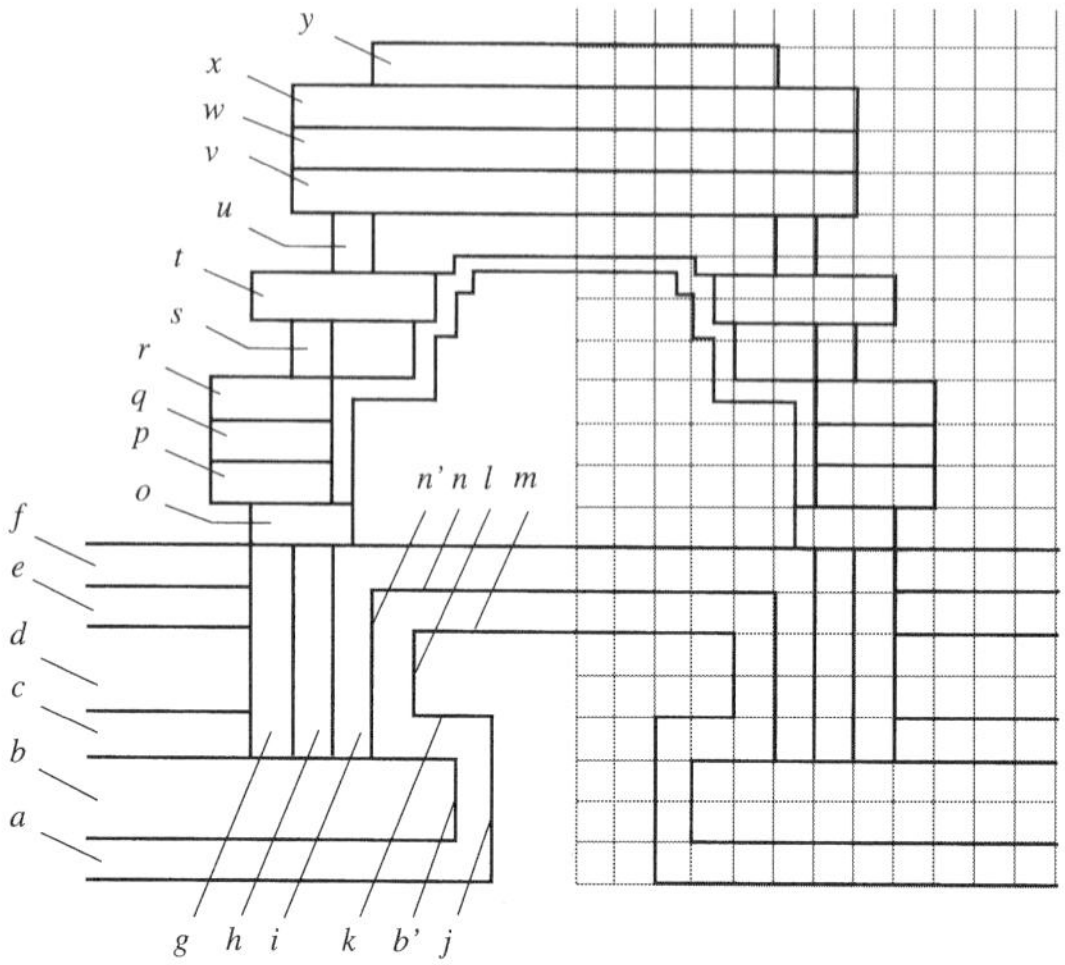

		（サンスクリット語）	（チベット語）
a	ラジャス	rajas	tshon
b	ヴェーディー	vedī	stegs bu
c	宝	ranta	rin po che
d	瓔珞半瓔珞	hārārdhahāra	dra ba dra phyed
e	バクリー	bakulī	rgya phubs
f	外廊	kramaśīrṣa	mda' yab
g	アンチャラ	añcala	dar dpyangs
h	柱（トーラナの柱）	stambha	ka ba
i	中間部分	antarāla	bar
j	門扉	niryūha	sgo khyud
k	カポーラ	kapola	'gram
l	パクシャ	pakṣa	logs
m	シリースーチャカ	śilīsūcaka	gdung mtshon par byed pa
n	スカンダ	skandha	ya babs
o	金	suvarṇa/svarṇa	gser
p	バクリー	bakulī	rin po che'i shar bu
q	宝	ratna	rin po che
r	ひづめ	khura	rmig pa
s	アンダカーラ	andhakāra	mun po
t	ヴァランダ	varaṇḍa	varanda
u	アンダカーラ	andhakāra	mun po
v	バクリー	bakulī	rin po che'i shar bu
w	宝	ratna	rin po che
x	ひづめ	khura	rmig pa
y	外廊	kramaśīrṣa	mda' yab

図138　楼閣の外壁、門、トーラナ（１目盛は１マートラ）

ある。円は二重の帯からなり、外側の帯が火炎輪、内側の帯が金剛杵輪とよばれる。外周部の外側の二つの区画と同じ名称である。九つの区画は「内室」(koṣṭha)とよばれ、内室の仕切りのように見える井桁の帯は「柱」(stambha)あるいは「金剛の柱」(vajrastambha)とよばれる。柱には各方角を象徴するシンボル、たとえば東であれば法輪、南には宝を描くように、アバヤーカラグプタは指示している。九つの区画からなるこのような形態は、日本の金剛界曼荼羅においても見られ、われわれにもなじみ深いものである。インド後期密教の多くのマンダラが、構造上は金剛界マンダラの影響化にあったため、『ヴァジュラーヴァリー』のマンダラの中にもこの形態を持つものは多い。『秘密集会タントラ』(*Guhyasamājatantra*)にもとづくはじめの二つのマンダラや、ジュニャーナダーキニーマンダラ、ブータダーマラマンダラなどがこれに相当する。

第二のパターンとして車輪状のモティーフがあげられる。代表的なのはサンヴァラマンダラである(7)。身口意を象徴した三つの八輻輪を同心円状に組み合わせて作られている。中心には八弁の蓮華も置かれている。ほかにもブッダカパーラマンダラや悪趣清浄マンダラも車輪状の内陣を持つ。

サンヴァラマンダラでは車輪の中心に蓮華が置かれたが、蓮華のみが描かれているものも多い。その場合も蓮華を囲むように金剛杵を連ねた円が描かれる。八弁の蓮華の花芯に中尊を置き、四方と四隅の八弁には眷族を配する。ヘーヴァジュラを中尊とするマンダラや、その流れをくむヘールカ系のマンダラは、このパターンをとる。

『ヴァジュラーヴァリー』のマンダラのいくつかには、楼閣の内部にさらに複数の楼閣が置かれる。たとえば文殊金剛マンダラ(第二十章)には第二、第三の楼閣が全体の楼閣の内部に置かれ、トーラナがない点を除けば、外側の楼閣と同じ構造をとる。法界語自在マンダラ(第二十一章)も同様である。さらに、同じ大きさの五つ、あるいは六つの小さな楼閣を全体の楼閣の内部に幾何学的に配するマンダラもある(第二十四、二十五章)。いずれの場合も内部の楼閣の形態は、上述のパターンのいずれかに一致し、これを複数組み合わせた構造をとっている[8]。

三　タントラ文献に説かれるマンダラの形態

1　初期・中期密教

初期密教や中期密教のマンダラについては、栂尾祥雲の『曼荼羅の研究』（1927）が先駆的な業績であるが、その後、大山（1961）などが散見されるほかは、まとまった研究はなされていない。ここでも栂尾の研究に多くを負っている。

菩提流志訳の『不空羂索神変真言経』（大正蔵　第二十巻、三一二頁上）には、原初的なマンダラの描写が見られる。これによれば、マンダラの全体は五ハスタ（hasta, 一ハスタは約四〇〜五〇センチメートル）の直径を持つ円で、その四方には門がある。「内院」と「外院」という用語が現れ、内院には八葉で七宝を備えた蓮華が描かれ、花芯と蓮弁には尊格が乗る。四門があるのは外院の方で、各門のまわりにはヒンドゥー起源の神々や護方神が描かれる。さらに内院には「蓮華鬘界」すなわち蓮華を連ねた区画が、また外院には「三叉金剛杵鬘界」とよばれる金剛杵の区画があると説かれている。

『大日経』のマンダラに関する記述は断片的である。具縁品に「聖天之住処、方等有四門」[9]とあり（大正蔵　第十八巻、六頁下）、正方形で四つの門を備えていたことが分かる。秘密漫荼羅品においても正方形であることがくりかえされ、さらにその周囲を「金剛院」が囲むと述べられている（三四頁上中）。やはり金剛杵を連ねた帯であろう。『大日経疏』に至るとかなり詳細な記述が現れる（大正蔵　六四四頁下、七四七頁中、七四九頁中）。四方に置かれた門が「亞字」の形をすると説かれているが、これは外側に広がり内側がせまい門の形を示したものであろう。「秘密大漫荼羅」は四角で四門を持ち、西の門はつねに開かれ、出入りに用いる。また周囲には八本の大きな宝の柱を立てよ、といわれる。「門標」という言葉も現れるが、これはトーラナに相当すると考えられる。

マンダラの形態は『真実摂経』（『初会の金剛頂経』）に至って格段に整備される。同経には次のような偈頌が登場する（括弧内の数字は便宜上付した偈頌の番号）。

> 四角で四門、四つのトーラナによって飾られる。四本の線が正しく交わり、布や花輪によって飾られる。(1)
> 隅の部分すべてと、門と門扉が接するところには金剛と宝をつける。外のマンダラの線を引け。(2)
> 金剛の線によって計測され、八本の柱で飾られ、輪の形に似たその内側の都城（pura）に入場し、(3)
> 金剛の柱の上にのった五つの月［輪］のマンダラをのせた中央のマンダラの［さらに］中央に仏の像を安置せよ[10]。(4)

この中の第一偈は、第二句以降に若干変更が加えられることがあるが、マンダラの楼閣の形態を定義する定型句として、『真実摂経』以降のさまざまな文献に登場する。『ヴァジュラーヴァリー』にも第一句と第二句が現れる〈12.5.1.3〉。四角で四門を備えることは、これまでの文献にも述べられていたが、ここに至って門とともに四つのトーラナを描くことが明示されるようになる。隅の部分すべてと、門と門扉の接するところにつけられる「金剛と宝」とは、楼閣の周壁の装飾である。『ヴァジュラーヴァリー』にも、金剛と宝にさらに半月を組み合わせた独特の文様を描く指示がある〈12.4.1〉。同じ偈の中にある「外のマンダラ」（bāhyamaṇḍala）という語が注目される。『ヴァジュラーヴァリー』のようなマンダラの形態を考えた場合、「外のマンダラ」とは外周部を指すと考えるのが自然であるが、『真実摂経』のこの部分は楼閣の説明に相当し、結界的な性格の強い外周部への言及は唐突な印象を受ける。次の偈の「その内側の都城」は輪に似た形で、さらにその中に八本の柱と五つのマンダラがあることから、「内側の都城」とは、八本の柱で作る井桁をつつむ円を指していると考えられる。すると、その外側にあるマンダラは、四方に門を持った四角い楼閣ということになる。これは『不空羂索神変真言経』の内院と外院との関係に一致している。ただし、そこでは外院の形態は正方形ではなく円であった。

「内のマンダラ」と「外のマンダラ」という語は『悪趣清浄タントラ』（*Durgatipariśodhanatantra*）にも現れる。このタントラには『九仏頂タントラ』と『清浄タントラ』の二つの系統のテキストがあるが、その中の『九仏頂タントラ』には次のような記述が含まれる。まず『真実摂経』に似た偈が示される。

　四角で四門を備え、四つのトーラナで飾られ、隅の部分のすべてと、門と門扉の接するところには月、日、金剛の印が飾られ、

　瓔珞と半瓔珞で飾られる。四本の線が正しく交わり、布や花輪で飾られる（Skorupski　1983：26–27）。

これに続いて散文の形で次のように述べられる。

　内側のマンダラ（abhyantaramaṇḍala）は八輻輪と金剛杵輪で囲まれている。その中心の上に獅子の座が、その上には月輪がある、八輻輪の輻の中心には月輪と「尊格の場」（devatāsthāna）がある。外のマンダラの尊格の場の帯には二十八の月輪がある（Skorupski　1983：27）。

これによれば、内側のマンダラは八輻輪と金剛杵輪に囲まれた部分、すなわち、中尊の釈迦と八仏頂が位置する部分である。これに対し、外のマンダラは二十八の月輪がある「尊格の場の帯」を含む部分である。二十八の月輪とは金剛嬉から普賢までの尊格の位置を示すもので、いずれも楼閣の周壁のすぐ内側に相当する。(11) 楼閣が外のマンダラで、その中に置かれた八輻輪が「内のマンダラ」とよばれていることが分かる。

チベット訳テキストのみが現存する『清浄タントラ』は、もう一方の『九仏頂タントラ』よりも成立が古いと考えられている。『清浄タントラ』にもマンダラを示す次のような文章が含まれる。

四角で四門を備え、四つのトーラナを備える。四つの階段の帯があり、獅子、雄牛たちによって飾られる。これに続いて、布、瓔珞、半瓔珞、花輪、鈴、払子などのさまざまな装飾品が言及されている。[12]

金剛界マンダラの儀軌として権威を持ったアーナンダガルバ（Anandagarbha）の『サルヴァヴァジュローダヤ』（*Sarvavajrodaya*）にも外のマンダラと内のマンダラは言及されるが、これまでのものとは、その語の対象が異なっているようである。

外のマンダラの半分が内のマンダラで、四角で四門を備え、ヴェーディカーで囲まれる。マンダラの中心には八柱をつないで線を引け（密教聖典研究会　1987：269–270）。

『真実摂経』では四角で四門の定型句の後に登場した内側のマンダラ（内側の都城）の語が、ここでは前に出され、外のマンダラの半分の大きさと説明される。四角の形態で四門を備えているのは、外マンダラではなく内側のマンダラである。内と外のマンダラの指す語が、ここでは『真実摂経』とは一致しないことになる。しかし、アーナンダガルバはこの引用文の少し後で、『真実摂経』の定型句の第一偈と第二偈をそのままあげ、一貫した立場をとっていない。アーナンダガルバのこの文献には、ほかにもマンダラの各部分の線分の名称と長さが規定される。ここで言及される門、門扉、ヴェーディカー、五色の地、トーラナなどは、いずれも『ヴァジュラーヴァリー』の規定に一致した長さを持っていることが分かる。

マンダラの各部分の教理的な解釈が示されている文献として、しばしば指摘されるのが『一切秘密最上名義大教王経儀軌』（大正蔵　第十八巻、五四〇頁上）である。[13] ここでは、マンダラは四角で四門と四楼閣（ここではトーラナを指す）を備えると述べられ、さらに門扉（テキストでは「禰踰賀」）、尾提、半全瓔珞、七宝、華鬘、八柱などが、マンダラの構成要素とされる。そして、これらの各部分に大乗仏教的な解釈を当てはめている。(14)

アーナンダガルバと並ぶ瑜伽タントラの学匠ブッダグヒヤ（Buddhaguhya）には、『ダルママンダラ・スートラ』（*Dharmamaṇḍalasūtra*）という、マンダラの一般論に関する著作がある（TTP. No. 4528）。栂尾（1927：27）によってすでにその重要性が指摘され、酒井（1983）による全訳と解説が発表されていることもあり、インド密教のマンダラに関する基本的な文献として知られてきた。この中にもマンダラの具体的な構造に関する記述が現れる。

ブッダグヒヤは、まずマンダラを勝義諦のマンダラと世俗諦のマンダラの二つに分ける。儀礼のためのマンダラは後者の世俗諦のマンダラに含まれる。さらに彼は、世俗諦のマンダラを能依と所依に分け、能依を楼閣とその基礎部とし、所依を尊格とする。儀礼のためのマンダラを容器と尊格とに分けたことになる。基礎部に関しては「五大元素の輪」と述べるにすぎないが、楼閣の部分についてはさらに細部にまで言及している。すなわち、楼閣を外、内、門、基礎の四つの部分に分割し、外はチャイトヤや都城などに似ると述べて、楼閣の全体の形態を説明する。内は部族と儀礼の目的に応じて各儀軌を参照せよと述べるにとどまる。

門は上下の二つに分かれ、下の部分は門（狭義の門）と門館（sgo khang）、上の部分は階段（skas）と手すり（glang rgyab）からなる。基礎の部分は、大きさが無量で平らであると述べる。このほかに楼閣の装飾である五宝や、周壁の仕切壁（pha gus）、四方のトーラナなどが言及されている。楼閣の中には「墻」と「火院」という記述も見られるが、これは楼閣の内陣の外周である二重の円を指しているのであろう。(15)このほか、トーラナの基礎（rmang）、柱の台座（ka gdan）、梁（kha gshu）という用語も現れる。

2　後期密教

『秘密集会タントラ』とその流れをくむ諸文献では、マンダラの形態はどのように説明されているのであろうか。同タントラ第四章には、マンダラの形態が次のように述べられている。

一二ハスタからなる最上の心マンダラを作れ。四角で四門を備えた［マンダラの］四つの隅を測量せよ。その内側には完全な円（maṇḍala）の輪を描け。そして儀軌に示されたとおり、順序よく印（mudrā）を配置せよ（Matsunaga 1987 : 14）。

『真実摂経』に現れた定型句が形を変えて登場するが、マンダラの細部に関する記述はない。

聖者流の基本的文献である『五次第』（*Pañcakrama*）を見てみよう。次は「略集次第」に含まれる記述である。

四大元素のマンダラを集めて、金剛地の区画をもつマンダラを［観想せよ］。そこに「ブルーム」（bhrūṃ）字から完成させた楼閣を観想せよ。(1)

四角で四門を備え、四つのトーラナで飾られる。四本の線が正しく交わり、八柱で飾られる。(2)

瓔珞と半瓔珞をつけ、宝石、金剛杵、半月をそなえる。門と門扉の接するところには金剛と宝を描く。(3)

瓶、柱、大金剛、外廊、門側、鈴、旗で飾られ、払子などで装飾される。(16)(4)

この部分は観想上のマンダラの記述であるが、マンダラの形態に関する具体的な描写が含まれている。第一偈は、ブッダグヒヤの言葉を借りれば「基礎部」の説明で、四大と楼閣全体の観想が指示されている。第二偈は第三句までは『真実摂経』の定型句と同じであるが、第四句には『真実摂経』の引用文の第三偈の第四句に置き換えられている。また第三偈の後半は『真実摂経』の第二偈の第一句と第二句の順序を逆にしている。そのため、先ほど問題にした「外のマンダラ」と「内側の都城」という語はここでは登場しない。また第四偈では楼閣の装飾品が列挙さ

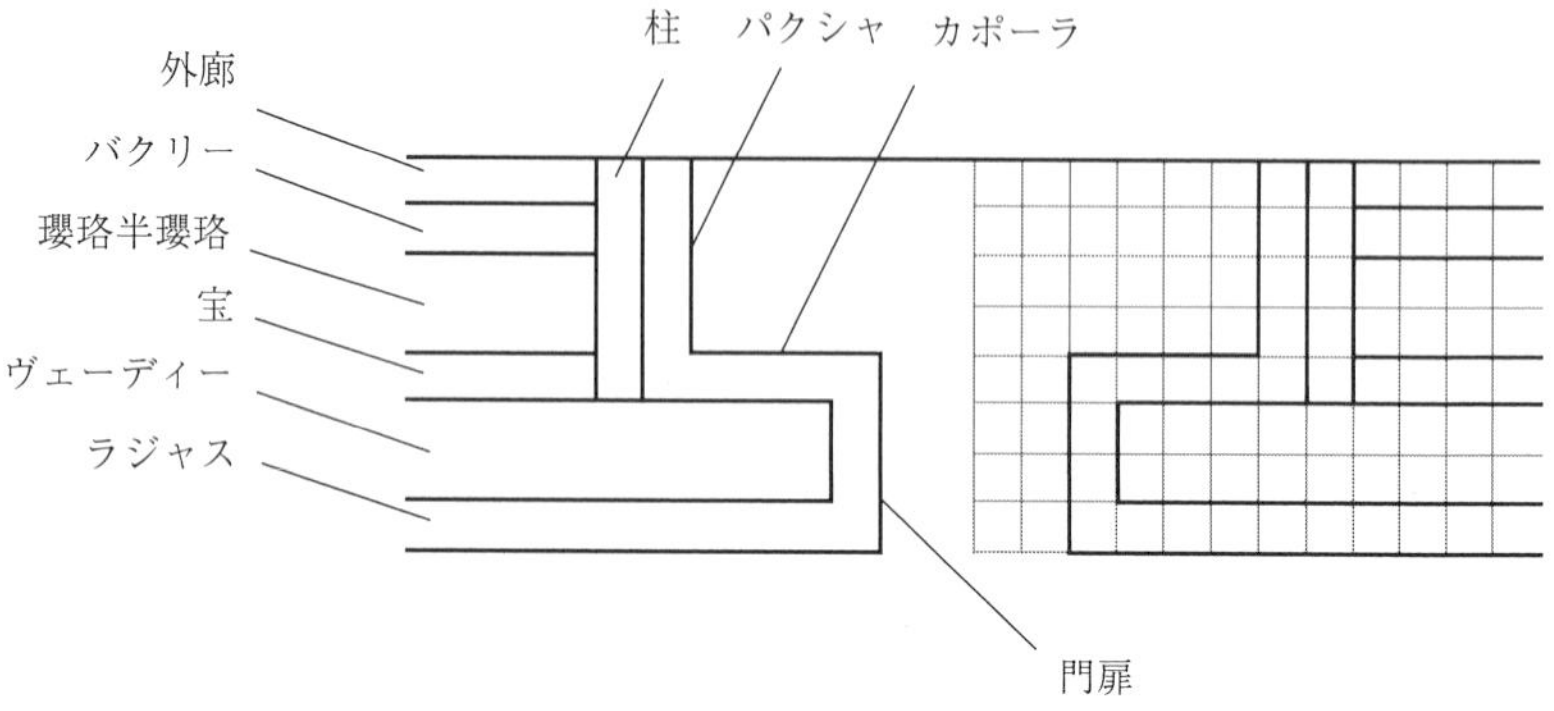

図139　ナーガブッディ所説の門（1目盛は1マートラ）

れているが、その中に、外廊や門側という楼閣の一部の名称も含まれている[17]。

聖者流のマンダラ儀軌としては、ナーガブッディ（Nāgabuddhi）の『秘密集会マンダラ儀軌二十』（*Śrīguhyasamājamaṇḍalopāyikā-viṃśatividhi*）が重要である。マンダラの構造に関する規定としては、とくに門と楼閣の周壁の構造を示す箇所が引用されている。これに従ってマンダラの楼閣の門の部分を描いてみると**図139**のようになる。『ヴァジュラーヴァリー』の示す門の構造に比べると、いくつかここに含まれないものがある。門の天井の二つの層が消え、アンチャラとよばれる楼閣の壁の端の部分もない。トーラナの柱（外の柱）が楼閣の四つの層（外廊からラジャス）に接している。この門に近い形態のものは、わが国の金剛界九会曼荼羅で上に位置する三会（四印会、一印会、理趣会）や、東寺所蔵の平安期の敷曼荼羅にも見られる。

一方、ジュニャーナパーダ流のマンダラ儀軌は、ディーパンカラバドラの『マンダラ儀軌四百五十頌』（以下、『四百五十頌』、TTP, No. 2675）が基本的な文献である。アバヤーカラグプタもこれに依拠して『ヴァジュラーヴァリー』を執筆したと伝えられ、実際に『ヴァジュラーヴァリー』の中で多くの文章をここから引用している（森 1992a）。

四角で四門、四つのトーラナによって飾られる。四本の線が正しく接し、布や花輪によって飾られる。隅の部分すべてと、門と門扉が接するところには金剛と宝をつける。外のマンダラの線を引け。その内側には、八つの小マンダラのごときチャクラ（cakra）を［描け］。外のチャクラの半分の大きさで、均等に完全なマンダラ（parimaṇḍala）を［描け］。輪（cakra）と柱（stambha）などで飾られた、金剛杵輪（vajrāvalī）による美しい円を［描け］(18)。

第一偈と第二偈は『真実摂経』の定型句とまったく同じである。第三偈以降は、第二偈の最後の「外のマンダラ」という語を受けて、「その内側の輪」について説明する。すなわち、外のマンダラの半分の大きさを持ち、完全な円で、輪や柱によって飾られ、金剛杵輪によって囲まれていると述べる。『四百五十頌』には、このほかにも楼閣の部分や装飾品を示す語として、ヴェーディカー、尊格の帯、門の頬、門側、瓔珞、半瓔珞、太陽、月、ラジャス、旗、鈴などの語が現れる。

『四百五十頌』にはラトナーカラシャーンティ（Ratnākaraśānti）が注釈書を著している（TTP, No. 2734）。これによって上記の引用文がいくらか理解しやすくなる(19)。彼は「金剛杵輪によって囲まれ」という部分について「外のマンダラの外側に金剛杵の丸い線を二本描け。内のマンダラにも同様に［描け］」と説明している。さらに「火炎の輪として二重の円を描け」と続け、火炎輪が鉄囲輪（cakravāḍa）を象徴しているのであるという見解を示す。この解釈はアバヤーカラグプタにも引き継がれている(20)。

外のマンダラの外側と内のマンダラの周囲には、いずれも金剛杵輪と火炎輪が描かれると述べ、一番外側のものがマンダラの外周部に、内のマンダラの周囲のものが内陣の円周に相当する。同様の解釈は、ディーパンカラバドラの儀軌に対するヴィタパーダ（Vitapāda）による註（TTP, No. 2736）にも含まれる（Vol. 65, 211.3.8–4.4）。またラトナーカラシャーンティは、『真実摂経』にも見られた「四本の線」を対角線（mtshams kyi thig）と理解し、「金剛と宝」を、半月に乗って先が金剛杵になっている宝であると述べる。さらに「内側の輪」を飾る輪と柱については、輪、宝、蓮華、剣がそれぞれついた柱であると解説する。大日、宝生など四方の仏を象徴するシンボルが飾られる楼閣内部の柱である。

母タントラの文献を見てみよう。ここでも「四角で四門を備える」という規定が現れる。『ヘーヴァジュラタントラ』（*Hevajratantra*）では三カ所でマンダラの描き方に言及されるが（Snellgrove 1959：36, 78, 82）、次に示すのはその中の一つである。

説示者は四角で光かがやくマンダラについて述べた。
四門を備え、燃えさかり、瓔珞と半瓔珞で飾られる。布やさまざまな払子を備え、八柱で飾られる。
金剛の線が結びつき、種々の花で飾られる。線香、灯明、香、八つの瓶などがある。

花、線香、灯明などのプージャー（pūjā）の供物が登場するが、その他の特徴はこれまで見てきたものと大きな違いはない。他の二つの例もこれに類した内容である。

『サンヴァローダヤタントラ』（*Saṃvarodayatantra*）の第十七章にも『真実摂経』の定型句が現れる（Tsuda 1974：123）。しかし、ここでは、第四句の「外のマンダラを描け」という部分が「正しく精神統一したものが描け」という語に置き換えられている。母タントラ系のマンダラにしばしば表現される屍林（śmaśāna）に関しても、マンダラの外周部に八屍林を描くという規定が、同じ第十七章の中に少し遅れて言及される。

四　マンダラの構造に見られる主要な変化

前節で取り上げた、各文献に含まれたマンダラの構造の記述と、さらにその前に概観した『ヴァジュラーヴァリー』によって規定されるマンダラを見てみると、マンダラの構造の変化は、おもに次の三点に集約することができる。すなわち、規模の拡大、各部分の重層化、構造の画一化である。これらの三つの点から、前節の各文献の記述をもう一度まとめてみよう。

1　拡大

マンダラの規模の拡大はマンダラに外周部が加わることによる。『ヴァジュラーヴァリー』に見られる後期密教のマンダラは、楼閣の外に外周部が存在していた。『ヴァジュラーヴァリー』がいくつかの部分で依拠した『四百五十頌』やラトナーカラシャーンティの注釈書でも同様である。ブッダグヒヤもマンダラが五大の輪と楼閣からなると述べている。母タントラ系のマンダラでは八屍林が描かれたが、これは外周部に置かれていた。しかし、前節で取り上げた文献の多くが、マンダラの形態の規定を楼閣から始め、外周部にまで言及することはなかった。このことは「外のマンダラ」と「内のマンダラ」という語にも関係する。

『真実摂経』に登場した「外のマンダラ」は、明らかに楼閣を指していた。引用箇所だけではなく、それに続く部分でも供養女と賢劫十六尊が描かれる区画として「外のマンダラ」は二回言及されている（堀内　1983：111–112）。外のマンダラには尊格を置くための月輪があると述べる『悪趣清浄タントラ』の記述もこれと同様である。

外のマンダラに対し、その内側、すなわち楼閣の内陣は『真実摂経』では「内側の都城」、『悪趣清浄タントラ』では「内側のマンダラ」とよばれる。後者は八輻輪と金剛杵輪とで囲まれている。『秘密集会タントラ』系の文献でも外と内の指す対象は、依然として『真実摂経』のそれと同じである。『五次第』ではこれに対応する記述は含まれないが、ジュニャーナパーダ流のマンダラ儀軌である『四百五十頌』や、これに対するラトナーカラシャーンティ、ヴィタパーダの注釈書では、明らかに楼閣を「外のマンダラ」とよんでいる。『四百五十頌』を引用する『ヴァジュラーヴァリー』においてもこれは同じである。唯一の例外としては、アーナンダカルバが楼閣を指して「内のマンダラ」とよんでいる。しかし、彼も『真実摂経』の定型句をそのすぐ後に引用している。

実際には外周部を描きながら、その中に置かれた楼閣を「外のマンダラ」とよび続けていたという事実は、「マンダラ」という語が指す対象に外周部が含まれていなかったことを示している。

マンダラの外周部がいつ頃から登場したのかは明らかではない。日本のマンダラにないからという理由で、その後の成立であると断定するのは早計であるし、また外周部がない理由を、結界を必要としない日本の風土に求めるのも疑問である。四大（あるいは五大）や須弥山をはじめに観想して、その上にマンダラの楼閣を観想するというパターンがあれば、楼閣のまわりに外周部が存在する条件は整っている。しかし、仮に存在していたとしても、それをマンダラの一部とみなすかどうかは別の問題である。

「マンダラ」の語の指す対象が状況によって異なる用例は、『ヴァジュラーヴァリー』の中にも見られる。「マンダラの墨打ちの儀軌」では、マンダラの輪郭線の説明は外周部から始められていたが、同じ儀軌の中で「マンダラの二倍の長さで東西にわたって梵線（brahmasūtra）を引け」という記述も見られる〈12.1.6〉。この場合のマンダラは楼閣を指し、その一辺の長さの二倍が梵線の長さ、すなわち外周部の直径に相当するのである。別の箇所には

「守護輪の中心に置かれた楼閣の中にあるマンダラ」という表現もある。この場合は、マンダラは楼閣よりも小さな内陣だけを指している〈48.1.3〉。また、楼閣を指して「マンダラの家屋」とよぶ例もある[21]。はじめに分類した三つの領域、外周部、楼閣、内陣のそれぞれについて、マンダラとよばれる用例が存在しているのである。

2　重層化

第二の重層化は楼閣の門や周壁についてである。『ヴァジュラーヴァリー』はこの部分を構成する線や区画の名称として十四の用語を用いている。またトーラナの十一の層も、一部は重複しているが、一つひとつ名称を備えている。これらの名称がすべて現れる文献は前節で紹介したものの中にはなかった。

マンダラが四方で四門を備えていることは、ほとんどの文献に述べられていたため、当初からマンダラの四方に一つずつ門があったことは十分予測できる。しかし、その門がどのような形態をしていたかは明らかではない。門(dvāra)とともに門扉(niryūha)に言及されることも多いため、門が門扉を備えていたことも共通して認められる。門扉は、『ヴァジュラーヴァリー』の規定に従えば、楼閣の側面に対して垂直に描かれる二本の線で、内陣に向かって門が狭くなったところに相当する。門扉は、『真実摂経』以降の定型句とは無縁の『大日経』にも登場する用語である。また門の形が「亞字」のようであるという記述は『大日経疏』においてすでに見られたことから、この形に似た門が、早くから定着していたことが予想される。

このほかに、四つのトーラナや八本の柱も言及されることが多い。門側を含むものもあった。ただし、八本の柱は楼閣の内陣の柱に相当するため、車輪形のモティーフの内陣を持つマンダラでは登場しない。

瓔珞と半瓔珞もしばしば言及される。これは楼閣の周壁の装飾品であるが、同時にこれを描いた区画をも指している。また「金剛と宝を隅に飾れ」という規定が、『真実摂経』をはじめ多くの文献に含まれていた。『ヴァジュラーヴァリー』の場合、これらはヴェーディーの隅に描かれる。ヴェーディーという名称は登場しないが、『真実摂経』などでも「金剛と宝」を描くための区画が存在したはずである。このほかにラジャスと外廓も、いくつかの文献には含まれていた。『ヘーヴァジュラタントラ』では「五つのレーカー（rekhā, 層）」という語も現れた(Snellgrove 1959 : 82)。楼閣の周壁が早くから何層にも分かれていたことは確かであろう。しかし、『ヴァジュラーヴァリー』と同じように外廓が六つの層、また門が八つの部分から構成されていたかどうかは疑問である。むしろナーガブッディの著作に見られた、よりシンプルな構造の楼閣も長く存在していたことを考えれば、『ヴァジュラーヴァリー』のような楼閣は一種の完成形態とみなした方が自然であろう。しかも『ヴァジュラーヴァリー』そのものにもナーガブッディの型の門が紹介されていることは、用語のいくつかを共有しながらも形態はそれぞれ異なる門が、並存していたと考えられる。このことは、次にあげる形態の画一化とも関係する。

3　画一化

アバヤーカラグプタは『ヴァジュラーヴァリー』の中で、時輪マンダラを除く二十五種類のマンダラを、内陣以外すべて同じ形態のものとして説明している。門やトーラナに関してはいくつか別の説も紹介しているが、基本的には、すべてのマンダラが同じ形態をしていたという立場である。しかし、前節で見た文献のいくつかには、『ヴァジュラーヴァリー』には見られないような語が含まれていた。たとえば『悪趣清浄タントラ』によれば、楼閣には四つの門、四つのトーラナとともに四つの階段があったという。おそらく、門の部分に描かれ楼閣の外部に続く階段であろう。ブッダグヒヤの著作にも「階段」の語は含まれ、さらに手すりや門館、柱の座などの用語も登場した。

彼の念頭にあったマンダラのイメージは、『ヴァジュラーヴァリー』から復元したそれとは、いささか異なっていたようである。『不空羂索神変真言経』では、楼閣の全体が四角ではなく円であった。

アバヤーカラグプタがマンダラのイメージを画一化しようとした態度は、内陣の中の八本の柱に関する彼の説明にも認められる。前にも述べたように「四角で四門」で始まる定型句には「八本の柱で飾られる」という規定が含まれることがある。しかし『悪趣清浄タントラ』などのように内陣に柱がないマンダラの場合、この部分は別の文章に置き換えられている。アバヤーカラグプタは、『真実摂経』などに見られた「四角で四門を備え、八本の柱で飾られる」という規定が、すべてのマンダラに適用されなければならない絶対的な条件であると考えて、内陣の柱という説を否定した上で、「八本の柱」とはトーラナを支える柱であるという解釈を示す〈12.2.4〉。そしてその理由として、サンヴァラマンダラのように内陣に柱のないマンダラにもこの規定は適用されるからと述べている。

五　何が変わらなかったか

インド密教の主要な文献に見られるマンダラの形態に関する記述を集めてみると、その記述は一様ではなく、文献ごとに細部に違いがあることが分かった。そして、全体の流れとしては、拡大、重層化、画一化という方向をたどり、最終的には『ヴァジュラーヴァリー』に示されたような完成形態を見るに至る。この形態はチベット仏教においても引き継がれ、現在見ることのできるタンカ形式のマンダラや壁画、あるいは砂マンダラなども忠実に従う。

マンダラの形態に変遷があることは明らかになったが、逆にマンダラの特徴として変わらなかったのは何であろうか。

『真実摂経』ではじめて現れ、その後の多数の文献が受け継いだ「四角で四門を備える」という定型句こそ、マンダラの持つ一貫したイメージであろう。定型句を含まない『真実摂経』以前の文献でも、例外はあるが、この特徴は規定され、とくに門があることは、すべての文献に見られた。四角で四門を備えていたのはマンダラの外周部ではなく楼閣である。そして、楼閣が「外のマンダラ」とよばれ、マンダラそのものとして扱われている。

マンダラが四角い形態を持ち、四方に門を開いている理由は何か。一つは、マンダラの原型が須弥山頂の王城に範をとったことがあげられるであろう。須弥山の頂上は、『倶舎論』などによれば一辺が八万由旬の正方形である（定方　1973：15）。須弥山全体は、われわれが「山」という語から想像する末広がりの円錐形ではなく、縦長の直方体である。その山頂に置かれた帝釈天の居城もやはり正方形のプランで、四方には門が開いている。アバヤーカラグプタは、マンダラの外周部を、世界の一番外側を取り巻く鉄囲輪とみなしている。外周部を含め、マンダラの全体像が須弥山を中心としたインド的宇宙観に根ざしていることは、マンダラ儀軌の制作者にも十分意識されていた。

四角で四門という形態のモデルは、須弥山頂の王城という理想の都市に求めなくても、現実に存在する都市に一致する形態である。『マハーバーラタ』（I. 43, 44）には、都市が門、門扉、トーラナを備えているという記述がある（Acharya　1978：283）。また正方形の、いわば入れ子式の城郭が都市を形作っている形態は、とくに南インドの都市にしばしば見られる（ミッチェル　1993：209–214）。その場合、四方には門が開かれ、その上にはトーラナがそびえている。

あるいはマンダラが寺院や神殿に重なるイメージを備えていたとも考えられる。楼閣の中にある内陣は、『真実摂経』では「内側の都城」とよばれたが、『ヴァジュラーヴァァリー』などでは「ガルバプタ」（garbhaputa）という名称でよばれることもある。[22] これはヒンドゥー寺院の内陣である「ガルバグリハ」（garbhgṛha）という語を想起させる。さらには、すでに述べたように、楼閣が「家」として意識されているケースも『ヴァジュラーヴァリー』には存在した。

都市も、神殿も、家も、宗教学的な分脈では、すべてコスモスをかたどった「聖なる空間」である。スメール山を中心とした宇宙全体に対応する外周部が仮に存在しなくても、楼閣自体が「宇宙の縮図」として意識されていたから、この部分のみを指して「マンダラ」とよぶことが可能なのであろう。

これまで述べてきたことは、マンダラの構造が「宇宙の縮図」であるという従来の考え方から出るものではない。そこで次に少し視点を変えて、儀礼との関わりの中でマンダラの形態が意味することを考えてみよう。

マンダラが実際に制作されるのは、それ自体が目的ではなく、灌頂やプラティシュターをその後で行うためであり、儀式の準備段階に相当する。マンダラが門を持つということは、これらの後続の儀式と関係する。

灌頂という儀礼は複雑なプロセスを持つが、基本的には弟子がマンダラの諸尊によって聖別を受け、仏の位につくという構図を持つ。そのためには弟子はマンダラの諸尊の世界、すなわちマンダラの内部に入らなければならない。灌頂の儀式を始める直前の段階で、師は弟子を連れてマンダラの周囲を回り、マンダラの四方の門に開門を宣言する。[23] これによって神々の世界との回路が開かれたことになる。

プラティシュターの場合、マンダラの東側に沐浴の台（snānavedī）を作り、その上にプラティシュターの対象となる尊像などを安置する。プラティシュターも、基本的にはマンダラの尊格がプラティシュターの対象を仏にするという、灌頂と同じ構図の儀礼である。しかも中心となるいくつかのプロセスには灌頂と同じ名称が用いられる（森　1995）。尊像などを置く沐浴の台は、一辺四ハスタ、高さ二ハスタ、あるいはその二倍もしくは半分の大きさを持った土壇で、四方と四隅に八つの瓶が置かれる。表面には牛糞や牛尿などの牛の五種の生産物（pañcagavya）が塗られ、中央には雑色蓮華を描く。そしてその周囲に、西に門を開いた四角い枠、あるいはトーラナはないが門を西に開いた正方形、さらに手の込んだものとしては、四角で四門を備えた正方形を描く。この沐浴の台は名称は「ヴェーディー」であるが、形態的にはマンダラと変わりがない。(24) そして注目されるのは、どんなに簡略な場合でも、西に向けて少なくとも一つは門がつけられていることである。門が開く西の方角にはすでに神々の住むマンダラが描かれている。マンダラの諸尊に通じるための通路の役割を、この門が果たしているのである。

ところで、実際に描かれたマンダラの楼閣は、まわりがすべて囲まれ、どこも開かれていない。しかし、これは立体的な構造を持つ楼閣を平面的に描いたためであって、門扉は楼閣の周壁に対してつねに垂直に位置し、「開いた」状態を示している。そして門扉はマンダラの門の要素として最も初期の文献から言及され、「亞字」に似た形を作ってきたと考えられる。

門が「開いている」という状態で描かれているのは何を表しているのか。シンボルとしての門は二つの世界の境界を意味し、その門が開かれているのは、一方の世界からもう一方の世界への移行が可能であることを示している。そして、しばしば二つの世界とは生と死の世界を象徴する（フリース　1984：276：クーパー　1992：112）。イニシエーションをはじめとする通過儀礼で門が重要な役割を果たすのはこのためである（ファン・ヘネップ　1977：13–20）。マンダラの内陣が「ガルバ」すなわち母胎とよばれ、母胎のシンボルである蓮華が描かれることは、死、そして再生のプロセスと、門の開いたマンダラの形態が密接に結びついていることを示している。(25) マンダラは「閉じられた」コスモスであると同時に、選ばれて儀式にのぞむものたちにとっては「開かれた」空間なのである。

註

（1）たとえば立川（1989）、頼富（1991a）。

（2）『ヴァジュラーヴァリー』は、現存する写本から筆者が校訂したエディション（Mori 2009）を用いた。『ヴァジュラーヴァリー』の該当箇所は、同書で用いた〈13.2.6〉等の分段によって示す。

（3）ナーガブッディの著作は『マンダラ儀軌二十』（TTP, No. 2675）、ほかに『アビダーナウッタラタントラ』（TTP, No. 17）、『サンプタタントラ』（TTP, No. 17）からの引用をあげる。Mori（2009：563）参照。

（4）『真実摂経』にも「マンダラを布に描け」という記述が登場する（堀内　1983：308）。

（5）ジュニャーナダーキニーマンダラは『ヴァジュラーヴァリー』の中の二十六種類のマンダラの第四番目に説明される。したがって「これ以降のマンダラ」とは、第五番目以降のマンダラを指す。

（6）マンダラの構造上のパターンは、石田（1984：2–3）頼富（1991a：45–49）にも示されている。

（7）サンヴァラマンダラの構造については、本書第四部第三章で詳しく述べる。

（8）『ヴァジュラーヴァリー』に説かれるマンダラの輪郭線は、森（2001b, 2004, 2005a）Mori（2009）に含まれている。

（9）異読として「方広有四門」というテキストもある。

（10）サンスクリット・テキストは堀内（1983：110–111）。漢訳は大正蔵　第十八巻、二一七頁上・三五二頁中・二三九頁下である。ただし、最後の金剛智訳『金剛頂瑜伽中略出念誦経』はサンスクリット・テキストの全文には対応しない。

（11）九仏頂マンダラについては、田中（1987：174–175）参照。

（12）テキストはSkorupski（1983：311）。この部分はWayman（1973：92–93）にも言及されている。

（13）Wayman（1973：83–84）は、チベット訳テキスト（TTP, No. 114）を用いて、該当部分の翻訳を行っている。

（14）おそらく原語はbhittiであるが、実際にどの部分を指すかは不明。『ヴァジュラーヴァリー』には「ラジャスのビッティ」という語が現れ、この場合は楼閣の周壁の内側を指していると考えられる。

（15）栂尾（1927：33）は楼閣の外側の外周部と理解している。

(16) サンスクリット・テキストは Poussin（1896：2）、チベット訳は TTP, No. 4788, Vol. 85, 273.3.5–8である。翻訳は酒井（1956：53）、Wayman（1973：85–86）に含まれる。
(17) Poussin のテキストでは第四偈第二句を yakṣā と読むが、pakṣā が適当であろう。Wayman（1973：86）も同様の修正をしている。
(18) TTP, Vol. 65, 39.5.8–41.1.2. 第一偈第四句から第二偈第三句までを除いて『ヴァジュラーヴァリー』に引用されている〈12.5.1.3〉。括弧内のサンスクリットは『ヴァジュラーヴァリー』の引用文による。
(19) 該当箇所は Vol. 65, 161.3.8–4.2。
(20) 外周部と鉄囲輪に関しては、森（1992d：83–84）参照。
(21) 該当箇所は〈49〉。「マンダラの家屋」については森（1994：184–185）も参照。
(22)『ヴァジュラーヴァリー』では〈13.3.23〉など。「ガルバプタ」は『サーダナマーラー』の第九七番「金剛ターラー成就法」にも含まれる（立川　2016：376）。
(23)『ヴァジュラーヴァリー』では「マンダラの成就の儀軌」に含まれる〈15.4〉。
(24)「ヴェーディー」の語は、マンダラの楼閣の外壁の層の一つとしても用いられている。高田（1970：4）で言及される「灌頂のためのマンダラ」は、この沐浴の台に相当するのであろう。ただし灌頂のマンダラは「大三昧耶マンダラ」の東に描かれるため、ここでは方角が逆である。
(25) 楼閣の持つこのような象徴的な意味を考えると、kūṭāgara に「楼閣」という訳語を用いることは適切ではないかもしれない。kūṭāgara については、古くは Vreese（1947）の小論があるが、Bollee（1989）によって提唱された解釈が興味深い。それによれば、本来、kūṭāgara は森の中に建てられたイニシエーション用の建造物であったという。

第二章　観想上のマンダラと儀礼のためのマンダラ

一　二種のマンダラ

『ニシュパンナヨーガーヴァリー』の第一章「十九尊文殊金剛マンダラ」の中に二種類のマンダラを示す語が登場する。一つは「観想されるマンダラ」(bhāvyamaṇḍala)で、もう一つは「描かれるマンダラ」(lekhyamaṇḍala)である(1)。はじめの「観想されるマンダラ」とは、観想法や成就法とよばれる密教独自の瞑想法の中で行者が生み出した、観想上のマンダラである。これに対し「描かれるマンダラ」とは、整備された地面の上に墨打ちをし、実際に顔料などによって描かれたマンダラであり、灌頂などの儀式に先立って制作される儀礼のためのマンダラである。『ニシュパンナヨーガーヴァリー』の著者アバヤーカラグプタの意識の中には、現実の儀礼のためのマンダラと、それに対応する観想上のマンダラとの二種のマンダラが存在していたことが分かる。『ニシュパンナヨーガーヴァリー』で扱っているのは、このうちの観想上のマンダラであり、もう一方の儀礼のためのマンダラは、『ニシュパンナヨーガーヴァリー』と並ぶアバヤーカラグプタの代表作『ヴァジュラーヴァリー』の中で制作方法が解説されている。

観想上のマンダラのような、いわば目に見えないマンダラと、儀礼のための実際の目に見えるマンダラという二種類のマンダラを設定する考え方は、アバヤーカラグプタの独創ではなく、インド密教史上、早くから存在していたようである。二種のマンダラの萌芽はすでに『大日経』で認められる(2)。『大日経』に注釈を加えた八世紀のブッダグヒヤは、形を持たないマンダラを「自性のマンダラ」、形象に表したマンダラを「加持のマンダラ」とそれぞれよび、無相・有相、出世間・世間、了義・未了義という対概念をこれに当てはめた。そして、目に見える加持のマンダラよりも目に見えない自性のマンダラに対して、より高い評価を与えている(3)。

アバヤーカラグプタも、観想上のマンダラを扱った『ニシュパンナヨーガーヴァリー』を「すぐれた知性の持ち主」を対象にしたテキストであると『ヴァジュラーヴァリー』の中で述べ(4)、観想上のマンダラが儀礼のためのマンダラよりもすぐれていると考えていたことをうかがわせる。しかし、同じように、目に見えないマンダラであっても、アバヤーカラグプタの述べる観想上のマンダラは、ブッダグヒヤのあげる自性のマンダラとは異なるものである。その最大の相違は、自性マンダラが姿や形を持たないマンダラであるのに対し、観想上のマンダラが、行者の瞑想の中で明瞭なイメージ、すなわち姿や形を備えていることである。

それでは、それはいかなるイメージであったのか。そして、それは儀礼のためのマンダラのイメージとどのような関係にあるのか。アバヤーカラグプタの二著作『ニシュパンナヨーガーヴァリー』と『ヴァジュラーヴァリー』を手がかりにして、これらの点を考察してみよう。

二　観想上のマンダラ

観想上のマンダラの構造については、『ニシュパンナヨーガーヴァリー』の第一章に詳細な記述がある。また第二章以下の各章の冒頭にも、簡単にではあるが、それぞれ若干の記述が含まれる。

まず、マンダラ全体の構造についての『ニシュパンナヨーガーヴァリー』第一章の記述を見てみよう(5)。大地の下方の端まで、望むだけの大きさを持ち、一つの堅固なかたまりとなり、光り輝く金剛の自性からなる大地と、劫末の炎のように輝く火炎輪を伴った境界と、地の下端から天頂に至るまでのとても高く堅固で光り輝く金剛墻(vajraprākāra)が存在する。金剛墻の上にはとぎれることなく一体となった金剛の矢の網(vajraśarajāla)が、下には金剛の天蓋(vajravitāna)が飾られた金剛網(vajrapañjara)がある。

以上がマンダラ全体の外側の部分の説明である。大地は金剛でき、そのまわりには火炎の輪がある。さらにそのまわりには金剛でできた壁である金剛墻が垂直にそびえ立っている。上方の端には金剛の矢でできた網が金剛墻と接して広がり、その下には金剛の天蓋が飾られた金剛網が覆っている。

続いて『ニシュパンナヨーガーヴァリー』はその内側の記述へと進む。

その中にある雑色蓮華(viśvapadma)と日輪の上には、右回りに回転する黄色い十輻輪(daśāracakra)がある。十輻輪とは、水平方向の八方と上下の二方向に合計十本の輻がある輪で、通常は守護輪(rakṣācakra)とよばれる。守護輪の十本の輻の一本一本には、東方のヤマーンタカをはじめとする十忿怒尊が乗り、その内部を護衛している(6)。『ニシュパンナヨーガーヴァリー』はこの部分で、これらの十忿怒尊の詳細な尊容を述べる。

守護輪に守られた形で、その内部に法源(dharmodaya)が位置する。法源は「三角形で色は白く、きわめて大きい」と説明されている。法源とは法(dharma)、すなわちすべての存在物の生まれ出る源であり、逆三角形という形態の持つ母胎のシンボリズムについては、すでに考察されている(7)。法源の中には雑色蓮華があり、その上には四方に鈷を伸ばした羯磨杵(viśvavajra)がある。マンダラの尊格が位置する楼閣(kūṭāgāra)は、この羯磨杵の上に

そびえ立っている。(8)

『ニシュパンナヨーガーヴァリー』第一章の終わり近くに、アバヤーカラグプタは楼閣の「まわりにあるもの」(parikara) として、金剛地などの金剛網、守護輪、法源の三つをあげている (Bhattacharyya 1982 : 4)。このうち、はじめの金剛網は火炎輪や金剛墻などを含み、マンダラ全体の外郭部を指す。アバヤーカラグプタはさらに、これら三つの要素のうち、金剛網は『ニシュパンナヨーガーヴァリー』で説くマンダラすべてに含まれるが、残りの二つは観想されないマンダラもあると述べている。実際、マンダラの構造に関わる他の章のはじめの部分を調べてみると、金剛網はつねに言及されているが、これ以外の守護輪と法源は必ずしもそうではない。守護輪を観想するのは、サンスクリット・テキスト (Bhattacharyya 1972) の章番号で示すと、1から3のはじめの三つのマンダラと、20、21、24、25、26の合計八つのマンダラに限られる。法源は4、12、24などの一部のマンダラでは観想されない。

これらの三つの要素のほかに、地、水、火、風の四大元素、すなわち四大や、インドの宇宙論で宇宙の中心にそびえている須弥山 (sumeru) に言及するマンダラもいくつかあり、その両者を含むマンダラも三つが数えられる (3、14、22)。同じように、第一章で楼閣に至る観想において、最後の段階で現れた雑色蓮華と羯磨杵も、つねに現れるとは限らず、九種程度のマンダラに含まれるにすぎない。つまり、観想上のマンダラでは、全体を包む金剛網は、すべてのマンダラに共通して観想されるが、守護輪や法源、あるいは四大や須弥山、雑色蓮華と羯磨杵は、マンダラによって観想されたり観想されなかったりするのである。

これらの金剛網、守護輪、法源、あるいは雑色蓮華や羯磨杵に囲まれて、マンダラの尊格を内部に含む楼閣が観想される。ところが、『ニシュパンナヨーガーヴァリー』には観想上のマンダラの楼閣についての具体的な形態はほとんど示されていない。これは、次節で取り上げる儀礼のためのマンダラに見られる、楼閣に関する詳細な記述とは対照的である。『ニシュパンナヨーガーヴァリー』の第一章では「そこ（羯磨杵）には牟尼の王の輝くマンダラと、さまざまな部分を備えてすべての方角の輪を持つ楼閣がある」と述べるにとどまる。他のマンダラの場合も「金剛網の中央に楼閣がある」といった程度にすぎず、ここから楼閣のイメージを知ることは不可能である。

マンダラの観想法を扱った文献には、『ニシュパンナヨーガーヴァリー』のほかにも『サーダナマーラー』がある(9)。同書の第九七番「金剛ターラーの観想法」に、観想上の楼閣についての次のような偈頌がある(10)。

　四角で四門を備え、八本の柱で飾られる。四つのヴェーディー（vedī）に囲まれ、四つのトーラナ（toraṇa）によって飾られている。

『サーダナマーラー』の第九七番は『ニシュパンナヨーガーヴァリー』の第十六章「金剛ターラーマンダラ」と類似の内容を持った成就法であるが、『ニシュパンナヨーガーヴァリー』第九章「マハーマーヤーマンダラ」と関連する『サーダナマーラー』第二三九番「マハーマーヤー成就法」の中にも、やはり偈頌の形で、

　四角で四門を備え、四つのトーラナによって飾られている。瓔珞やアプサラスによっても飾られ、輝く四つのヴェーディーを備える。

とある(11)。

この「四角で四つの門を備え」で始まる偈頌は、後で述べるように、実際に地面に描くマンダラ、すなわち儀礼のためのマンダラの楼閣の特徴を表す定型的な表現である。このように、観想上のマンダラの楼閣の形態を説明するために、儀礼のためのマンダラの楼閣を示す定型句が用いられていることについては、次節で儀礼のためのマンダラの形態を紹介した上で、あらためて考察することにしよう。

三　儀礼のためのマンダラ

儀礼のために作られるマンダラの構造は、『ヴァジュラーヴァリー』の中の「墨打ちの儀軌」（sūtraṇavidhi）から知ることができる。この儀軌で説かれるマンダラの形態については、すでに前章で詳しく紹介した。ここでは、「墨打ちの儀軌」のはじめに述べられた、時輪マンダラを除くすべてのマンダラに共通する部分について、もう一度簡単にまとめておこう。(12)

1　外周部

マンダラの一番外側は円によって囲まれている。この円の直径を九六に等分すると、マンダラ測量のための基本的な単位であるマートラが得られる。

マンダラの外周部は、マンダラの一番外側の線から内側八マートラ分である。すなわち、直径九六マートラと八〇マートラの二つの同心円によってはさまれた部分である。この八マートラの帯は、外側から順に、四、二、二マートラずつの三つの部分に分けられる。このうち、はじめの四マートラが「火炎輪」（jvālāvalī）あるいは「光焰」（raśmi）、次の二マートラが「金剛杵輪」（vajrāvalī）、最後の二マートラが「蓮弁」（padmadala）という名称で、それぞれよばれる。一番内側の直径八〇マートラの円を「蓮華の蕊の線」（padmakeśarasūtra）と、また金剛杵輪と蓮弁のあいだの線を「法源を示す線」（dharmodayasūcakarekhā）とよぶこともある。

2　楼閣部

楼閣の形態は「四角で四門を備え、四つのトーラナで飾られる」と表現されることが多い。後半の「四つのトーラナで飾られる」の部分はテキストによって若干の異同があるが、この句は『真実摂経』や『秘密集会タントラ』などの基本的な密教経典にもしばしば現れ、注釈書やマンダラ儀軌類でも、マンダラの楼閣の形態を表すための定型句となっている(13)。『ヴァジュラーヴァリー』にもこの言葉は登場するが(14)、アバヤーカラグプタは、さらに楼閣についての詳しい説明を加えている。

彼によれば、楼閣は一辺四八マートラの正方形からなる。この正方形の内側の八マートラ分が楼閣の外壁に当てられる。外壁は各辺と平行の五本の線によって六区画に分割され、さらに各方向の中央部分には門が開いている。門は凸の字を逆さにしたような形で表され、門を形成するさまざまな名称も『ヴァジュラーヴァリー』には示されている（図138）。さらにアバヤーカラグプタは、このような形態の門よりも簡略な形を持つ門として、聖者流のナーガブッディ（Nāgabuddhi）が『秘密集会マンダラ儀軌二十』を典拠とする門もあげている（図139）。

門の部分とマンダラの外周部とのあいだにはトーラナが描かれる。『ヴァジュラーヴァリー』には三つのタイプのトーラナが紹介されているが、このうち、はじめの二つのタイプのトーラナが、これまでに述べてきた外周部や楼閣に描かれるマンダラで（図138・図140）、もう一つは、それとは別の「第二の説」とアバヤーカラグプタがよぶマンダラに現れる(15)（図141）。

はじめの二つのタイプのトーラナは、いずれも水平に十一の層に分割される。二つのタイプの相違点は、各層の厚さであるが、全体の高さは一二マートラで共通である。また、各層にはそれぞれ名称が与えられているが、二つのタイプのあいだでは一致しない部分も多い。上から数えて第五層から下の部分には内側に空白が作られ、天蓋

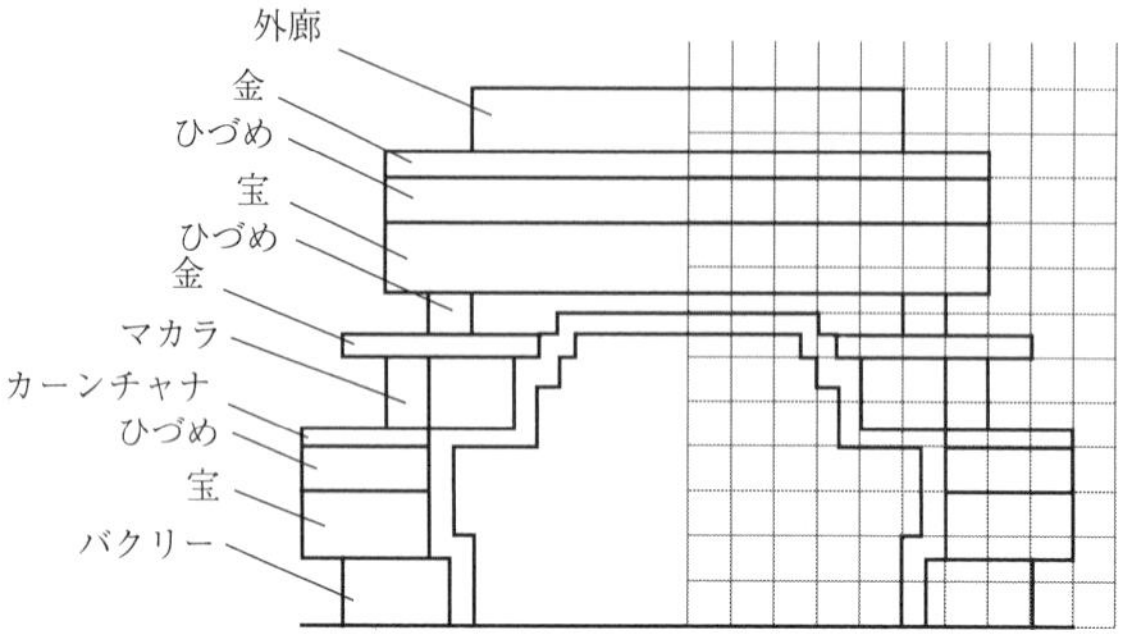

図140　トーラナ（１目盛は１マートラ）

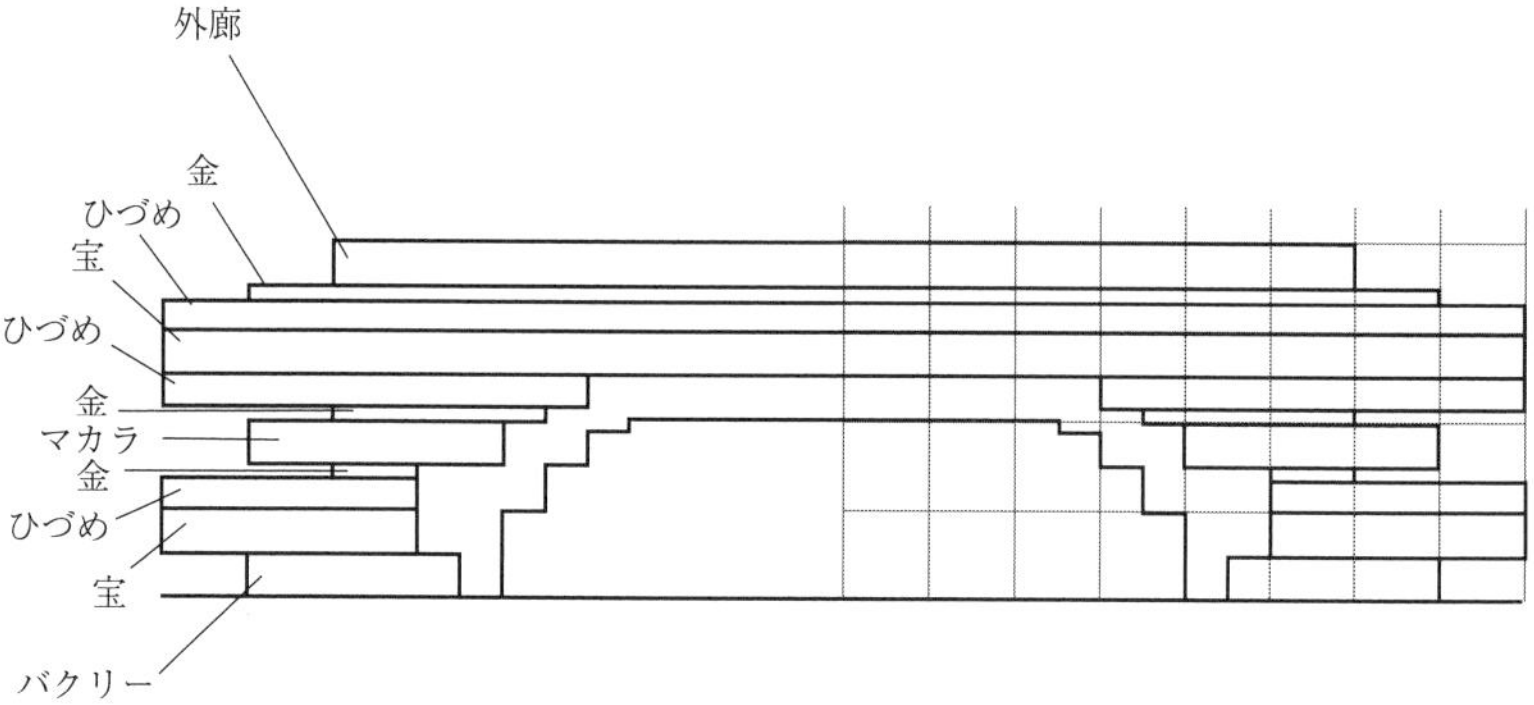

図141　トーラナ（１目盛は１マートラ）

(vitāna)や瓔珞半瓔珞(hārārdhahāra)によって飾られる点は共通である。

「第二の説」とアバヤーカラグプタがよぶマンダラは、外周部の大きさがこれまでのものと異なり、六四マートラの直径しか持たない。ただし、これは外周部の内側の線で、その外側に一マートラずつの蓮弁と金剛杵輪、二マートラの火炎輪が加えられるので、全体の直径は七二マートラになる。また、さらにその外側に屍林を描く場合もあった。屍林の大きさは定められていない。第二の説でも、楼閣は、はじめの説と同じ形態、同じ大きさを持つため、四つの角が外周部に一部重なる。また、楼閣の外側の線と外周部とのあいだには、最大で八マートラの長さしかないため、一二マートラのトーラナが描けない。そのため、第三のタイプとして、その三分の一の四マートラの高さのトーラナを描くように説明されている。このトーラナも十一の層に分かれ、はじめの二つのタイプのトーラナを垂直方向に圧縮したような形態となる。各層の名称は第二のタイプのものと一致する。

3　装飾品

アバヤーカラグプタは楼閣を飾り立てる装飾品についても『ヴァジュラーヴァリー』の中で詳しく説いている。これらの装飾品は、トーラナのまわり、外壁、楼閣の外側という順序で説明される。

トーラナのまわりには、口から宝石を吐く海獣マカラ（makara）が両側にまず置かれる。トーラナの一番上の帯には中央に法輪が描かれ、その両側には牡鹿と牝鹿が法輪を見つめて坐っている。法輪の外側には羯磨杵の鈷が見られる。これは楼閣の装飾ではなく、楼閣全体の下に位置する巨大な羯磨杵の鈷の先端である。この金剛杵は鈷を四方に向けているため、その先端が法輪の輻のあいだやそのまわりに見えるのである。トーラナの装飾としては、そのほかに先端に金剛杵のついた宝の棒や、縁飾りのついたのぼり、白い傘蓋、幢や幡、獅子や虎などの動物があげられている。

楼閣の外壁部分では、宝の帯、瓔珞半瓔珞に、それぞれの名称どおりの装飾がほどこされている。このほか、特徴的な装飾としては、ヴェーディーの隅に三日月と宝と半分の金剛杵を連ねた文様が描かれる。またトーラナの柱には宝や象、獅子が描かれ、トーラナの一番下の帯からは宝石が垂れ下がる。アンチャラの帯に象と獅子が置かれるという説も紹介されている。

楼閣の外側には、金の瓶あるいは宝の瓶に入った八本ずつの幢幡と旗が置かれ、隅には傘蓋が描かれる。トーラナの横には賢瓶から如意樹が伸び、象、馬、大臣などの転輪王の七宝が如意樹に飾られる。楼閣の周囲には花輪を持った神々や成就者たちを描く。

四　二種のマンダラの関係

これまで、儀礼のためのマンダラと観想上のマンダラそれぞれの構造を概観してきた。次に、この二種類のマンダラが構造上どのように対応しているかを、『ニシュパンナヨーガーヴァリー』と『ヴァジュラーヴァリー』を中心に検討してみよう。ここでもマンダラの楼閣部とその外側の部分に分けて考察する。

儀礼のためのマンダラでは、マンダラの外周部は火炎輪、金剛杵輪、蓮弁という、わずか三周の同心円の構造をとっているにすぎなかった。一方、観想上のマンダラでは、金剛網、守護輪、法源をはじめ、雑色蓮華や羯磨杵、須弥山や四大からなる立体的で複雑な構造をとる。両者は名称のみならず、構造も一致していない。しかし、アバヤーカラグプタは、この二つのマンダラは同一であるという立場で話を進める。そのため、構造上の不一致を補うための説明を何度も加えている。

たとえば、儀礼のためのマンダラの外側の二つの円、光焔と金剛杵輪を、観想上のマンダラの金剛網、すなわち火炎輪を伴った金剛墻や金剛網に対応させる。ただし、アバヤーカラグプタは『ヴァジュラーヴァリー』や『ニシュパンナヨーガーヴァリー』の中で〈金剛杵輪＝金剛網〉や〈火炎輪＝光焔〉という単純な図式は示していない。彼は『ニシュパンナヨーガーヴァリー』の第一章の中で「鉄囲山（cakravāḍa）の端の部分である金剛墻」と述べ、その少し後で「鉄囲山の端の部分である金剛杵輪」という表現をとる。鉄囲山は須弥山を中心とする伝統的なコスモロジーの中で世界の最も外側に位置する鉄製の山脈である。彼はこの鉄囲山を媒介として、金剛網の一部である金剛墻と金剛杵輪との同一性を示すのである。同じ趣旨の表現は『ヴァジュラーヴァリー』でも見られ、「蓮弁の外側には二マートラ分の金剛杵輪の円があり、あつく堅固な鉄囲山の姿をとる」、あるいは「金剛杵の輪（vajramālā）こそ鉄囲山であり、光焔を備えている」と述べる。(16)

観想上のマンダラの内側にある守護輪については、このような面倒な方法はとらない。『ニシュパンナヨーガーヴァリー』の第一章で「マンダラには守護輪を描く必要はない」と簡単に述べ、儀礼のためのマンダラに守護輪が表現されない理由とする。

守護輪の中に表現される白い三角の法源についてはどうだろうか。アバヤーカラグプタは、法界の外側の線が、儀礼のマンダラでは蓮弁と金剛杵輪のあいだの線に対応するという見解を示している。法源の観想はすべてのマンダラにあるわけではないが、あった場合でも、法源と法界は同一であり、マンダラは法界の中に含まれているのであるから問題はないという説が、『ヴァジュラーヴァリー』の中で示されている。(17)

守護輪を観想する前に現れる日輪と羯磨杵、楼閣の下にある雑色蓮華と羯磨杵、あるいは特定のマンダラに登場する四大や須弥山について、儀礼のためのマンダラとの対応には、アバヤーカラグプタはとくに言及していない。ただし、楼閣の下に観想される雑色蓮華と羯磨杵は、外周の蓮弁と、トーラナのまわりに現れた羯磨杵に対応するとも考えられる。しかし、儀礼のためのマンダラでは、すべてのマンダラに蓮弁と金剛杵の鈷は共通して見られたが、観想上のマンダラの場合、特定のマンダラに含まれているにすぎない。このことは金剛網を除く他の構成要素についても同じことである。表現されないと明言される守護輪は別として、観想上のマンダラではマンダラごとに観想されるものが異なっていたが、儀礼のためのマンダラでは、いずれも同じ構造を備えていた。

これまで、二つのマンダラは本質的には同じ構造をとっているという、アバヤーカラグプタの見解に従ってきたが、この前提そのものを問題にすべきであろう。すなわち、観想上のマンダラと儀礼のためのマンダラとは、マンダラの外側の部分に関しては、まったく別の形態を持っていたのではないだろうか。

観想上のマンダラの外部構造に近いものに、供養法に見られる行者の結界法がある。最も整備された供養法の一つである「十八道次第」を例にとってみると、次のような順序で結界がなされる。[18] 行者は自分の体を甲冑で武装したあと、金剛のキーラ（kīla）を打ち、このまわりに金剛墻を張り巡らせる。この場に供養の対象である尊格を迎え入れたあと、金剛網で覆い、さらに金剛炎で空間を結護する。

十八道の結界法は、供養法の主体である行者が、自分のまわりに、外に向かって順に防御壁を張り巡らせる観想法である。これらの防御壁を逆に外側から見れば、金剛炎、金剛網、金剛墻となり、観想上のマンダラの外側の部分、すなわち、すべてのマンダラに現れた金剛網の構造に一致する。観想上のマンダラでは、これに防御機能を持つ守護輪や羯磨杵、母胎のイメージである法源や雑色蓮華、あるいは伝統的なコスモロジーにもとづく四大や須弥山が、マンダラに応じて組み合わされて、楼閣の外側の部分が形作られていると考えられる。

次に、楼閣部での二つのマンダラの対応に移ろう。すでに述べたように、観想上のマンダラには、儀礼のマンダラで楼閣を表した定型的な表現が現れるにすぎず、両者の対応を考察できるだけの情報がなかった。しかし、アバヤーカラグプタは、断片的にではあるが、『ヴァジュラーヴァリー』の中で両者の構造の違いにふれている。

たとえば、楼閣の外壁について「観想上のマンダラの場合、外壁の五重の壁は五種の宝石で作り、一ヤヴァ（yava: 長さの単位）のあいだに収まるといわれる。あるいは、この壁は上に順に五種の宝石で作られるともいわれる」と述べている。[19] これは、儀礼のためのマンダラで登場した外壁の五つの層を、観想上のマンダラで重ねる場合、水平、垂直の二説があったことを紹介したものと考えられる。また、門と壁の関係についても「外廓は儀礼のためのマンダラではアンチャラの線までであるが、観想上のマンダラではパクシャの上までである」と述べたり、「シリーの裏側に柱を二本描いていないが、観想上のマンダラでは［そこに柱がある］と理解せよ」と指示したりする。(20)トーラナについても「トーラナの柱は一本ずつ四角のヴェーディーの上に載っているが、ヴェーディーに接しているように見えるため、儀礼のマンダラではヴェーディーの外側に描く」という記述がある。(21)

このように、観想上の楼閣と実際に描かれる楼閣とのあいだには、微妙な違いがあったらしい。しかし、注目すべきは、これらの例のいずれにおいても、儀礼のためのマンダラの楼閣が、観想上のマンダラの楼閣の基準となっており、その域を出ないことではないだろうか。たとえば、外壁の説明のように、儀礼のための楼閣の五つの層を水平に観想するか垂直に観想するかについての定説がない。これは、儀礼のためのマンダラの楼閣が、観想上のマンダラの楼閣のモデルになっていたことを示唆している。『サーダナマーラー』のマンダラ観想法において、楼閣の部分に関しては、儀礼のためのマンダラの楼閣を説明する文章がそのまま現れたことも、このことを考慮に入れれば、むしろ当然なのである。

五　何が重視されたか

アバヤーカラグプタは、マンダラに関する当時の理論と実践を集成した『ニシュパンナヨーガーヴァリー』と『ヴァジュラーヴァリー』を著すにあたり、儀礼のためのマンダラと観想上のマンダラという二つのマンダラのイメージを持っていた。このうち、前者は実際に地面に描いた二次元のマンダラであり、後者は行者の観想法の中で生み出される三次元のマンダラである。

ところで、マンダラは本質的には三次元の構造を持ち、実際に描かれたマンダラはこれを二次元に移し替えたものであると、これまでしばしばいわれてきた。実際のマンダラが成立した当初に限れば、この説明は正しいであろう。しかし、『ヴァジュラーヴァリー』や『ニシュパンナヨーガーヴァリー』の記述に従うならば、アバヤーカラグプタの生きた時代には、両者の関係はそれほど単純ではない。

マンダラの外側の部分については、両者のあいだには、明らかな構造上の不一致がある。これは、観想上のマンダラの外郭部が行者の結界法をモデルにしてできあがったためであろう。そして、これに、法源や守護輪、雑色蓮華、羯磨杵という、防御と母胎のイメージを組み合わせた構造をとる。その結果、実際のマンダラの外周部よりも複雑な構造となっている。

これに対し、楼閣の部分については、儀礼のためのマンダラの楼閣が、観想上の楼閣のモデルになっている。これは一般の説とは逆の関係である。平面的な楼閣を観想法では立体的な楼閣に読み替えているということもできる。もちろん、もともと楼閣が平面的であったというわけではない。儀礼のためのマンダラに見られた、楼閣に飾りつけられた豪華な装飾品などからすれば、しばしば指摘されてきたように、楼閣は宮殿をイメージしたものであろう。(22) アバヤーカラグプタの文献は、この立体的な宮殿が平面化されてできあがった楼閣を、観想上のマンダラにおいて、ふたたび三次元の楼閣に読み替えているということである。

外郭部と楼閣部では、この二種のマンダラのあいだで記述の軽重があった。儀礼のためのマンダラでは外郭部の説明はきわめて簡略で、その分、楼閣の構造とその装飾に記述の重点が置かれていた。これに対し、観想上のマンダラでは外郭部に多くの紙幅を割き、楼閣に対してはほとんど説明を与えていない。このことに、この二つのマンダラでそれぞれ何が重要とみなされていたかが現れているのではないだろうか。すなわち、儀礼のためのマンダラでは楼閣を飾り立てることに、観想上のマンダラでは外部の構造を複雑かつ堅固にすることに、重点が置かれている。そして、観想上のマンダラが儀礼のためのマンダラよりもすぐれているというアバヤーカラグプタの立場は、彼にとってのマンダラのイメージが、荘厳された宮殿から防御網を完備した空間へと移行していたことを示している。

註

（1）『ニシュパンナヨーガーヴァリー』の第一章は、拙訳を発表している（森 1994）。該当箇所は同論文、一三三頁。二種のマンダラについては、すでにBahulkar（1978）によって指摘されている。同論文は本章の主題に関連するところも多く、きわめて有益であるが、結論は筆者とはかなり異なったものになっている。なお、便宜上、ここではBhattacharya校訂本（1972）の章立てを用いる。

（2）酒井（196：179）。

（3）北村（1980：70）、酒井（1983：271–273）。

（4）『ヴァジュラーヴァリー』〈3.2〉。

（5）Bhattacharyaによる校訂本は修正すべき箇所が多数含まれている。本章ではチベット訳テキスト（TTP, No. 3961）と、Bühnemannと立川武蔵の両氏（1991）によって写真複製された二種の写本をあわせて参照した。

（6）十輻輪に乗った十忿怒尊については、本書第三部第一章参照。

（7）Bahulkar（1978）、立川（1986：75）。

（8）金剛墻・金剛網から楼閣に至る観想上のマンダラの外郭部についてはWayman（1973：88–97）、立川（1986：73–79）によっても紹介されている。結界という視点からの観想上のマンダラの構造が、真鍋（1969）によっても考察されている。

（9）『サーダナマーラー』の個々の成就法の中には、かなり古い時代のものも認められるが、ここで取り上げる『ニシュパンナヨーガーヴァリー』と類似の内容を持つマンダラ観想法は、『サーダナマーラー』全体の中でも最も新しい層に属すると推測され、『ニシュパンナヨーガーヴァリー』の同時代の資料として扱うことは可能であると考えられる。
（10）Bhattacharyya（1968b：196）、立川（1986：78）。
（11）Bhattacharyya（1968b：469）、森（1992：28）。
（12）『ヴァジュラーヴァリー』に説かれるマンダラの輪郭線は、森（2004, 2005b）参照。このほか、田中（1987：112–123）にも詳細な説明があり、George（1974：86–87）、トゥッチ（1984：64–70）も簡単な説明を行う。
（13）堀内（1980：110）、Matsunaga（1978：14）、Poussin（1896：2）など。
（14）『ヴァジュラーヴァリー』〈12.2.4〉。
（15）チベットのマンダラでは、一二マートラを占めるはじめの二つの説のトーラナが一般的であるが、四マートラのトーラナもいくつかの作例が確認できる（たとえば Rawson〈1991：90–91〉参照）。
（16）『ヴァジュラーヴァリー』〈12.2.7〉〈12.3.2〉。
（17）『ヴァジュラーヴァリー』〈12.2.7〉。ただし、これはアバヤーカラグプタ自身の主張ではなく、他の者の解釈を紹介する文章である。
（18）『無量寿如来儀軌』（大正蔵　九三〇番）、『十八契印』（大正蔵　九〇〇番）などに説かれる。これらは中国撰述の経典である可能性が高いが、それぞれの内容は、インドの結護法の伝統を忠実に伝えていると考えられる。結界法については、森（1992c）参照。
（19）『ヴァジュラーヴァリー』〈13.2.1〉。これは「墨打ちの儀軌」ではなく「彩色の儀軌」に現れる。
（20）『ヴァジュラーヴァリー』〈12.2.4〉。
（21）『ヴァジュラーヴァリー』〈12.2.7〉。
（22）トゥッチ（1984：70）、真鍋（1969：46）。

第三章　サンヴァラマンダラの図像学的考察

一　サンヴァラマンダラ

マンダラとは何か、あるいはマンダラは何を意味しているのか。このような問いは、マンダラを扱う書物の冒頭には必ず発せられる。これらの問いに対する答えは、現在、次の二つに収斂していくようである。一つは、マンダラは「宇宙の縮図」であるという考え方である。マンダラとは伝統的な仏教コスモロジーにもとづいて描かれた宇宙の姿である。もちろん、仏教のコスモロジーといっても、須弥山を中心としたインド的なコスモロジーの一形態であることは言うまでもない。この宇宙には神々がそれぞれのヒエラルキーに応じて幾何学的に配され、整然とパンテオンを形作っている。

「マンダラとは何か」に対する第二の答えは「悟りのための補助手段」である。神秘主義者たちのめざした大宇宙と小宇宙との本質的同一性は、仏教タントリストたちの目標でもあった。「宇宙の縮図」であるマンダラは、同時に瞑想を実践する行者の身体モデルでもある。実際のマンダラを媒体として、聖なる世界、すなわち大宇宙と行者の身体である小宇宙との同一性を獲得する。

マンダラについてのこの二つの見方は、タントリズムの実践の中で用いられるマンダラをインド思想史の文脈において静態的に見た場合と、動態的に見た場合の違いにもとづくものといえるであろう。このことを立川武蔵は次のように述べる。

タントリズムにおけるマンダラは世界あるいは宇宙の単なる見取り図ではない。それは「聖なる」価値を与えられた世界の縮図であり、それを用いて宗教実践を行うものにとっては「聖なるものの現れ」(聖体顕現)に他ならない。マンダラに与えられた「聖なる」価値は宗教行為の中においてのみ理解される(立川　1989：289)。

マンダラが意味するものについてのこのような考え方は、ほぼ承認され、定着してきたと見てよい。ただし、これはマンダラが「普遍的に」意味するものであって、個々のマンダラについてではない。金剛界マンダラも秘密集会マンダラもヘーヴァジュラマンダラも時輪マンダラについても当てはまるはずの、マンダラ一般についての最大公約数的な回答である。しかしながら、経典や流派、注釈家たちによって説かれるさまざまなマンダラが、それぞれ固有のイメージを持っていたことは明らかである。さもなければ、現在知られている百数十種類のチベットのマンダラが存在する必要はなかったことになる。マンダラ一般が意味するものでは割り切れない部分に目を向けてもいい時期に、マンダラ研究全体がさしかかっているのではないだろうか。

それでは、個々のマンダラが備えているイメージとはいかなるものであったのか。母タントラの代表的なマンダラであるサンヴァラマンダラ(Saṃvaramaṇḍala)を例に考えてみよう。

サンヴァラマンダラには、六尊マンダラ、十四尊マンダラ、六十二尊マンダラの三種が有名である。とくに六十二尊マンダラはサンヴァラマンダラの最終的発展形態を示し、その代表的なものとみなされている。図142はチベットのサキャ派の古刹ゴル寺に伝承した六十二尊サンヴァラマンダラである。インドの成就者ルーイーパ(ルーイー

図142　ルーイーパ流六十二尊サンヴァラマンダラ（個人蔵）

パーダ）の流儀にもとづいている[1]。この作品の制作年代は十九世紀末で、儀軌に忠実な作品として知られている。

中尊サンヴァラ（チャクラサンヴァラ）は四面十二臂で、明妃ヴァジュラヴァーラーヒーを伴っている。サンヴァラは八弁蓮華の花芯に立ち、四方の蓮弁にはダーキニー、ラーマー、カンダローハー、ルーピニーの四女尊が位置する。四隅の蓮弁には頭蓋骨でできた容器カパーラが一つずつ描かれる。この部分は大楽輪とよばれる。

残りの六十尊は四重の同心円およびその外側に配されている。大楽輪の外側の三重の円は、内側から順に意輪、口輪、身輪の三密輪で、二十四組のダーキニーとダーカが放射線状に一組ずつ並ぶ。意輪の東にはプラチャンダーとカンダカ

		地　名	ダーカ	ダーキニー
意輪	1	Pullīramalaya	Khaṇḍakapāla	Pracaṇḍā
	2	Jālandhara	Mahākaṃkāla	Caṇḍākṣī
	3	Oḍiyāna	Kaṃkāla	Prabhāvatī
	4	Arbuda	Vikatadaṃṣṭrin	Mahānāsā
	5	Godāvarī	Suravairī	Vīramatī
	6	Rameśvara	Amitābha	Kharvarī
	7	Devīkoṭa	Vajraprabha	Laṅkeśvarī
	8	Mālava	Vajradeha	Drumacchāyā
口輪	9	Kāmarūpa	Aṅkuraka	Airāvatī
	10	Oḍra	Vajrajaṭila	Mahābhairavā
	11	Triśakunī	Mahāvīra	Vāyuvegā
	12	Kosala	Vajrahūṃkāra	Surābhakṣī
	13	Kaliṅga	Subhadra	Śyāmādevī
	14	Lampāka	Vajraprabha	Subhadrā
	15	Kāñcī	Mahābhairava	Hayakarṇā
	16	Himālaya	Virūpākṣa	Khagānanā
身輪	17	Pretādhivāsin	Mahābala	Cakravegā
	18	Gṛhadevatā	Ratnavajra	Khaṇḍarohā
	19	Saurāṣṭra	Hayagrīva	Śauṇḍinī
	20	Suvarṇadīpā	Ākāśagarbha	Cakravarmiṇī
	21	Nagara	Śrīheruka	Suvīrā
	22	Sindhu	Padmanarteśvara	Mahābalā
	23	Maru	Vairocana	Cakravartinī
	24	Kulatā	Vajrasattva	Mahāvīryā

表17　ダーカとダーキニーと24の地名の対応

（ダーカとダーキニーの名称は『ニシュパンナヨーガーヴァリー』と『ヴァジュラーヴァリー』に従った。24の地名は津田〈1973b〉による。）

パーラ、北にはチャンダークシーとマハーカンカーラといった具合である（彼らの名称と位置は表17および図143参照）。

三密輪のさらに外側には、四方に獣面のカーカースヤー、ウルーカースヤー、シュヴァーナースヤー、スーカラースヤーが門衛の役割を務める。これらは順に、烏、ふくろう、犬、猪の頭をしている。名称も「烏の顔の者」などを意味する。また四隅には、ヤマ（閻魔）の侍女といわれるヤマダーディー、ヤマドゥーティー、ヤマダムシュトリー、ヤママタニーがいる。これら八尊の位置する部分は三昧耶輪という名称を持つが、実際はそのまわりの楼閣と三密輪とにはさまれた部分に相当する。

六十二尊マンダラの構成員と位置は以上のとおりであるが、このうち、三密輪のダーカとダーキニーたちを除いたものが十四尊マンダラ、さらに三昧耶輪の八尊も除いたもの、すなわち大楽輪のみのマンダラが六尊マンダラで

ある。(2)

　尊格以外の部分に目を転じてみよう。マンダラのデザインのうち、最外周の火炎輪から楼閣に至るまでの部分はほとんどのマンダラに共通である。(3)最外周の火炎輪の内側に八つの屍林（aṣṭaśmaśāna）が描かれるのも、母タントラのマンダラに一般的に見られるものである。大楽輪の内側に八弁の蓮華が描かれることはすでに述べたとおりであるが、意輪との区切りである黒色の細い帯には、八方に小さくカルトリがデザインされている。同じような意

図143　サンヴァラマンダラのダーカとダーキニー配置図
（1～24の番号は表17に対応する）

匠は三密輪それぞれにも見られ、意輪の場合は金剛杵、口輪は蓮華、身輪は法輪が、八方に置かれている。この金剛杵、蓮華、法輪の三種は、それぞれ身口意を司る阿閦、阿弥陀、大日のシンボルであり、各輪は三仏を象徴する青、赤、白に塗り分けられている（田中1987：220）。

　さらに、隣りあうダーカとダーキニーのカップルのあいだにも、同じ三つのシンボルが二つの円をつなぐように置かれる。また二十四人のダーカとダーキニーたちは、菱形の上下を切った、そろばんの玉のような形の区画に描かれているが、これは各輪の輻（スポーク）の部分にあたる。他に三昧耶輪の四隅には、中から木が伸びる瓶がそれぞれ二つずつ置かれている。如

意樹と賢瓶であろう。

サンヴァラマンダラの形態を、とくに楼閣の内部に限って概観してみたが、このマンダラが意味するものは何だろうか。サンヴァラタントラの研究の第一人者である津田真一は、「屍林の宗教」と「内のピータ（pīṭha）と外のピータ」という二つのキーワードでこれを説き明かしている。

すなわち、六十二尊からなるサンヴァラマンダラは「最高神ヘールカ（＝サンヴァラ）とその明妃を中心とした天尊の集会と云う神話的情景を視覚化するものであると同時に、それがサンヴァラ系密教徒の宗教的体験の基盤である実際の集会を実現したものである」と述べる（津田　1973a：93–94）。阿闍梨とその性的パートナーを中心とし、四十八人の男女の修行者たちによって屍林を舞台に繰り広げられた特異な宗教実践の姿なのである。

一方で、これらのヨーガ行者とそのパートナーたち——マンダラのダーカとダーキニーに相当する——は、実在の二十四の地名に対応し（外のピータ説）、また人体内部を流れる二十四の脈管とも照応関係にある（内のピータ説）。これによって外的世界と人間の身体とのあいだの構造上の相似性が示され、すでに述べた大宇宙と小宇宙との本質的同一性という目標がここでも掲げられることになる。

さらに二十四組のダーカとダーキニーたちは、天、地上、地下の世界に三分される。意輪の十六尊は「虚空を行くもの」（khecarī）、口輪の十六尊は「地上を行くもの」（bhūcarī）、身輪の十六尊は「外の地下に住するもの」（bāhyapātālavāsinī）とそれぞれよばれる。三重の同心円で描かれるサンヴァラマンダラの三密輪は、本来は立体的な構造を備えていたといわれる（津田　1974：64–67）。

内と外のピータ説が、一時に完成したものではなく、時代を追って整備されていったことも明らかにされている。(4)『サンヴァローダヤタントラ』には二十四の地名は現れるが、ダーカとダーキニーの名称は登場しない。また二十四の脈管名も用いられず、内臓や体液そのものの名称がそれらの代わりを果たす。一方、天、地上、地下の三分法は『ヘーヴァジュラタントラ』に由来するが、この経典では二十四の地名は未整備なままで、のちにこれらの地名が他の経典において脈管名に借用されることになる。ダーカとダーキニーの名称は『ラグサンヴァラタントラ』にそろって現れ、内と外のピータ説と三密輪の三分法は『ヴァジュラダーカタントラ』に至って完備することになる。

このように、サンヴァラマンダラを生み出した思想的な基盤や実践形態をわれわれは知り得るようになった。これは津田の諸研究に負うところが大きい。津田の研究は、サンヴァラを中心とした母タントラ研究を飛躍的に発展させたばかりではなく、タントラ仏教研究全体にも新時代を開くものであった。

ところで、現在われわれが目にするサンヴァラマンダラは、屍林の宗教を忠実に再現したものと考えてよいであろうか。あるいは、内と外のピータ説にもとづいて立体的な構造のマンダラを表現したものとみなしてよいであろうか。図142などのマンダラに描かれたサンヴァラやダーキニーたちの姿は確かにおどろおどろしいものであるが、津田が述べる屍林を舞台とした集会の光景とは、隔たりを感じさせる。また、外的な世界の構造や人体内部の構造をここから読み取ることは困難である。(5)

従来のマンダラ研究は、マンダラの意味を教理的な文献に性急に求めすぎていたようだ。これによってマンダラ一般が有する普遍的な意味には一定のコンセンサスが得られたが、マンダラのイメージそのものが持つ意味には配慮が払われることは少なかった。いわば図像解釈学的な研究の上澄みだけを取り出すことに躍起となっていたのである。逆に図像記述学的な考察は、マンダラの尊格の名称と配列を示すことに終始している。この懸隔を埋める作業を、ここではサンヴァラマンダラを材料として以下に行ってみることにしよう。

二　サンヴァラマンダラの姿

1　二種のマンダラ

インド密教の伝統では、マンダラは二種類のイメージを持っていたことが知られる(6)。一つは、整地された地面の上に色のついた砂などを用いて描いたマンダラである。土壇を築いて作られるため「土壇マンダラ」ともよばれるが、密教の重要な儀礼である灌頂で用いられるため、ここでは「儀礼のためのマンダラ」とよぶことにしよう。もう一つは、行者が観想法や成就法などの瞑想の中で作り出す立体的なマンダラである。これを「観想上のマンダラ」とよぶ。儀礼のためのマンダラは、この観想上のマンダラのイメージを生み出すためのモデルでもある。瞑想における観想上のマンダラとの行者の精神的合一こそ、大宇宙と小宇宙の本質的同一性の確認作業に他ならない。

インド密教においてマンダラがいかなるイメージを備えていたか、あるいは実際にどのように制作されたかは、従来まであまり知られていなかった。それは、インド密教のマンダラの遺品が現在ほとんど遺されていないことにもよるが、多くの情報を含む当時の膨大な文献資料が手つかずの状態にあることにもよる。その中でも特に注目すべき作品は、インド密教の中心的寺院であったヴィクラマシーラ寺の座主を務めたアバヤーカラグプタによる二つの文献である。一つは『ヴァジュラーヴァリー』とよばれ、当時流行していた主要なマンダラの制作方法と、それに続いて行われる灌頂儀礼を解説する。そして、この文献と対になっている『ニシュパンナヨーガーヴァリー』には、『ヴァジュラーヴァリー』で制作方法が述べられたマンダラについて、それぞれの観想法、すなわち観想上のマンダラについての詳しい情報が含まれる(7)。

インド後期密教のマンダラのイメージを伝えるこの二文献を手がかりにして、サンヴァラマンダラの姿を再構築してみよう。

2　墨打ちの儀軌

まずはじめに、儀礼のために作られるサンヴァラマンダラについて見てみよう。『ヴァジュラーヴァリー』では「墨打ちの儀軌」(sūtraṇavidhi) と「彩色の儀軌」(rajaḥpātanavidhi) という二つの章でマンダラの具体的な制作方法が解説される。前者は米の粉などを水で溶いた液に糸を浸し、その糸をはじいて、整備された地面にマンダラの輪郭線を引いていく。後者の「彩色の儀軌」では、この輪郭線に従って色の砂などを落としてマンダラを描く。その場合、尊格の姿は具体的な尊容はとらず、金剛杵や法輪などのシンボルに置き換えられて描かれる。いずれの儀軌においても、すべてのマンダラに共通の部分の説明をしてから、各マンダラで異なる部分について個別に解説を進める。具体的には、マンダラの最外周から楼閣までが共通で、楼閣の内部がマンダラごとに異なる。

『ヴァジュラーヴァリー』「墨打ちの儀軌」中のサンヴァラマンダラについての記述にもとづいて、楼閣内部の構造を見ていくことにしたい(8)。専門的な用語が用いられているため基礎的な知識を必要とするが、実際のマンダラ図(図144)を参照しながら、内容を少しずつたどってみよう。

世尊吉祥サンヴァラマンダラとヴァジュラヴァーラーヒーのマンダラについて。根本線 (mūlasūtra) の内側に梵線 (brahmasūtra) と対角線 (koṇasūtra) のみがある。梵線の外側に二マートラ (mātra) 取り、〔両端が〕根本線に接する線を一本引く。対角線の左右に二単位ずつ離れて、それぞれ一本ずつ線を〔引く〕。長さは〔マンダラの〕中心の両側に門の長さ四つ分 (＝一六マートラ) ずつである。

図144　サンヴァラマンダラの楼閣部分の輪郭線

（Rong tha Blo bzang dam chos rgya mtsho, *The Creation of Mandaras: Tibetan Texts Detailing the Techniques for Laying out and Executing Tantric Buddhist Psychocosmograms*, Vol.2 Cakrasamvara. New Delhi, 1972より）

はじめにサンヴァラとヴァジュラヴァーラーヒーの二尊の名があげられているのは、マンダラの中尊をサンヴァラからヴァジュラヴァーラーヒーに置き換えた場合も同じ形態であるためで、ここでまとめて説明しているのである。

次に根本線、梵線、対角線といういくつかの線の名称が出てくるが、これらはマンダラの墨打ちのための基本線である。マンダラは全体が円でできているが、その中心を通って垂直に交わる二本の線が梵線（図144の①）で、梵線と四五度の角度で交わるのが対角線（②）である。いずれもその長さはマンダラ全体の直径に一致する。なお、マンダラの直径は九十六等分され、その一つが一マートラとよばれ、マンダラ測量のための基本的な単位となる。マンダラの中心と円周との中点、すなわち円周から二四マートラ内側を通り、梵線と垂直に交わる線を引く。これが「側面線」（pārśvasūtra ③）とよばれ、対角線上で交わり、一辺四八マートラの正方形を形作る。側面線から内側に八マートラ離れて側面線と平行に線を引くと、やはり三二マートラの正方形ができあがる。この正方形の各辺が根本線（④）なのである。したがって本文中の「根本線の内側に梵線と対角線のみがある」という記述は、一辺三二マートラの正方形に、各辺の中点を結んだ

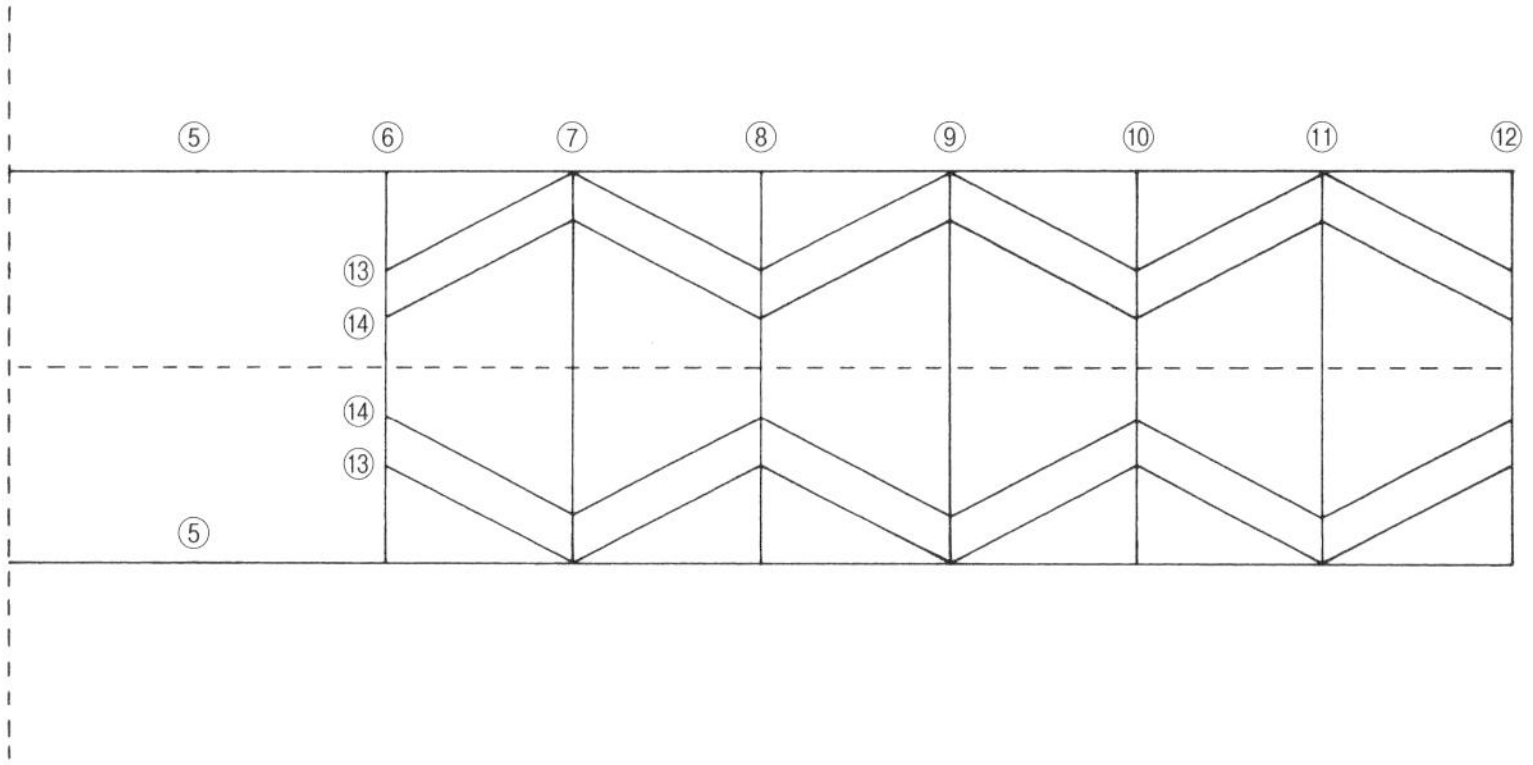

図145　サンヴァラマンダラの輻の部分

左端と中央の点線は**図144**の梵線①あるいは対角線②に相当する。**図144**に見るようにマンダラ全体でこのような図が合計八つ描かれる。

梵線と、四隅を結んだ対角線を引いた状態である。なお、側面線は楼閣の外側の線を表し、そこから根本線までが楼閣の外壁に相当する。そして根本線で囲まれた正方形が、これから解説を進める楼閣の内部になる。

続く、梵線と対角線の左右に二マートラずつ離れて引く線は、最終的には消される線であるが、三密輪の輻の部分を描くために引かれる補助的な線で、「両側の線」の名でよばれる（**図145**の⑤）。この線の長さの規定として「門の長さ四つ分」と述べているが、門の長さというのは楼閣の四方に置かれた門の幅を指し、四マートラに相当する。マンダラの墨打ちでは、この「門の長さ」というのが基準となって他の線分の長さを示す場合がしばしばある。両側の線の長さが一六マートラであるというのは、梵線の左右の線の場合、もう一方の梵線から根本線までの長さに相当するが、対角線の左右の場合も、もう一方の対角線から一六マートラのところまでなので、根本線までは達しないことになる。

次に梵線と対角線に垂直に交わり、両側の線のあいだに引かれる七本の線の説明がなされている。

次に梵線と対角線の外側の線（＝両側の線）のさらに外に二

マートラ離れて第一の線（図145の⑥）を引く。梵線、対角線、そしてこの両側の線の上に門の長さ（＝四マートラ）の線ができる。両側の線と垂直に、［梵線や対角線から］それぞれ二マートラずつあるからである。その外側に、同様に［二マートラずつ離れて］五本の線（⑦〜⑪）を引く。対角線とこれらの両側の線の上に六本目の線（⑫）を引く。

両側の線を引いた段階で、楼閣の中心から放射状に八本の帯が広がることになるが、この八本の帯それぞれの中に四マートラの線をさらに七本ずつ引く。はじめの線（⑥）は中心から四マートラ離れ、残りの六本（⑦〜⑫）は二マートラずつの間隔で引かれる。

このように引かれた七本の線を基準にして、次に折れ線を描く。

次に梵線の右側の第一の線（⑥）の一マートラ内側から出て、二本目の線（⑦）の端に至り、三本目の線（⑧）の端から一マートラ内側に入り込み、四本目の線（⑨）の端に至り、五本目の線（⑩）の端から一マートラ内側に入り、六本目の線（⑪）の端に至り、七本目の線（⑫）の端から一マートラ内側に入る。このように折れ曲がった線（⑬）ができあがる。その［折れ線の］内側に〇・五マートラ離れて同じように折れ曲がった二本目の線（⑭）を引く。このように、折れ曲がった二本の線を梵線の左側にも引く。同様に対角線の左右にも引く。

さきほど引いた七本の四マートラの線の中の一本目の線の両端から一マートラ内側寄りを起点とし、二本目の線では線の端、すなわち両側の線の接点まで、三本目の線ではふたたび内側に一マートラ入るといった具合に引く。そして、これと平行に、さらに二分の一マートラ内側に線を引く。これをすべての梵線、対角線の左右でくりかえすため、幅二分の一マートラの折れ曲がった帯が、合計十六本できあがる。これが輻を表す部分となり、これ以外の線は墨打ちの最後の段階で消される。

次に［マンダラの］中心で糸を固定し、根本線が最初で、順に内側に門の大きさ（＝四マートラ）ずつ取って、梵線上に置いた糸で四つの円を描く。

ここで説かれる四つの円は、大楽輪と三密輪の円となる。一番外は半径一六マートラ、以下、半径が四マートラずつ小さくなる四つの同心円ができあがる（図144の⑮～⑱）。これらは、さきほどの折れ線のちょうどくびれたところで交わることになる。

同じ内容をアバヤーカラグプタは別の文献から引用した偈頌でも紹介する。

根本線からとりかかり、円の線を四つ丸く描く。三つの輪は門の大きさずつが適当である。残りは蓮華の八葉の花弁の長さで、これより余分な部分はいささかもない。心輪以下の［三つの輪の］まわりには金剛杵と蓮華と「輻を備えたもの」（＝輪）の環がある。

「金剛杵と蓮華と「輻を備えたもの」がある」というのは、すでに見たように三密輪に描かれたシンボルの規定にあたる。

この四つの円のうち、外側の三つの円は輪としての厚みが必要なので、それぞれ二分の一マートラ内側に同心円を描く。

この場合、はじめの三つの円のそれぞれの内側には〇・五マートラ離れて一つずつ円がある。しかし、心輪の中心部のはずれを示す四つの線の内側には、〇・二五マートラ離れて、さらに花弁として二・五マートラとり、花芯のために雄しべの輪の形をした円がある。

四つ目の半径四マートラの円の内側には蓮華が置かれるため、円周から四分の一マートラ内側に二・五マートラの八葉蓮弁を作り、残りの直径二・五マートラの円が蓮華の花芯となる。

マンダラの墨打ちはこれで終了するが、最後にいくつかの異説が述べられる。

金剛杵輪の輪のために、四つ目の円の内側に〇・五マートラ離れて円が一つあるという説がある。輻の両側は四つのたいそう恐ろしい金剛杵で取り囲めと他の者は説く。輻の両側に金剛杵、蓮華、法輪の各輪が順にあるといわれる。

まず、第四の円すなわち半径四マートラの円の内側にも〇・五マートラの帯を作り、これを金剛杵輪とすること、またその外側の三つの円もすべて金剛杵輪としてデザインすること、さらに三密輪の各輪には金剛杵、蓮華、法輪の意匠を置くことが紹介されている。最後の説は、先にあげた引用文中にも見られた。

次はしめくくりの部分である。

ここで外の円の内側は、円と輻の線を残して他の線はすべて消す。［サンヴァラマンダラの］墨打ちの方法である。

こうしてサンヴァラマンダラの輪郭線はすべてそろい、必要な線である四つの円と輻の線を残して、補助的に引かれた線を消して墨打ちが終わる。

3　彩色の儀軌

彩色の儀軌では、この輪郭線に従って区画ごとに定められた色の砂などで塗り分ける。そして、マンダラごとに各尊を象徴するシンボルを規定する。次にあげるのは、サンヴァラマンダラの各尊のシンボルに関する部分である。(9)

サンヴァラマンダラについて。雑色蓮華（中心の八弁蓮華）の花芯にある日輪上に吉祥サンヴァラの青い五鈷

図146　チベットのサンヴァラマンダラ白描図
(Rong tha Blo bzang dam chos rgya mtsho, 1972)

の畏怖金剛杵。四方の蓮弁にはダーキニー、ラーマー、カンダローハー、ルーピニーのカルトリ。四隅の花弁には蓮華の容器。意輪などの二十四の輻にはプラチャンダー……（以下ダーキニーの名称が続く）……マハーヴィールヤーのカルトリ。勇者たち（ダーカのこと）のシンボルは主要ではないので、シンボルは描かれない。四門にはカーカースヤー、ウルーカースヤー、シュヴァーナースヤー、スーカラースヤー、四隅にはヤマダーディー、ヤマドゥーティー、ヤマダムシュトリー、ヤママタニーの、雑色蓮華と日輪の上にカルトリ。この場合、東以下の四方には左まわりに、南東以下の四隅には右まわりにシンボルを置く。外の円のさらに外に、四隅に接して瓶を描く。

内容的に理解の困難な部分はない。中尊サンヴァラのシンボルは青い五鈷杵で、残りの尊格はすべてカルトリとよばれる鋭利な刃物を描く。カルトリは、これらの女尊たちが右の第一臂に持つシンボルである。大楽輪の四隅の蓮弁には蓮華の容器が置かれる。三密輪のシンボルはいずれも女尊であるダーキニーを象徴し、そのパートナーである男尊（ダーカ）のシンボルは描かない旨が述べられている。伝統的にサンヴァラマンダラの三密輪の尊格は女尊の名称でよばれ、男尊は従属的である。また、四方の四つのカルトリは左回りに順に描き、四隅のそれらは右回りに置く。これはサンヴァラマンダラの尊名を列挙したり、観想する場合も同様である。左回りというのはインドでは忌避されることが一般的であるが、ここではあえてその方角が選ばれる。サンヴァラマンダラを含む母タントラのマンダラで、しばしば見られる描き方である。

以上見てきたように、アバヤーカラグプタの著作『ヴァジュラーヴァリー』から、われわれはサンヴァラマンダラの具体的なイメージを知り得るようになった。中心に八弁の蓮華が置かれ、そのまわりをそれぞれ八つの輻を備えた三つの輪が描かれる。蓮華の花芯には金剛杵が位置し、それを三十六のカルトリが取り囲む。これは、インド後期密教の時代に、実際に僧侶らが地面に描いたマンダラの姿であるが、図146で示したマンダラの白描図からも知られるように、その形態は現在チベット仏教に伝わる三昧耶形のサンヴァラマンダラとほとんど同じものであったようだ。

もう一方の、行者の瞑想の中で作り出される観想上のマンダラの姿はどのようなものであったのかを、次に概観しよう。

三　観想上のサンヴァラマンダラ

観想上のマンダラのイメージを説く『ニシュパンナヨーガーヴァリー』は全体が二十六章からなり、各章で一つないし数種のマンダラが解説されている。いずれの章においても、はじめに尊格を置くための「場」を設定した上で、中尊から周縁の尊格に至る各尊の図像上の特徴を述べる。はじめに設定されるこの場が、容器としてのマンダラに相当する。サンヴァラマンダラは第十二章にあたり、冒頭の場の設定は次のようになされる（Bhattacharyya 1972 : 26)。

金剛網の内側にある須弥山頂に雑色蓮華がある。雑色蓮華には羯磨杵と基壇部（vedi）があり、そこに楼閣が建つ。楼閣の中央に置かれた雑色蓮華の花芯の上に、世尊サンヴァラがいる。

金剛網とは結界の役割を果たす防御網で、周囲には金剛墻、上方には矢でできた網と天蓋、下には金剛の大地があり、これらを金剛の網が包み込む構造をとる。[10] マンダラを観想する場合、つねにはじめに観想される、その中央に須弥山がそびえ、マンダラはこの山頂に位置する。雑色蓮華と羯磨杵もマンダラ観想法に必ず現れ、実際のマンダラでもその一部（蓮弁と金剛杵の鈷の先端）が表現されている。尊格をおさめる楼閣はこの羯磨杵の上に建てられている。楼閣の中心にあるという雑色蓮華は須弥山頂の巨大な雑色蓮華とは別のもので、儀礼のためのマンダラでは、大楽輪の中に描いた蓮華に相当する。世尊サンヴァラが花芯にいるといわれるのはそのためである。少し後の方では、四方の蓮弁にダーキニー、ラーマー等の四女尊が、また四隅の蓮弁には蓮華型の器が置かれると述べられている。

つづいてサンヴァラをはじめとする各尊の尊容が説かれているが、これについては次節でふれることにし、マンダラの構造に関する記述を確認していこう。三密輪のダーカとダーキニーたちは儀礼のためのマンダラでは輻の上に描かれたが、ここでもやはり「意輪の束の輻にはカンダカパーラとプラチャンダーがいる」というように、各尊は輻の上に立つ姿で観想されている。これは口輪、身輪も同様である。最外周の八尊については、カーカースヤー等の四尊は楼閣の四門に、ヤマダーディー等の四尊は四隅にいると述べられているが、その少し後で、八尊をまとめて「三昧耶輪に住する尊格たち」とよぶ箇所もある（Bhattacharyya 1972 : 27–28）。

このように、観想上のサンヴァラマンダラも楼閣の中央には花芯と八弁を備えた雑色蓮華があり、その周囲には三重の輪が置かれ、この三密輪と楼閣のあいだが三昧耶輪とみなされている。

ところで『ニシュパンナヨーガーヴァリー』で説かれる観想法は、他の章のマンダラ観想法と統一が図られたり、画一化されている場合がある（森　1992b : 38）。また、マンダラのイメージに関する記述は断片的で、詳細さを欠く。より詳しい観想法を説く文献をあわせて参照する必要がある。

サンヴァラマンダラの観想法を説く文献はいくつか知られている。『ニシュパンナヨーガーヴァリー』の著者アバヤーカラグプタにも『チャクラサンヴァラの現観』（TTP, No. 2213）とよばれる著作がある。これはサンヴァラの大家ルーイーパによる同名の著作（TTP, No. 2214）およびカムバラによるこれへの注釈書（TTP, No. 4461）にもとづくと考えられ、とくにカムバラの著作に負うところが大きい。ここでは、これら三点の中では最初に著されたルーイーパの『チャクラサンヴァラの現観』を中心に、サンヴァラマンダラのより詳しい記述をたどってみよう[11]。

ルーイーパの著作でも、はじめに金剛網などによる結界を行う。この中に風、火、水、地の四大を観想する。これらは順に弓形、三角、丸、四角の形態を持つ。四大の最上層である地の上に「suṃ の文字を変化させて、四角く、四種の宝石で飾られ、八つの頂きがそびえる山の王者須弥山」を観想する。そしてさらにその上に、hūṃ の文字から生じた羯磨杵と、paṃ の文字から生じ八弁と花芯を備えた雑色蓮華を観想する。

ここまでは、四大を除き『ニシュパンナヨーガーヴァリー』とほぼ同一の内容となっている。続くサンヴァラの観想に至るまでのプロセスをルーイーパは次のように述べる。

八弁の雑色蓮華の中央に āli と kāli を結びつける。その中央において、hūṃ 字から生じ、金剛薩埵を本質としたさまざまな光を拡散させて、それを変化させることによって、マンダラの眷族を伴い、八つの屍林で飾られるヘールカ（＝サンヴァラ）を観想する。(12)

第一重	A Ā I Ī U Ū Ṛ Ṝ Ḷ Ḹ E AI O U Ṃ Ḥ
第二重	KA KHA GA GHA CA CHA JA JHA ṬA ṬHA ḌA ḌHA ṆA THA DA
第三重	DHA NA PA PHA BA BHA MA YA RA LA VA ŚA ṢA SA HA KṢA

表18　āli と kāli の内容

（第一重が āli に、第二重、第三重が kāli である。どの文字を配置するかは諸説あったようで、ここにあげたのは『サーダナマーラー』239番「マハーマーヤー成就法」に説かれたものである〈森　1992b〉）。

蓮華の中央に置かれる āli と kāli というのは、母音（āli）と子音（kāli）の文字群である。中央に母音を配し、その周囲に子音を配した三重の同心円は、ヘールカ系の尊格を観想するための舞台となっている（森　1992b：35）（**表18**）。カムバラはこの部分に注釈を加え、「〈āli と kāli を結びつけ〉というのは、右まわりと左まわりに配された āli と kāli の輪を変化させて、このような姿を備えた月輪を観想するのである」と述べ(13)、続く「その中央において」という部分を、こうしてできた āli と kāli の月輪の中央と理解している。さらにルーイーパの引用文には『ニシュパンナヨーガーヴァリー』には見られなかった「光の拡散」というプロセスが現れる。カムバラは「光の拡散」についても「光を拡散させるときに、五色の光から五つの輪の尊格を生む」と解説している。[14]「五つの輪の尊格」というのは、サンヴァラマンダラに含まれるすべての尊格を指している。

ルーイーパは「八つの屍林で飾られたヘールカを観想せよ」と述べた後、八屍林の詳しい説明を行い、つづいて中尊チャクラサンヴァラとその明妃ヴァジュラヴァーラーヒー、蓮弁の四女尊等の詳しい特徴、さらにダーカとダーキニーの位置を順に解説する。ダーカとダーキニーが住する三密輪については「はじめに、金剛杵の環で飾られた八輻の青い意輪がある」と述べ、口輪、身輪についてもそれぞれ、蓮華の環で飾られた赤い八輻輪、法輪の環で飾られた白い八輻輪とよんでいる。[15]

『ニシュパンナヨーガーヴァリー』とルーイーパおよびカムバラの著作を比べていると、前者には含まれなかったものがいくつか現れた。āli と kāli の帯と月輪、八屍林、拡散された光から生じる五つの輪などである。また三密輪の特徴も、儀礼のためのマンダラで見られたように、金剛杵、蓮華、法輪の環が装飾となっていたことが分かる。これらの要素は同じアバヤーカラグプタによる著作『チャクラサンヴァラの現観』にも登場していることから、[16]『ニシュパンナヨーガーヴァリー』では省略されていると見るべきであろう。インドにおけるサンヴァラの重要な流派の開祖の一人ガンターパ（ガンターパーダ）にも『チャクラサンヴァラのウパデーシャ』（TTP. No. 4654）というサンヴァラマンダラの観想法を扱った文献がある。[17]そこでも、ルーイーパやカムバラの著作に見られたような観想法が説かれている。

四　マンダラの神々

マンダラの楼閣の中に置かれる諸尊の姿も、各種の観想法において説かれている。なかでも中尊サンヴァラは複雑な図像上の特徴を備え、詳細に解説されることが多い。『ニシュパンナヨーガーヴァリー』に記述されるサンヴァラの尊容は次のとおりである（Bhattacharyya 1972：26）。

世尊サンヴァラは雑色蓮華の花芯に置かれた日輪の上でバイラヴァとカーララートリを踏んで立つ。身色は黒で、正面は黒、左は緑、後ろは赤、右は黄色の四面を備える。いずれの面も三眼である。虎の皮を身につける。十二臂を備え、金剛杵と金剛鈴を持って交叉させた二臂でヴァジュラヴァーラーヒーを抱く。赤みがかった白い象の皮を後ろの二臂で持つ。それ以外の右手にはダマル太鼓、斧、カルトリ、三叉戟を持ち、左手には金剛のついたカトヴァーンガ杖（先端にどくろのついた杖の形の武器）、血のあふれたカパーラ、金剛の羂索、梵天の首を持つ。血のしたたる五十の人頭をつないだ環を首にかけ、蛇の聖紐をつけ、額には五つのどくろの環を飾る。左向きに曲がった半月と羯磨杵をつけた髪髻冠を結う。

バイラヴァとカーララートリはヒンドゥー教の神で、バイラヴァはシヴァの異名とも、その従者の名ともされる。カーララートリはその配偶神である。明妃ヴァジュラヴァーラーヒーを抱く二臂が主要な腕で、胸の前で交叉させる。残りの十臂は身体の左右に伸ばされ、とくに象の生皮を持つ手は上方に高く掲げられる。人頭の環、蛇の聖紐、五つのどくろの髪飾りは、忿怒尊の装身具としてステレオタイプ化したものである(18)。

この四面十二臂のサンヴァラの姿は、前節であげたルーイーパ、カムバラ、ガンターパの各著作や、アバヤーカラグプタ自身の『チャクラサンヴァラの現観』にも登場し(19)、そのイメージはほぼ共通である。複雑な持物の種類にも相違はなく、文献間で忠実に継承されていったようである。

サンヴァラにはこの四面十二臂以外にもいくつかの種類がある。『サーダナマーラー』の第二五五番には、一面二臂のサンヴァラが説かれる（Bhattacharyya 1968b：504）。二臂は金剛杵と金剛鈴を持ち、明妃を抱擁する。十二臂のサンヴァラの主要な二臂に相当する。衣装や装身具などそれ以外の特徴は、十二臂のサンヴァラとほとんど同一である。

持物も含め、これらの特徴がヒンドゥー教の神シヴァから受け継いだものであることは、立川によってすでに指摘されている（立川　1977：267–269）。ただし持物に関しては、シヴァからの借用にいくつかの段階があったようである。主要な手に持つ金剛杵と金剛鈴は、密教の尊格に一般的に見られる持物であるので除くとして、たとえば十二臂のサンヴァラの持物のうち、ダマル太鼓、カルトリ、カパーラ、カトヴァーンガ杖は、ヘールカ系の尊格に一般的に見られるものである。これに対し、梵天の頭や象皮は、他のヘールカ系の尊格には見られない持物である。他の尊格を経由しないで、直接シヴァからサンヴァラが受け継いだものであろう。『サンヴァローダヤタントラ』には三面六臂のヘールカ（＝サンヴァラ）が登場するが（Tsuda　1974：115–116）、六臂のうちの四臂で金剛杵と金剛鈴、ダマル太鼓、カパーラ、カトヴァーンガを持ち、残りの二臂で象皮を持つ。四面十二臂のサンヴァラに至る過渡的な形態を表している。

サンヴァラ以外の尊格の姿も簡単にまとめておこう。明妃ヴァジュラヴァーラーヒーは一面二臂、三眼を備え、裸身でサンヴァラに抱きつく。結った髪をカパーラで留め、カパーラの破片で作った腰飾りをつける。サンヴァラを抱く右手には血のあふれたカパーラを持ち、左手は高く上げてひとさし指を突き立てる。四方の蓮弁の女尊たちは一面四臂、三眼、展右で立つ。右の二臂にはダマル太鼓とカルトリを、左の二臂にはカトヴァーンガ杖とカパーラを持つ。三密輪に乗った二十四人のダーカは、一面四臂、三眼で、金剛杵と金剛鈴、カトヴァーンガ、ダマル太鼓を持って展右で立つ。ダーキニーたちは一面二臂で、カパーラとカトヴァーンガを持ってダーカを抱擁する。三密輪の八尊は、四方の蓮弁の女尊と同じ姿をする。ただし四門衛女は獣頭で、また四隅の四尊は身体の色が左右で

図148　サンヴァラ
（インド博物館）

図147　チャクラサンヴァラ
（ニューデリー国立博物館）

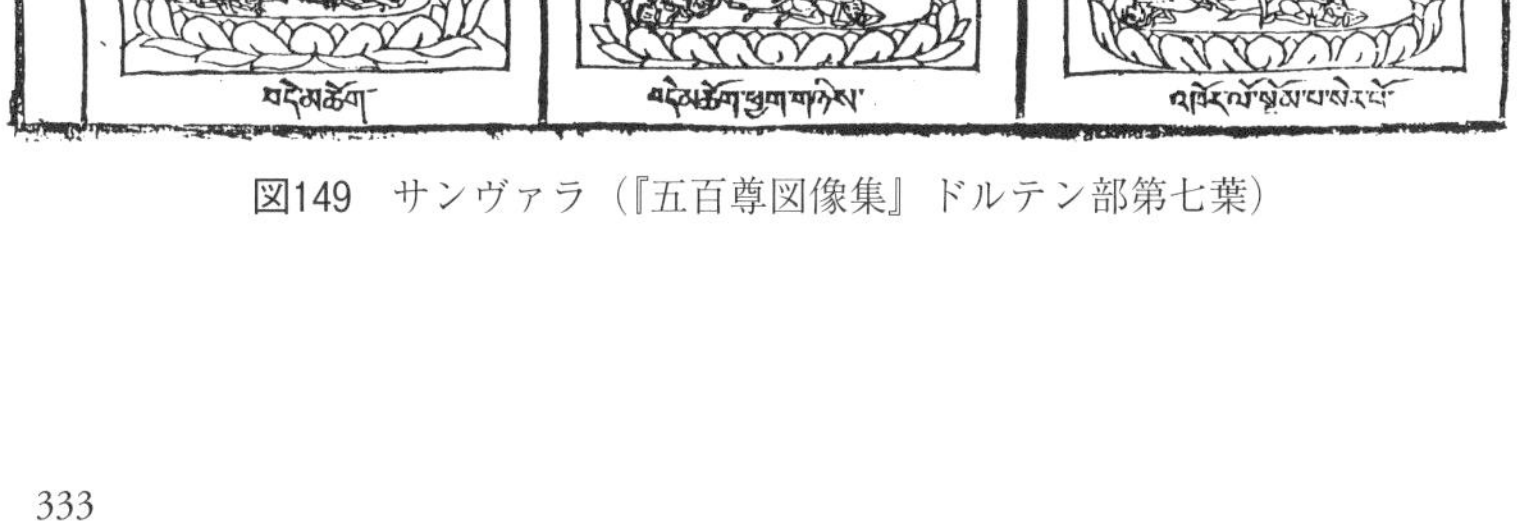

図149　サンヴァラ（『五百尊図像集』ドルテン部第七葉）

異なる。

インドに残るサンヴァラマンダラの作例は、他のマンダラと同様、存在しない。しかし、サンヴァラ単独尊の作例は、パーラ朝に属するものが現在七例ほど知られている（森　1990：74）。これは、忿怒尊系の遺例の少ないパーラ期としては多い部類に属する。七例はいずれも四面十二臂（浮彫の場合、後ろの面は表現されないため三面）を備え、この形式のサンヴァラがいかに人気が高かったかをうかがわせる。図147は文献の記述にほぼ忠実な作品で、足下の二尊の表現なども細部にまでわたっている。ただし、装身具として言及される虎の皮や蛇の聖紐などは表現されていない。図148は、この作例とは図像上の特徴はほぼ同じであるが、素材の違いから独特の印象を与える作品である。この作品で注目すべき点は、サンヴァラの上下左右に小さく表現された四人の女尊である。いずれも一面四臂で、ダマル太鼓、カルトリ、カトヴァーンガ杖、カパーラを持ち、展右の姿勢で立つ。サンヴァラマンダラで中尊の四方の蓮弁に位置するダーキニー、ラーマー、カンダローハー、ルーピニーの四尊の記述に一致することから、マンダラの大楽輪を表現したものであろう[20]。

四面十二臂のサンヴァラはネパールやチベットでも継承され、その作例も多く知られている（立川　1987a：58）（図149）。

五　時間表象としてのマンダラ

これまで、サンヴァラを中尊とする六十二尊マンダラの姿を、儀礼のためのマンダラと観想上のマンダラに分けて、インド後期密教の文献を中心に見てきた。また、サンヴァラをはじめとする各尊の尊容を明らかにした。従来サンヴァラマンダラの説明として定着していた「屍林の宗教」や「内外のピータ」のイメージは、当時の文献からはほとんど読み取れなかった。これは、単純なシンボルで構成される儀礼のためのマンダラばかりではなく、行者の瞑想の中で作り出される観想上のマンダラにおいても同様である。仮に実践のシーンで「屍林の宗教」のイメージをマンダラに仮託したとしても、あるいは教理的に内外のピータ説を適用したとしても、現実のマンダラそのものの姿は、それらとはかけ離れたものであったようだ。たしかに屍林はマンダラに描かれてはいるが、最外周に置かれ、また冥界の王ヤマの侍女であるヤマダーディー等の四尊も、六十二尊マンダラでは楼閣の隅へと追いやられている。サンヴァラマンダラにおける「死」の影は、ずいぶん稀薄なものであるといわざるを得ない。

儀礼のためのマンダラでは、楼閣の内部は蓮華と三重の八輻輪から構成され、とくに八輻輪を描くことにその重点が置かれていた。観想上のマンダラも、基本的には儀礼のためのマンダラと同じ構造を持っている。五色の光の拡散によって生み出される五つの輪は、三密輪と大楽輪、三昧耶輪に相当するのであろう。三密輪が八輻輪であったことも確認できる。

サンヴァラマンダラの基調となっているのは、どうやらこの八輻輪であったらしい。それではなぜ、輪のモティーフを用いたのであろうか。三密輪を表現するためというだけでは不十分であろう。身口意の三密を輪で表現する必要性はないし、また三密を司る阿閦、阿弥陀、大日のシンボルを周囲に描いた輪というのも、ほかには例を見ない独特なものである。三つの輪がはじめにあって、これを三密に配当するため、金剛杵や蓮華のデザインをほどこしたと考えた方が自然である。それでは、本来は天、地上、地下の三つの世界に立体的に位置していた二十四組のダーカとダーキニーを水平に置くための方法であったのだろうか。これもあたらないようである。立体的な構造を水平に表現するために輪のモティーフが必要であったとは考えにくいし、実際に観想上のマンダラに見られたように、サンヴァラマンダラを観想する場合も、三つの輪は上下ではなく、同心円状に水平に広がっていた。

輪そのもののシンボリズムを考察する必要があるようだ。八輻輪を描いたマンダラは、サンヴァラマンダラのほかにもいくつかある。『ニシュパンナヨーガーヴァリー』の中にも、同じヘールカ系のブッダカパーラマンダラや、悪趣清浄王を中尊とする悪趣清浄マンダラが有名である。日本の事例であるが、八輻輪のマンダラは理趣経系のものと別尊曼荼羅に数種ある。すなわち、如意輪観音を中尊とする七星如意輪曼荼羅、摂一切仏頂曼荼羅、遍照王が中尊の大勝金剛曼荼羅、大輪明王曼荼羅などである（頼富　1991a：146–181）。これらのマンダラの中尊に共通するのは、仏というよりは王のイメージである。とくに摂一切仏頂曼荼羅の中尊は摂一切仏頂輪王とよばれるが、転輪王の七宝（輪宝、珠玉、馬宝、象宝、主兵宝、主蔵宝、女宝）がまわりを取り囲むことより、明らかに転輪聖王としてのイメージが重ねられている。実際に『金剛道場荘厳軌』には、転輪王の成就法として、八輻輪あるいは十六輻輪のマンダラの記述がある（酒井　1985：268）。

輪は転輪王の名称の由来でもあり、そのシンボルとして七宝の第一にあげられる。宮治によれば、インドの尊像イメージを貫く二つの伝統に、苦行者・バラモンタイプと戦士・クシャトリヤタイプがある（宮治　1992）。ブラフマー、ヴィシュヌ、弥勒などは前者の、インドラ、シヴァ、観音などは後者の、代表的なものである。本来、インドラの居城があった須弥山頂に住し、シヴァのイメージを借りたサンヴァラが後者に属することは明らかであるが、このグループを世俗的な支配者と考えれば、転輪王も当然その一員に加えられるであろう。転輪王の輪とは、この世俗的な支配権の象徴に他ならない。そして、八方に輻を広げる輪のイメージが、放射状に光を放つ太陽を表していることや、輪の形をモティーフとした六道輪廻図などを視野に入れれば、その支配権は、空間的なものであると同時に、時間に対するものであるとも考えられる（ルルカー　1991：69–82）。

このことは、サンヴァラのイメージとして定着していた四面十二臂という姿と考え合わせると興味深い。インドに限らず、四と十二は「全体」を表す数字であるが、とくに時間との結びつきが強い。これは四季、十二カ月、黄道十二宮などを考えれば容易に理解できる（現在でも時間は十二進法である）。転輪王に代わって三重の輪の中心に立つ四面十二臂のチャクラサンヴァラの姿は、はじめから〈輪＝時間〉を支配するためにその中心に位置すべく考えられたイメージではないだろうか。冒頭に述べたように、従来は「大宇宙と小宇宙の相同性」という空間的な表象としてマンダラをとらえることが主流であったが、サンヴァラマンダラが意味するものを考慮に入れれば、むしろ時間の表象として理解する視点を導入する必要があるであろう。

註

（1）ゴル寺のマンダラは bSod nams rgya mtsho（1983）として公にされている。また図版と尊名リストが bSod nams rgya mtsho & M. Tachikawa（1989）、bSod nams rgya mtsho（1991）としても、簡便な形で刊行されている。**図142**はその六二番目に位置し、クリシュナチャーリン流、ガンターパーダ流、マイトリーパ流などのサンヴァラマンダラがこれに続く。

（2）サンヴァラマンダラの尊名と系統については、田中（1987：219–222）参照。

（3）マンダラの外周部については、本書第四部第二章参照。

（4）これについては、津田（1971, 1973b）が詳しい。以下の記述も、これらにもとづいたものである。

（5）たとえば津田（1987：142–146）に詳細な描写がある。

（6）二種のマンダラについては、本書第四部第二章参照。

（7）『ヴァジュラーヴァリー』の内容と概略は、Mori（2009）参照。『ニシュパンナヨーガーヴァリー』は、B. Bhattacharyya による校訂テキスト（Bhattacharyya 1972）とチベット訳テキストを参照した。

(8) 〈12.5.12〉。
(9) TTP, vol. 80, 101.4.4–101.5.4.
(10) 本書第四部第二章参照。
(11) TTP, No. 2144, vol. 51, 158. 2. 7ff. なおルーイーパの著作のタイトルは、現行の目録では「吉祥なる世尊の現観」となっている。
(12) TTP, vol. 51, 158.4.3ff.
(13) TTP, No. 4661, vol. 82, 92.2.3f.
(14) TTP, vol. 82, 92.2.7.
(15) TTP, vol. 51, 159.1.8; 159.2.4; 159.2.7.
(16) TTP, No. 2213, vol. 52, 31.1.5ff.
(17) TTP, No. 4654, vol. 82, 79.1.7ff.
(18) 忿怒尊のイメージの画一化については、本書第二部第一章、第三部第一章参照。
(19) TTP, vol. 51, 158.5.3ff.; vol. 82, 92.3.7ff.; vol. 82, 79.2.5ff.; vol. 52, 31.1.6ff.
(20) 頼富（1993：873）にも同様の指摘がある。

第四章　時輪マンダラの墨打ち法

一　インド密教最後のマンダラ

インド密教の歴史の最後を飾る『時輪タントラ』（*Kālacakratantra*）には、七百尊以上の尊格からなる壮大なマンダラが説かれている。正式には「身口意究竟時輪マンダラ」（Kāyavākcittapariniṣpannakālacakramaṇḍala）とよばれるこのマンダラは、その名のとおり、身密マンダラ（kāyamaṇḍala）、口密マンダラ（vāṅmaṇḍala）、意密マンダラ（cittamaṇḍala）の三重の楼閣を備え、さらにそのまわりを地、水、火、風、空の五大を表す五大輪と火炎輪とによって囲まれている。

マンダラの中尊であるカーラチャクラ（時輪）尊は、四面十二臂を有する守護尊で、明妃ヴィシュヴァマターを伴って、ヒンドゥー神ルドラとカーマを踏みつけて立つ。カーラチャクラは八葉蓮華の花芯に位置し、その周囲の蓮弁にはクリシュナディープターをはじめとする八尊の女尊が置かれる。この八葉蓮華を中心に置く意密マンダラは、さらに四仏、四仏母、六金剛女、六大菩薩、四忿怒尊で構成される。これらの尊格の多くは秘密集会マンダラなどにも含まれるが、その配列は時輪マンダラ独自のものである。

第二重の口密マンダラには、四方と四隅に八つの八葉蓮華が描かれ、各蓮華の花芯には八母神（aṣṭamātṛkā）が置かれる。これを六十四人のヨーギニーが八尊ずつ八つのグループに分かれて、各母神のまわりの蓮弁に登場する。一番外側の身密マンダラには、ヒンドゥー教起源の十二の護法尊が、それぞれ蓮華の中心に位置する。この蓮華は三重構造で、合計二十八の蓮弁を備え、各蓮弁には単音節の文字を名称とする女神が描かれる。彼らは一年を構成する十二カ月とそれぞれの月に含まれる二十八日を象徴するといわれ、マンダラでは四方にそれぞれ二つずつ、さらに四隅に一つずつ、等間隔に配される(1)。

時輪マンダラの典拠となる『時輪タントラ』には、伝説のシャンバラ王カルキ・プンダリーカ王に帰せられる注釈書『無垢光』（*Vimalaprabhā*）がある(2)。同書は単なる注釈書にとどまらず、その権威は経典にも匹敵するといわれている。マンダラの説明は『無垢光』の第三章「灌頂品」に含まれる。とくに第三章第三節「マンダラの開示という大いなる教え」（maṇḍalavartanaṃ nāma mahoddeśa）には、マンダラの輪郭線の計測に関する詳細な記述がある（Rinpoche 1994a：46–49）。いわゆるマンダラの「墨打ち法」が説かれているのである。

『時輪タントラ』が成立したのは十一世紀前半と考えられているが(3)、そのおよそ半世紀後に現れた学僧アバヤーカラグプタは、大部のマンダラ儀軌書『ヴァジュラーヴァリー』を著し、マンダラとそれに関わる灌頂などの儀礼の解説を集大成した。彼は同書の中で、秘密集会マンダラをはじめとする二十種以上のマンダラについて、一つひとつの墨打ち法と彩色法を解説した。これらのマンダラは、糸をはじいて地面の上に輪郭線を引き、五色の顔料によって彩色された「描かれたマンダラ」（lekhyamaṇḍala）である。時輪マンダラについての解説は、これら一連のマンダラの最後に置かれている。これは時輪マンダラの構造が、それ以外のマンダラと異なるためである(4)。

一般に、マンダラは、マンダラ全体を取り囲む外周部と、楼閣の外壁部、そして楼閣の内陣の三つの部分に分けることができる。最後の内陣は「中心のマンダラ」（garbhamaṇḍala）や「根本マンダラ」（mūlamaṇḍala）ともよばれるが、『ヴァジュラーヴァリー』に説かれる時輪マンダラ以外のマンダラのあいだで、それぞれ異なる構造を持つのはこの部分のみで、外周部と楼閣の外壁部はすべて共通している。これに対し、時輪マンダラは内陣のみならず、その周囲の部分についても独自の構造を持つ。このため、墨打ちを解説するために、著者のアバヤーカラグプタは、時輪以外のすべてのマンダラに共通する部分をまずはじめに述べ、次に各マンダラの内陣の構造を順に示した後で、時輪マンダラの全体の輪郭線を説明する。ここで示される時輪マンダラの墨打ち法は、『無垢光』をほぼ踏襲しているが、内容的にはさらに詳細になっている。

『時輪タントラ』は、未解明の部分の多いインドの後期密教の中でも、内容の難解さからとくに研究の立ち遅れた経典であった。しかし、Newman による一連の精力的な研究（1987a, 1987b, 1988, 1992, 1998a, 1998b）や、わが国でも田中による包括的な研究（1994）もあり、研究の進展が著しい。とくにマンダラに関しては、田中（1987）によってその全体像が示され、さらに田中（1994）でも、その思想的な背景などが明らかにされている。また、海外でもブラウエン（Brauen）による著作（1992）は、豊富な図版や概念図を駆使した労作で、時輪マンダラの構造の持つ意味や、マンダラに関わる儀礼までも射程におさめた斬新な内容になっている(5)。

しかし、いずれの研究においても、マンダラに含まれる尊格や全体の構造が象徴する意味などについては詳しく述べられているが、マンダラの輪郭線がどのように引かれ、それによって構成される各部の名称がどのようによばれているかは示されていない(6)。マンダラの墨打ち法については、すでに本書のこれまでの章（第四部第一章～第三章）において示してきたが、これらはいずれも時輪以外のマンダラに共通する構造である。本章では『ヴァジュラーヴァリー』の「墨打ちの儀軌」に含まれる解説に従って、時輪マンダラの構造そのものを明らかにしよう。

二　各部の構造

1　意密マンダラの内陣

マンダラの輪郭線を描くためには、基本となる梵線（brahmasūtra）と対角線（koṇasūtra）を引かなければならない。梵線はマンダラの中心を通る水平と垂直の二本の線で、これに対角線が四五度で交わる。いずれも長さは八ハスタ（hasta）と規定されている。一ハスタは阿闍梨の親指の幅二十四個分で、六〇センチメートル前後に相当する。梵線と対角線の長さである八ハスタは、時輪マンダラ全体の大きさではなく、マンダラの外周部の一番内側の円の直径である。外周部は六重の帯からなり、その一番内側は地輪であるので、この円は「地輪の第一の線」とよばれる。そしてこの半分である四ハスタが「マンダラ」の大きさとなるという。この場合の「マンダラ」とは、身密マンダラの楼閣の内陣を指している(7)。

この一ハスタを基準に、マンダラの測量のための単位である「マートラ」（mātra）が算出される。すなわち、意密マンダラの門（dvāra）の六分の一が一マートラに相当する。後述するように、意密マンダラの内陣の一辺は門の八倍で、さらにその四倍が身密マンダラの内陣の一辺の長さになる。ここから、一ハスタが四八マートラになることが分かる。なお、一マートラは「親指半分」とも説明され、親指二十四個分であった一ハスタが四八マートラであることに合致している。

意密マンダラの中心に、主尊カーラチャクラ父母仏と八尊の女尊を置く八弁の蓮華を描くために、直径四マートラの円を作り花芯（karṇikā）とし、その外側にさらに四マートラ離れて梵線と平行に線を引いて花弁（dala）の領

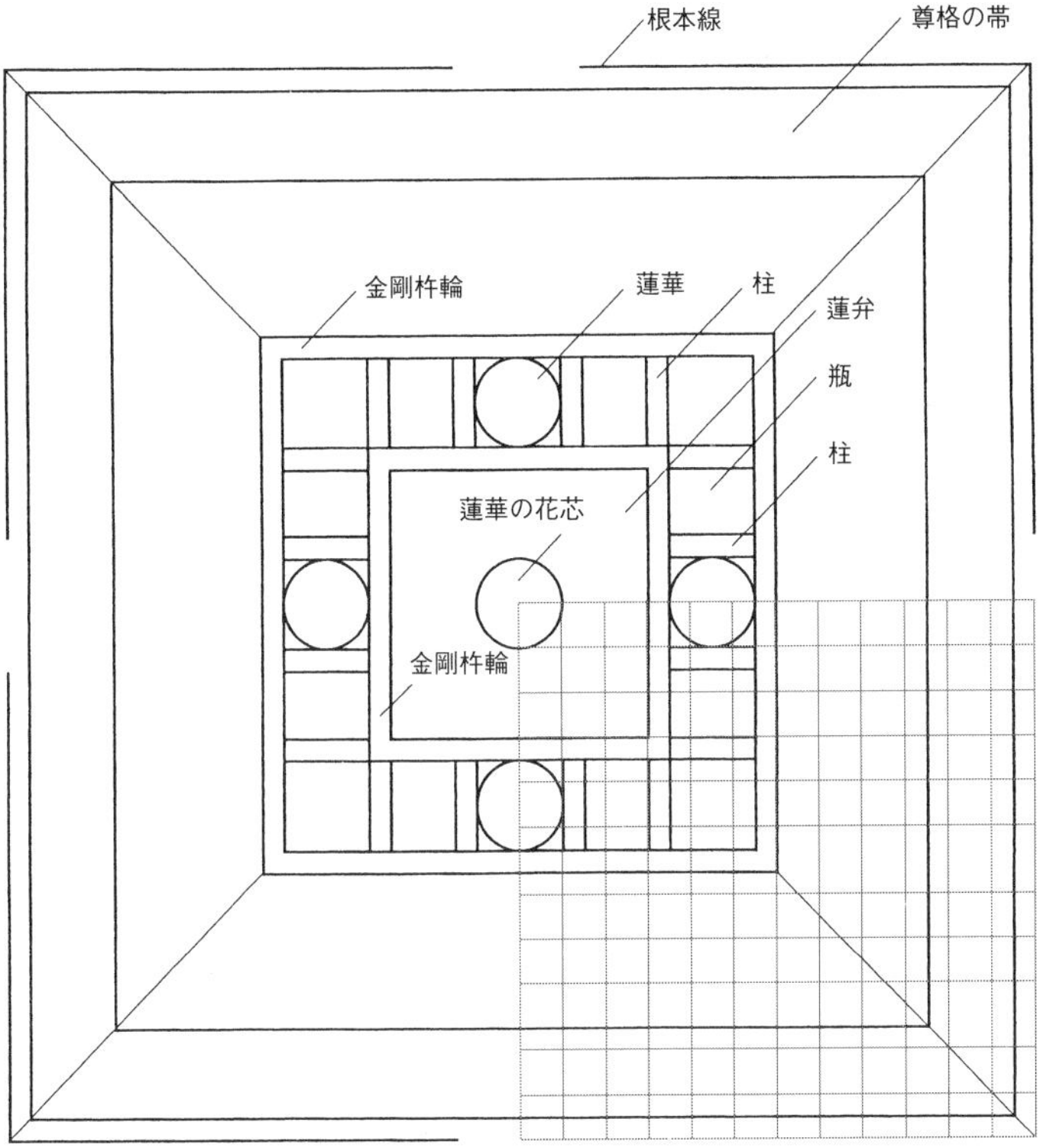

図150　意密マンダラ（1目盛は2マートラ）

域とする（図150）。蓮弁の部分は彩色の段階で花弁の形状に描かれるが、ここでは、一辺一二マートラの正方形と花芯とのあいだの区画を蓮弁とよんでいる。蓮華はマンダラのモティーフとしてしばしば用いられ、『ヴァジュラーヴァリー』でも、時輪マンダラ以外にも十一種のマンダラに登場するが[8]、いずれの場合も花芯の直径と蓮弁の大きさは一致するように規定されている。

蓮弁の正方形の外側に、順に一、四、一マートラずつ離れて、三本の線を、梵線と平行に対角線のあいだに引く。蓮弁と中心を同じくする、一辺一四、二二、二四マートラの正方形を描くことになる。蓮弁の外側の幅一マートラの部分と、一番外側のやはり同じ幅一マートラの部分は「金剛杵輪」(vajrāvalī)

とよばれ、結界をかねた境界線を示す。そのあいだにはさまれた幅四マートラの部分は「尊格の蓮華」(devatāpadma)と名づけられている。各辺の中心に、四仏を置くために直径四マートラの蓮華が一つずつ置かれるためである。この蓮華の左右に柱（stambha）として、一マートラの間隔をあけて長さ四マートラの線を二本ずつ引く。さらにその両側に、幅三マートラ、高さ四マートラの区画を作るために、三マートラ離れてやはり同じ大きさの柱を描く。この二本の柱に囲まれた部分には瓶（kalaśa）が描かれる。このように、「尊格の蓮華」の部分には、各方向に一つの蓮華、二つの瓶、四本の柱ができる。四隅にも、一辺四マートラの区画が一つずつでき、ここにはターラーなどの四仏母のシンボルが描かれるが、蓮華は描かれない。

外側の金剛杵輪の帯から七マートラ離れて平行に線を引く。この部分には尊格のシンボルなどは描かれず、名称も与えられていないが、マンダラの四方を塗り分ける黒、赤、黄、白が、東南西北の各方角に順に塗られる。(9) その外側に四マートラ離れて、ふたたび平行に線を引く。この部分は「尊格の帯」(devatāpaṭṭi)とよばれ、六大菩薩と六金剛女のシンボルが配される区画となる。さらにその外側に一マートラ離れて線を引き、意密マンダラの内陣の一番外側の線、すなわち根本線とする。『ヴァジュラーヴァリー』では、この内部のみが「意密マンダラ」の領域に相当すると述べられ、楼閣の外壁の部分は「マンダラ」には含まれていないことが分かる。根本線は一辺四八マートラの正方形であるが、各辺の中心六マートラ分は、線を引いた後に消す。楼閣の四方に置かれた開口部である門を示すためである。

2　門とその周囲

時輪マンダラを構成する身口意の三つのマンダラは、内陣を除いてすべて同じ構造を持ち、意密マンダラの二倍

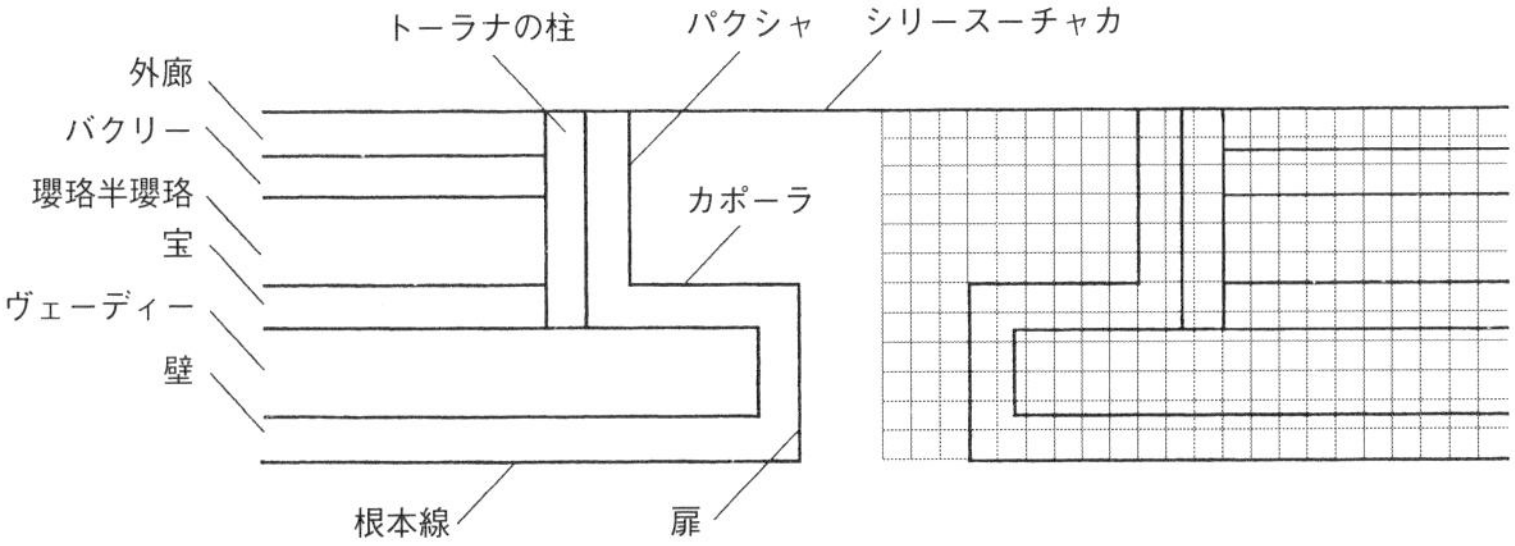

図151　意密マンダラの門の部分（1目盛は1マートラ）

が口密マンダラ、口密マンダラの二倍が身密マンダラと、大きさのみが異なる。比率では一：二：四となる。門、外壁、そして門の上に置かれたトーラナの大きさも同じ比率になり、『ヴァジュラーヴァリー』では意密マンダラにおいてのみ、各部の大きさが具体的な数値とともに示されている（図151）。

根本線の中央に作った門六マートラ分が基準となり、それと同じ長さの扉（niryūha）、カポーラ（kapola）、パクシャ（pakṣa）で、楼閣の開口部が作られる。凸の字を逆にした形で楼閣の外壁に重なる部分は、「シリースーチャカ」（silisūcaka）とよばれる。次に、根本線から一・五マートラ離れて、平行に進み、これらの線に沿って折れ曲がり、シリースーチャカに至る線を引く。この区画は「壁」と名づけられる。根本線と平行に、さらにヴェーディー（vedī）、瓔珞半瓔珞（hārārdhahāra）、バクリー（bakulī）、外廊（kramaśīrṣa）の五つの層が、外に向かって重なる。幅は順に三、一・五、三、一・五、一・五マートラである。ヴェーディー以下のこれらの四層は、高さ七・五マートラ、幅一・五マートラの区画に端を接している。これはトーラナの柱（toraṇastambha）を示している。

このような門とその周辺部の形態は、ナーガブッディ（Nāgabuddhi）によって説かれたものとして、すでに『ヴァジュラーヴァリー』では紹介されている[10]。各部の名称も両者のあいだで一致している。ナーガブッディの『秘密集会マンダラ儀軌二十』（*Śrīguhyasamājamaṇḍalopāyikā-viṃśatividhi*）を典拠とし、この儀軌が属する聖者流の秘密集会マンダラにしばしば描かれている。ナーガブッディ所説の門は、扉、カポーラ、パクシャがそれぞれ四マートラで、二つの扉のあいだも四マートラであり、ここことは長さが一致しない。しかし、ナーガブッディの門を含む楼閣の根本線は、一辺が三二マートラであり、その八分の一の四マートラが基準となっている。時輪マンダラでは一辺が三二マートラではなく四八マートラであるため、六マートラはやはりその八分の一に相当する。基準となる一マートラの取り方が異なるだけで、外壁と門の形態は、両者のあいだでまったく同じである。(11)

3　トーラナ

門の上にそびえるトーラナは、門や外壁と異なり、時輪以外のマンダラとはまったく別の形態をとる。また各部の名称も独自のものとなる。ただし、高さのみは「トーラナは門の三倍」という規定があるため、(12)意密マンダラの場合で門の六マートラの三倍の一八マートラになり、時輪以外のマンダラでの四マートラの門、一二マートラのトーラナと、比率の上では合致している。

時輪マンダラのトーラナは、三つの段（pura）と、その上にある「ハルミ」（harmi）とよばれる部分、さらに、ハルミの中央に置かれた瓶（kalaśa）の合計五つの部分からなる。高さは第一段が六マートラ、第二段が四・五マートラ、第三段が三・五マートラ、そしてハルミと瓶はいずれも二マートラで、合計一八マートラとなる（図152）。一段目から三段目までは、大きさは順に小さくなるが、各部の構造と名称はほとんど共通している。一段目の最も下の部分は「パッティー」（paṭṭi）とよばれ、幅一マートラ、長さ二四マートラを占める。この上に、幅一マートラ、長さ一六マートラの「マッタヴァーラナ」（mattavāraṇa）という名称の区画がある。これは文字どおりには「酔象」を意味するが、建築用語の一つであろう。(13)マッタヴァーラナの上には、幅一マートラ、高さ四マートラの

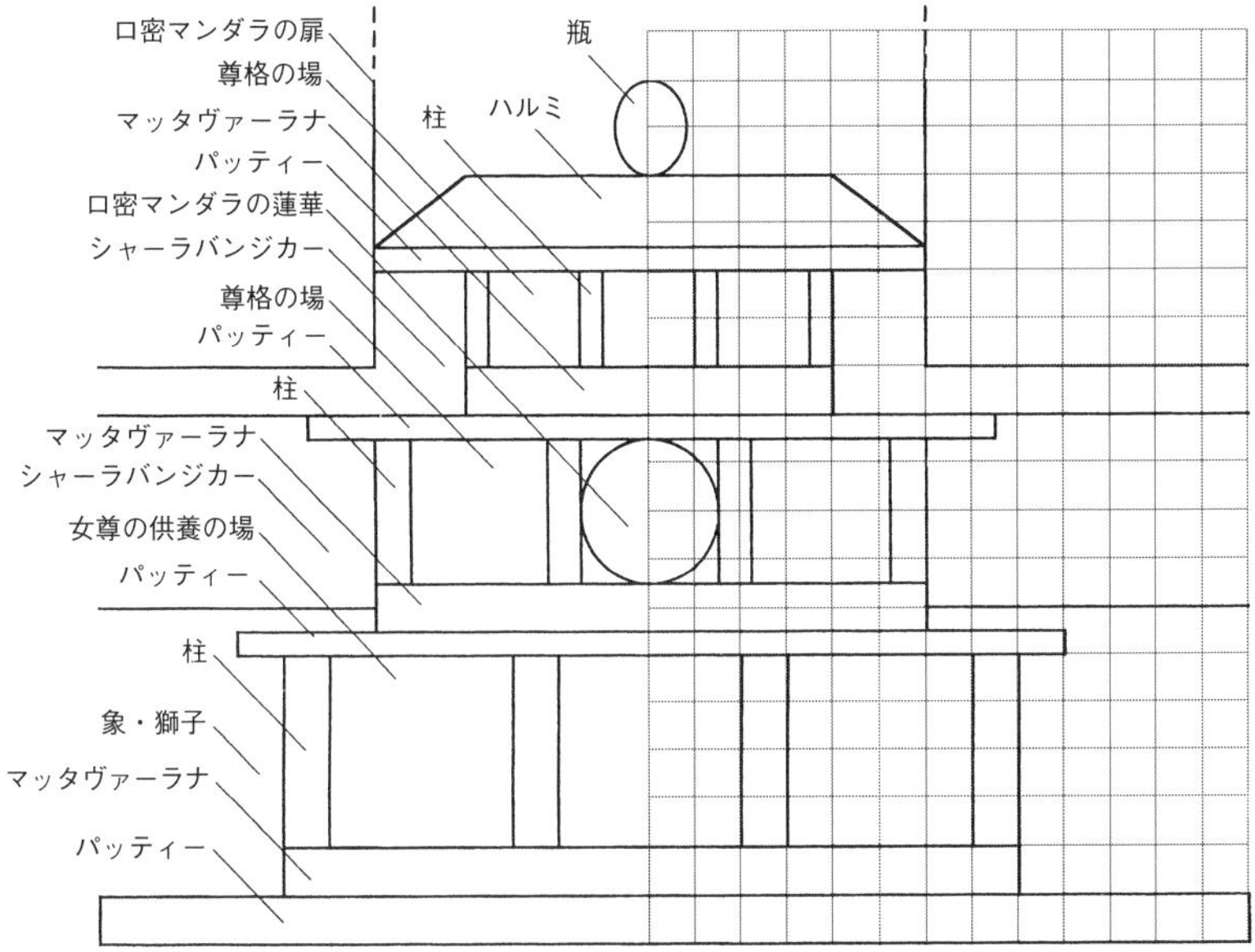

図152　意密マンダラのトーラナとその周囲（1目盛は1マートラ）

柱を四本、等間隔に置く。柱のあいだにできる縦横四マートラの正方形の区画は、「女尊の供養の場」（devīpūjāsthāna）と名づけられている。彩色されたマンダラでは、この場所には女尊のシンボルが描かれる。また、両端の柱のさらに外側には、パッティーの上に象と獅子を描く。象は前足を柱にかけ、獅子は象の頭の上に乗るという。以上が第一段である。

第二段では、パッティーが幅〇・五マートラ、長さ一八マートラ、マッタヴァーラナが幅一マートラ、長さ一二マートラ、柱が幅〇・七五マートラ、高さ三マートラ、柱にはさまれた部分が一辺三マートラに、それぞれ変わる。最後の三マートラ四方の三つの部分は「尊格の場所」（devatāsthāna）とよばれているが、実質的には前の「女尊の供養の場所」と同じであろう。パッティーの端には、象と獅子に代わってシャーラバンジカー（śālabhañjikā）すなわちシャーラ樹の女神が置かれる。第一段と第二段とは各部の大きさの比率が四：三になっていることが多いが、マッタヴァーラナやパッティーはこれに該当しない。

第三段はさらに小さくなり、第一段の半分、第二段の三分の二の大きさにほぼ縮小される。パッティーは幅〇・五マートラ、長さ一五マートラ、マッタヴァーラナは幅一マートラ、長さ八マートラ、柱は幅〇・五マートラ、高さ二マートラ、尊格の場所は一辺二マートラになる。柱の両側には、第二段と同じようにシャーラバンジカーが置かれる。

第三段の上には、幅〇・五マートラ、高さ一二マートラのパッティーが置かれ、その上にハルミがある。トーラナ全体の説明ではハルミが二マートラであると述べられていたが、それはこのパッティーを含む高さである(14)。ハルミの上辺は八マートラで、一二マートラの長さを持つ下辺とを結ぶ線は斜めになる。ハルミの中央には二マートラの高さの瓶が置かれる。瓶については幅や形態についての規定がないため、図152では便宜上、楕円形で示した。

ハルミが具体的に何を表しているのかは不明であるが、ストゥーパの上にある「ハルミカー」(harmikā, 平頭)とおそらく同じ語源の言葉であろう。建築用語と考えられ、実際のマンダラに見られる表現や、台形という形から、トーラナの部分の屋根に相当するのであろう。寺院などの建造物の屋根の中央に瓶を置くことも、インドでは広く行われている。トーラナは、九尊の女尊が三段に分かれて窓から姿を見せる、高楼のような形態を示している。

4　口密マンダラ

意密マンダラの領域は、根本線すなわち一辺四八マートラの正方形の内部のみである。その外側は第二のマンダラである口密マンダラである（図153）。しかし、実際には意密マンダラの外壁が根本線の外側一二マートラ分に描かれるため、これより外側にのみ口密マンダラを見ることができる。また四方には、意密マンダラのトーラナに

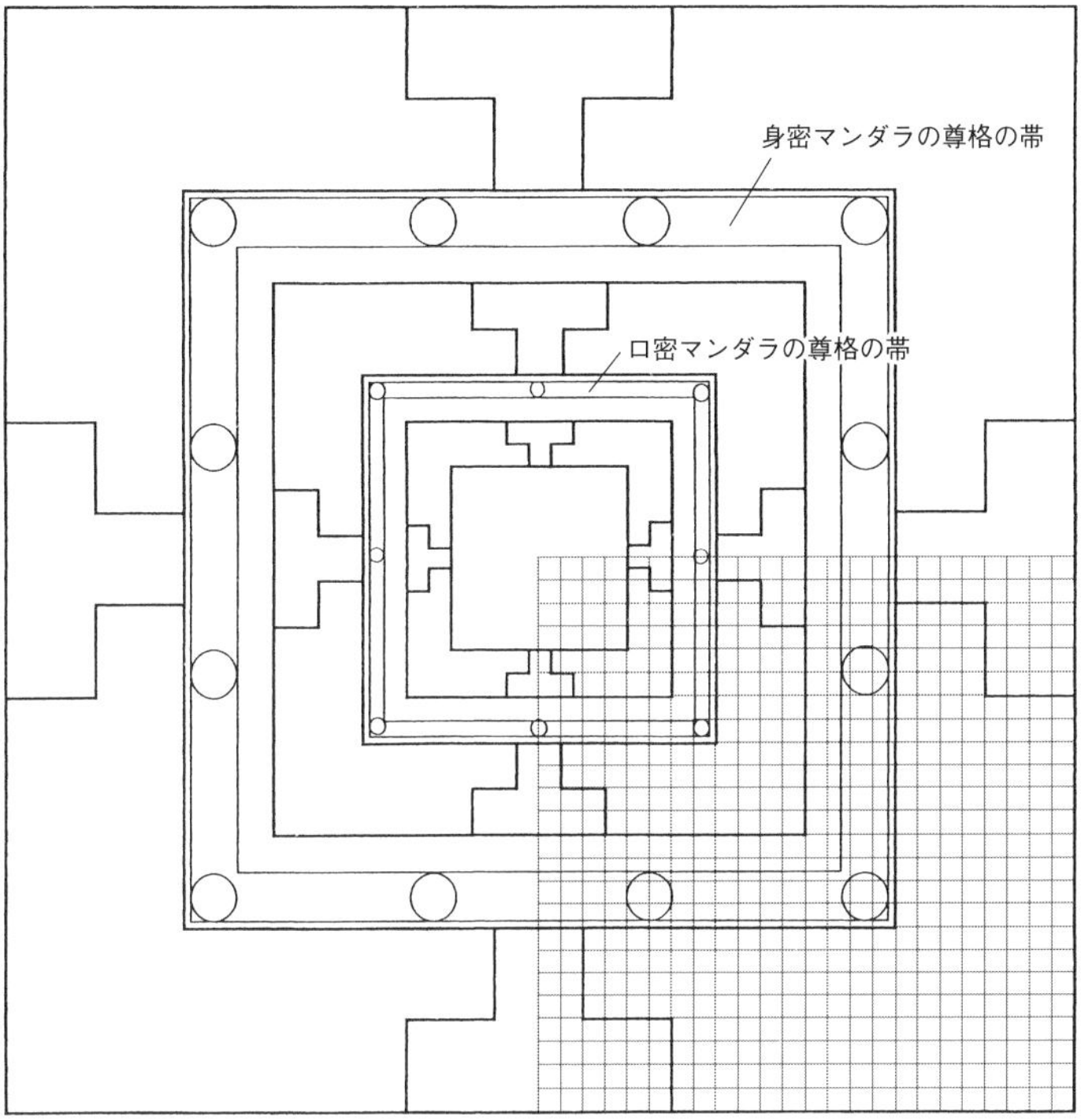

図153　身口意の三密マンダラ
（意密マンダラの内部、トーラナ、外壁の中の線は省略。１目盛は６マートラ）

よって隠れている部分がある。

はじめに、意密マンダラの外壁の外側の線から七マートラ離れて、梵線と平行に線を引く。これは意密マンダラと同様、特別の名称を持たない部分で、マンダラの四方の色に塗り分けられる。この外に、さらに四マートラ離れて平行に線を引き、「尊格の帯」（devatāpaṭṭī）を作る。ここには直径四マートラの蓮華が四方と四隅に一つずつ、合計八つ置かれる。八母神と六十四ヨーギニーが乗る八弁の蓮華である。ただし、四方の蓮華が位置する部分は、ちょうど意密マンダラのトーラナによって、一部が隠されてしまう。そのために、ここに限って、直径を四マートラから三マートラに縮小して、トーラナの第二段の中央の正方形（尊格の場所に相当）

に内接させる（図152）。なお、意密マンダラの外壁から七マートラ離れて引かれる線も、意密マンダラのトーラナに重なり、第二段のマッタヴァーラナの下になる。

尊格の帯の外側に一マートラ離れて梵線に平行に線を引く。これが口密マンダラの根本線で、意密マンダラの場合と同様、中央の一二マートラ分を門のために消す。口密マンダラの一辺は九六マートラで、全体が意密マンダラの二倍となる。門とトーラナもこれに従い、意密マンダラに示した大きさの二倍で計測される。

5　身密マンダラ

口密マンダラをさらに二倍にしたものが、第三のマンダラである身密マンダラである（図153）。二四マートラの厚みのある口密マンダラの外壁の外側から一一マートラ離れて線を引き、さらにその外側の一二マートラ分が「尊格の帯」になる。根本線はその外側に一マートラ離れたところに引く。根本線の一辺、すなわち身密マンダラの大きさは一九二マートラである。

尊格の帯には直径一二マートラの蓮華が十二個置かれる。四隅に一つずつ、各辺に二つずつである。各辺の中央に描く必要がないため、口密マンダラのトーラナに重なることはなく、いずれも一二マートラの直径で描くことができる。これらの蓮華には、十二護方神と二十八ずつの女尊が位置する。そのため、一二マートラの蓮華の直径を七等分し、中央の一つ分が花芯、その外側に一つ分ずつ三重の帯を作り、順に四、八、十六の蓮弁とする。全体は等間隔の四重の同心円となる。

身密マンダラの門は、開口部が二四マートラ、外壁の厚さは四八マートラ、トーラナの高さは門の三倍であるため七二マートラとなる。口密マンダラのトーラナの外側で、身密マンダラの門の中央には、それぞれ一二マートラ

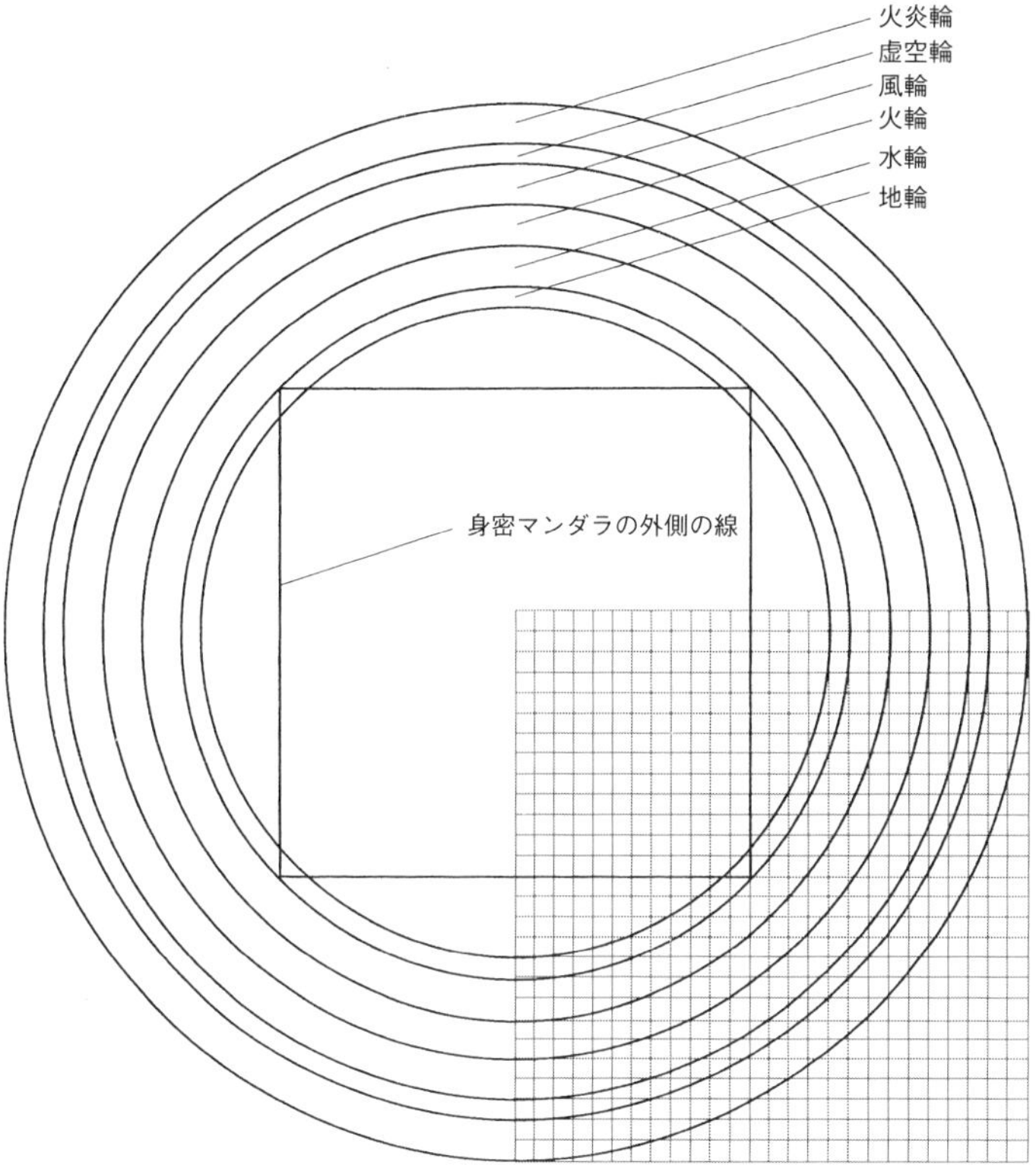

図154　時輪マンダラの外周部（１目盛は12マートラ）

の大きさの戦車（ratha）が描かれる。

6　外周部

三重の身口意密マンダラの外側には、六重の円でできた外周部がある（図154）。内側から順に地輪（pṛthivīvalaya）、水輪（jalavalaya）、火輪（agnivalaya）、風輪（vāyuvalaya）、虚空輪（ākāśavalaya）、そして火炎輪（raśmijvāla）である。幅は地輪と虚空輪の二つが一二マートラで、それ以外は二四マートラを備える。直径については具体的な数を示していないが、すでに述べたように、地輪の内側までが「マンダラの二倍」すなわち八ハスタであると規定されていることから、三八四マートラであることが分かる。梵線と対角線が引かれているのはここまでである。また、身密マンダラのトーラナの上端が、水輪のちょうど半分のところまで入り込んでいるという規定も見られる。二四マートラの幅の水輪の半分、つまり梵線の延長線上で、地輪と火輪との境界線からそれぞれ一二マートラ数えたところに、身密マンダラのトーラナの瓶の上端が接する。身密マンダラのトーラナは七二マートラの高さを持つため、マンダラの中心から数えて二一六マートラのところに相当し、四ハスタに相当する一九二マートラに、地輪の幅一二マートラと、水輪の幅の半分である一二マートラを加えた数に一致する。

時輪以外のマンダラの場合、外周部は蓮弁、金剛杵輪、火炎輪の三重で構成されていた。サンヴァラなどのマンダラの場合、この外側に八屍林を描くこともあった。これらのマンダラを観想する場合にも、風輪から地輪に至る四大輪を、マンダラの楼閣の基底部として観想したが、実際のマンダラの外周部には表現されていない(15)。時輪マンダラでは、楼閣の外側にこれらの四大輪を実際に同心円状に表し、さらに虚空輪と火炎輪を加えることで、この部分を著しく拡大している。

三　時輪マンダラの独自性

アバヤーカラグプタの『ヴァジュラーヴァリー』にもとづいて、時輪マンダラの墨打ちの方法を概観してきた。ここで示した内容は、表現は異なるものの『無垢光』の中の墨打ちの内容にほぼ合致している。『無垢光』は、『ヴァジュラーヴァリー』の中でも言及され、引用されていることから、アバヤーカラグプタがその内容を『ヴァジュラーヴァリー』の中で踏襲したと考えて間違いないであろう(16)。これらの記述に従って再現した時輪マンダラの輪郭線は、現在のチベット仏教徒たちが制作する、いわゆる砂マンダラの時輪マンダラの形態とほとんど同じである。この形態がすでにインド密教で確立されており、その伝統がチベットに忠実に継承されていったことが確認できる。

時輪マンダラが、それ以前に登場したマンダラと異なる形態を持つことは、その典拠となる『時輪タントラ』が持つ独自の教理体系からも説明されなければならない。しかし、トーラナに見られるようなこのマンダラ特有の形態や用語は、具体的なイメージの源泉そのものが、それまでのインド密教とは別のところにあったことも示唆している。

註

（1）時輪マンダラを構成する尊格については、田中（1994, 1987）に従った。

（2）サンスクリット・テキストがサールナートのCIHTSから刊行されている（Upadhyaya 1986 : Rinpoche 1994a, 1994b）。チベット訳はTTP, No. 2064。

（3）羽田野（1949）。

（4）『ヴァジュラーヴァリー』と『ニシュパンナヨーガーヴァリー』のマンダラの配列については、森（2011a）第三章参照。

（5）ブラウエンの著作は邦訳がある（2002）。このほかに『時輪タントラ』に関する研究としてTenzin Gyatsho, the Fourteenth Dalai Lama and Hopkins（1985）、Simon ed.（1991）、松本（1997）などがあげられる。

（6）田中（1994 : 153, 164, 199 etc.）に示されるマンダラの楼閣の輪郭線は、本章で示すものと一致しない。とくに楼閣の門の部分は、『ヴァジュラーヴァリー』において時輪以外のマンダラの門の形として規定されているもので、時輪マンダラでは採用されていない形態である。

（7）『ヴァジュラーヴァリー』に説かれる時輪以外のマンダラでは、楼閣の内陣ではなく外壁の一辺（側面線とよばれる）を、外周部の外側の円の直径の二分の一の長さとする説と、内陣の一辺の長さ（すなわち根本線）を外周部の内側の円の二分の一とする説との、二つの説が説かれている。はじめの説の場合、トーラナの高さは一二マートラとなるが、第二の説では四マートラとなる。「内のマンダラの二倍が外のマンダラの大きさである」という規定が、アーナンダガルバ（Ānandagarbha）の『サルヴァヴァジュローダヤ』（*Sarvavajrodaya*）などにあり（密教聖典研究会　1987：269–270；森　1996a：155, 158–160）、アバヤーカラグプタは「内のマンダラ」と「外のマンダラ」を二通りに解釈することで、いずれの説もこの規定に合致させている。時輪マンダラは、第二の説と同じ立場をとっていることになる。

（8）『ヴァジュラーヴァリー』に説かれるマンダラの数を二十六と数えた場合、第五番から一三番の九種と、第一七番、第二五番。

（9）時輪マンダラの塗り分けについては、田中（1994）の第Ⅱ章が詳しい。

（10）森（1997a：133）の図7参照。

（11）時輪マンダラの考案者が、図138で示したような一般的な門ではなく、おそらくそれよりも古い形態を示すナーガブッディ所説の門と同じ形態の門を採用した理由は明らかではないが、時輪マンダラの形態の起源を考えるときに、このことは重要であろう。

（12）アバヤーカラグプタが『ヴァジュラーヴァリー』の中でしばしば言及するディーパンカラバドラ（Dīpaṅkara-bhadra）の『マンダラ儀軌四百五十頌』（TTP, No. 2728, Vol. 65, 40.1.4-5）や、ナーガブッディの『秘密集会マンダラ儀軌二十』に含まれ（TTP, No. 2675, Vol. 62, 13.2.8-3.1）、『ヴァジュラーヴァリー』〈12.2.5〉〈12.2.6〉〈12.3.4〉〈12.3.7〉でも引用されている。ただし、このうち『ヴァジュラーヴァリー』の用例の一つは、高さ四マートラのトーラナを説明するため、トーラナの高さではなく、幅が門の三倍であるという解釈があわせて示されている。

（13）Acharya（1978：410）によれば「長押し」（entablature）の一つ。

（14）『ヴァジュラーヴァリー』〈12.6.5〉の本文では、ハルミの高さは、全体の説明において二マートラと指定されるのみで、各部の大きさの説明では明らかにされていない。仮にこの〇・五マートラのパッティーの上に二マートラのハルミがあるとすると、トーラナ全体は一八・五マートラの高さとなり、はじめの規定に合致しなくなる。したがって、トーラナ全体で規定される二マートラのハルミは、この〇・五マートラのパッティーを含むものと解釈しなければならない。『無垢光』でもこの箇所は類似の内容で、パッティーを除いたハルミの高さは明記されていない。

(15)　時輪以外のこれらのマンダラでは、楼閣と外周部にはさまれた「金剛地」(vajrabhūmi) とよばれる部分に、四大輪を象徴する四種の色を適宜塗るように指示され、四大輪と外周部とは結びつけられていない。

(16)　成立年代は不明であるが、サードゥプトラ (Sādhuputra) による時輪マンダラの儀軌書にも、『無垢光』や『ヴァジュラーヴァリー』と同じ形態のマンダラが説かれている (*Śrīkālacakramaṇḍalopāyikā*, TTP, No. 2067, Vol. 47, 207.3.5–208.3.1)。

第五部　忿怒尊と女尊の図像学

第一章　感得像と聖なるものに関する一考察

一　感得像再考

日本の仏教美術の中に感得像とよばれる一群の作品がある。高僧や阿闍梨が自身の神秘的体験において目にした尊格の姿を、絵や彫刻によって再現した像である。とくに、尊格の観法が宗教的実践として重視された密教において、多くの感得像が現れた。著名なものとして、園城寺の画像不動明王すなわち黄不動や、高野山の明王院の不動明王二童子像すなわち赤不動などがよく知られている。

本章では感得像が成立する背景やその過程、さらに感得像が持つ意味などについて考察を行う。とくに、宗教的なイメージが「聖なるものの顕現」であるという観点に立ち、聖なるものとしての感得像が持つ特質を明らかにする。そのための基本的な立場として、美術史や芸術学の領域にとらわれず、宗教学や象徴論なども視野に入れて考察を行い、特定の作品に限定されない、感得像一般に適用可能な理論構築をめざす。

二　作品とテキスト

感得像そのものを取り上げる前に、仏教美術における作品とテキストの関係についてまとめておこう。作品そのものが持つ特異性とともに、その成立に関わるテキストの存在が、感得像の場合、重要であるからである。

インドで生まれアジア各地で花開いた仏教美術には、釈迦の仏伝図、ジャータカ図、経変相図、単独もしくは複数の尊像、浄土図、マンダラなど、さまざまなジャンルがある。これらは、主として物語的な内容を表す説話図と、僧侶や信者が参拝し供養などを行う礼拝像という、二つのグループに大きく分けることができる。もちろん、この分類は単純な二分法ではなく、両者の境界はあいまいである。説話図が礼拝の対象となることはむしろ一般的であるし、礼拝像の中には説話的な要素がちりばめられることもしばしば見られる。マンダラのように、そのいずれにもなじまないジャンルもある。しかし、説話図と礼拝像という二つの極を持つ座標軸を設定し、その中にさまざまな作品を位置づけることは、作品とテキストの関係を考察する上で有効であると考えられる。

仏伝図やジャータカ図のように説話的な要素の大きな作品は、そこに描かれた内容を伝えるテキストの存在が前提としてある。この場合のテキストとは、経典や律のような文字で書かれた文献テキストを指す場合が多いが、さらに口承によって伝えられたテキストも重要である。釈迦の言葉やその行いが、当初は文字によって記されることのない口誦文学として伝えられたことは、よく知られている。そして、その伝承の過程で無数のテキストが生まれたはずである。

仏伝を例にとれば、釈迦に関わるある出来事は、それを目撃した人物から他の者へと、順次伝えられたであろう。

情報源となる人物が複数いたとすれば、はじめからそれに応じた複数のテキストが存在したであろうし、伝承の過程での混乱、増広、削除、欠落などは頻繁に起こったはずである。文字として記録されるようになっても、このような変化が生じたことは、現存する仏教文献の中に、同一の物語のさまざまなヴァリエーションがあることからも容易にうかがうことができる。しかも、無数に生み出されたこれらのテキストのうち、その大部分は伝承の過程で姿を消してしまっている。われわれが手にし得る文字の形で残されたテキストは、そのごく一握りにすぎない。

説話図はこのようなテキストにもとづくと、一般に考えられているが、実際はさらに複雑な立場にある。仮に説話図が特定のテキストに完全に依拠して作られたとすれば、そのテキストを見つければ作品の解釈は可能である。すでに伝承の過程で姿を消したテキストにもとづくことも多いであろうが、それに近い系統の現存テキストとの対応は、ある程度可能であろう。しかし、実際は作品の中のすべての要素をテキストに求めることはできない。作品には作品の、図像には図像の系統があり、単にテキストをイメージによって翻訳したものではないからである。たとえばガンダーラの仏教美術に見られるヘレニズム的な要素は、インドの仏教とは本来つながりを持たない。バールフットやサーンチーのような初期の仏教美術に、樹神ヤクシャや蓮華蔓草のような民間信仰に根ざすモティーフが好まれたことも、文献から説明することはできない。

伝承の過程で次々と再生産された文字や言葉のテキストと同様に、図像には図像の伝承過程があり、それはテキストと関連を持ちつつも、自律的であると見るべきであろう（図155 a.）。作品とテキストは、説話的な内容において接する割合が高いにすぎない。したがって、図像作品が何を意味するかという解釈は、さまざまなレベルでなされなければならない。文字テキストに対応する説話的な部分だけではなく、作品を構成するさまざまなモティーフ、構図、表現方法、素材などがあげられる。

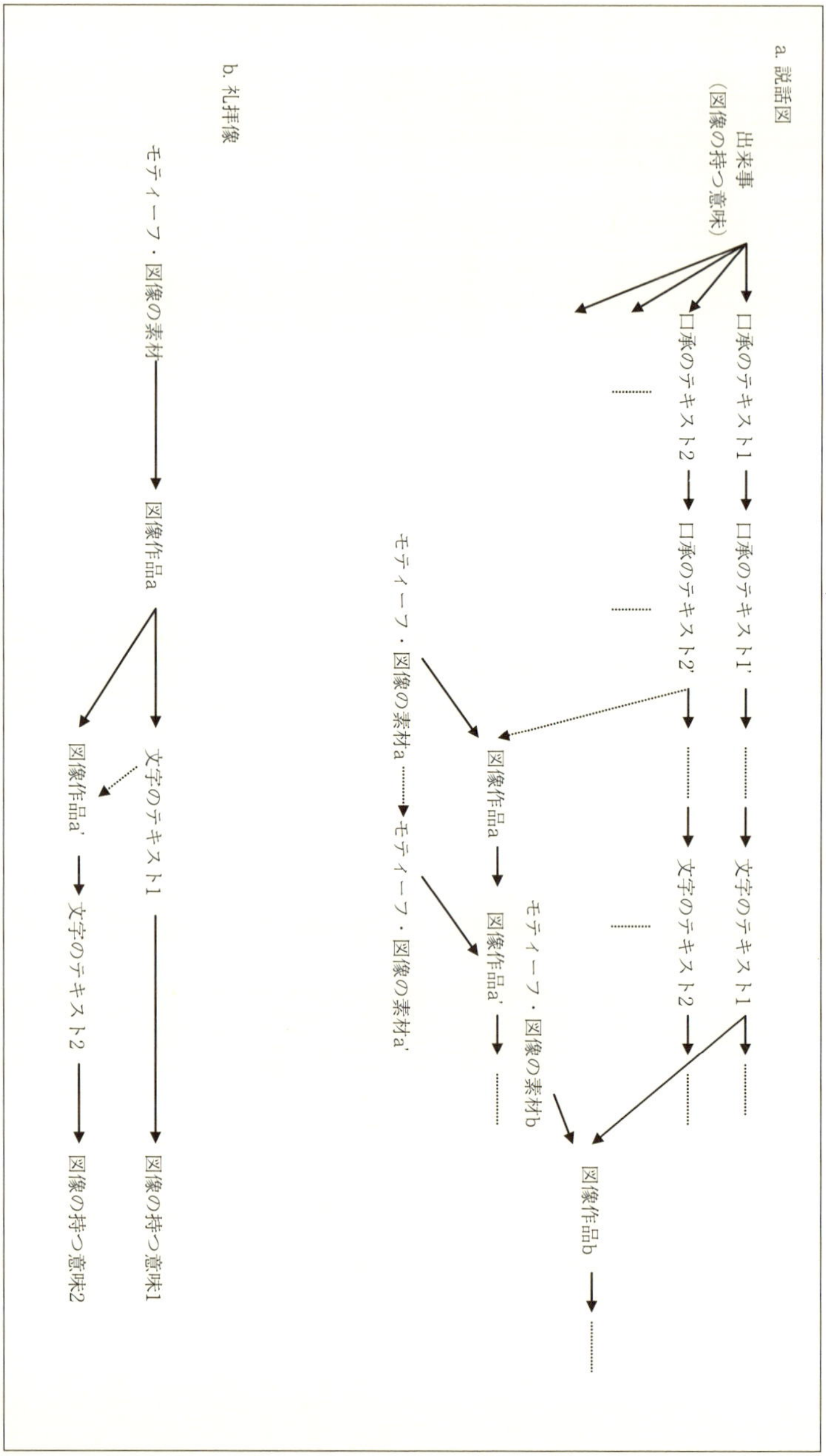

図155　説話図と礼拝像における文献と図像の関係の概念図

これに対し、礼拝像の場合、テキストと作品との関係はまったく異なった様相を示す。文献テキストに含まれる仏、菩薩、明王などの尊像についての記述を見ると、これらの尊格に関する詳細な図像的な情報がしばしば現れる。しかし、そこで言及されているのは、仏などの尊格そのものではなく、それを彫刻や絵画に表した尊像であることが多い。これは、そのような尊像に対する儀礼を説いた儀軌類において、とくに顕著である。はじめからイコンとして制作されるこれらの仏たちは、仏伝の中の「生ける釈迦」とはまったく異なる存在である。

この場合、儀軌のような尊像制作のマニュアルがあって、はじめてイコンが作られたとは考えにくい。尊像制作のような芸術創造の場において、あるいは工匠や絵師が活躍する職人の世界において、文字の情報は補助的な役割を果たすことはあっても、それに完全に依拠して作業するというような状態はあり得ない。むしろ、すでに存在していた尊像にもとづいて、その作品の描写をテキストの中で行ったと見る方が自然である。テキストがめざしているのは、新たな仏のイメージの創出ではなく、既存のイコンの再生産なのである（図155b.）。

このような状況を考慮すれば、テキストによって作品を解釈するという図像学で一般的な方法は、尊像作品に対しては必ずしも正しい方法ではないかもしれない。少なくとも、説話図に見られたような、テキストと作品が説話的な要素を共有するあり方とは異なる関係である。テキストから作品を解釈するという方向性は、作品からテキストが生まれたとする流れを逆にたどったにすぎない。作品の特徴とテキストの記述がよく合致するのは、作品の存在が先行していればむしろ当然であり、テキストは作品成立の前提とはならないのである。

尊像作品の場合、尊像の特徴にしばしば教理的な説明が与えられる。身体的な特徴や持物、衣装や装身具、あるいは背景や脇侍などに、テキストが意味を示す。しかし、このような意味の多くは、尊像のイメージが成立した後に与えられたものであろう。観音菩薩が蓮華を持つのは、濁世における仏法の無垢な真理を象徴するためではなく、インドにおける蓮華というシンボリックなモティーフが、この菩薩に早くから結びついていたためである。「はじめにイメージありき」という美術史の常套句が、ここでも当てはまる。作品が持つ意味、とくに特定の仏教的な教理に結びつけられた意味は、付加的にならざるを得ない。それは、説話図に見られたような必然的な意味とはまったく異なるのである。作品の形成やイメージの伝承は、テキストとは別の次元で起こり、説話図に比べて、より自律的であるといえよう。

それでは、本章の主題である感得像は、どのように位置づけられるであろうか。感得像は特定の尊格を描いたという点では、典型的な尊像作品であり、礼拝像である。しかし、感得像が感得像としての地位を獲得するためには、そのいわれ、すなわち感得説話が必要である。その点で、感得像は説話的な要素もその背後に隠している。礼拝像と説話図という座標軸の中で、感得像は独特の位置を占めることが予想される。そのことを、次節では具体的な作例から検討しよう。

三　感得像の成立

園城寺に秘蔵される不動明王画像、いわゆる黄不動は、日本仏教美術史上最も有名な感得像の一つである。この作品を例にして、感得像というイメージの成立と、感得説話との関係を考察してみよう。

黄不動は智証大師円珍（八一四～八九一）の感得説話と結びつけられて伝えられてきた。円珍の没後およそ十年後に、円珍の直弟子たちからの話を三善清行がまとめた『天台宗延暦寺座主珍和尚伝』（以下『円珍伝』）に、黄不動感得に関する以下のような記述が現れる。

承和五年（八三八）、円珍二十五歳の折に、石龕で座禅をしていたところ、忽然として「金人」が姿を現し、自分の姿を図画にして、ねんごろに供養せよと述べた。円珍が「御仏の化身と思われるが、どなたですか」と尋ねると、「金色不動明王である」と答え、仏道の修行にふさわしい者をいとおしむので、あなたをつねに擁護している、すみやかに密教の真理に到達し、人々の導き手となるように、と励ます。そこで円珍が金人をよくよく見ると、「魁偉奇妙、威光熾盛、手提刀剣、足踏虚空」という姿をしていた。円珍は地に頭を付けて頂礼し、のちにその姿を画工に命じて図写させたのであるが、その像は今もなおある(1)。

黄不動感得と画像の成立に関するこの説話は、文献の成立が円珍入滅後、間もないこと、伝えた人物や記録者の三善清行が、いずれも円珍の身近にいた者たちであることなどから、信頼のおけるものとみなされている。『円珍伝』の黄不動説話をまとめると、円珍の前に金人が出現、本人がみずからを「金色不動明王」と名乗り、出現の理由を話す。円珍が詳しく観察し、特異な姿に気づき礼拝する。画工にその姿を描かせる。という順序になる。『円珍伝』を見る限り、この流れはいたって自然で、とくに疑う必要のないことと思われる。しかし、黄不動について書かれた解説や研究を見ると、そのことは必ずしも素直に受け入れられていないことが分かる。

たとえば、次は密教美術研究の第一人者であった佐和隆研が、黄不動について書いた一節である。黄不動を直接拝観した経緯を、無類の感動を込めて語った後に、以下のように述べる。

円珍は入唐前に十二年の長い間修行し勉学に励んだといわれる。そしてその間に不動明王に対する信仰を深くして不動明王の本軌といわれる金剛手光明灌頂経最勝立印無動尊大威怒王念誦儀軌法品によって足は虚空を踏む不動明王の姿を感得したのである。即ち彼はこのような姿が不動明王としての性格を正しく表し得るものとして想像したものと考えられる。勿論その感得の背後には空海請来の仁王経五方諸尊図に描かれている不動明王関係の図像があったのではあろう。然しこの不動明王像はそれ等を背後にして、円珍によって新しく創作された不動明王像だったのである。したがって観る人に生けるが如く感ぜしめるこの不動明王像の作者は円珍をおいては外にないと考えられるのである（佐和　1955：137）。

この中で佐和は、直接拝観した黄不動から類いまれな美しさと品格を感じ、その作者を円珍そのものとまで確信している。その背景として、感得体験以前にすでに不動の儀軌を通して不動への深い信仰を培い、既存の図像をイメージとして有しつつも、円珍自身の感得体験こそが、画像成立の決定的な出来事であったと推測している。これらのことは『円珍伝』の伝える説話に一致するものではない。つまり、円珍の前に現れた金人に対し、それが誰か分からず、金人自身の答えを待って、はじめて不動明王と分かったことや、円珍自身ではなく、彼によって命じられた画工が作者であるところなどである。佐和が『円珍伝』の内容を知らないはずはなく、それにもかかわらず、作者を感得者自身としたのは、感得説話の意義を文面以上に重視したことと、作品から受けた佐和自身の感動によるものであろう。

これに対し、感得説話そのものの信憑性を疑う立場もある。佐伯有清はその著『円珍』の中で、感得説話を紹介した後で、次のような説明を加えている。

この伝説は、園城寺に現存する黄不動尊像にかかわるものとみられているが、その像の成立は九世紀末とされているので、円珍の不動明王にたいする信仰をふまえて、その尊像をもとに、右のような伝説が作られたものである。したがって籠山中に円珍が不動明王を観見したという話は、事実にもとづくものではないであろう（佐伯　1990：14–15）。

このように、佐伯は作品が説話に先行して存在し、その特異な姿から感得説話が創作されたと見ている。

これとは異なる視点で、黄不動の姿そのものの非正統性を強調するのが、仏教学者の渡辺照宏である。不動明王の概説書として名高い『不動明王』では、黄不動が次のような辛辣な筆致で紹介されている。

（黄不動は）芸術的作品としての価値はとにかくとして、およそ不動尊らしくはない画像である。典型的にインド的なウパヴィータを欠くからである。この画像の考案者は書物の上で尊像を知り、両手の持ち物などは儀軌にあわせたが、かんじんのウパヴィータを知らなかったので、このように間の抜けた尊像を描いてしまったのである。日本中古の台密の弱点を露呈した一つのミスとして注意しておいてよかろう（渡辺　1975：184）。

ここでは説話の信憑性ははじめから問題にされず、作品のイメージが文献（書物）の中の情報から不完全な状態で作り出されたことになっている。

現在の仏教美術史研究では、黄不動の持つ図像としての特異性を、既存の図像と結びつけて説明しながらも、円珍の感得体験も、ある程度重視する立場をとることが一般的である。たとえば有賀祥隆は、円珍の感得説話を紹介し、黄不動の図像の特異性と、それにつながる先行作品をいくつか指摘した上で、次のように述べる。

もちろん、円珍観見の黄不動と、先行する図像が、たまたま近いものであったということはありうる。しかし、いずれにしても、円珍の黄不動は「観見」と「図像」の前後関係を示す挿話として、はなはだ興味深い。しかしながら、不動尊の身体の色が経軌に説く青黒色や赤色でなく、釈迦などの仏身本来の金色（画像では黄色）であったことは、まさしく「観見」によるものであろう（有賀　1990：224-225）。

このように、黄不動とその説話の関係のとらえ方は、研究者によってさまざまである。ここで紹介した四氏の立場を簡略化して示すと、図156のようになるであろう。しかしながら、作品と文献の前後関係や、感得という事実の正否については見解を異にしつつも、興味深いのは、いずれも感得説話が作品の成立と密接な関係があることを前

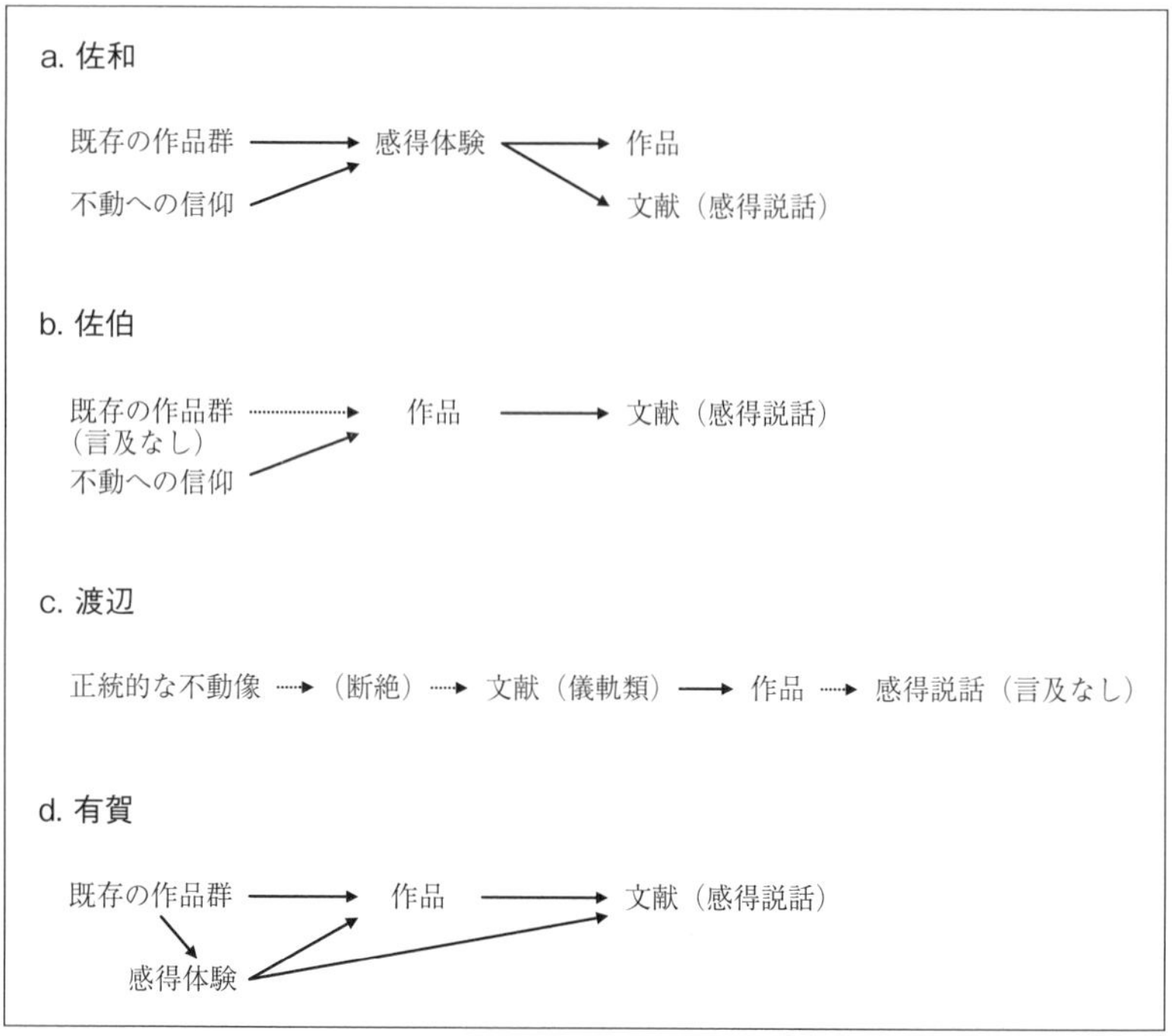

図156　黄不動の成立に関する見解

提としていることである。これは説話そのものが、単に円珍が金人に出会ったことを伝えるだけではなく、そのイメージを画像として描けという指示までも含んでいることにも関連する。黄不動感得説話ははじめから作品制作を期待した物語であり、それは結果的に多くの黄不動を生むことへとつながる。曼殊院本をはじめ、「黄不動」の名を持ち、その姿に似せて描かれた不動明王像は、天台寺門派の諸寺院を中心に数多く伝えられる（図157）。その一方で、黄不動感得説話そのものも、少しずつ形を変えながら、さまざまな文献に継承されていく。複製の制作を奨励しながら説話そのものも再生産されつづけたのである。

ところで、黄不動の図像が持つ特異性を先行する図像に求める研究は、美術研究者たちによって営々と進められてきた。その一つの到達点が安嶋の論考であろう[2]。そこでは黄不動の特徴として、次のような点があげられている。
二段ないし三段の巻髪、円光、火炎の回る頭光、大きな目と金色の瞳、丸い独特な耳飾り、鈴のついた首飾り、蕨手紋を含む臂釧と腕釧、筋骨隆々とした体格、黄色もしくは金色の身色、上向きの牙、条帛を付けない、中央がへこむ水波、虚空を踏む、膝までまくれあがる裙、正面向きの姿勢
そして、その一つひとつに、先行図像の指摘がある。たとえば、筋骨隆々とした体格は、すでに上記の佐和の引用にも見られた「仁王経五方諸尊図」の金剛到岸菩薩、膝までまくれあがる裙は、同図の不動、鈴のついた首飾りや丸い大きな耳飾りは、東寺に伝わる西院本胎蔵界曼荼羅の寂留明菩薩、上向きの牙は、同曼荼羅の持明院の不動明王や、やはり東寺に伝わる兜跋毘沙門天の足の下の邪鬼、醍醐寺の「四種護摩本尊並眷属図像」の中の一尊などである。

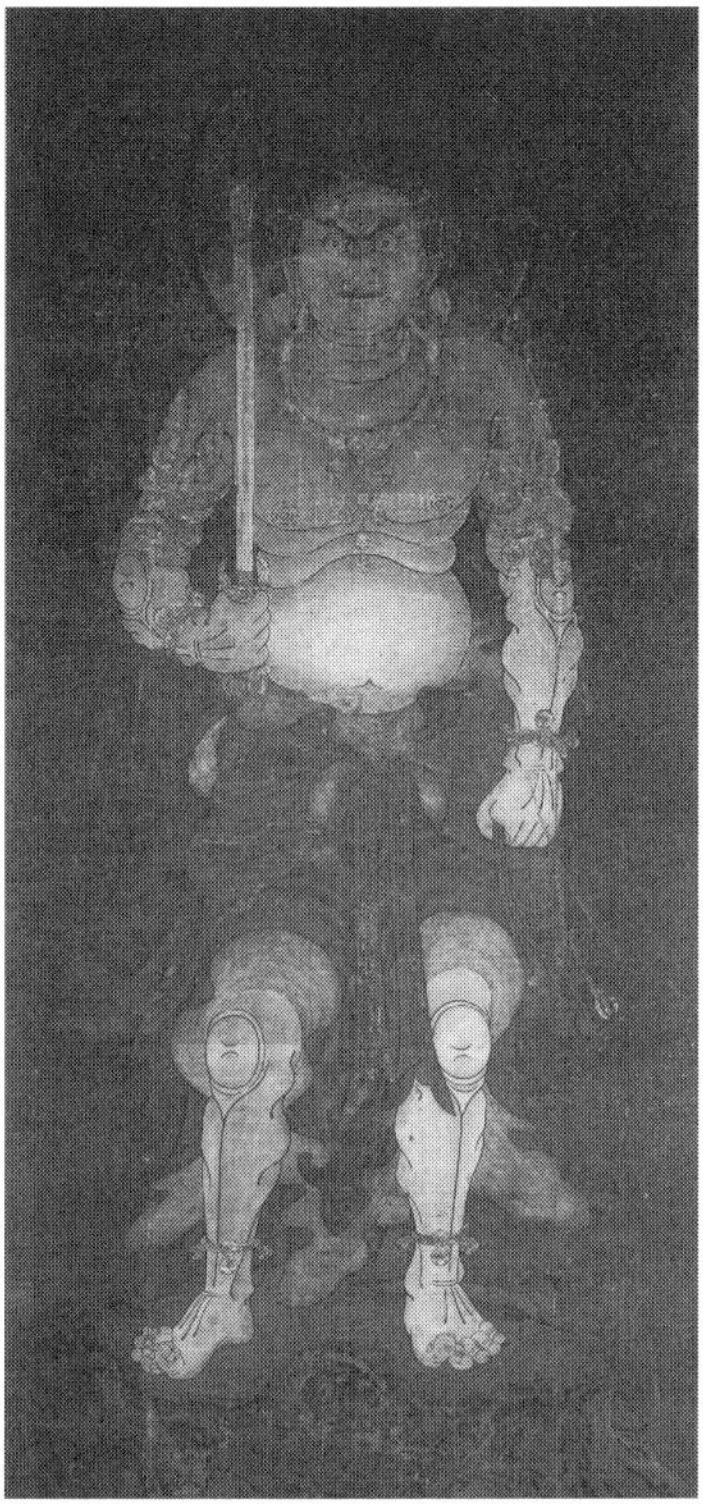
図157　黄不動（曼殊院）

このような先行する図像を円珍が目にし、その潜在的印象が、感得像において一体の不動明王として結実したということは、十分あり得るであろう。また、実際に画工に命じてその姿を描かせたときに、円珍の中に残っていたイメージが、実際に現れた金人の不動だけではなく、すでに彼の中で蓄えられてきた独特の不動明王像であったか

もしれない。このような「イメージの源泉探し」は、作品のより詳細な観察や、新たな資料の出現、これまで気づかれなかった作品の再発見などによって、さらに精緻なものになるであろう。しかし、感得像をこのような先行例のパーツの寄せ集めとしてとらえ、その方向を進めることは、必ずしも感得像の持つ意義を明らかにすることにはつながらないような気がする。感得像は既存の図像のパロディーではないのである。

四　感得像の持つ意味

感得像を構成する図像的な特徴からいったん離れ、感得像そのものが持つ意味を考えてみよう。

円珍が感得した黄不動以外にも、不動の感得像は数多くある。高野山の明王院の赤不動も、円珍が葛川で感得した像と伝えられる。様式上の特徴から、円珍の時代の制作とは考えられないが、赤い身色と、他に類を見ない金属製の大型の装身具などの特異な特徴が、感得という宗教体験に結びつけられている。

あるいは、妙法院護摩堂の不動明王立像も、近年、感得像の可能性が指摘されている(3)。それによれば、両眼を見開き、膝まで裙がまくれあがり、左足をやや浮かせて来臨の動きを示すこの像の姿は、黄不動とも共通する。この不動明王立像は、天台において回峰行を創始したと伝えられる相応（八三一～九一八）と関連する。相応は葛川の三ノ滝で生身の不動を拝したことが伝えられ、そのときの不動を像に刻み、葛川の明王院や無動寺に安置したといわれる。妙法院像は、このときの無動寺像の模刻であったと推測されている。

修験の開祖とされる円珍や、回峰行を始めたと伝えられる相応に、不動の感得説話があることは、偶然ではないであろう。不動は修験において、行者の守護尊として最も重要な尊格に位置づけられる。山林抖擻の中で行者が唱えるのは不動の真言であり、修験の護摩である柴燈護摩は、不動を中心にした五大明王を儀礼の場に呼び寄せる。黄不動の感得説話で円珍の前に現れる金色不動明王が、円珍をつねに守護すると述べたことも、密教や修験の実践者とのつながりが、その背景にあるのであろう。

天台、真言を問わず、明王の中心的な位置を占め、数ある密教仏の中でも最も人気を集めた不動であるが、その起源となるインドでは、それほど重要な尊格ではなかった。現存する作例はほとんどなく、不動に比定されるわずかな例も、日本の堂々とした不動明王のイメージからはかけ離れ、経典に「不動使者」と説かれるとおりの、奴婢的なイメージのままである（森　1990）。日本密教における不動の地位の高さは、おそらく中国密教から受け継いだものであるが、空海の請来した儀軌類に不動関係の典籍が含まれ、とくに護摩をはじめとするさまざまな修法の本尊として、儀礼の中で重要な位置を占めたことにもよるであろう。後世、三輪身説と体系づけられるように、大日如来の教令輪身とみなされたことも重要である。五大明王の中心を占める不動の姿は、東寺の講堂像をはじめ、多くの彫像、画像を通して、日本文化の中に浸透していった。

不動が密教やその実践において重要な位置を占めることが、不動の感得説話や感得像を生み出したことは想像に難くないが、不動の持つイメージそのものも、その要因にあげることができる。

忿怒のイメージを基調とし、グロテスクとさえ形容できる明王の中で、不動は比較的おとなしい姿をしている。五大明王の中でも多面多臂をとらないのは不動だけであり、大威徳明王の水牛や、降三世明王の大自在天と烏摩妃のような特異な座も持たない。その表情も、牙を出すなどの忿怒の相を備えるが、三眼などの非人間的な特徴はない。基本的にはわれわれと同じ身体的な特徴を持つ。

不動明王の持つ、このようないわば単純平明な姿は、感得体験においてかなり重要なことではなかったであろうか。修行中の一種のトランス状態において、眼前に現れた尊格が、四面八臂の降三世明王や六面六臂六足の大威徳明王のような複雑な特徴を持っていたとすると、その細部にわたる特徴まで観察し記憶にとどめることは、相当な困難を伴うだろう。あるいは、金剛夜叉明王と軍荼梨明王のように、全体的な印象が似通った尊格の場合、そのような意識のもとで瞬時にいずれの尊格と判断することも、おそらく容易ではない。右手に剣をかまえ、左手に羂索を握るという不動のイメージは、他の明王たちに比べ、格段の分かりやすさを持っている。

不動の持つ特徴は、安然や淳祐らによってのちに十九相観として整備され、不動の基本的なイメージとなる。これらの特徴のいくつかは、初期の不動の図像形式である、いわゆる大師様や円珍様には含まれないが、不動のイメージが複数のパーツに分解されて瞑想されるという方法は、すでにその頃からあったであろう。このような方法は密教の尊格の瞑想法としては、不動に限らず一般的であり、儀軌や経典に説かれるこのようなイメージを実際に創出することが、密教の重要な実践であった。円珍が、黄不動を感得する前に、すでに不動に関する儀軌にもとづいて、不動の瞑想をくりかえし行っていたであろうことは、すでに佐和の引用文においても紹介したとおりである。感得説話の背景には、過去におけるイメージ創出の積み重ねがあったと見ることが自然である。

しかしながら、感得像の場合、仮にこのようなイメージがそのまま出現したとしたら、感得像の存在意義が失われてしまうことになる。逆説的にも思えるが、儀軌に説かれ、一心に瞑想をしてきた尊格が、そのままの姿で現れたとしても、それは感得像ではなく、単なる「儀軌どおりの像」でしかない。感得像が感得像であるためには、そのような規範となるイメージから何らかの点で「逸脱」していることが必要である。感得像を成り立たしめているのは、このような「逸脱」、言い換えれば「ずれ」なのである。

黄不動の場合も、身色の黄色（あるいは金色）をはじめ、巻髪、体格、装身具、座などは、いずれも通常の不動には見られない特徴であるが、それは、青黒い身色、沙髻と弁髪、条帛、岩座（あるいは瑟々座）という規範的なイメージとの相違として意識される。しかし、一面二臂で右手に剣、左手に羂索を持つ男性像という基本的なイメージは、黄不動においても保持されている。全体としては不動であるという枠組みの中で、個別の要素に改変が加えられることで、「特異なイメージ」ができあがっているにすぎない。

このような逸脱やずらしは、一定のところで止められなければならない。降臨してきた仏が、慈悲深い観音菩薩の姿をしていたとすれば、いくら当の尊格が「不動である」と名乗ったとしても、それを不動とみなすことには抵抗があるであろう。仮に不動であると信じても、それは化身であって感得像とはおそらくよばれない。

円珍の不動感得説話の中で、はじめは金人が誰か分からず、本人の自己紹介を聞き、あらためてよく観察することで、はじめて不動という認識が生じた、というエピソードは興味深い。忽然として現れた金人が即座に不動であると分かったのでは、黄不動という異形の不動像は生まれなかったであろうし、よく見ても不動と認識できなければ、感得像とはなり得ない。感得像が成立する根拠は、規範的なイメージと逸脱したイメージとのあいだの「ずれ」にこそあるといえよう。

五　聖なるものとしての感得像

ある尊像が感得像として存在するのは、尊像の異形さそのものにもとづくのではなく、正統的な像とのあいだの「ずれ」にあることを、「聖なるもの」という宗教学でしばしば用いられる概念から考察してみよう。

密教では、観想法や成就法とよばれる尊格の瞑想法がある。これは、経典や儀軌に規定される尊格のイメージを、シンボルなどから順に生み出し、身体的な特徴をはじめ、衣装、装身具などに至るまで、その尊格の姿をありありと想起する瞑想法である。このようにして現れた尊格に対し、礼拝や供養を行ったり、「入我我入」と一般によばれるような合一体験を行者は行う。不動の十九相観も、日本密教においてこのような瞑想の方法が形を整えたものである。

仏の姿を瞑想することは、密教に始まったわけではなく、仏教の長い歴史とともにある。仏に特有な身体的特徴である三十二相や八十種好が仏の姿を瞑想するときの重要なポイントとなり、インドの仏教美術において仏像誕生の契機となった可能性も、古くから指摘されている。あるいは、浄土教の経典などに見られる仏とその仏国土の観想も、対象をありありと思い浮かべること、そのために定められた段階を経ることが強調されている。『観無量寿経』に説かれる十六観のうち、阿弥陀を中心とする極楽浄土の観想が、はじめの十三の段階として整備されているのは、その代表的な例である。

このような瞑想は、いずれも、いくつもの段階からなる所定の手続きを経て、最終的な目標としている仏の姿やその周囲の情景を現前に生み出す。瞑想の対象の形やイメージは経典や儀軌などに規定され、それを忠実に再現することが、瞑想において最も重要となる。こうして生み出されたイメージ、言い換えるならば聖なるものの姿は、形式化され規範化されていることで、その聖性が保証されている。

しかし、宗教的な体験、とくに神や仏のような超越的な存在と遭遇することは、つねに段階的かつ作為的に行われるわけではない。むしろ、憑依や脱魂などによるトランス状態は、何の前触れもなく、突発的、瞬間的に起こることの方が多く、しかも、それは本人の意識によって操作されるのではなく、完全に受動的な状態で起こる(4)。そのような状態で知覚する神や仏の姿は、文献に規定されたようなステレオタイプなものではなく、これまでに見たことのないような特殊な姿であることの方が一般的である。個性的、奇抜、異形などの形容が、このようなイメージに対してしばしば与えられる。この場合、聖なるものとして現れた神や仏の姿は、まさにその特異性こそを聖性の根拠とする。

　これまでに述べてきたように、規範的なイメージも、逸脱したイメージも、いずれも聖なるものの形とよぶことができるが、感得像はそのいずれにも当てはまらない。むしろ、これら二つのイメージのあいだにある差異にこそ、感得像の持つ聖性の根拠があることは、前節までで見たとおりである。規範的に積み上げられて創出されたイメージと、本人の意思に関係なく突然現れたイメージとのあいだにある差異に、聖なるものが宿っているのである。

　聖なるもののイメージに見られるこのようなパターンは、聖なるものとは何かを考える上で示唆的である。規範的な聖なるイメージは、社会的、文化的な条件にしばしば左右される。仏像のようなイコンが歴史的に形成されたことも、このような規範が特定の空間と時間の中だけで有効であることを示している。ある宗教のイコンが、まったく異なる社会的、文化的環境においては聖なるものとはみなされないことは、むしろありふれたことである。そして、そのような聖なるイメージは、しばしばテキストによって規定されるが、そのことは、逆の見方をすれば、その聖性がテキストによって保たれていることでもある。これはちょうど、作品とテキストの関係で、説話的な作品がテキストと意味を共有していたことに対応する。

　これに対し、トランス状態で降臨する神のように、無意識的に現れる聖なるイメージは、ある種の普遍性を備えていることがある。それは人間の五感に直接働きかけるような崇高さ、恍惚感、あるいは畏怖や戦慄を引き起こすようなイメージである。宗教学の古典『聖なるもの』において、R・オットーが提唱した概念「ヌミノーゼ」も、これに近いであろう(5)。人間にとっての原初的な聖とよぶこともできるが、これは言葉、すなわちテキストによって規定される以前の、聖なるもののイメージである。

感得像に見られる聖なるものは、これら二つの聖のあいだにあるずれや差異に結びついているととらえることができる。しかし、聖なるものに二つの類型を与え、その中間的な存在に感得像を位置づけても、それはこれまで述べてきたことのくりかえしにすぎない。むしろ、聖なるものとして感得像のような存在が登場する必然性こそを問題にすべきであろう。

六　規範と逸脱のあいだの力

本章を締めくくるにあたり、規範に従って作り出されるイメージや、突発的に出現するイメージを、そのイメージが持つ形（あるいは形式）と力という二つの点からとらえなおしてみよう。

規範的なイメージは、形式が規定されているがゆえに聖性が保証されているが、逆に、形式が硬直化することで、聖なるものとして力を失うことがしばしばある。芸術作品が個性を失い、形式主義に堕すことで、芸術としての生命、すなわち力を失うことは珍しいことではない。規範的な聖なるもののイメージにとって、形式化はもろ刃の剣であり、聖性の維持と無力化は表裏の関係にある。

一方の無意識的、普遍的な聖なるもののイメージは、非日常的な存在であり、われわれの想像を超えたような形を持つことで、われわれに聖なるものとして意識される。特異な形の持つ奇抜さ、斬新さに、われわれはある種の力を感じるのである。しかし、形式からの逸脱が一定の限度を超えると、単なる不快感やグロテスクさ、場合によっては滑稽感さえ与え、むしろ聖なるものとしての力を失うことがある。

このように、聖なるものを形と力との関係でとらえると、聖なるものの持つ聖性は、この二つのバランスの上で成り立っていると見ることができる。そして、そのバランスを維持するという緊張関係が、感得像に見られた「差異」に根ざした聖性によって、より明確となる。すなわち、このような感得像のイメージは、規範的なイメージが陥る形式化、つまり無力化に対し、形に変化を与えることで、その形式の持つ力を刷新する働きを持つ。そして逆に、形式から極端に逸脱しようとするイメージに対しては、正統的なイメージを意識させることで、その動きを抑制することができるのである。

もとより、聖なるものを相対的な聖と絶対的な聖という単純な二類型に分類することは不可能である。特定のコンテキストで形成された聖なるもののイメージは、それとは異なる文化的な状況でもしばしば見られる。逆に「人類に普遍的な聖なるイメージ」を限定的に数え上げることは、おそらく不可能であるし、仮にそれを試みたとしても生産的な結果を生み出さないだろう。[6] 感得像を聖なるものとしてとらえることの意義は、このような聖なるものの持つとらえにくさ、別の見方をすれば、聖なるものの持つダイナミズムを、形と力という次元で整理するための、格好の素材となることにこそある。

註

（1）安嶋紀昭（2001：164–165）による。
（2）安嶋（2001）。このほかに泉（1995）所収の「図像の力――黄不動尊の造形的環境――」も重要である。
（3）伊東（2000）所収の「妙法院護摩堂不動明王立像について――天台系不動像の一系譜――」参照。
（4）たとえば、立川（1997）参照。
（5）オットー（1968）。
（6）精神分析家C・G・ユングが提唱する元型（archtype）がこれに近いであろう。たとえば、ユング（1982）。

第二章　仏教における殺しと救い

一　宗教は怖い？

オウム真理教による一連の事件の後、「宗教は怖い」という認識を、多くの人が抱くようになった。宗教団体の名を借りたいわゆる霊感商法や詐欺事件が、頻繁に社会問題になっていることも、宗教を危険視する傾向に拍車をかけている。

しかし、宗教はつねに善なるもので正しきものであったであろうか。イスラム教の聖戦、十字軍や魔女狩り、キリスト教と植民地支配など、過去において宗教の名のもとに行われた大量虐殺の例を、われわれは容易にあげることができる。極端な個人崇拝がファシズムと結びついたのは、わずか数十年前のことである。宗教の名を借りなくても、非合理的な信条が、いつの間にか正義や理想といった美名のもとで社会全体を席巻し、個人の合理的な判断を麻痺させ、あるいは批判的な者たちを排斥してきた例を、われわれはいやというほど知っている。

オウム真理教の事件の場合、「ポア」という語に、その独善的な立場が集約されていた。自分たちに都合の悪いものや、不特定多数の他者を殺害することを、彼らを救済し、解脱させることととらえ、信者たちに教え込んだ。(1)そして、彼らはその考えは「ヴァジュラヤーナ」の教えにもとづくと説明した。この言葉がサンスクリット語で

「金剛乗」に相当することから、密教の教義がこのことを正当化していると、しばしば理解された。金剛乗であるならば殺人も容認されるというのである。

たしかに、密教の修法の中には、調伏護摩のように本来は他人の生命を奪うことを目的にしていた行法も知られている。この護摩では、人骨から発生した火を火種とし、炉には死体の油を塗り、護摩木には毒のある樹木を用い、さらにそこに血を塗布するなど、明らかに黒魔術的な性格を持つ(2)。あるいは、チベットの密教でしばしば行われる「プルブ」という仏具を用いた儀礼も、しばしば呪殺を目的とする。プルブとは先端のとがった金属製の小杭で、粘土や小麦粉などで作った人形にこれを打ち込む。わが国の五寸釘と藁人形と同じで、特定の人物の呪殺がこれによって成し遂げられると信じられている。プルブを用いる修法は、チベット仏教でも呪術的な性格の強いニンマ派や、チベット土着の宗教といわれるポン教で、おもに行われるが、その起源はインドに求められ、初期の漢訳密教経典にも類似の儀礼が説かれている(3)。

そもそも密教は、社会的な常識や規範からの意図的な逸脱を強調する傾向が強い宗教である。その代表的な例が性に関する放縦さである。仏教はその成立当初から、五戒の一つの「不邪淫戒」に示されるように、出家僧に対して性に関しては潔癖であることを厳しく求めた。しかし、密教では、性をタブー視することよりも、それによってもたらされるオルギーやエクスタシーを悟りへのエネルギーとして利用したり、場合によっては悟りそのものとみなしたりした（立川 1999）。よく知られた「煩悩即菩提」という言葉は、このことを端的に表している。後期密教の特定の流派に見られる性的なタブーからの極端なまでの逸脱は、一般的な常識や倫理を根底からくつがえすことで、宗教的人間としての新たな自我の確立をめざしたのであろう。

しかし、これらの社会的倫理からの意図的な逸脱と、呪札や殺人とを同列に扱ってもよいであろうか。戦争や刑罰などの特殊な場合を除き、他人の生命を強制的に奪うことは、仏教が成立したインドにおいてはすでに「悪しきこと」としてとらえられていたはずである。それは、密教が出現した中世のインドにおいても同様である。「金剛乗」であるから殺人が許されると理解されるような宗教の存在を、社会が認めていたとはとうてい思われない。

それでは、なぜ密教は呪殺のような修法を説いたのであろうか。あるいは、殺人を認めるような発想が密教にのみ認められるのであろうか。本章では、仏典に現れる大量殺戮の伝承をいくつか取り上げ、仏教における殺人と、さらにそれと救済との関わりについて考察してみたい。

二　鬼子母神と大元帥明王

仏典の登場人物の中で、多くの人を殺したことで最もよく知られているのは、おそらくハーリーティー（Hārītī 鬼子母神）であろう。(4) 夜叉、あるいは羅刹、食肉鬼といわれ、子どもの生肉を喰うことで恐れられていたが、最後には仏教に帰依する。

ハーリーティーに関する説話で一般に流布しているのは、義浄訳『説一切有部毘奈耶雑事』によるもので、以下のような内容である。(5)

昔、王舎城の郊外に、パーンチカを夫とし、五百人の子どものあるハーリーティーが棲んでいた。彼女は他人の子どもを奪ってはその生肉を喰らい、世の人々から恐れられていた。釈尊は神通力によって、ハーリーティーの末子で彼女の最愛の子であるプリヤンカラ（あるいはピヤンカラ）を隠してしまう。わが子を見失ったハーリーティーは、半狂乱になって釈尊のところにやってきた。釈尊は「汝は五百人の子の中のわずか一人を失ってもこの有り様である。汝によって子どもを奪われた世の親たちの悲しみを知るがよい」と悟らせた。ハーリーティーは心より懺悔し、仏教に帰依した。

ハーリーティーにまつわる物語は、パーリ仏典の中のジャータカや律の中にすでにその原型が見出され、『法華経』などの大乗経典や、種々の密教経典にも登場する。とくに唐代に翻訳された密教経典には、ハーリーティーを主尊とする実践法も数多く説かれている（宮坂　1981）。

これらを見ると、ハーリーティーが単なる夜叉や食肉鬼として恐れられていたのではなく、広く民衆の信仰を集めていたことが知らる。ハーリーティー信仰は現在でもネパールやチベット、東南アジア、そして日本でも隆盛で、きわめて息の長い尊格であることが分かる。

ハーリーティーは比較的早くから造形化されている。仏像誕生の地の一つとして知られるガンダーラからは、数多くのハーリーティーの像が出土している。単独像のほかにも、夫であるパーンチカとともに並んでいる作品も多い。ここでは彼らは財宝神として崇拝されていたと考えられる。パーンチカは財布を表す革袋を持ち、ハーリーティーはザクロの実を手にしている。ザクロは豊穣多産を表すシンボルとして、西アジアから南アジアにかけて広く知られた果実である。

インド内部でもハーリーティーの作例は多く、とくに密教の時代には僧院の入り口にしばしば置かれていた。鬼子母神が伽藍守護の役割を担っていたことは、義浄の『南海寄帰内法伝』（大正蔵　第二一二五番）にも見られ、古くからの伝承であったことが分かるが（宮坂　1981：366）、密教の時代の寺院では、ハーリーティーの代わりにヴァスダラーという、やはり財宝を司る神が安置されている例もあり、両者が同類の尊格とみなされていたことが分かる（頼富　1991b）。

ハーリーティーはその伝説から、しばしば子どもを伴って表される。そして、子宝や安産の神としても広く信仰を集めている。また一方では、天然痘の神であるとも考えられている。天然痘が子どもの生命を奪う病気として恐れられてきたことは言うまでもない。天然痘の神であるからこそ、それから守護する神として信仰されたのである。これは、ちょうどチャームンダーというヒンドゥー教の神が、天然痘の神としてインド世界で広く信仰されてきたことと同様である。女神でありながら、この神はやせこけて乳房はしなび、髑髏や死体などを伴った姿を持ち、死の臭いをまき散らしているような不吉な神であるが、民衆からの圧倒的な支持を得ている（立川 1990）。

ハーリーティーほどよく知られてはいないが、初期の仏典に現れる大量殺戮者として、アータヴァカ（Āṭavaka）という夜叉がいる。この夜叉は、後世、密教経典において「阿吒薄倶大元帥明王」とよばれ、わが国でも大元帥明王の名で知られている。もともと「アータヴァカ」という名は、広野や林に住む特定の種族を指す名称であった。そのため、この夜叉は「曠野鬼神」と記されることもある。(6)

アータヴァカにまつわる伝説も、いくつかの文献に現れるが、さきほどと同じ根本説一切有部が伝える毘奈耶の内容が最も詳しい。(7)それによると、恨みを抱いたまま不遇の死を遂げたある将軍が、臨終に際して、夜叉となって転生し、都城内の男女をすべて食べるという誓願を起こした。そして、実際、その死後に病死者が続出したため、人々は一人ずつ人身御供を夜叉に捧げるようにした。順番が来て、ある長者の家で、生まれたばかりの子どもが捧げられることになった。嘆き悲しむ妻を夫は慰め、夜叉に捧げるために愛児を林の中に送り、長者夫妻は高楼に上って一心に子どもの無事を祈った。仏眼によってこのことを知った釈尊は、ただちに夜叉のところに赴き、法を説いて浄心を生ぜしめ、仏教に帰依させた。そして、釈尊の手によって、長者夫妻のもとに赤ん坊は無事送り返された。

ハーリーティー伝説と同様、ここでもアータヴァカ夜叉は多くの人々を喰らうものとして登場し、最終的には釈尊の教化を受けて仏教に帰依する。阿含経典や大乗経典のいくつかに、この夜叉の名前は散発的に登場するが、ハーリーティーのように、その信仰が広く一般の民衆のあいだで行われていたことは確認できない。また、インドにおいて造形化されることもなかったようである。

ところが、六世紀の梁代において翻訳された『阿吒薄拘鬼神大将上仏陀羅尼神呪経』（大正蔵　第一二三八番）の中で、突如としてこの夜叉が護国除難の尊格として登場する。さらに、唐代の善無畏による『阿吒薄倶元帥大将上仏陀羅尼経修行儀軌』（大正蔵　第一二三九番）が訳出され、この中でさまざまな修法における主尊として現れる。同儀軌の冒頭では、この尊格の呪を唱えれば、あらゆる災厄をまぬがれることができ、とくに国王や大臣がこれを呪すれば、天災や国難が消滅し、悪賊も退散降伏させることができると説かれる(8)。

この阿吒薄倶元帥の修法は、わが国で平安時代以来、護国のために宮中で修されてきたことで有名である(9)。もと、宮中における同種の年中行事としては、『金光明最勝王経』にもとづく御斎会が奈良時代から行われてきた。しかし、顕教的性格を持つこの儀礼では、護国のためには不十分であるとして、空海が入定の前年の承和元年（八三四）に、真言院建立と、そこでの御修法の実施を上奏し、勅許を求めた。この結果始められたのが、国家安泰、五穀豊穣、玉体安穏を祈る後七日御修法であった。両界曼荼羅、五大明王、十二天の画像を院内にかけて行われる、大規模な国家儀礼であった。

その後、空海の弟子の一人である常暁が、阿吒薄倶大元帥の画像と、先述の儀軌を唐より請来する。そして、後七日御修法とあわせて、さらに強力な護国の儀礼として、正月に宮中において修することが認められ、承和七年（八四〇）に始められた。多面多臂の三種の大元帥明王の大規模な画像を正面に掲げ、さらに二種のマンダラと、護国の修法にふさわしく矢と刀を壇上に並べて行う修法であった。

大元帥法や大元法とよばれるこの大法は、年中行事として行われただけではなく、国難に際しては外敵調伏のために修された。十世紀の平将門の乱や藤原純友の乱、十三世紀の元寇の弘安の役などが、その例として知られている。現在では天皇即位の翌年に、後七日御修法に代わって、東寺灌頂院で行うことになっているという（有賀 1990：146–150）。

初期の仏典に登場するアータヴァカが、護国と外敵調伏に霊験のある大元帥明王として密教儀礼に登場する理由は、説話においてかつては将軍であったことに求められるかもしれないが、それよりも、見境なく人々を殺戮し人肉を喰らうという、残忍で凶暴な性格に由来すると見るべきであろう。これは、子どもを殺して食べるハーリーティーが、子どもを救う神として信仰されたことと軌を一にしている。

阿部（1978）によれば、中世のヨーロッパにおいては、処刑や拷問に携わった刑吏は、社会において蔑視され、賤民化していったが、その一方で、けがや病気を治す医者としての役割を果たしていたという。これは、彼らが職業柄、人体の構造や機能についての知識を備えていたことにもよるが、むしろ、人々の生と死の境界に位置し、みずからの手で多くの者に死をもたらしたことによって、何らかの力が彼らに備わっていると、当時の人々が信じていたからであろう。刑吏だけではなく、処刑に用いられた道具や刑場、あるいは処刑者そのものも、同様な霊力や魔力があると信じられ、処刑者の身体の一部や、刑場に生えた薬草などが、魔除けやお守りとして珍重されたという。

たしかにわれわれも、実際に数多くの人々の命を奪った刀剣のようなものには、畏怖の念を覚えるとともに、何か特別な力が宿っているような気がすることがある。ハーリーティーやアータヴァカの伝説を伝えた人々にとっても、これらの夜叉が釈尊の教えに接して最終的に仏教に帰依したことよりも、彼らが多くの人の命を奪い、その肉をむさぼり喰ったことの方が強烈な印象を残したであろう。多くを殺した者であったからこそ、救済の力も強力なのである。(10)

三　指を首飾りにしたもの

仏典における大量殺戮者として、もう一人アングリマーラ（Aṅgulimāla）を取り上げよう。漢訳経典では鴦仇摩羅、央掘魔羅などと音写されたり、指鬘と訳されたりする。殺人をくりかえし、殺した人間の指を切断して首飾りとしたことから、この名がある。

初期仏典の中でも比較的詳しい内容を持つ『賢愚経』では、以下のようなアングリマーラの物語が説かれている。(11)昔、ある国の大臣の子にアヒンサカ（ahiṃsaka　無悩）という聡明にして容姿端麗な息子がいた。両親は、高名なバラモンのもとで学ばせ、アヒンサカもそれに応えて勉学に励み、すぐれた才能を示した。ある日、師のバラモンが不在のときに、かねてよりアヒンサカに懸想していたバラモンの妻が彼に言い寄ったが、アヒンサカは梵行の身であるとこれを拒絶した。恥をかかされたと思った妻は、帰宅した夫に、留守中にアヒンサカに凌辱されかかったと虚言した。怒ったバラモンは奸計をめぐらし、アヒンサカに対して秘法として、七日のあいだに千人の首を斬り、その指を一本ずつ取って華鬘のようにしたならば、汝の修行は完成し、梵天として生まれると教えた。

はじめは衆生を殺害するということに躊躇を見せたアヒンサカであったが、師の決然とした言葉にこの教えを信じ、外に出て刀剣で次々と人々を殺し、師の教えのとおり指鬘を作っていった。そのため人々はアングリマーラの名でこの凶賊をよんだ。七日のあいだ殺人を続け、ついにあと一人となったが、その頃には、人々はこの殺人鬼を恐れて誰も戸外に姿を現さなかった。

そこに登場したのがアングリマーラの母親だった。しかし、彼はそれが自分の母親であると分かっても、秘法の完成のためとして、その命を奪おうとする。そのとき、釈尊は比丘の姿となって両者のあいだに立ちはだかり、アングリマーラの殺害をとどめた。釈尊のすぐれた姿に圧倒されたアングリマーラは、地に伏して悔悟し、さらに釈尊の説いた法によって法眼を得て、比丘として出家した。

アングリマーラに関するこの伝説も広く知られていたようである。たとえば、パーリ仏典の小部経典の一つ『テーラガーター』では、釈尊の言葉を聞いたアングリマーラは「真理にかなったあなたの詩句を聞いて、私は千にも達する数多くの悪行を捨てましょう」といっている。また「以前には私は加害者であったが、私の名は〈殺害せざるもの〉（アヒンサカ）である。いま、私は真に名前のとおりのものである。私はいかなる人々も害することがない」と高らかに宣言している[12]。この詩句を聞く者たちのあいだでは、アングリマーラの名前は悪行を重ねながらも仏法に帰依したものとして、周知のものだったのであろう[13]。

ただし、文献に応じてその伝説の内容は少しずつ異なっている。パーリ語の『中部経典』や漢訳経典の『増一阿含経』では、バラモンの悪計によって殺人に至るまでのエピソードは見られず、はじめから、すでに殺人をくりかえしてきた悪賊として、アングリマーラの名があげられている[14]。パーリの律の中には、比丘になるための具足戒を受けることのできない二十種の人間たちの一つとして、凶悪な犯罪者をあげており、その具体例としてアングリマーラに言及する[15]。これは、悪行をなした者であっても、釈尊の教えにふれて悔悟すれば比丘になることができるという、その他の伝承と真っ向から対立するものである。

『中部経典』では、出家後のアングリマーラが、難産に苦しむ女性を釈尊の助言に従って救うエピソードが加えられている。[16] アングリマーラが母親殺しを結果的に踏みとどまったことが、このことに関係するのかもしれない。この伝承を受け継いだ上座部系の仏教では、アングリマーラの名は呪文（パリッタ）の一つとして広く知られるようになる。アングリマーラ・パリッタとよばれるこの呪文は安産祈願の内容を持つが、広く治病快癒の呪として、人々のあいだで連綿と唱えられてきたらしい。[17]

アングリマーラ伝説は、いわばインドにおける悪人正機説であるが、その名を冠した呪が治病にまで用いられたのは、すでにあげたハーリーティーやアータヴァカの場合と同様、この物語の主人公が九百九十九人という膨大な数の人命を奪ったことが重要なのであろう。[18] ここでも、多くを殺す者に救う者の機能が認められる。

ここまでは前節と同じ流れでとらえることができたが、アングリマーラ伝説は、大乗仏教の時代に至り特異な展開を示す。それは、如来蔵を説く経典『央掘魔羅経』の主人公としてアングリマーラが生まれ変わったことによる。[19]

如来蔵思想、すなわちあらゆる生類は、その内に仏となる要素を備えている（一切衆生悉有仏性）という思想は、大乗仏教の中の潮流の一つとして、インド仏教史上きわめて重要な意味を持つ。この思想は『如来蔵経』においてはじめて鮮明に主張され、その後『勝鬘経』などを経て、『究竟一乗宝性論』において集成される。そして、この流れとは別に、大乗の『涅槃経』に始まる如来蔵経典群があり、その中に『央掘魔羅経』も含まれている。近年の如来蔵研究の中で注目を集めつつある経典でもある。[20]

『央掘魔羅経』は、すでに述べたアングリマーラ伝説を下敷にし、この凶悪人を、経典の主人公で、しかも如来蔵思想の教説者にすえている。経典はアングリマーラ伝説を序論的に冒頭に置き、アングリマーラが釈尊の教化によって仏法に帰依したところから、ようやく経典の主要な部分が始まる。その内容を以下に簡単に紹介しよう。[21]

アングリマーラの所行が稀有なることであると驚嘆した諸天や仏弟子たちが次々に現れ、アングリマーラを賛嘆し説法する。しかし、彼らはいずれも釈尊によって説かれた教えの真意（密意趣）を理解していない者として、逆にアングリマーラから説法される。この「教えの真意」こそが如来蔵である。諸天には帝釈天、梵天、世天、大自在天などが登場し、仏弟子には目連、舎利弗、阿難、羅喉など名立たる高弟たちが現れる。

つづいて釈尊がアングリマーラに対して出家と三宝への帰依をすすめ、さらに不殺生戒、不妄語戒などのさまざまな戒を授ける。これらの戒は通常のものではなく、如来蔵に関連づけた特殊なものであるが、かつては極悪人であったアングリマーラはこれを受けて出家する。

舞台を祇園精舎に移して、さらに経典は続く。如来は常住であることが強調され、十方の諸々の仏国土の諸仏がすべて釈尊一仏であると説かれ、その仏国土と仏についての詳細な説明がなされる。この後、如来蔵を説示することがいかに困難であるかが説かれ、文殊とのあいだで如来蔵についての対論が行われる。声聞乗の立場をとる文殊を、アングリマーラは如来蔵の立場で論破していくのである。その中には持戒の重要性や、とくに肉食の禁止などが含まれる（下田 1997）。肉食が禁止されるのは、一切衆生の界（dhātu）は法界であり一つの界であるからという、如来蔵思想にもとづく理由が示される。

経典の終わりに近づき、経典そのものを尊重すべきことが説かれる。そして、経典の締めくくりは、ふたたびアングリマーラ伝説に戻ってくる。ここで登場したアングリマーラは、じつは南方世界の如来であって、さまざまな幻で衆生を教化してきた。そして彼が犯した大量の殺戮も幻であったという一種の種明かしをする。アングリマーラに指鬘を作るように命じたバラモンも、アングリマーラを誘惑しようとしたその妻も、殺された九百九十九人の人々も、アングリマーラの母も、そしてこの出来事自体も、すべて幻だったのである。

この説明を支えているのは、大乗仏教の「空」の思想である。すべてが空であり、仮であり、幻であれば、そこで行われた殺人も改悛も出家も、すべて衆生を教化し、悟りに導くために如来によって仕組まれた虚構の出来事だったことになる。

『央掘魔羅経』の中心的な主題が如来蔵であることは言うまでもないが、それを説くために登場させた人物が、仏典の中で最も有名な凶悪犯罪者であったことには、経典作者の周到な計算があったのであろう。悟りに最も遠い存在と思われる人物に如来蔵を説かせ、最後に凶悪な行為そのものが幻であったと種明かしをする。はじめにアングリマーラ伝説の内容を確認した経典の読者（あるいは聴衆）は、そのアングリマーラに諸天や仏弟子が次々と論破されていくことに、著しい違和感を感じていたはずである。そして、そのアングリマーラに対して釈尊は種々の戒を授け、また、それを受けてアングリマーラも持戒について文殊に説法する。はじめのアングリマーラ伝説と如来蔵や戒とのあいだのギャップが大きくなればなるほど、教法の密意趣すなわち如来蔵の意義深さが強調され、最後に示される一切は幻であるという説明が効果的になる。これがもし、経典の冒頭の有名な伝説の直後に、末尾に置かれた幻の開示を持ってきたとしたら、読者に与えるインパクトは半減してしまうし、本来この伝説が備えていた、凶悪犯による改心と真摯な比丘としての再生という魅力的なモティーフまで失われてしまうことになるであろう。

四　慈悲の力

仏典の中の有名な殺人者であるハーリーティー、アータヴァカ、そしてアングリマーラを取り上げて、それぞれの伝説の内容と展開をこれまで見てきた。いずれの場合も、大量の殺人を犯した後に釈迦の教法に出会い、改悛の後、仏道に帰依したというパターンをとる。そして、その信仰は広く人々のあいだで受け継がれていったが、それは彼らが極悪人でありながら仏道に帰依したからではなく、むしろ多くの人々を殺したという前歴があることが、おそらく重要であったのだろう。多くを殺した者たちであるからこそ、人の生死を支配するような特殊な力が備わっていると信じられたのである。

アングリマーラ伝説の場合、『央掘魔羅経』という大乗経典の中で、まったく異なった意味を持って生まれ変わる。すなわち大乗仏教の空の思想にもとづき、彼が犯した殺人行為も、それに関わったあらゆる人々も、すべて幻であったということにされてしまう。『央掘魔羅経』の主題である如来蔵思想に従えば、恒常不変であるのは如来のみだからである。この考え方は、戒律と修行を根幹とする仏教にとっては、きわめて危険である。精進や努力といった人間の営為をすべて無意味化してしまうからである。そのため『央掘魔羅経』の作者は、あらかじめ経典のかなりの部分を用いて戒律の重要性を強調する。肉食の禁止においても見られたように、それは如来蔵思想によって解釈し直された内容になっているが、すべての現実を空としてしまう危険性に、一種の歯止めをかけているかのようである。そして、その教えを説く者として、伝説の殺人鬼アングリマーラほどふさわしいものはないであろう。

チベット密教史上、最も有名な呪殺者の一人にラの翻訳官ドルジェタク（Rwa lo tsa ba rDo rje grags）という人物がいる(22)。彼は水牛の頭をしたヴァジュラバイラヴァ（Vajrabhairava）というグロテスクな尊格を本尊とする調伏法にすぐれ、その生涯におびただしい数の者たちを呪殺した。数百人単位の人々を同時に呪殺したことも、しばしばあったという。その対象も、彼を迫害した者や異教徒たちばかりではなく、同じ仏教徒でありながら、彼とは異なる修法を身につけ、それに慢心した者たちもいた。カギュ派の祖と目される有名なマルパ（Mar pa）にはタルマ・ドデー（Dar ma mdo sde）という息子がいたが、彼もドルジェタクとの呪術の争いに敗れ命を失ったと伝えられている。

ドルジェタクは呪殺した後に、その対象を文殊の国土に導引する。文殊がここで登場するのは、彼の修法の本尊であるヴァジュラバイラヴァが文殊の化身であり、通常の方法では度し難い悪しき衆生を悟りに導くために、忿怒の姿をとったからである。(23) ドルジェタクにとって呪殺とは、文殊の国土へ悪しき衆生を導くための最も効果的な手段だったのである。

ドルジェタクはみずからの呪殺の法について、それは利他行であり、度し難い衆生を利益する善巧方便の慈悲の行為であると説明する。そして、ここで行われている殺は善妙であって、単なる殺ではなく、慈悲心の少ない者にはなし得ないものであると強調する。さらに、絶対的真理（勝義）においては、殺す者も殺される者も存在しない。それは幻による幻の殺はあり得ないのと同様である、と理由づけている（羽田野　1957：14）。

これはドルジェタクによる呪殺の正当化の論であるが、その内容は『央掘魔羅経』の最後に見られた「幻のアングリマーラ伝説」とまったく同じである。ヴァジュラバイラヴァによる呪殺の秘法は、典型的な密教の調伏法であるが、それを正当化するための根拠に密教的な要素はまったく見られず、大乗仏教で用意された空と如来蔵の論理が、その役割を果たしている。そしてそれを支えているのが、仏の「大いなる慈悲」である。

宮元（1999）は「全知者」である仏に慈悲が結びつくことの危険性を、パーリ仏典の一つである『ミリンダ王の問い』（*Milindapañhā*）を用いて明らかにしている。仏が全知者であれば、そのすべての行為は慈悲から発したものになる。『ミリンダ王の問い』では、仏典の中の代表的な極悪人であるデーヴァダッタを例に取り、彼のなした悪行さえも、すべて仏の意図したものであり、その根底にあるのは仏の慈悲であることが述べられている。この論理に従えば、いかなる凶悪犯罪であっても、それが全知者である仏の慈悲に起因するのであれば正当化される危険性を、宮元は指摘している。

ハーリーティーやアングリマーラ伝説を生み出した社会は、これらの説話の主人公の持つ呪術的な力が生きている神話的な世界であった。大乗仏教徒たちは、このような力を如来の慈悲と結びつけることで、自分たちの救済の理論を構築させていったが、その一方で、戒律重視という規制を加えることを忘れなかった。しかし、このような歯止めを失った社会においては、慈悲という大義名分と結びついた力は、つねに暴走する危険をはらむ。そのことと密教であることとは、まったく関係がないのである。

註

（1）オウム真理教の「ポア」とチベット密教の用語である「ポワ」については、金本（1997）が考察を加えている。
（2）奥山（1999）および森（2001a）の第五章参照。
（3）たとえば『仏説妙吉祥最勝根本大教経』（大正蔵　第一二一七番、第二十一巻、八七頁上）、『聖迦柅忿怒金剛童子菩薩成就儀軌経』（大正蔵　第一二二二番、第二十一巻、一〇八頁下）など。プルブ phur bu（サンスクリット語では「キーラ kīla」）を用いた儀礼については、Karmay（1975）、Boord（1993）および森（1992c）参照。
（4）ハーリーティーに関しては、Peri（1917）、宮坂（1981）に詳しい。
（5）大正蔵　第一四五一番、第二十四巻、三六〇頁下～三六二頁下。宮坂（1981：366）。
（6）アータヴァカについては、宮坂（1998：303–333）、デュケンヌ（1975）参照。
（7）大正蔵　第一四四二番、第二十三巻、八八三頁下。以下の要約は宮坂（1998：316–318）による。
（8）大正蔵　第二十一巻、一八一頁上。
（9）平安時代の宮中における密教儀礼と大元帥法についての以下の記述は、山折（1985）、有賀（1990）、阿部（1989）、泉（1998）等を参照した。
(10) 聖なるものと暴力との密接な関係については、これまでにもジラール（1983）が、さまざまな視点から考察を加えている。
(11) 大正蔵　第二〇二番、第四巻、四二三頁中〜四二七頁下。
(12) *Theragāthā*. 866–891. パーリ語文献はPTS版を用いた。翻訳は中村（1982）によった。
(13) 下田（1988）によれば、後世、シヴァ教となる宗教グループにアングリマーラが所属していたという説をGombrich（1994）が提唱しているという。指を華鬘にするのはこのグループの供犠の習俗であると解釈する。
(14) *Majjimanikāya*. Vol. 2, pp. 97–105（No. 86, Aṅgulimālasutta）. 大正蔵　第一二五番、七一九頁中〜七二二頁下。
(15) 入澤（1989）。*Vinaya*. Vol. 1, p.74.
(16) *Majjimanikāya*. Vol. 2, pp. 103–104.
(17) 東元（1983）。パリッタについては、奈良（1973）、片山（1979a, 1979b）参照。
(18) 『賢愚経』のアングリマーラ伝説の後半（大正蔵　四二七頁上以降）には、先述のアータヴァカの伝承が混入している。
(19) 大正蔵　第一二〇番。同経のサンスクリット原典は存在しないが、チベット訳はカンギュルに含まれている（TTP. No. 889）。
(20) 高崎（1974）、下田（1997）、鈴木（1999）、小川（1999）など。
(21) 小川（1999）、加納（2000）を参照した。
(22) ドルジェタクの呪殺（度脱）については、羽田野（1957）による。Decleere（1992）も参照。
(23) ヴァジュラバイラヴァについての研究として、奥山（2000）がある。この中にヴァジュラバイラヴァが文殊の化身であることの意義に関する考察がある。また『ヴァジュラバイラヴァ・タントラ』については、Siklos（1996）がある。同書が含む問題点については、Decleer（1998）参照。

第三章　鬼子母神における母と子のイメージをめぐって

一　子を食べる女神

仏教の仏たちで、子どもを伴う女神に鬼子母神（図158）がいる。原語でハーリーティー（Hāritī）あるいはハリーティー（Harītī）とよばれ、これを音写した訶梨帝母という名称も、日本や中国で知られている。

鬼子母神についての逸話は、すでに前章で見たとおり、仏教の仏たちの説話の中でも有名なものの一つである。(1)本来は人間の子どもをとらえて、みずからこれを食べる悪鬼であったが、その最愛の子であるプリヤンカラ（あるいはピヤンカラ）を、釈迦が鉢の底に隠し、これを探し求めて嘆き悲しむ鬼子母神に改心させた物語である。釈迦曰く、汝には五百とも一万ともいわれる数の子どもがいるのに、そのうちの一人を失っただけでも、悲しみはこれほど大きいであろう。まして、わずかな子どももしかいない人の親の気持ちを考えてみよ。

古来、この物語は、鬼子母神が母親の慈悲心に目覚めて改悛した因縁譚として好まれたが、それほど単純なものではないだろう。だいたい、子どもの数が多いからといって、愛情が薄くなるわけではない。

むしろ、鬼子母神は子どもを産む力も、その生命を奪う力も備わっていて、それゆえに人々の信仰を集めていたと考えた方が正しい。仏教は、このような女神を護教的な神として取り込むことで、その力をたくみにコントロー

図159　パーンチカとハーリーティー
（ガンダーラ出土、個人蔵）

図158　ハーリーティー
（ガンダーラ出土、大英博物館）

ルしたのである。日本では子宝を恵む神として、現在でも鬼子母神は広く信仰されている。それは、仏教的な潤色が加えられてはいても、この女神の本来の機能を人々が確かに信じていることの現れである。

鬼子母神の起源は諸説あるが、西アジアの豊穣の女神というのが、その有力な説の一つである。そこでは、人々に富と生命を与える地母神的な女神として信仰され、同様に、豊穣と関わりを持つ男性神と一対となって信仰されることも多い（図159）。鬼子母神の「ハーリーティー」という名称は、「子どもを連れ去る者」というニュアンスで解釈されることが多いが、むしろ、サンスクリットで緑色を表す「ハリタ」（harita）と結びつけた方が自然である。この語はとくに植物の緑色のイメージと関係の深い語で、この女神が本来は植物神であったことを示唆している。

このような豊穣神としての鬼子母神については、すでに多くの研究者が指摘している。かつて拙著においても、子どもの命を奪う神であるからこそ、子宝をもたらし子どもを守る神にもなるという、両義的な神であることを指摘した(2)。本章では、それとは異なる視点として、鬼子母神像の持つ母と子というイメージから、この女神の本質を考察してみる。

二　豊穣を司る神

鬼子母神を説く経典では、しばしば鬼子母神を美しい女性として描写する。この神が生まれたときには、諸々のヤクシャたちが皆「歓慶」したといわれ、そこから歓喜母と名づけられたと伝えられる(3)。ヤクシャとは樹木神に代表されるインド古来の民間信仰の神で、初期の仏教美術にもしばしば登場する。この逸話は、おそらくハーリーティーという名称を「心を奪う者」として理解した語源解釈にもとづくが、「心を奪う」とは美女の別の表現であるのは言うまでもない。また別の経典には、この神の姿を描くときには「天女の形をし、きわめて珠麗ならしめよ」と述べる(4)。

インドにおける代表的な鬼子母神の作例が、アジャンター第2窟にある（図160）。本堂横の祠堂に夫とともに左右に並んで坐り、本堂の守護神的な役割を果たしている。いずれも堂々とした恰幅の良い体躯を持つが、取り立てて肥満というほどではない。高貴な王侯貴族の風格を備えているというべきであろう。右足を踏み下げ、左足を台座に組んで坐るのも、王侯のとる坐法である。まさに「珠麗なる」女王のごとき姿で表されている。

鬼子母神は左足の上に小さな子を載せて、左手でその背中を支えている。右手には丸いものを先につけた紐状のものをいくつかつまんでいるが、これは、文献にしばしば説かれる吉祥果という植物の実を表している。伝統的に

図160　パーンチカとハーリーティー（アジャンター第２窟）

吉祥果はザクロと理解され、日本の鬼子母神も右手に持つことが多い。多くの種が中にあふれ、血にも似た赤い果汁をその中にたたえるザクロの実は、豊穣神にして多産の神である鬼子母神のアトリビュートにふさわしい。

アジャンターでは、鬼子母神だけではなく、夫の男神も一緒に表されていることも重要である。上述のように、この神は西アジアの財宝神の流れをくみ、パーンチカとよばれることが多いが、インド内部の豊穣神クベーラやジャンバラとも習合した。クベーラの出自はヤクシャであり、ガナたちの王であった。ガナとは侏儒の姿をした鬼神の類で、人々に幸せをもたらすこともあれば、災厄をもたらすこともある。

中インドのバールフットからは、ガナの上に立つ男性の像が「ヤクシャの王クベーラ」という銘文とともに出土している（図161）。足の下に踏まれる人物は、日本では邪鬼とよばれ、悪しき存在と見なされることが多いが、この場合、銘文にあるように、

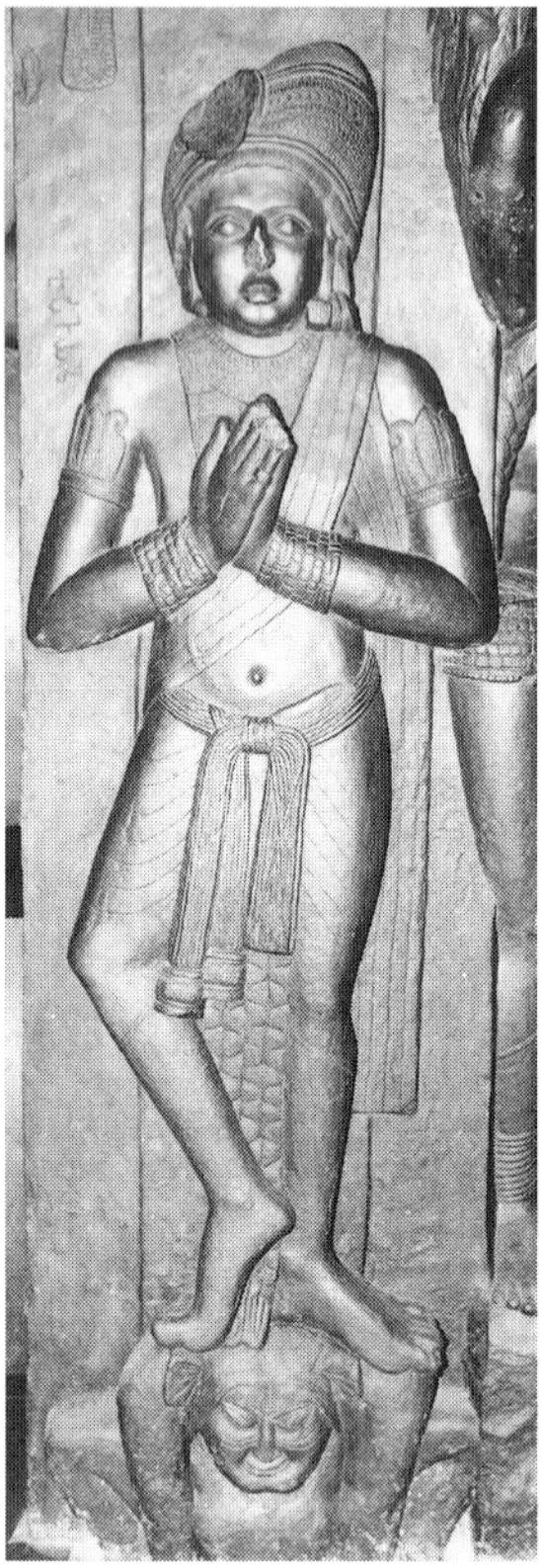

図161　クベーラ
（バールフット出土、インド博物館）

上に立つクベーラの従者と見るべきである。クベーラは四天王の一人として、多聞天や毘沙門天の名称でよばれることもある。とくに毘沙門天は七福神に加えられることからも知られるように、財宝神の性格が顕著で、インド以来の伝統を継承していることが分かる。

三　踊るガナたち

アジャンター第2窟の鬼子母神とその夫が坐る台座の下には、十一人の子どもが横並びに表されている。一番右の子どもは剣を持って一段高い台の上に坐り、その前には同様に剣を手にした子どもが三人、一人目の子どもの方を向いて地面の上に坐っている。年長の子どもたちの出陣の場面であろうか。残りの子どもたちは、思い思いに遊んでいるようである。ほぼ中央に位置する二人は、向かい合って相撲を取るように身構え、向かって左の五人の子どもたちは、羊とおぼしき動物を戦わせようとしている。角を突き合わせた羊の後ろに、一人ずつの子どもが立ち、さらにその後ろから三人の子どもがはやし立てているようである。羊を使った闘牛のような遊びは、現在でも西アジアの遊牧民などで見られ、このイメージの原型も、ガンダーラあたりから流入したのではないかと思われる。

図162　行進するガナ（タミルナードゥ州、カイラーサナータ寺院）

鬼子母神とともに子どもたちが描かれるのは、その伝説にもとづき、さらには豊穣多産を司る女神にふさわしいモティーフであるのはもちろんであるが、それと同時に、ヒンドゥー教の寺院にしばしば登場する「ふざけるガナ」や「群れるガナ」とのつながりを想起させる。

たとえば、南インドのタミルナードゥ州のシヴァ系の寺院では、建造物の装飾モティーフに、このようなガナの姿を見ることができる。この地方の代表的なシヴァの寺院の一つであるカイラーサナータ寺院では、建物の基壇部に、一列に並ぶガナたちがいる（図162）。いずれも短軀で鼓腹であるのに加え、一部のガナたちは、頭部が動物になっている。水牛や獅子のような現実の動物もいれば、牙をはやしたり、異様な角を持った想像上の怪物のような者たちもいる。建物の基壇部に登場するのは、ガナが有している「支える」という機能によるためであるが、ここではそれ以上の役割も与えられているように見える。というのも、彼らが一様に楽しそうに踊っているように表されているからである。

図163　奏楽のガナ（タミルナードゥ州、ヴェットヴァンコイル寺院）

いずれのガナも片手を振り上げ、もう一方の腕は体の前でポーズを取り、短い足も拍子を取るように軽やかに飛び跳ねている。全体はグロテスクな異形の者たちであるにもかかわらず、それが集団となり、さらに一列に並ぶことで、各自は思い思いのポーズをとりながらも、全体はユーモラスな群舞の情景となるのである。

実際に、楽隊のようなガナたちを表した寺院もある。たとえば、タミルナードゥ州のヴェットヴァンコイル寺院では、建物の外壁のいたるところにガナたちの姿が現れるが、その一部は楽器を演奏したり、それに合わせて踊ったりしている（図163）。とくに、ガナたちが一列になって集団で表される場合に顕著で、笛を吹くガナ、太鼓や小さなシンバルを打ち鳴らすガナ、両手で拍子を取るガナ、派手なポーズで踊り戯れるガナなどが、並んでいる。寺院全体が、シヴァ神をたたえる音楽と踊りに包まれ、歓喜にあふれていることを、参拝者たちに強く印象づけたのであろう。

このような滑稽なガナ、あるいはグロテスクなガナたちが女神とともに表されることについては、次章で再び取り上げよう。

四　慈母としての鬼子母神

日本に入ると、鬼子母神は中国の高貴な女性の姿をとる。たとえば、有名な醍醐寺の訶梨帝母像（図164）は、ふくよかで肉付きのよい顔立ちで、右手に持った吉祥果、すなわちザクロを見つめながら台座に坐る。左手には丸々とした赤ん坊を抱きかかえているのも、インド以来の鬼子母神の基本的な形式である。そして、右の足元には、それよりも年かさの童子が立って、母親の持った吉祥果に手を伸ばしている。その仕草は、遠くインドの「踊るガナ」のイメージの残響を感じさせる。江戸時代の美人画（図165）の中に、その影響を読み取る研究者もいる(5)。

しかし、戯れる童子を伴う鬼子母神像は、日本ではそれほど定着しなかった。むしろ、赤ん坊を抱いた慈母というのが、鬼子母神の基本的なイメージになる。醍醐寺の像でも、膝に抱いた玉のような赤ん坊は、母からの滋養を十分に享受していることを、見る者に印象づける。本来は子どもを食べる悪鬼であった鬼子母神が、慈愛あふれる母なる神として造形化されたのである。たとえば、別尊曼荼羅の一つ「童子経曼荼羅」では、赤ん坊を抱いて坐る鬼子母神が登場する（図166）。何も知らずにそれだけを見れば、優しい母が描かれているとしか思えないであろう。

日本では、鬼子母神は子どもを抱いた単独像のほかに、十人の羅刹女とともに、普賢菩薩の周囲に描かれることがある（図167）。「普賢十羅刹女像」である。子授けや安産のための修法の本尊として用いられたといわれ、平安時代後期頃からの作例が遺されている。当時の貴族社会の中で生み出された仏画である。摂関政治の藤原氏に代表されるように、平安貴族の重大な関心事は、いかに天皇の後継者を自分たちの親族から出せるかであった。入内させ

図164　訶梨帝母（醍醐寺）

図165　娘と童子図（出光美術館）

た娘が天皇の子、それも男子を産むことが、何にもまして重要だったのである。

十羅刹女の直接の典拠は『法華経』の「陀羅尼品」である。そこでは、『法華経』を信奉する者を守る神々として、四天王の中の増長天と多聞天、そして十人の羅刹女の名前が列挙される。鬼子母神は、これらの羅刹女とは別格の存在だったようで、彼女らとは区別して言及されている。『法華経』は平安時代の貴族たちにとって、とりわけ重要な経典であったが、とくに女性の救済をしばしば説くことから、女性たちの篤い信仰を集めていた。「普賢十羅刹女像」が出産や子どもに関わる修法で用いられたのも、このような『法華経』と女性との密接な関係があったからである。

「普賢十羅刹女」の作例を見ると、そ

図167　普賢十羅刹女像
（奈良国立博物館）

図166　童子経曼荼羅（六角堂能満院）

ここに描かれている羅刹女たちは、いずれも美しい女性の姿をしている。奈良国立博物館が所蔵する鎌倉時代の作例では、あでやかな女房装束をまとった女性たちが、それぞれ異なるポーズで立ち、中央の普賢を取り囲んでいる。羅刹女たちの衣装は、それぞれデザインや色づかいが異なり、この上なく華やかである。本来、羅刹女は鬼神の類であるので、恐ろしい姿や奇怪な姿をとってしかるべきなのであるが、ここでは理想の女性像で表されているのである。

おそらく、そのモデルになったのが鬼子母神である。彼女は絵の中では女性たちの先頭に立って描かれている（図168）。赤ん坊を両腕に抱き、それを慈しむように見つめる姿は、慈母その

図168　普賢十羅刹女像・部分
（奈良国立博物館）

ものである。子どもをとって食べるという本来のイメージは、そこには微塵もない。その他の羅刹女たちを見ると、外見は鬼子母神とほとんど変わりない高貴な女性たちであるが、その中の何人かは手に剣や戟、金剛杵などの武器を持っている。羅刹女の本来の役割である「恐ろしい鬼神」のイメージが、受け継がれているのであろう。しかし、その全体的なイメージは、恐ろしさよりも優美さが勝っている。その中で、赤ん坊を抱く鬼子母神は、アクセントのような役割を果たしている。女性の持つ母なるイメージがあるからこそ、その対比として、周囲の羅刹女たちの勇猛さがいっそう映えるのかもしれないが、女性の中で最も美しく、かつ強いのは母である、というメッセージを伝えているようにも見える。

五　一元的な母のイメージ

赤ん坊を抱いた鬼子母神の姿は、その後の日本の女性像にさまざまなヴァリエーションを生んでいく。

吉野で信仰された女性の神に御子守明神がいる（図169）。左手に赤ん坊を抱いた姿は、十羅刹女の中の鬼子母神とうりふたつである。本来、明確なイメージを持たない日本の神が表現されるにあたり、鬼子母神像が利用されたことは明白である。しかも、この女神は、本来は名前にあるような「子どもを守る神」ではなく、水と関わりを持つ農耕神であったといわれている。すなわち、水を司り、それを人々に分け与える女神として「水口分《みくもり》」とよばれていたが、次第に「みこもり」に転じて、「御子守」の字が当てられたのである。もちろん、単なる言葉の誤用ではなく、水を与える農耕神と子どもを守る母なる神とのイメージが緊密な関係にあったことは、容易に想像がつく。

現代の多くの日本人が、赤ん坊を抱いた女性の像として思い浮かべるのは、おそらく観音菩薩であろう。寺院の境内などに新たに観音像を作る場合、「子安観音」や「子守観音」のような名称の、赤ん坊を抱いた女性の姿が選ばれることが多い。本来、観音はインドでは男性の尊格であり、女尊となることはない。しかし、中国や日本に至ると、女性のイメージが顕著な観音が現れ、現代の日本では、むしろ子どもを抱いた母親の姿がその主流となったのである。それに影響を与えたものとして、たとえば、足元に善財童子という少年を伴う楊柳観音や、キリストを抱くマリアなどがあげられるであろう。しかし、それ以前から、赤ん坊を抱いた女性のイメージを伝えたのが鬼子母神であった。観音やマリアよりもはるかに昔から、慈母のイメージを担って

図169　子守明神
（大和文華館）

きたのである。

このように、鬼子母神は日本における母なるイメージの一つの源泉となった。しかし、そのイメージはインドの鬼子母神そのものではない。日本の鬼子母神は、夫であるパーンチカやクベーラとともに表されることはない。豊穣を司る夫婦の神という性格は失われ、単身の女性として表現されることが好まれた。それとともに、群れていた子どもたちも次第に姿を消し、赤ん坊を一人だけ膝や懐に抱いた姿が定着していく。もともとインドでは、子どものイメージを持ったガナたちは、鬼子母神とは無関係に遊び戯れ、祝祭的な雰囲気を生み出していた。かわいいばかりではなく、滑稽なガナやグロテスクなガナもいた。それに対し、日本の鬼子母神像では母と子は一対一となり、両者の距離は可能な限り近づく。子どもは母の一部になってしまったといってもよいであろう。インドの豊穣神たちの持つ多様で重層的なイメージが、日本では一元的な母なるイメージに呑み込まれてしまったのである。

註

（1）『雑宝蔵経』第九（大正蔵　第二〇三番、第四巻、四九二頁上）など。
（2）森（2001）第七章参照。
（3）『説一切有部毘奈耶雑事』大正蔵　第一四五一番、第二十四巻、三六一頁上。
（4）『大薬叉女歓喜母幷愛子成就法』大正蔵　第一二六〇番、第二十四巻、二八六頁下。大正蔵の本文では「珠麗」は「妹麗」となっているが、望月仏教辞典にならい、「珠麗」と読む。
（5）廣海（2010：90–94）。

第四章　インド神話に見る残虐な美女の図像学

はじめに

ヒンドゥー教にはさまざまな神々がいる。彼らは慈悲深いだけの神ではなく、しばしば戦闘を好み、容赦なく敵を殺戮し、世界に破滅をもたらすことさえある。ヒンドゥー教の至高神であるシヴァはその代表であるし、同じくヴィシュヌも残忍な殺戮者という性格をあわせ持つ。しかし、このような残虐性は、その多様な性格の一側面でしかない。シヴァはパールヴァティーと愛を語らう理想的な夫であるし、ヴィシュヌは世界の創造や維持を司る秩序神としての役割の方がはるかに大きい。彼らが残虐となるのは、数ある神話の一部にすぎない。

これに対し、ただ敵を殺すためだけに存在するような神がいる。シヴァのように愛する者と睦みあうこともなければ、ヴィシュヌのようにさまざまな姿をとって多彩な活動をするわけでもない。ただ純粋に殺戮者として生まれ、敵を殺すこと以外に何の取り柄もないような神である。しかも、その神が、この世に比べる者がないような美しい女神であるという。マヒシャースラマルディニー（Mahiṣāsuramardinī）とよばれる女神である。その意味は「水牛の魔神を殺す神」で、後世では一般的にドゥルガーとよばれる。「殺戮者」という語がそのまま神の名前となっているのは、インドの神々でも他に例を見ない。敵を殺すためだけに生み出され、神話でもそのことだけが語られる、そのような神である。

マヒシャースラマルディニーが登場するのは『デーヴィーマーハートミヤ』（*Devīmāhātmya* 女神の偉大さ）という文献である。ヒンドゥー教では、神話や儀礼の次第などを説いたプラーナとよばれる文献群が、聖典としての地位を占めるようになるが、『デーヴィーマーハートミヤ』は、プラーナ文献の一つ『マールカンデーヤ・プラーナ』（*Mārkaṇḍeyapurāṇa*）の一部にもなっている。もともとあった独立した女神の神話が、重要なプラーナの一部に組み込まれたと考えられている。

『デーヴィーマーハートミヤ』は、全体の主要な部分が三つのエピソードで構成されている。第一のエピソードは、女神の力を借りて、ヴィシュヌが二人の魔神を倒す物語であるが、ここではまだ女神は脇役にすぎず、活躍するのはヴィシュヌである。

マヒシャースラマルディニーが登場するのは、第二のエピソードである。

インドの神話は、神々（デーヴァ）と魔神（アスラ）との戦いという構図を好んで用いる。アスラたちによって、いったんは神々が窮地に陥るが、神々の中に英雄が現れ、敵の魔神を撃退してしまう。インド＝ヨーロッパ系の人々が有していた二つの神的存在の対立が、その根源にある。インドの場合は、デーヴァとアスラという名称でまとめられるこれらの二つのグループのうち、つねにデーヴァは勝者に、アスラは敗者に割り当てられている。アスラは仏教の阿修羅となって、帝釈天すなわちインドラに率いられた神々との戦いに明け暮れる者として、日本の地獄絵などにも登場する。

『デーヴィーマーハートミヤ』は、このような英雄神を女神とした最初の文献である。敵は水牛（マヒシャ）を本性とする魔神（マヒシャースラ）で、アスラの軍勢によって国を追われた神々が力を合わせて作り出したのが、マヒシャースラマルディニーである。ただし、テキストの中では「女神」（デーヴィー）とよばれることが普通で、そのほかに「アンビカー」「チャンディカー」などの名称も登場するが、「マヒシャースラマルディニー」とはいわない。後世の人々によって、その偉業にちなんで与えられたよび名である。ここでも「女神」とよんでおく。

さて、アスラの軍勢によって追放された神々は、いずれも男神であり、しかも、それまでのヴェーダの宗教やヒンドゥー教の神話では主役を務めてきたような有力な神々であった。強力なアスラの前に、なすすべもなく追放された彼らは、その力を結集して女神を生み出す。

具体的には、激怒した神々から発せられた光線が一カ所に集まり、女神の姿となったのである。新たに生まれたこの女神に対して、神々は礼拝して、それぞれの持つ武器や持物を与える。女神はそれらを持つことができる多くの腕を備えていたのである。

女神は獅子に乗って勇敢に突き進み、アスラの軍勢を次々と倒していく。大軍勢のアスラに対して、女神の側は、その吐息から生まれたわずかな眷属がいるにすぎないが、その勇猛さでついにはアスラの軍勢を全滅させる。このあたりの戦闘のシーンを、テキストは延々と描写する。

自軍の壊滅を知った水牛の魔神、すなわちマヒシャースラは、本来の水牛の姿を現して猛反撃に

図170　マヒシャースラマルディニー

出る。その勢いに、女神の眷属はなぎ倒されてしまう。

最後は女神とマヒシャースラとの一騎打ちである。当然、悪役であるマヒシャースラは女神によって殺されるが、その最期が壮絶である。マヒシャースラは、水牛から獅子、そして人、象へと、次々と姿を変えながら女神に立ち向かうが、いずれの姿でも女神を倒すことができない。もう一度、本来の姿である水牛に戻ったところで、女神の剣で首を切り落とされ、その切り口から現れた人間の姿のアスラに、女神は三叉戟でとどめの一撃を加え、ついに絶命させる（図170）。

このクライマックスのシーンは、その後、この神話の女神を表す典型的なイメージとしてインド全域に広がり、多くの作例を残す。そして、その姿にちなんだ「マヒシャースラマルディニー」という名称でよばれるようになる。さらには、女神信仰の隆盛に伴いシヴァの配偶者の地位が与えられるが、その場合、「ドゥルガー」という名称が一般的である。そして、もともとのシヴァの妻であるパールヴァティーと同一視されるようにもなる。

一　女神を祀る寺院

インド西部のラジャスタン州の小さな村ジャガットに、この水牛を殺す女神を主尊とする小さな寺院がある。マヒシャースラマルディニーを祀る寺院は、インド各地に無数にあるが、この寺院ほど優美な姿の女神を数多く擁した寺院は、ほかにないであろう。『デーヴィーマーハートミヤ』の中で女神の呼称として好まれた「アンビカー」を寺院名とし、「アンビカー・マーター・マンディル」（アンビカー母神寺院）とよばれている。観光客が訪れるような有名なヒンドゥー教寺院が、概して壮麗で威圧的な姿をしているのに対し、この寺院はつつましいばかりの規模であるが、そこに飾られた女神や女性たちの美しさと、彼女らが生み出す濃密な世界は、どんな大寺院にもけっしてひけをとらない。

アンビカー寺院の本殿の外壁には、最も目立つところに九体の女神が配されている。このうちの五体は、明らかに水牛のアスラを殺す女神を表している。しかし、同じ女神でありながら、単調に陥らないように、少しずつ特徴を変えて変化を与えている。水牛を殺す女神の典型的な姿、すなわち、水牛から出現した人物に三叉戟を突き立てるものもあるが、人間は現れず、水牛の口を女神が左手でつかまえてのけぞらせ、その背中に三叉戟を突き立てるもの、水牛から現れた人間の髪をつかんでつり下げ、右手の剣でその首をはねようとするもの（図171）、水牛は現れず、人間と格闘するもの、といった具合である。

図171　水牛のアスラを殺す女神（アンビカー寺院）

これらの水牛を殺す女神たちは、しなやかな肢体や豊満な乳房を備えた美女として表されているが、その顔貌は毅然として、厳格ですらある。女性的な肉体を持ちながらも勇者である威厳を前面に出そうと、石工たちは腐心していたようにも見える。男装の美女をめざしたのかもしれない。

男性の姿をした女性が戦いに参加し、並みいる敵を次々と倒すというモティーフは、いつの時代にももてはやされるテーマである。小説やドラマ、そして現実の世界においても、多くの例がある。歴史上の人物ではジャンヌ・ダルクが有名であるし、漫画でも、「ベルサイユのばら」のオスカルや「リボンの騎士」のサファイアなどは、すでに古典的存在である。

これらに共通するのは、単に女性が男装するというだけではなく、美女が男装することにある。男装をしても女性はあくまでも美しく、そして凛凛しささえも兼ね備えている。ジェンダーを逸脱しているように見えながら、じつは、より高いセクシャリティを獲得しているのである。

その一方で、美女が残虐きわまりないという設定も、さまざまなところで見られる。日本の昔話であれば、雪女がその代表であろうし、「食わず女房」の名で知られる山姥が化けた美人の女房も、このパターンであろう。旧約聖書の登場人物で、勇猛に敵を殺し、その生首を脇に抱えるユディトや、怪力の持ち主であるサムソンを誘惑し、その髪を切って力を失わせたデリラも、この類である。新約聖書でも、洗礼者ヨハネの首を所望するサロメはおおむね美女で、しかも時代が下るほど、性的な魅力にあふれた女性として、絵画やオペラ、演劇などに登場する。

水牛の魔神を殺す女神も、単に美しい女神であるだけではなく、残虐なシーンの主役であるからこそ、これだけの人気を獲得したのであろう。残虐な美女を人々は求めたのである。

アンビカー寺院の場合、女神のまわりの人々によって、女神の存在感は強調されている。すなわち、アンビカー寺院の本堂の外壁には、三十三体もの女性たちが優美な姿を惜しげもなく示している。いずれも、官能的な雰囲気にあふれ、肉付きの良い体格と長くしなやかな肢体を備えた、魅力的な女性たちばかりである。ある者は体をそらせて伸びをして、その豊かな胸を誇示し（図172）、ある者は小さな子どもを抱きかかえて慈愛にあふれた表情を示す。ある者は腰布を留めた紐をゆったりと解く仕草をし、ある者は払子を肩に置いて引き締まった体で悠然と立つ。

これらは天界の女性たちであるアプサラスを表したものとも考えられるが、いずれも、現実の世界に属する美しい女性たちが何気ないポーズをとる、その瞬間を切り取ったような自然さを備えている。彼女らによって囲まれた九体の女神たちと、われわれ世俗の人間との橋渡しをしてくれるようにも見える。女神たちがかもしだす威厳や神聖さを引き立たせるような役割が、そこには期待されていたのかもしれない。水牛の魔神を殺す女神たちが、勇猛さのゆえに十分示すことができなかった性的な魅力を、これらの周囲の女性たちに集約させているのである。ちょうど宝塚歌劇で、男性役は中性的な雰囲気を持ちながらも、あくまでも凛凛しいのに対し、その相手役となるヒロインは徹底的に女性らしさを強調することと、同じように感じられる。

図172　アプサラス（アンビカー寺院）

これらの美女に交じって子どもたちも多数現れる。柱と梁のつなぎ目で、梁を支えるポーズをとった童子たちである（図173）。このような子どもはガナとよばれることもある。ガナは、必ずしも子どもだけではなく、成人の男性ではあるが短軀で鼓腹の人物像であることも多い。

このような梁を支えるガナの姿は、古くは、マトゥラーなどから出土したストゥーパの欄楯で、ヤクシニーを支える男性像として現れる。また、アジャンター石窟などでも見られるが、そこでは純粋に二本の腕で梁を支えているのに対し、ここでは、それとはかなり異なる趣向がうかがわれる。

アンビカー寺院の場合、これらの童子形のガナの身体的な特徴として、二本ではなく四本の腕を備えているものが多いことがあげられる。一組の腕は腰の横に置き、もう一組の腕は顔の左右に置くが、アジャンター石窟のように、梁を支えているわけではない。スーパーマンのように空を飛んでいるようにも見えるし、なかには、頭の横で

図173　梁を支えるガナ（アンビカー寺院）

図174　梁を支えるガナ（アンビカー寺院）

図175　梁を支えるガナ（アンビカー寺院）

ポーズをとって、ふざけているような者、もいる。梁は頭や背中で支えているので、手持ちぶさたなため、滑稽な仕草をしているようである。なかには、わざと逆立ちをして、おなかのあたりで梁を支え、頭が来るべきところにはお尻を突き出しているガナもいる（図174）。腹部ではなく、むしろ陰部で梁を支えているようにも見える。

グロテスクなガナもいる。おなかの中央に動物の顔のようなものがあり、その口を、下の一組の手でぐいっと広げている（図175）。威嚇をしているのであろうが、どこか滑稽で、子どもが「イーッ」をしているのに似ている。ガナそのものの顔もどこか異形である。獅子のような動物の頭をして、棍棒を手に梁を支えているガナもいる。

二　ガナと美女

このような姿をしたガナたちは、神々の眷族として、ヒンドゥー神話の図像作品の中にしばしば登場する。

南インドのタミルナードゥ州マハーバリプラム（マーマッラプラム）には、マヒシャースラマルディニーの戦闘

図176　女神と水牛のアスラとの戦い（マヒシャースラマルディニー・マンダパ）

の場面を表した有名な浮彫がある（図176）。タミルナードゥ州中部の沿岸部には、大小さまざまなヒンドゥー寺院が点在し、とくにマハーバリプラムには、七世紀から八世紀頃に建造された小規模の石窟形式の寺院が集中している。マヒシャースラマルディニー・マンダパもその一つで、この浮彫図にちなんで寺院名がつけられている。

通常のマヒシャースラマルディニーの図像とは異なり、この作品は女神とアスラがそれぞれの眷族を率いて戦う群像形式である。画面は大きく左右に分かれ、向かって右には棍棒を持った水牛のアスラが立ち、左には獅子に乗って攻撃する女神が表されている。そのまわりには、それぞれの眷族が取り巻いているが、アスラの軍勢は劣勢にあり、敗退する者や倒れている者が目立つのに対し、女神の取り巻きたちは、勇猛に攻め込もうとしている。敵の大将である水牛のアスラ、すなわちマヒシャースラも、水牛の頭部だけは女神の方を向いてはいるが、首から下の人間の部分はすでに腰が引けており、敗色が濃いことを体全体で表している。

マヒシャースラの眷族たちが、通常の人間の姿をとっているのに対し、女神の周囲の者たちは、いずれも短軀で鼓腹のガナの姿を示している。ひげを生やしている者も多いので、それなりの勇猛さを示しているようにも見えるが、突き出た腹と短い足、そして丸い大きな頭をした彼らの姿は、戦士たちというよりも、滑稽な姿をした道化の一団といった方がふさわしい。本来であれば、精悍な身体を持ったアスラの兵士たちに、とてもかないそうもない非力な者たちである。そのため、凄惨な戦闘シーンでありながら、どこかおとぎ話風で、紙芝居や漫画の一コマのような印象を与える。

道化を思わせるガナの姿は、同じタミルナードゥ州のシヴァ系の寺院の装飾モティーフに、しばしば見ることができる。前章のくりかえしとなるが、この地方の代表的なシヴァの寺院の一つであるカイラーサナータ寺院では、建物の基壇部に、一列に並ぶガナたちがいる（図162）。いずれも短軀で鼓腹であるのに加え、一部のガナたちは、頭部が動物になっている。水牛や獅子のような現実の動物もいれば、牙を生やしたり、異様な角を持った想像上の怪獣のような者たちもいる。建物の基壇部に登場するのは、ガナが有している「支える」という機能によるためであるが、ここではそれ以上の役割も与えられているように見える。というのも、彼らが一様に、楽しそうに踊っているように表されているからである。

いずれのガナも片手を振り上げ、もう一方の腕は体の前でポーズをとり、短い足も拍子を取るように軽やかに飛び跳ねている。全体はグロテスクな異形の者たちであるにもかかわらず、それが集団となり、さらに一列に並ぶことで、各自は思い思いのポーズをとりながらも、全体はユーモラスな群舞の情景となるのである。このようなイメージは、たとえば、ディズニーの映画の「白雪姫」に登場する七人の小人たちを思い起こさせる。不格好な姿をした小人たちが、それをわざと強調するように歌って踊るシーンである。

実際に、楽隊のようなガナたちを表した寺院もある。これも前章で取り上げたが、タミルナードゥ州のヴェットヴァンコイル寺院では、建物の外壁のいたるところにガナたちの姿が現れるが、その一部は楽器を演奏したり、それに合わせて踊ったりしている。とくに、ガナたちが一列になって集団で表される場合に顕著で、笛を吹くガナ、太鼓や小さなシンバルを打ち鳴らすガナ、両手で拍子を取るガナ、派手なポーズで踊り戯れるガナなどが並んでいる（図163）。寺院全体が、シヴァ神をたたえる音楽と踊りに包まれ、歓喜にあふれていることを、参拝者たちに強く印象づけたのであろう。

日本の有名な絵巻物の一つ「鳥獣人物戯画」も、祭礼の場面で動物たちが踊り戯れるシーンがある。「ささら」とよばれる楽器を手にして飛び跳ねて踊るカエルを中心に、ウサギや猿などの他の動物たちも、そのまわりで一緒に踊ったり、はやし立てたりしている。「戯画」と一般によばれてきたように、まさに戯れの絵であるが、人間の仕草を動物たちがまねる滑稽さが、祝祭という状況でひときわ強く感じられる。ちなみに、ヴェットヴァンコイル寺院でも、猿の姿をしたガナが登場する。動物の姿をしたガナの中でも、とくに猿は、その人間に近いイメージから、人間のパロディーになりやすい性格を持っていたのであろう。人間の姿をした猿がまねをするからおもしろいのである。これは、ガナ一般にもいえることかもしれない。ガナはそのイメージが、一般の人とは異なる「人間に似たもの」としてとらえられていたのである。

ガナが滑稽な仕草をするのは、西インドのエローラ石窟でも見ることができる。第21窟はエローラ石窟のヒンドゥー教窟の中でもとくにすぐれた作品を数多く残す窟であるが、同時にガナのイメージの宝庫でもある。シヴァがその妻パールヴァティーと賭け事をして楽しむ場面の下半分には、賭け事に負けたシヴァから、乗り物の雄牛であるナンディンを、ガナたちが連れ去ろうとしているシーンが表されている（図177）。雄牛という巨大な

図177　ナンディンを運ぶガナたち（エローラ第21窟）

動物を、小さなガナたちが寄ってたかって連れて行こうとしても、ナンディンがいっこうにいうことを聞かないという情景だけでも、見る者におかしみを誘うが、それに加えて、ガナたちの仕草が滑稽である。

まじめにナンディンを動かそうとしているガナはほんのわずかで、他のガナと相撲をとっている者や、ナンディンの尻尾をかじっている者、ナンディンに向かって「アッカンベー」をしている者、なかには、後ろ向きに立ち、自分のお尻をさらけ出しているガナもいる。虚勢を張っているのか、はたまた放屁でもしているのかもしれない。全体は幼稚園の遊戯場を思わせるような雑然とした雰囲気で、思い思いに戯れる子どもたちの喧噪が聞こえてくるようである。

これとは別の、シヴァとパールヴァティーの結婚を表した大構図の浮彫にも、その基壇にあたるところにガナたちがいる。ここのガナは、おとなしく一列に隊列を組んでいる。例の奏楽のガナたちもいれば、手に何かを持って運んでいるガナたちもいる。婚姻のための行進で、楽隊に加えて、輿入れの道具の運搬を行っているのであろう。三人がかりで寝台と思われる家具を運ぶ者たちもいる。あでやかな行列であるが、一部のガナは獅子や水牛を思わせる動物の頭をしている。また、腹部にも獅子の顔をつけたガナもいる。グロテスクなガナのイメージは、このような祝祭の場面でも意識されていたのであろう。

ガナが滑稽化することは、おそらく紀元前後のマトゥラーですでに始まっていたと考えられる。ヤクシニーが官能的な姿を洗練させていったのに対し、ヤクシャは成熟した男性的なイメージを失い、小人タイプのガナへと姿を変えていった。サンチーのトーラナに現れた降魔成道のマーラたちもその流れの中にあるし、アジャンター第26窟には、その末裔ともいえるガナ・タイプのマーラたちが登場する。小人タイプに加え、動物の頭を持つ者や、腹部に顔を持つ者もいる。ヤクシャは、ガナ化することでグロテスクなイメージを強く帯びるようになるのである。おそらく、そこにはガンダーラ美術に見られる異形のマーラたちの姿も影響を与えたであろう。

それとともに、マトゥラーやその周辺では、ふざける仕草のヤクシャも作られた。ラクナウ博物館所蔵の作品（図178）は、「イーッをするヤクシャ」とよばれているが、もちろんこれは、両手の指で口の端を左右に広げるポーズから名づけられたものである。それに加えて、子豚のような体型や、野球のホームベースのような顔の形、デフォルメされた目や口には、異形でありながら親しみやすささえ覚える。マスコット・キャラクターのデザインに使えそうな作品である。

類似の「イーッ」をする仕草は、アジャンターの壁画の中の赤ん坊のようなガナたちにもいくつか作例があるし、さきほど見たエローラのガナの「アッカンベー」をする仕草にも通じる。幼児がふざけるイメージとして広く好まれたことが分かる。

その一方で、マトゥラーからはまったく別のタイプのヤクシャも出土している。酒を飲み酩酊するヤクシャである。酒の入ったジョッキのような器を手にしたり、酔っぱらって立ち上がれなくなり左右の人物に引っ張られている姿の作品がよく知られている。ここに描かれるヤクシャは頭部が損傷を受けているため表情は分からないが、別の類似の作品では、頭部はボールのように丸くて大きく、髪の毛は縮れた上に、おかっぱのような独特の髪型をし、太い口ひげを鼻の下に蓄えている。明らかに成人の男性で、子どものイメージのガナとは異なるが、全体のシルエットは小人タイプのガナと共通する。同じようなイメージをしながらも、小人タイプのガナと、鼓腹で短軀の成人男性タイプのガナに分化するといってもよいであろう。とくに後者は、酒を享受する歓楽の神として、地中海世界のバッカス神との結びつきが指摘される。ヤクシャのバッカス化である。

バッカスを主役として描いたヨーロッパの絵画では、しばしば美女と子どもたちも登場する。たとえば、十六世紀のイタリアの画家ティッツィアーノは、バッカス祭三部作とよばれる有名な絵画を残している。「バッカス祭」「バッカスとアリアドネ」「ヴィーナスへの奉献」とよばれるこれらの作品には、愛の営みを謳歌するバッカスと美女たちに加え、童子の姿も描かれている。「ヴィーナスへの奉献」では、画面は思い思いに戯れる無数のキューピッドで埋め尽くされ、そのかたわらに半裸のヴィーナス像が立っている。

図178　「イーッ」をするヤクシャ
（ラクナウ博物館）

三　生命を呑み込む女神

『デーヴィーマーハートミヤ』には、前に紹介した二つのエピソードに続き、第三のエピソードがある。テキスト全体でも最も長い物語である。基本的な枠組みは、これまでのエピソード、とくに第二のそれと似た内容で、神々とアスラとの戦いにおいて女神が勝利を収めるお決まりのパターンである。ただし、第三のエピソードに固有の特徴として、主人公の女神が絶世の美女であること、そして、主人公以外にも女神が多数出現すること、の二点があげられる。

敵のアスラはシュンバとニシュンバという兄弟の王に率いられている。彼らは、第二のエピソードの水牛を本性とするような異形の者ではない。通常の人間の姿をしている。しかも彼らは、主人公の女神がこの上なく美しい女性であることを知り、結婚を迫る。これに対して女神は、戦場でみずからを倒した者こそ自分の夫にふさわしいといって拒絶し、戦いを挑発する。

主人公の女性が戦いを挑むというのは、その女性が美しいことで、読者にはさらに魅力的に映ったはずである。「強い美女」「戦う美女」を主人公にするアクション・ドラマを、当時の人々、とくに男性が求めたのであろう。もっとも、この神の場合、主役の女神はヒマラヤの山中に住むといわれ、シヴァの妻であるパールヴァティーのイメージが与えられているし、シヴァの配偶神となるドゥルガーと同一視されることも多い。パールヴァティーの美貌とシヴァの凶暴性をあわせ持った女神として、人為的に生み出された女神でもある。

第三のエピソードに登場する主人公以外の女神には、七母神とよばれる女神のグループと、カーリーの名で知ら

図179　七母神とカーリー、ガネーシャ（エローラ第14窟）

れるグロテスクな女神がいる。七母神は、インドラ（帝釈天）の妻であるインドラーニーや、ブラフマー（梵天）の妻であるブラフマーニーなど、伝統的なヒンドゥー教の神々の配偶者の名を持つ女神たちである。もともと、インドラなどの神々は、ヴェーダ聖典などでは特定の妻を有していなかったが、ヒンドゥー教における女神信仰の興隆や、シヴァやヴィシュヌが妻子を持ち家族を構成するようになったことに影響を受けて、これらの女神が現れるようになる。

ただし、彼女らは夫である男神とともにいるのではなく、このように七母神というグループを構成して、女神たちだけで現れる。場合によっては、それぞれが子どもを伴うこともあるが（図179）、これは彼女らが「母なる神」であって、「妻である神」という性格が希薄であったことをよく示している。

もともと母神（マートリカー）というのは、人々に疾病や災厄をもたらす恐ろしい女神たちの総称だった。なかでも子どもの生命を奪うことが多かった天然痘の神が、典型的な母神であった。その場合、個々の母神は固有の名称を持たず、「悪鬼」や「死をもたらす者」といった名で、まとめてよばれていた。人々から恐れられていた身近な女神だったのである。これにインドラーニーなどの名称やイメージが与えられたのは、ヒンドゥー教の神々の体系に組み込まれていった結果である。『デーヴィーマーハートミヤ』は、この「大伝統の女神」を説く代表的な聖典だったのである。

七母神は、インドのみならずネパールでも信仰されたが、そこでは七母神にチャームンダーを加えた八母神で構成されることが多い。チャームンダーも典型的な天然痘の神で、インドで広く信仰された女神である。その姿は女神や母という言葉からイメージされる美しさや慈愛とは正反対で、やせこけた骸骨のような身体を持ち、死体の上に坐っている。おそらく、インドにおける母神の基本的なイメージは、このようなものであったのであろう。

チャームンダーも『デーヴィーマーハートミヤ』の第三のエピソードに登場する女神の一人である。アスラの軍勢を七母神とともに撃退し、敵を血祭りに上げる。ただし、ここではヒンドゥー教の女神の中でもよく知られたカーリーが本来の名称で、チャームンダーというのは、その武勲に由来する異名として説明されている。すなわち、敵軍の将であるチャンダとムンダの首をはねて主人公の女神に捧げたことから、チャームンダーとよばれるようになったというのである。

本来、チャームンダーとカーリーは別々の女神であったが、『デーヴィーマーハートミヤ』において両者の同一視が図られ、そのイメージも共通になっていく。骨と筋だけのやせこけた身体を持ち、しなびた乳房を垂らし、全身は青黒い色をしている。カーリーは、ドゥルガーやパールヴァティーとも同一視されるため美しい女性の姿で描かれることもあるが、本来はこの記述にあるようなグロテスクな姿をした神であり、チャームンダーなどの母神たちの基本的なイメージを色濃く残している。

図180　ラクタビージャを呑み込むカーリー（ネパール国立古文書館）

カーリー（チャームンダー）の『デーヴィーマーハートミヤ』における重要な物語に、ラクタビージャの殺戮がある。ラクタビージャとは「血を種子とする者」という意味で、敵の中に現れた強力な戦士のことである。その敵は、名前が示すとおり、体から地面にしたたり落ちた血から分身が次々に生じるという特技を持っていた。そのため、女神たちがこの敵を倒すたびに、彼らの体から流れ出た血から分身がわいて出て、その数が猛烈な勢いで増えていくことになる。

この苦境を救ったのがカーリーである。彼女はラクタビージャの血が地面に落ちる前に呑み込んでしまうことで、敵の技を封じ込め、退治することに成功したのである。ラクタビージャの分身ごと、その血を呑み込むグロテスクなカーリーの姿を、『デーヴィーマーハートミヤ』の物語を描いた絵画に見ることができる（図180）。

血を呑む女神というのは、カーリーの基本的なイメージにもなった。シヴァ神の上に立ったカーリーが、髑髏の杯で血を呑もうと舌なめずりをしているイコンが広く知られ

図181　カーリーを呑み込む女神（ネパール国立古文書館）

ている。分身を生み出すラクタビージャの血は、暴走する生のエネルギーの象徴であり、それを自分の体内（胎内）に納めコントロールする能力こそが、人々が女神に求めたものであろう。女性と血の結びつきが、神話レベルでとらえられているのである。

『デーヴィーマーハートミヤ』の第三のエピソードのクライマックスは、主人公の女神とシュンバ、ニシュンバとの戦いであるが、ニシュンバが倒された後に、シュンバは女神に対して、他の女神の力を借りて戦う女神を非難する。たしかに、もともとは求婚者のシュンバたちに対して、結婚したければ自分を戦場で倒せと挑発したのであるから、彼の言い分はもっともである。

女神はこの言葉を受けて、他の女神たちは皆、自分から生まれた者たちであるといって、全員を自分の体内に納めてしまう。『デーヴィーマーハートミヤ』の物語を描いた絵画では、カーリーをほぼ呑み込んだ女神が画面の右の方にいるが、その青黒い足の先が、まだ口からはみ出した状態になっていて、それをシュンバが呆然と見ている様子も

図182　口から花綱を吐き出すガナ（チェンナイ州立博物館）

描かれている（図181）。中央にいるのは、女神の最も重要な分身ともいわれるチャンディカーシャクティという女神で、彼女も最後には女神の中に帰入していく。

すべての神々は女神の顕現にすぎないというのは、ヒンドゥー教が好む一元論的な神観念であるが、カーリーの足をくわえて立つ女神の姿はどこか滑稽である。アスラの将を虜にしたはずの美貌はどこに行ってしまったのだろう。それを見つめるシュンバの姿は、女神の本性を知ってしまい、愕然としているようにも見える。

それはともかく、ここでは女神の中で二重の「呑み込む」行為があることが分かる。一つはラクタビージャをその血とともに呑み込むカーリーで、もう一つが、そのカーリーを含むすべての女神を呑み込む主人公の女神である。はじめのカーリーはグロテスクなイメージでとらえられるのに対し、全体を呑み込む女神は、あくまでも絶世の美女であるという設定である。

「呑み込む」という動作から連想される作品がある。アマラヴァティーから出土した巨大なガナである（図182）。

このガナは口から太い花綱を出すというグロテスクな姿をしている。花綱は男性の姿をしたヤクシャたちが担いでいるが、多くの作品では花綱を担いでいるのはガナたちである。

ちなみに、ガンダーラ地方では同じ役割をしているのは童子たちで、地中海世界のキューピッドにつながる。キューピッドは、ギリシャ神話ではエロスとよばれてバッカスや美女とともに描かれ、また、美と愛の神ヴィーナスの取り巻きであった。花綱も彼らの重要なアトリビュートであった。

花綱を吐き出すガナと血や女神を呑み込む女神では、方向が逆のように見えるが、それを絵画や彫刻にした場合、同じようなイメージとなる。そもそも、口は呑み込むことも吐き出すことも可能な身体的な器官である。方向は逆であっても、それは同じことの表と裏の関係のようなものであろう。生命を取り込み、そして生命を産み出すという女性の持つ機能を分かりやすく表していると見ることもできる。そして、女神が備えているのは、女性特有の美しさやエロティシズムだけではなく、グロテスクや残虐性、さらには滑稽さで構成された、重層的なイメージなのである。周囲の子どもたちや、バッカスにも似たガナたちは、その分身ととらえることもできよう。

第五章　地獄絵に見る死とグロテスクのイメージ

一　ゆゆしき地獄絵

1　典型的な怖い絵

清少納言の『枕草子』第七十七段に、地獄絵についての言及がある。

御仏名《みぶつみよう》のまたの日、地獄絵の御屏風《びようぶ》取りわたして、宮に御覧ぜさせたてまつらせたまふ。ゆゆしういみじき事《こと》限りなし。「これ見よ、これ見よ」と仰せらるれど、さらに見はべらで、ゆゆしさにこへやに隠れ臥《ふ》しぬ。

(訳・御仏名の日の翌日、清涼殿《せいりようでん》から地獄絵《じごくえ》の御屏風《びようぶ》を上の御局《つぼね》に持って来て、主上は中宮様に御覧にお入れ申しあげあそばす。その絵のひどく気味が悪いことといったら、この上もない。中宮様が「これをぜひ見よ。ぜひ見よ」とお命じになるけれど、絶対に拝見しないで、あまりの気味悪さに私は小部屋に隠れ臥《ふ》してしまった。)　(松尾・永井訳　1997：133)

宮中の内裏で行われた年中行事の一つ、仏名会についての記述で、屏風に描いた地獄絵が並べられ、それを宮中の人々が見たことを伝えている。清少納言自身は、あまりの恐ろしさ、不気味さに、部屋に隠れてしまったという。

日本美術における恐ろしい絵、グロテスクな絵として、地獄絵はその代表格であろう。幼いときに、近所の寺院で見た地獄絵の恐ろしさが、今でも記憶に残っているという人たちもいる。年配の方ばかりではなく、現役の大学生の中にもそのような経験があることを聞くと、地獄絵を見せるという伝統の強さにあらためて驚く。一年に一度、虫干しを兼ねて寺院の本堂に掛け、参観する人たちに絵解きをする風習が、今でも残っているのである。あまり小さいときに見せるとトラウマになる。最近は地獄絵の絵本が人気のようだが、このような絵でしつけをしようとしてはいけない。

2　地獄絵の古典

しかし、地獄絵は本当に怖い絵であろうか。グロテスクで陰惨な絵であることは確かであるが、ただひたすら怖いだけの絵であろうか。

東京国立博物館や奈良国立博物館などに分断されて所蔵されている『地獄草紙』は、わが国に伝わる地獄絵の中でも、とくに重要な作品である。また、数ある絵巻物の中でも、とりわけ有名なものの一つでもある。後で取り上げる、院政で知られる後白河院の時代に制作されたと推測される『餓鬼草紙』や、本書では扱わないが、著名な『病草紙』などとともに、輪廻の世界を表した六道絵として一具であったという説が有力である。

『地獄草紙』の典拠は『起世経』の「地獄品」、『正法念処経』の「地獄品」、『仏名経』に含まれる『宝達問答報応沙門経』（『馬頭羅刹経』ともよばれる）などであったことが、これまでの研究で明らかにされている。しかし、もちろんこれらの経典は、単なる文字情報でしかなく、そこからいかなるイメージを紡ぎ出すかは、絵師の裁量に任されている。

『地獄草紙』はその一部が現存するのみであるが、全体で二十場面以上を数え、その内容もヴァリエーションに富んでいる。のちの時代の地獄絵が、巨大な山岳や建造物を背景に、さまざまな責め苦のシーンをちりばめたパノラマ的な表現をとるのに対し、『地獄草紙』の各場面は、それぞれ単独の責め苦を表し、統一性や連続性は希薄である。

しかし、その中にもある種の一貫性や傾向をうかがうことができる。たとえば、罪人が集団となって、燃えさかる炎に焼かれたり、血や膿、糞尿の池でもがいたり、さらには巨大な蛆虫や蜂などにたかられたりしている場面が、いくつか現れる。燃える石や砂が、空から罪人の上に降りそそぐ場面もある。そのたびに、罪人は右往左往したり、激しい痛みにのたうち回ったり、もだえ苦しんだりしている。もちろん、あまり体験したくない苦しみであるが、想像を絶するような責め苦ではない。

体中に蛆虫がたかり、皮膚や、さらには骨の髄まで食いつぶし、体中から血や膿があふれ出て苦しんでいる場面もある。おそらくこれは、蛆虫が死体にたかる現実の姿を、そのまま地獄の罪人に置き換えたのであろう。瀕死の状態にある者の体に、生きながらにして蛆がわくこともあったであろう。そのような情景を目の当たりにすることも、この絵巻が作られた時代には、けっして珍しくはなかったと思われる。

このような、いわば自然現象的な罪人の責め苦とは異なり、地獄の獄卒による人為的な拷問もいくつかある。

3　拷問する老婆

鐵碓所というところの責め苦は、鉄でできた大きなすり臼の中に次々と罪人が投げ込まれ、その体がすり潰される拷問である。筋肉質の体格で奇怪な顔をした三人の獄卒が、手分けして、一人は臼の上から罪人を入れ、後の二人が臼を綱で引き合いながら回転させている。どの地獄絵でもそうなのだが、獄卒はみな熱心で律儀な働き者であ

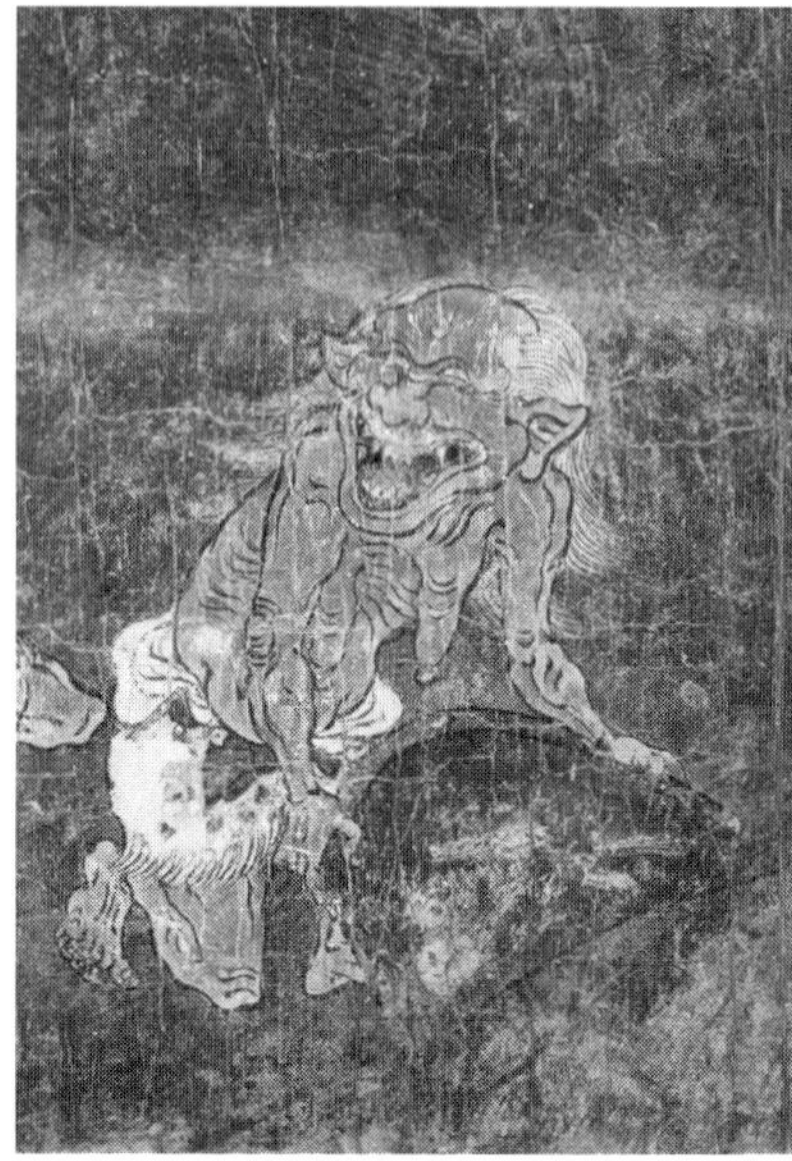

図183「鐵磑所」
（原家本『地獄草紙』、奈良国立博物館）

図184「函量所」
（原家本『地獄草紙』、奈良国立博物館）

る。

それに加え、この場面には第四の人物として老婆がいる（図183）。手にした箕の中に、すり潰された罪人の身体の破片を入れ、川の中に流し込んでいるようだ。男の獄卒たちが褌をしているのに対して、この老婆は緋色の帯を締めて腰巻きをつけている。さらにこの老婆は大口をあけて嬉々として笑っている。何がそんなに楽しいのだろう。しわくちゃでしなびて垂れ下がった乳房から、ようやく、この人物が女性であることが分かる。

同じような老婆は、函量所という場面にも現れる（図184）。桝目をごまかして利得を得た悪徳な商人などが落ちるところである。三人の罪人は熱い鉄の溶液を桝で量らされている。燃えさかる鉄が体を焼くので、その顔は苦痛にゆがんでいる。そのかたわらで、杖をついて坐り、罪人を責め立てているのも、鐵磑所にいたのと同じような老婆の獄卒である。

罪人のうちの一人も老婆で、他の二人はそれよりも若い壮年の男女である。老婆のみは腰巻きをつけて下半身を隠しているのに対し、二人の男女はいずれも全裸である。これは他の場面の罪人たちと共通で、性器を露出させて描かれることもある。老婆が罪人として描かれる場面はほかにはなく、老婆に敬意を表したのであろうか、それとも、隠しておいた方がよいと考えたのであろうか。若い女性の全裸で逃げる他の場面などを見ると、この絵巻の作者が、裸にするための年齢制限を設けているようにも見える。

4　獄卒は働き者

かつて益田孝（益田鈍翁）の所有であったため益田家本とよばれることもある『地獄草紙』は、これまで見てきたものとは異なり、沙門や比丘が、仏門に入りながら悪業を犯したために堕ちる地獄を描いたもので、坊主頭（坊主なのだから当然であるが）の男性たちが、あの手この手で責め苦を受ける。

その中の一場面に、獄卒たちによって皮をはがれるシーンがある（図185）。剝肉地獄という。皮をはがれた後の罪人たちの、血にまみれてあばら骨が露出しているさまが痛々しい。おそらく、動物の皮をはぐ要領で、人間の皮をはいでいるのであろう。背中側の皮がはがれている者が多いのも、動物の解体をするときに腹を割いて背中の皮を破らないようにはいでいく方法に従ったためと思われる。

これとよく似た解身地獄という地獄もある（図186）。大きなまな板の上に罪人を載せ、その足や腕、胴体を、箸と包丁を使ってきれいに輪切りにしている。マグロなどの解体ショーを思わせる情景である。まな板の上に坐り込んでいる罪人は、なぜかぷくぷくと太った子どもの姿で、いかにも食べ頃の姿と思われる。

図185　「剝肉地獄」（益田家本『地獄草紙』、個人蔵）

図186　「解身地獄」（益田家本『地獄草紙』、MIHO MUSEUM）

まな板のまわりには、きれいに切りそろえられた肉を盛りつけた椀が並び、今まさに盛りつけをしている獄卒もいる。地面には骨が散乱し血糊もたまっているが、料理の場面であると思えば、別にどうということもない。

ここでも、真剣に自分の業務に励んでいる獄卒たちの姿が印象的である。いかにきれいに罪人の肉を切りそろえ、それを盛りつけるかに、神経を集中しているようである。きれいに見せることにどれだけの意味があるのであろうか。そもそも、いったい誰がそれを愛でながら賞味するのであろうか。鬼の仕事の几帳面さが強調されればされるほど、彼らのこだわりが分からなくなる。

5　責め苦は想像の範囲内

地獄のさまざまな責め苦は、地獄絵の最も重要な要素である。あの手この手で罪人を苦しめ、責めさいなむことが、その唯一にして最大のテーマであった。単調に陥ることは避けなければならない。極楽浄土は三日もいれば飽きてしまうが、地獄はどれだけいても飽きることはないと、売り込むこともできる。

しかし、そこに登場する責め苦は、悲しいほど現実の世界と変わりがない。人間に苦痛を与える方法など、ほとんどがこの世で行われ尽くされている。「この世の地獄」とか「生きながらにして地獄の苦しみを味わう」などという表現があるのも、地獄が現実の世界をけっして超えることができないことをよく表している。

そもそも、地獄が人間の想像の所産であるとしたら、その具体的な内容も、われわれの想像の範囲内であるのは当然である。「想像を絶した」などという表現もあるが、これはむしろ現実の方が想像を超えたときに用いられる。仮に、想像を超えたような地獄の苦しみがあったとしても、それはわれわれの想像ができないという点で、すでに理解不能、すなわち、怖いとも恐ろしいとも思えないだろう。リアリティを失うことになるのである。

そのため、地獄を描く者たちは、現実の世界を少しずらすことで、地獄という擬似的な現実世界を作り出す。罪人である人を獣や魚のように扱ったり、場合によっては、臼でひき潰す穀物のようにするのである。それはすべて想像の範囲内である。そして、罪人が人間の姿をとるため、それを責め立てる獄卒は、人間とは異なるイメージが必要となる。鬼の姿をとったり、牛頭、馬頭のように動物の頭を持った獄卒がいるのも、そのためである。そうすると、老婆というのは、それ自体がすでに人間の範疇を超えた奇異なる存在とみなされていたことになる。

『地獄草紙』よりも後の時代に作られた地獄絵では、獄卒としての老婆は姿を消す。しかし、そのような地獄の絵でも、老婆の姿を見ることができる。三途の川を渡る前に待ちかまえている奪衣婆である。地獄の入口である三途の川を前にして、罪人は身につけている衣をはぎ取られる。『地獄草紙』のように全裸にされることはないが、男性は褌、女性は腰巻きだけの姿にされてしまう。その後、女性は「初開の男」に背負われて三途の川を渡るといわれる。初開の男とは、女性がはじめて性体験を持った男性のことである。男性も女性も裸同然の姿にされて、しかも、生前の性体験に応じた責め苦を味わうのであるが、そこに立ち会うのが老婆の姿をした奪衣婆なのである。

罪人となって地獄に堕ちる者には、男性も女性もいるし、その中には子どもも老人もいる。むしろ、死者のイメージとしては老人がふさわしいはずであるが、不思議なことに、地獄絵の中の罪人たちは、老人の姿をほとんどとらない。老人に責め苦を味わわせるのは不憫だったのかもしれないし、子どもも同様で、代わりに賽の河原のような子ども向けの責め苦の場所を用意しているとも考えられる。しかし、老人、とくに老婆に代わって多くの地獄絵に見られる女性が、概して若い女性たちであることを考えれば、若い女性を裸同然にして描き、その引き立て役として奪衣婆のような老婆を置いたと考えた方が自然である。それは、次に取り上げる『餓鬼草紙』などとも共通する嗜好である。

二　しのびよる餓鬼

1　現実世界にいる餓鬼

『地獄草紙』とは別の意味で不気味な絵巻が『餓鬼草紙』である。東京国立博物館所蔵の河本家本と、京都国立博物館所蔵の曹源寺本の二巻が遺されている。河本家本は『正法念処経』に、曹源寺本は『抜苦焰口餓鬼陀羅尼経』や『盂蘭盆経』などにもとづき、それぞれ画風も異なる。

餓鬼とは六道輪廻の生まれ変わりの一つで、つねに飢えや渇きにさいなまれる世界である。生前に貪り、妬み、吝嗇などの罪を犯した者が落ちる世界で、源信の『往生要集』には、地下の閻魔世界か、もしくは人道と天道のあいだにあると説かれるが、実際の作品では人間世界の中に描かれる。人間とは別に餓鬼だけで完結した世界を描いても、あまり意味をなさない。餓鬼は、われわれ人間と共に生き、そのおこぼれとして食物や飲み物をかすめ取るというイメージでとらえられていたからである。餓鬼が別の餓鬼に食べ物を求めてもしかたがないし、人間とすれば、そのような餓鬼に少しでも憐れみをかけることで、善根を積み、来世のよき生まれ変わりが期待できるのである。

『餓鬼草紙』に描かれた餓鬼たちの姿は、いずれも異様で不気味である。体は極端なまでにやせこけ、手足はほとんど棒きれのようである。その一方でおなかは巨大なボールのように丸く大きく膨らんでいる。もちろん、これは適当に描いているのではなく、極度の栄養失調の状態にある現実の人間の姿を写し取ったものである。現代でも、アフリカなどの飢饉で、同じような姿をした人たちの姿を、映像や報道写真で目にすることがある。

『餓鬼草紙』の餓鬼を見ると、口は通常の人間と同じで、むしろ、大きく開くときには歯茎をむき出しにし、舌なめずりをしていることの方が多い。食べることへの執着をよく表している。また、全身は裸で、黒ずみ、髪の毛はざんばらの状態で顔の横にかかり、目はぎょろぎょろとして丸く大きい。

おそらく、このような姿をした飢えた人々が、当時の京の町にはゴロゴロしていたであろう。ひとたび戦乱や飢饉に襲われれば糊口をしのぐことさえできず、餓死に至る貧しい人々は無数にいた。『餓鬼草紙』に描かれているのは、絵師の想像の世界ではなく、ある程度は現実世界をふまえた写実的な情景なのである。

2　男女にからみつく餓鬼

河本家本の第一段は、欲色餓鬼が描かれている（図187）。裕福な貴族の邸宅で行われている宴の場面で、五人の公卿の男性と二人の女性が、高級そうな料理と酒を前にして坐っている。琵琶、横笛、箏の琴、鼓などを手にして、まさに宴たけなわといった様子である。女性は公卿の身内の者ではなく、おそらく遊女の類であったろう。この時代、高貴な女性は夫以外の男性の前に姿を現すことは許されなかった。宴席に同席して、共に興ずることなどあり得ないのである。

一見、楽しそうに見える宴の場面であるが、よく見ると、公卿の男たちには、一人ずつ小さな餓鬼がとりついている。これが欲色餓鬼で、『正法念処経』によれば、華やかに着飾った美男美女が、淫楽に耽ったり、あるいは遊宴に明け暮れる場にしのびより、飲食を盗むという。体はとても小さく、あるいは小鳥に姿を変えるので、人間の目には見えない。

『餓鬼草紙』の作者は、宴席に忍び込む餓鬼たちを小さな姿にはしているが、それが人間の目には見えないほど

図187 「欲色餓鬼」
（河本家本『餓鬼草紙』、東京国立博物館）
© Image : TNM Image Archives

小さくは描いていない。もしそんなに小さくしてしまったら、絵巻を見ているわれわれにも見えなくなってしまい、絵が成り立たない。

代わりに、公卿たちが餓鬼の姿にまったく気がついていないように描くことで、それを表している。公卿の懐にもぐりこみ、その枯れ木のような手を公卿の顔に伸ばす餓鬼もいれば、琵琶をひく公卿の肩に乗り、その耳に何か囁きかけようとしている餓鬼もいる。本当ならば気がついて当然の仕草を餓鬼たちはとるのであるが、公卿たちはそれにまったく気づいていないのが、この絵の見せどころであり、不気味なところでもある。

ただ単に食べ物や飲み物をかすめ取るだけであれば、そのように描くことは難しくないし、それに公卿たちが気がつかなくてもおかしくない。しかし、ここでは餓鬼たちは食べ物などではなく公卿たちの体に手を伸ばしている。部屋の中で飼っている犬や猫のペットが、飼い主にまとわりついているのに似ている。ペットならばかわいいが、まとわりついているのが小型の餓鬼たちというのは、それほど気持ちがいいものではないだろう。

図188 「伺嬰児便餓鬼」
（河本家本『餓鬼草紙』、東京国立博物館）
© Image : TNM Image Archives

3　糞尿を好む

河本家本の第二段は「伺嬰児便餓鬼」とよばれる（図188）。『餓鬼草紙』の中でも有名な出産の場面で、当時の出産の状況を伝える点でも重要な資料となっている。

この餓鬼は、出産後の嬰児が出す便をねらってしのびよる餓鬼である。画面中央では介添えの二人の女性に支えられながら、まさに分娩を終えた女性が、安堵の表情を浮かべている。当時の出産はしゃがんで行う座産であることが分かるが、これは近年まではむしろ一般的な分娩の姿勢であった。女性の周囲にはさらに複数のお付きの女性たちが坐り、床には厄除けのために割られた甑《こしき》が散乱している。また、向かって左の障子を開けて弓を手にした男性がのぞき込んでいる。これも出産の際に現れるもののけを退散させるために、弓の弦をはじく男性である。向かって右の部屋には、加持祈禱を行っていたと思われる法師と巫女がいる。法師は安産の報を聞いて喜悦の表情を浮かべている。

さて、肝心の餓鬼であるが、分娩した女性のすぐかたわらで、生まれたばかりの赤ん坊の方に手を差しのべている。口からは赤い舌をべろりと出して、格好の餌食を目の前にして喜びを隠しきれない様子である。

第三段は伺便餓鬼である（図189）。この段も当時の風俗を伝える資料として有名である。街中の路地の片隅で、老若男女が排便をしている。中央には女性が二人、その横には初老の男と子ども、そして、少し離れたところに年配の女性が、それぞれ排便中である。排便のためと思われる高下駄を履き、まわりには、大便をこそげ取るための木べらが散乱している。

餓鬼たちは、排泄されたばかりの大便を手に入れようと、身をかがめたり、まわりを取り囲んだりしている。中央にいる若い女性の便をねらっている餓鬼が一番多いのは、同じ排泄物でも、出す人間の美醜が味に関係したのであろうか。

墓場で死骸をむさぼる疾行餓鬼の第四段をはさんで、第五段でも人間の糞尿を食べる食糞餓鬼が描かれる（図190）。

図189　「伺便餓鬼」
（河本家本『餓鬼草紙』、東京国立博物館）

図190　「便食餓鬼」
（河本家本『餓鬼草紙』、東京国立博物館）

糞尿の池に腰までつかった二人の餓鬼が、手でそれをすくいながら、さもおいしそうに口にしている。池のほとりでも、しゃがみ込んだ餓鬼が、まわりに散らばった大便をむさぼっている。糞尿を捨てる肥だめの池であると同時に、その周囲で排便をする公衆便所のような役割を果たしていた場所であろう。

4　食べることと出すこと

もちろん、このような絵は、われわれと同様、当時の人々にとっても、生理的嫌悪感をもたらすグロテスクで陰惨なものとして、その目に映ったであろう。人間の糞尿を求めてさまよう餓鬼の姿は、その境遇のみじめさや哀れさを、強く印象づけたと思われる。単に苦しみを与えるだけではなく、人間の尊厳を完全に否定した世界である。もちろん、餓鬼は人間ではないが、見る者は自分の境遇を餓鬼に置き換えるであろう。どんなに残酷な地獄でも、それはどこか別の世界であるのに対し、餓鬼の世界はわれわれと同じ世界に属している。人間に近い存在なのである。ただ、われわれは餓鬼に気づかずに日々の生活を送っているが、そのすぐ横で餓鬼たちがうごめいているのである。

糞尿はともかく、人々の食べ残しをあさったり、場合によっては、死体にも手を出すような飢餓の時代は、頻繁にあったに違いない。餓鬼の姿は目に見えないのではなく、それとほとんど変わらない飢えた人々の姿を、当時の人々は目の当たりにしていた。絵巻を見ていた高貴な人々も、その例外ではない。みずからの境遇をそれと比べて安堵したかもしれないが、来世には餓鬼の身に落ちることの恐怖の方が勝っていたであろう。餓鬼ではないにしても、それに近い生活を強いられる極貧の身になるかもしれない。もちろん、それは来世まで待たなくても、現世においてもあり得るであろう。

それにしても、『餓鬼草紙』の作者の排便へのこだわりは尋常ではないという印象も受ける。スカトロジーという言葉もあるように、排泄物、とくに大便に異常な執着を見せる性癖も知られている。伺便餓鬼に見られるように、若い女性の排泄行為に関心を示す態度も、それに含まれるであろう。

しかし、『餓鬼草紙』のこれらのシーンでは、単に作者のスカトロジー的嗜好を示すととらえるのでは不十分であろう。

餓鬼はその性格から、「食べる」ということに限りなき執着を持った存在である。そして、食べることと排泄をすることは、一つのつながりを持つ。食べることと排泄することは、連続する行為であると同時に、循環する行為でもある。

『餓鬼草紙』の第九段は食吐餓鬼で、一度食べたものを無理やり吐き出させられる苦しみを味わう。やっとありつけた食べ物を、食べたと思ったらすぐに吐き出させられる苦しみは、いかばかりかと思うが、食べるという行為と排泄するという行為が、体から見れば「入れる」と「出す」という反対方向の行為であるのに対し、嘔吐というのは、それを逆回転させたことになる。口は排泄する器官にもなり得るのである。『病草紙』には、口から糞を吐き出す男も描かれている。

食べた後には排泄があるが、性行為の後には出産がある。分娩というのも一種の排泄行為とみなすことができる。『餓鬼草紙』の出産の場面に登場する餓鬼は、人間の体から排出されたものに執着するという点で、伺便餓鬼や食糞餓鬼と同じなのである。出産の場合は、餓鬼は嬰児の便をねらうとともに嬰児に死をもたらすとも、経典は述べている。体から出るものとしては、嬰児もその便も、同じ扱いを受けているのである。

出産の場合、産み出されるのは生命であるが、排泄の場合はそうではない。しかし、言うまでもなく、糞尿は肥料として活用され、作物の生育や豊かな実りをもたらす。それ自体が生命力を持った存在としてとらえられている。墓場に散乱する死体をむさぼる餓鬼も同様であろう。死体を食べるというとカニバリズムのようなグロテスクな印象を与えるが、墓場で死体が土に帰っていく様子は、当時の人々にとって珍しいものではない。そこから植物が芽吹き、生育するのは当たり前に映ったであろう。死体をついばむ烏や、肉やはらわたをむさぼる動物の姿は、『餓鬼草紙』にも描かれているが、彼らもそれによって命を紡いでいるのである。餓鬼とは、このような生命の循環の重要な担い手なのである。

三　腐乱する死体

1　『九相詩絵巻』

これまでの『地獄草紙』や『餓鬼草紙』が、本来は六道絵を構成する一具の絵巻であるとする説が有力なのに対し、次に取り上げる『九相詩絵巻』は、単独の作品で、制作も鎌倉時代である。詞書を欠くところは、絵巻物としてもかなり特異であるが、その内容も、他の絵巻物とは一線を画す特殊なものである。ただし、本章の最後に取り上げる聖衆来迎寺の「六道絵」の中に、類似の内容が組み込まれたり、他の十界図や二河白道図などにも影響を与えている。版本としても流布していた。「厭離穢土」の典型的な図像であったことを、それらは示している。

九相詩の九相という名称は、人の死体が腐乱し、朽ち果てるまでを九段階にとらえたことによる。基本的な考え方は、源信の『往生要集』に見られるが、図像上の典拠として、より具体的なイメージは『摩訶止観』第二十一の九相義にもとづいている。空海の『性霊集』や中国の蘇東坡の詩にも、それに対応する文章が含まれるが、いずれも真作であるかどうかは疑わしい。

比叡山の寂光院旧蔵の『九相詩絵巻』がとくによく知られている。『摩訶止観』の記述に従い、以下の九想を図示したものとされる。①死体の膨張するのを観想する脹想、②風に吹かれ陽にさらされて死体が変色するのを観想する青瘀想、③死体の破壊するのを観想する壊想、④死体が破壊して、血肉が地を染めるのを観想する地塗想、⑤膿爛し腐敗するのを観想する膿爛想、⑥鳥獣が死体をついばむのを観想する噉想、⑦鳥獣に食われて肋骨、頭、骨がばらばらになるのを観想する散想、⑧血肉がなくなり、白骨だけになるのを観想する白骨想、⑨その白骨が火に焼かれて灰や土に帰するのを観想する焼想、の九つである。

寂光院旧蔵の『九相詩絵巻』は、この九つの相に加えて、巻頭に生前の姿と死んだ直後の姿を描いている。生前の姿は女房装束（いわゆる十二単）を身につけた高貴な若い女性の姿で、後世には九相詩の主役の女性を小野小町や光明皇后、あるいは嵯峨天皇の后である檀林皇后とする解釈も現れた。いずれも、歴史に名立たる美女であるが、小野小町は恋多き女性のイメージでとらえられるのに対し、後の二人は貞淑な女性であると同時に、仏法を篤く信奉し、死してのち、みずからの腐乱する姿をあえて人目にさらすことで、愛着の念を人々が断ち切るように願ったとされる。

二番目に置かれている死の直後の姿、すなわち新死相は、同じ女性が畳の上に横たわり、単衣の着物がその上に掛けられている（図191）。死んで間もないため、まだ生前の美しさが保たれている。ここが、次からの九相詩の出発点となる。女性の体は、衣がずり落ちているため、右の乳房が露わになっているほか、右腕と両足の膝から下も露出している。生前の姿では衣で覆われていないのは顔だけであったことに比べると、その露出度は相当である。ましてや、高貴な女性の場合、顔すらも、夫はともかく、ごく身近な同性の家族にしか見せなかったことを考えれば、

図191　「新死相」（『九相詩絵巻』、個人蔵）

図192　「血塗相」（『九相詩絵巻』、個人蔵）

図193　「噉食相」（『九相詩絵巻』、個人蔵）

ほとんど裸同然ととらえられたであろう。

そして、次から始まる九相の各場面では、衣はほとんどはぎ取られ、足の一部にわずかにかかっているにすぎない。途中からはそれすらもなくなり、衣は体の下になり、いつしか、それ自体が姿を消している。

ほとんど全身が露わになった脹想からは、身体の物理的な変化を克明に描き出すことに、画家は専念していく。『摩訶止観』の記述どおりに、体が膨脹し、青黒く変色し、血や膿が皮膚の破れたところから流れ出て、さらに膨脹した体は逆にしぼみ、内臓がはみ出てくる（図192）。犬や烏が死体をむさぼり食べるため、手足はちぎれ、原型が失われていく（図193）。あれほど美しかった顔はあっという間にその美貌を失い、大きく膨脹して、しぼんだ後は、眼球があったところは丸い黒い穴が残るだけで、鼻や口も単なる黒いくぼみと変わってしまう。腐敗しないのは髪の毛だけであるが、それも多くは抜け落ち、残った髪が逆にひからびた頭皮にへばりつく様子は、さらに不気味である。

2　男性からの視点

このように、死体が腐乱して、ついには白骨化していくプロセスを『九相詩絵巻』は、冷徹ともいえるリアルさで描き出している。これを目にした当時の人々は、死の恐怖や死体のおぞましさに強くとらえられたであろう。それは、インドの初期の仏教の時代から行われた、墓場で死体を観想したり、その変化を瞑想する「不浄観」や「九相観」の伝統を受け継いでいる。

しかし、その一方で、『九相詩絵巻』は単に無常観や厭離穢土を自覚するためだけの実践方法ではなかったことも、しばしば指摘されている。

『九相詩絵巻』に描かれているのが、若い女性の死体であり、しかも、それを裸体にすることからも、その意図は明らかである。インドや中央アジアでは、男性の死体の観察や瞑想を行っていたことが、現存する図像作品や文献資料から確認されるが、日本では『九相詩絵巻』やその流れをくむ図像では、すべて女性、それも若い女性を「主役」にしている。

少なくとも、日本における九相のビジュアルなイメージは、つねに男性の視点からの「女性の体」だったのである。美しいものが醜いものに腐敗していくのを見たいという欲望が、当然認められる。通常ではけっして見ることのできない高貴な女性の姿、しかも裸体が、死体ではあっても見ることができるという期待が、そこには満ちていたであろう。高貴な女性の体、とくにその性器が、一般の女性とは異なるという一種の信仰もあったのではないか。『九相詩絵巻』の主役の女性のモデルとして、光明皇后や檀林皇后を持ち出してきたことも、同じような発想であろう。単なるグロテスクなものを見たいという「怖いもの見たさ」に加え、未知なるものを見るという興奮が、そこにはひそんでいるのである。

四　六道輪廻の世界

1　六道絵の傑作

最後に取り上げるのは、六道の輪廻の世界のすべてを含む「六道絵」である。その中でも、とくに有名な滋賀県の聖衆来迎寺の「六道絵」を中心に見ていきたい。ただし、全体で十五幅からなるこの作品は、一幅の中にも多くの場面が含まれ、その内容もきわめて多岐にわたる。ここでは地獄を描いた幅を中心に、いくつかの場面を紹介しよう。

第一幅から第四幅までは、それぞれ異なる地獄を描いている。第一幅が等活地獄、第二幅が黒縄地獄、第三幅が衆合地獄、第四幅が阿鼻地獄である。この順に、より罪の重い罪人が堕ちる地獄となり、その苦しみも増すといわれるが、どの場面も同じように苦しそうに見える。苦しみに尺度や軽重を設定すること自体、ナンセンスなのであろう。

いずれも、登場するのは地獄に堕ちた罪人と、それをいじめぬく獄卒である。獄卒と並んで、想像上の動物や鳥も見られるが、ほとんどは鬼の姿をとっている。これらの鬼の獄卒は、角を生やしたり、多くの目や顔を持った奇怪な姿であるが、身体は通常の人間とそれほど変わりなく、ただ、極度に発達した立派な体格をしている。胸板は厚く、腹部は引き締まり、腕も足も筋肉が盛り上がっている。地獄の拷問は体力仕事なので、おのずとそうなるのかもしれないが、鍛え抜かれた格闘技家たちの集団といったいでたちである。褌を締めているだけの者も多いが、甲冑を身につけたり、虎の皮の腰巻きをつけたり、頭に頭巾をつけたりと、なかなかおしゃれである。罪人にいろいろな衣を着せるわけにはいかないので、絵師たちが技量を発揮するためにも、鬼たちを彩り豊かにする必要があったのであろう。

2　こだわりの獄卒

これらの獄卒たちは、みな真剣に自分たちの務めを果たしている。それが仕事なのであるから当然であろうが、なかには几帳面すぎるほどの獄卒もいる。

『地獄草紙』にもこだわりの獄卒の姿が見られたが、ここではそれがさらに徹底されている。たとえば、体を切断するために、大工のようにわざわざ墨打ちをして、まっすぐな線を引いてから、のこぎり挽きをしていたようである（図194）。また、背中に大きな岩を荒縄でくくりつけられた罪人が何人か登場するが、いずれも罪人の体にぴったり合った大きさの岩が、きれいに荒縄で縛り付けられている。罪人が自分で縛るわけにはいかないので、獄卒がていねいに縛ってくれたのであろう。

臼の中に入れた罪人を、杵を使って交互に潰す二人の鬼、細かく砕かれた罪人の体を箕で運ぶ鬼、大きな二枚の岩のあいだに罪人を何人も挟んで、万力で締めるように潰す鬼、いずれも脇目もふらず、自分の仕事に全身全霊で打ち込んでいる（図195）。杵をつく鬼の一人は、必要以上に足や腕を振り上げている。そこまでしなくても、もう十分潰れているのにと、見ている人は思うだろう。

そのかたわらを見ると、水の流れに釣り糸をたらして、罪人を釣り上げている獄卒もいる（図196）。典拠となっている『往生要集』に、そのような苦しみが説かれているので、絵師が加えたのであろうが、わざわざそんな手の込んだいじめ方をしなくても、もっとストレートな方法があるだろうにと思えてくる。

図194 「墨打ちをする獄卒」（聖衆来迎寺本『六道絵』「黒縄地獄」より）

図195 「臼と杵で罪人を潰す獄卒」（聖衆来迎寺本『六道絵』「衆合地獄」より）

図196　「罪人を釣る獄卒」
（聖衆来迎寺本『六道絵』「衆合地獄」より）

要するに、獄卒たちが人間ばなれしたマッチョな姿とグロテスクな顔を強調すればするほど、そして、彼らが罪人を一所懸命苦しめれば苦しめるほど、それは逆に滑稽に見えてくるのである。

人間は、「怖いもの」を見ると、当然、恐怖を感じる。しかし、それは単純にエスカレートさせることができないようである。むしろ、怖いものをより怖くしようとすると、怖さは後退してしまう。人間の意識や視覚の領域では、「より怖い」とか「一番怖い」といった比較級や最上級は存在せず、そこにあるのは、怖さからそれにすり替わった滑稽やおかしさなのである。

3　罪人は没個性

さて、もう一方の地獄の主役である罪人たちであるが、こちらはいたって影が薄い。罪人なのであるから、影が薄くてもしかたがないのかもしれないが、色とりどりでヴァラエティに富んだ容貌をした獄卒たちに比べると、ずっと地味である。ほとんどが男性で、体の色は背景の岩山などと変わりない。獄卒に見つからないように保護色になっているのかもしれないが、それに成功しているようにも見えない。褌を一つ身につけているだけで、体の肉

図197　「引き立てられる女性の罪人」（聖衆来迎寺本『六道絵』「閻魔王庁」より）

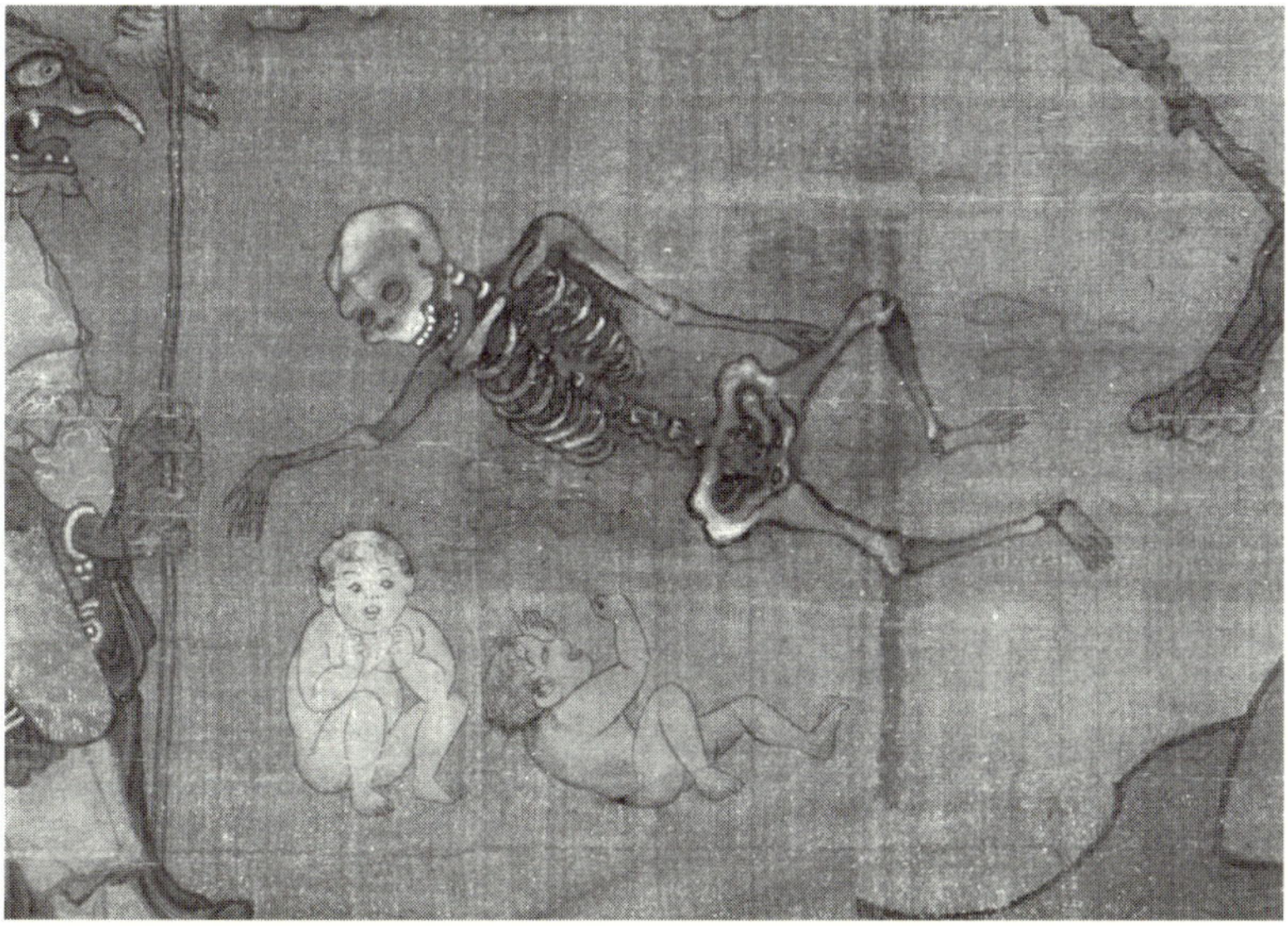

図198　「よみがえる罪人」（聖衆来迎寺本『六道絵』「等活地獄」より）

はそげ落ちて、骨と皮ばかりであるのは、地獄なのであるから当然であろう。

まれに女性の罪人の姿も見られる。彼女たちは、上半身にも薄い衣をまとっている。何らかの倫理的な規制を、絵師たちは自らに課していたのであろうか。ただし、第十五幅の閻魔王庁幅に限って、腰巻きをつけただけの女性の罪人たちが現れる（図197）。図像の典拠となった中国の地獄絵を踏襲したものと見られる。

また、等活地獄では、切り刻まれた罪人が、鬼の「活活」という声に応えて、赤ん坊となってよみがえる場面が描かれている（図198）。そこに登場する赤ん坊たちは、ぷくぷくとよく太った姿をしている。他の罪人が骸骨になった姿をさらしているのを見て、無邪気に笑っているようだが、当の骸骨も、赤ん坊を見てうれしそうな顔をしているようにも見える。赤ん坊であっても、すぐに成長して、ふたたび体を切り刻まれる運命にあることを思えば、残酷さが増す。

これらの例外を除き、罪人のほとんどが成人の男性で、しかも没個性的であるが、それも当然といえば当然である。罪人が一人ひとり個性的であったら、獄卒たちも拷問がやりにくいであろう。知った顔を見れば感情移入してしまい、つい手加減の一つもしたくなる。しかし、獄卒は例の几帳面な性格なので、それもできない。とすると、板挟みになって苦悩する獄卒も出てくるかもしれない（絵には登場しないが）。獄卒にとって罪人は、虫けらか、せいぜい鳥や獣、魚ぐらいであった方が都合がいいのである。われわれも、害虫を駆除したり、スーパーマーケットで肉や魚を選んだりするときに、それぞれの違いなど気にすることはない。

4　いざなう美女と美男

そのような中で、個性的ともいえる罪人が、少なくとも二カ所に登場する。いずれも第三幅の衆合地獄で、一つは刀葉樹、もう一つは悪見処と多苦悩というひとつながりの場面である。

　このうち刀葉樹は、地獄の責め苦の中でも、愛欲をむさぼったものが苦しむところとして有名である（図199）。一本の樹木が生えていて、その枝や葉がすべて鋭利な刃物でできている。男性の罪人がその樹の下から上を見上げると、そこには美女が坐っていて、男性を誘惑する。もともと愛欲に満ちた罪人であるから、その姿と声にたちまち反応して樹をのぼっていくが、その枝と葉で体中が切り刻まれる。ようやくの思いで樹の上にたどり着くと、そこには美女の姿はなく、下を見下ろせば、樹の根のところで、ふたたび男性を誘惑する。後は、愛欲に飢えた男性の上下の往復運動が永遠に続くという趣向である。

図199　「刀葉樹」
（聖衆来迎寺本『六道絵』「衆合地獄」より）

『往生要集』によれば、この美女の姿は、罪人の妄念が生んだ幻であるらしいが、獄卒の手も借りずに罪人を苦しめることのできる、安上がりな拷問の装置である。

　聖衆来迎寺の六道絵の場合、同じ樹木が二本並んで立っている。その一方は樹の下の地面に、もう一方は樹の上に、十二単の美女が坐っている。同じ樹を二度描いているのであるが、一説では、この美女は小野小町といわれるが、例の「九相詩絵巻」の各場面を一幅に仕立てた人道不浄相も第八幅として描かれているので、そちらの美女も小野小町とすると、ずいぶんこの美女は忙しいことになる。

なお、出光美術館所蔵の「六道絵」などでは、美女が現れる刀葉樹に加え、美男が同じように女性の罪人をいざなう刀葉樹も描かれる。この場合、美男は『伊勢物語』で有名な在原業平あたりがモデルになるらしい。この六道絵は、主要な罪人として男性ではなく女性を登場させ、しかも、鮮やかな緋色の腰巻きだけをつけた上半身が裸の姿をとらせる。その美女を立ったままのこぎり挽きにしている場面もある。美女をいたぶる様子を描くことで、絵師と鑑賞者のあいだに、ある種の共犯関係が成り立っている。

5　愛欲の報い

もう一つの個性的な罪人が現れる場面は、男色の罪を犯した男が堕ちる多苦悩と、子ども、それも男子を無理やり犯した者が堕ちる悪見処である（図200）。これらは『往生要集』では別々の責め苦の場として説かれるが、絵の中では左右に並んで配置され、二人の人物が何回も現れる。一人はこれらの罪を犯した罪人で、あごひげを生やした貧相な男性である。もう一人は「みづら」を結った童子で、腰巻きをまとって鮮やかな白い肌をしている。ただし、外見上はほとんど変わらないのであるが、多苦悩では、童子が罪人の男を追いかけ、その体を抱きしめると、男は燃え上がってしまうのに対し、悪見処では、童子は男の実子という設定で、その陰部を獄卒の鉄杖によって刺し貫かれている。身をよじってその痛みに耐えているが、地面には鮮血がほとばしっている。『往生要集』によれば、実子を目の前で虐待される男性の苦悩は気も狂わんばかりであるというが、絵の中の罪人の男は、間近にそれを傍観者のように見ているだけである。

図200　「多苦悩と悪見処」（聖衆来迎寺本『六道絵』「衆合地獄」より）

さらに、同じ罪人がみずからの責め苦を受ける姿がその横にある。獄卒によって両足を開いて逆さ吊りにされ、その肛門に、煮えたぎった銅の溶液をそそぎ込まれる。あっという間に体の中は焼きただれるが、絵ではまだそそぎ込む前のシーンをとらえ、次の残虐なシーンは、見る者の想像にゆだねられている。肛門を責め立てられるのは、当然、男色で肛門性交を行ったためである。

本来であれば別々の責め苦を、あたかも連続するシーンのように描いた、作者の意図するところは何だったのだろうか。『往生要集』の内容を知る者であれば、このような別々のストーリーに従って絵を正しく読み解くことは可能であったであろう。しかし、その知識を持たない者にとって、これらのシーンは、主要な登場人物が二人しかいないのであるから、おそらく連続したストーリーとしてとらえられてしまう。

すなわち、美少年の童子によって迫られて捉えられそうになった罪人は、なんとかそれから逃れるが、その美少年が獄卒によって性的な虐待を受ける様子をじっと見た後で、自分自身が獄卒によって肛門に虐待を受ける。とくに、画幅のほぼ中央に、明るく白い肌をさらす少年が、苦痛に体をよじる姿で描かれることで、地獄の中に突然出現したサディスティックな場面として受け取られる。誰もその罪人の子とは思わないだろうし、その横では、罪人に迫る姿で描かれていたことから、むしろ男色にふける童子として、見る者の目に映ったであろう。それを傍観し、ひょっとしたら楽しんでいるようにも見える罪人と、われわれは同じレベルにいることになる。

刀葉樹も含め、このような性的な内容を含む責め苦のシーンに、個性的な人物を配した作者の意図を、どのように読み解くべきであろうか。獄卒にはできなかった感情移入する対象を、絵を見る人は罪人の群衆の中に見出すことになるのではないか。感情移入とは、罪人の性的な欲望を共有することである。単なる責め苦は観察者の立場にとどまった方が、見ていて楽であるが、性的興奮を伴う責め苦は、空想の中で追体験できるように仕組まれているのである。たとえそれが誤った絵解きであっても、むしろそれをいざなうように。

以上、「六道絵」の中から、地獄に関するさまざまなシーンを見てきた。いずれの場合も、わざと特殊な場面を選んだり、絵そのものの誤読をあえて犯したところもある。しかし、地獄絵や六道絵に見られる厭離穢土が、輪廻の世界の悲惨さや苦しさのみで一色に染まった世界ではないことは確かであろう。グロテスクさを強調すればするほど、見る者にはその滑稽さが目につき、セクシャルな人物やエロティックなモティーフを浮かび上がらせることになる。人間の視覚体験は、飽和状態に達する前に、自然と別の極へと流れを変えるようにできているのである。

文献一覧

浅井和春　1998　『不空羂索・准胝観音像』（日本の美術三八二）至文堂。
安嶋紀昭　2001　「秘仏金色不動明王画像　修理経過と研究調査報告」（『秘仏金色不動明王画像』朝日新聞社）。
阿部謹也　1978　『刑吏の社会史――中世ヨーロッパの庶民生活――』（中公新書）中央公論社。
阿部泰郎　1989　「宝珠と王権――中世王権と密教儀礼――」（『岩波講座東洋思想16　日本思想2』岩波書店、一一六～一六九頁）。
有賀祥隆　1990　『日本の仏像大百科　三　明王・曼荼羅』ぎょうせい。
有賀祥隆他　2001　『醍醐寺大観　第2巻　絵画（古代・中世）』岩波書店。
石黒　淳　1984　「インド古代初期仏教美術に見られる舞楽図について」（『仏教芸術』一五三、五七～八〇頁）。
石黒　淳　1985　「金剛手の系譜」（『密教美術大観　第三巻』朝日新聞社、一八一～一九一頁）。
石田尚豊　1975a　『曼荼羅の研究』東京美術。
石田尚豊　1975b　「現図曼荼羅再考」（『仏教芸術』七八、一八～三三頁）。
石田尚豊　1979　『両界曼荼羅の智慧』東京美術。
石田尚豊　1984　『曼荼羅の見方――パターン認識――』岩波書店。
泉　武夫　1995　『仏画の造形』吉川弘文館。
泉　武夫　1998　「王朝仏画への視線――儀礼と絵画――」（『王朝の仏画と儀礼』京都国立博物館、二八四～三〇六頁）。
泉　武夫、加須屋誠、山本聡美　2007　『国宝六道絵』中央公論美術出版。
伊東照司　1981　「エローラ石窟寺院の仏教図像」（『仏教芸術』一三四、八四～一一九頁）。
伊東史朗　2000　『平安時代彫刻史の研究』名古屋大学出版会。
伊藤善之、古宇田亮修、松濤泰雄（密教聖典研究会）　1999　「Transcribed Sanskrit Text of the Amoghapāśakalparāja Part II」（『大正大学綜合仏教研究所年報』二一、八一～一一八頁）。
伊藤善之、矢板秀臣、前田　崇（密教聖典研究会）　2001　「Transcribed Sanskrit Text of the Amoghapāśakalparāja Part

Ⅳ」（『大正大学綜合仏教研究所年報』一三、一～七六頁）。
乾　仁志　1988「Kriyāsaṃgraha における本尊瑜伽」（『密教文化』一六三、九七～一一六頁）。
乾　仁志　1989「仏説大乗観想曼拏羅浄悪趣経について」（『印度学仏教学研究』三七－二、一九一～一九六頁）。
井上　正　1979「変化観音の形式と作例（その１）」（仏教美術研究上野記念財団助成研究会報告書第六冊『変化観音の成立と展開』七～一七頁）。
入澤　崇　1989「具足戒を授くべからざる二十人」（『パーリ学仏教文化学』二、一〇五～一一七頁）。
岩宮武二（写真）、石黒　淳・頼富本宏（解説）1987『ラダック曼荼羅』岩波書店。
ウィットフィールド、ロデリック編集解説　1982『西域美術――大英博物館スタイン・コレクション――』講談社。
氏家昭夫　1983「タボ寺の尊像美術――毘盧遮那像と阿弥陀像を中心として――」（『密教図像』二、一～一四頁）。
氏家覚勝　1984「本初仏の塔管見――ネパールの密教――」（『仏教芸術』一五二、七五～八四頁）。
大塚伸夫　2013『インド初期密教成立過程の研究』春秋社。
大塚伸夫（密教聖典研究会）2004「Transcribed Sanskrit Text of the Amoghapāśakalparāja Part V」（『大正大学綜合仏教研究所年報』二六、一二〇～一八三頁）。
大山仁快　1961「密教修法壇（maṇḍala）の成立史について」（『印度学仏教学研究』九－二、一三六～一三九頁）。
小川一乗　1999「『央掘魔羅経』における「如来蔵」管見」（『仏教学セミナー』六九、一～一二頁）。
奥山直司　1999「インド密教ホーマ儀礼」（立川武蔵、頼富本宏編『シリーズ密教　第１巻　インド密教』春秋社、一七五～一九三頁）。
奥山直司　2000「埋蔵と化身――インド後期密教の形成と展開に関する一考察――」（『高野山大学密教文化研究所紀要別冊（密教の形成と流伝２）』一四七～一六三頁）。
小倉　泰、横地優子　2000『ヒンドゥー教の聖典二編』（東洋文庫）平凡社。
オットー、ルドルフ　1968『聖なるもの』山内省吾訳　岩波書店。
小野玄妙　1937「弘法大師請来の金剛界八十一尊大曼荼羅に就いて」（『密教研究』六二、一～一〇頁）。
小野田俊蔵　2001「チベット人の葬儀」（立川武蔵編『癒しと救い――アジアの宗教的伝統に学ぶ――』玉川大学出版、一七二～一八五頁）。
園城寺　2001『秘仏金色不動明王画像』朝日新聞社。
梶山雄一　1995「神変」（『仏教大学総合研究所紀要』二、一～三七頁）。
梶山雄一　1996『「さとり」と「廻向」』人文書院。
梶山雄一監修　1994a『さとりへの遍歴――華厳経入法界品（上）――』中央公論社。
梶山雄一監修　1994b『さとりへの遍歴――華厳経入法界品（下）――』中央公論社。
加須屋誠　2003『仏教説話画の構造と機能』中央公論美術出版。
片山一良　1979a「パリッタ（Paritta）儀礼――スリランカの事例――」（『宗教学論集』九、一二一～一四四頁）。
片山一良　1979b「パリッタ儀礼の歴史的背景――アッタカター文献を中心にして――」（『駒澤大学仏教学部論集』一〇、一一二～一二四頁）。
加藤敬、松長有慶　1981『マンダラ』毎日新聞社。
金本拓士　1997「ポアとは何か！――インド・チベット密教ヨーガの一考察――」（『現代密教』九、八五～一〇〇頁）。
加納和雄　2000「『央掘魔羅経』の研究――全体の構成と内容概観――」（『高野山大学大学院紀要』四、五七～八二頁）。
北村太道　1980『チベット語和訳大日経略釈』文政堂。
木村高尉、大塚伸夫、杉木恒彦　1998「Transcribed Sanskrit Text of the Amoghapāśakalparāja Part I」（『大正大学綜合仏教研究所年報』二〇、一～五三頁）。
木村秀明　2001「『不空羂索神変真言経』「パタ造立儀則品」に説かれる補陀洛山図」（『豊山学報』四四、一～三四頁）。
京都市立芸術大学芸術資料館編　2004『仏教図像聚成――六角堂能満院仏画粉本――』法藏館。
クーパー、J．C．　1992『世界シンボル事典』岩崎宗治、鈴木繁夫訳　三省堂。
栗田　功編　1990『ガンダーラ美術Ⅱ　仏陀の世界』二玄社。
小泉惠英　1999「ジャカルタ国立博物館所蔵石造般若波羅蜜多菩薩坐像について」（『東洋美術史論叢』雄山閣、四五～七一頁）。
肥塚　隆　1967「瞑想と造型」（『南都仏教』二〇、六〇～七九頁）。

肥塚　隆　1979「インドにおける多面多臂像」（『変化観音の成立と展開（仏教美術研究上野記念財団助成研究会報告書第六冊）』四～六頁）。
肥塚　隆、宮治昭編　1999『世界美術大全集　東洋編14　インド(2)』小学館。
肥塚　隆、宮治昭編　2000『世界美術大全集　東洋編13　インド(1)』小学館。
小久保啓一　1986「東密の八十一尊曼荼羅」（『大和文華』七五、一～一六頁）。
小松茂美編　1987『日本の絵巻七　餓鬼草紙　地獄草紙　病草紙　九相詩絵巻』中央公論社。
佐伯有清　1990『円珍』吉川弘文館。
酒井真典　1956『チベット密教教理の研究』高野山出版社。
酒井真典　1962『大日経の成立に関する研究』国書刊行会。
酒井真典　1971「マンダラの墨打法について」（『智山学報（芙蓉良順博士古稀記念密教文化論集）』一九、四九～七一頁）。
酒井真典　1983「曼荼羅の基本的理解――ブッダグフヤの曼荼羅法略摂――」（『酒井真典著作集　第一巻』法藏館、二七一～二九二頁）。
酒井真典　1985「八輻輪曼荼羅」（『酒井真典著作集　第三巻』法藏館、二五〇～二七〇頁）。
佐久間留理子　1991-1992「パーラ朝における観自在菩薩の図像的特徴(1)(2)」（『名古屋大学古川総合研究資料館報告』七、一〇九～一四八頁、『同』八、九五～一一〇頁）。
佐久間留理子　1995「カサルパナ世自在成就法の和訳・解説」（『南都仏教』七一、一三～二七頁）。
佐久間留理子　2002「インド密教の観音像と『サーダナ・マーラー』――カサルパナ観音を中心として――」（『仏教芸術』二六二、二九～四二頁）。
佐久間留理子　2011『インド密教の観自在研究』山喜房仏書林。
佐久間留理子、宮治昭　1993「パーラ朝における観自在菩薩の図像的特徴(3)」（『名古屋大学古川総合研究資料館報告』九、一〇七～一二九頁）。
桜井宗信　1996『インド密教儀礼研究――後期インド密教の灌頂次第――』法藏館。
定方　晟　1973『須弥山と極楽』（講談社現代新書）講談社。

定方　晟　1997「オリッサ州の仏教遺跡」（『東海大学紀要文学部』六七、一～二四頁）。
定金計次　2001「インドにおける脇侍としての観音菩薩像及び対をなす菩薩像の図像的展開――中世初期以前について――」（宮治昭編『インドから中国への仏教美術の伝播と展開に関する研究』〈平成十～十二年度科学研究費補助金〔国際学術研究〕研究成果報告書〉二八五～三二六頁）。
佐藤宗太郎　1977『エローラ石窟寺院』木耳社。
佐和隆研　1955『密教美術論』法藏館。
佐和隆研　1997「オリッサにおける主要密教尊像」（『佐和隆研著作集　第四巻　アジアの仏教美術』法藏館〈初出は佐和隆研編　1982『密教美術の原像』法藏館〉）。
佐和隆研編　1982『密教美術の原像』法藏館。
静谷正雄　1979『インド仏教碑銘目録』平楽寺書店。
清水　乞　1974「密教の美術」（『アジア仏教史　インド編Ⅳ　密教』佼成出版社、一八七～二六〇頁）。
下田正弘　1988「阿蘭若処に現れた仏教者の姿――倫理的自制型と呪術的陶酔型――」（『日本仏教学会年報』六三、一～一三頁）。
下田正弘　1997『涅槃経の研究――大乗経典の研究方法試論――』春秋社。
ジラール、ルネ　1982『暴力と聖なるもの』古田幸男訳　法政大学出版局。
真保亨編　1985『別尊曼荼羅』毎日新聞社。
鈴木晃信、大塚信夫、木村秀明　2000「Transcribed Sanskrit Text of the Amoghapāśakalparāja Part III」（『大正大学綜合仏教研究所年報』二二、一～六四頁）。
鈴木隆泰　1999「央掘魔羅経に見る仏典解釈法の適用」（『印度学仏教学研究』四八‐一、一三三～一三七頁）。
高岡秀暢　1984「ネパール仏教の信仰と儀礼」（『仏教芸術』一五三、九五～一二〇頁）。
高崎直道　1974『如来蔵思想の形成』春秋社。
鷹巣　純　2007「腐乱死体のイコノロジー――九相詩図像の周辺――」（『説話文学研究』四二、一二五～一三二頁）。
高田　修、秋山光和、柳沢　孝　1967『高雄曼荼羅』吉川弘文館。

高田仁覚　1970　「曼荼羅の通則について」（『高野山大学論叢』五、一～二九頁）。
田口　汎　1984　「ネパールの宗教美術管見」（『仏教芸術』一五二、四五～七四頁）。
高橋尚夫　1992　「『不空羂索神変真言経』の梵本について」（『印度学仏教学研究』四〇‐二、一九六～一九九頁）。
高橋尚夫他編　2013　『初期密教――思想・信仰・文化――』春秋社。
立川武蔵　1977　「密教へのアプローチ――インド学的アプローチ　シヴァとヘールカ――」（宮坂宥勝、梅原猛、金岡秀友編『講座密教4　密教の文化』春秋社、二六〇～二八一頁）。
立川武蔵　1986　「金剛ターラーの観想法」（町田甲一先生古稀記念会編『論叢仏教美術史』吉川弘文館、六五～九七頁）。
立川武蔵　1987a　『曼荼羅の神々』ありな書房。
立川武蔵　1987b　「仏教図像」（長野泰彦、立川武蔵編『チベットの言語と文化』冬樹社、三三六～三六三頁）。
立川武蔵　1989　「マンダラ――構造と機能――」（『岩波講座東洋思想　第10巻　インド仏教　三』岩波書店、二八九～三一四頁）。
立川武蔵　1990　『女神たちのインド』せりか書房。
立川武蔵　1997　『マンダラ瞑想法――密教のフィールドワーク――』角川書店。
立川武蔵　1999　「序論――密教とは何か――」（立川武蔵、頼富本宏編『シリーズ密教1　インド密教』春秋社、三～一三頁）。
立川武蔵　2015　『マンダラ観想と密教思想』春秋社。
立川武蔵編　1991　『講座　仏教の受容と変容3　チベット・ネパール編』佼成出版社。
立川武蔵、正木晃編　1997　『チベット仏教図像研究――ペンコルチューデ仏塔――』（『国立民族学博物館研究報告別冊』第一八号）。
立川武蔵、和田壽弘、森雅秀、佐藤喜子、佐久間留理子　1988　『*Saṃbhāṣā*』第一〇号（ネワール仏教研究）名古屋大学印度学仏教学研究会。
田中一松　1948　「金剛界八十一尊大曼荼羅の一考察」（『国華』六七四、一一七～一二三頁）。
田中公明　1981　「金剛界曼荼羅の成立について(1)」（『印度学仏教学研究』三〇‐一、一三四～一三五頁）。

田中公明　1983「金剛界曼荼羅の成立について⑶」（『印度学仏教学研究』三一－二、六一五～六一六頁）。
田中公明　1985「慈寧宮宝相楼のブロンズ像立体曼荼羅セットの解析」（『東京大学文学部文化交流研究施設研究紀要』七、四三～六三頁）。
田中公明　1987『曼荼羅イコノロジー』平河出版社。
田中公明　1993「インドにおける変化観音の成立と展開――いわゆる四臂観音の解釈を中心にして――」（『美術史』一三三、四五～五五頁）。
田中公明　1994『超密教時輪タントラ』東方出版。
田中公明　1996『インド・チベット曼荼羅の研究』法藏館。
田中公明　1998「インド・チベット・ネパールの不空羂索観音」（『不空羂索・准胝観音像』日本の美術三八二、至文堂、八六～九八頁）。
田中公明　2000『敦煌　密教と美術』法藏館。
田中公明　2001「胎蔵大日八大菩薩と八大菩薩曼荼羅の成立と展開」（『密教図像』二〇、一～一五頁）。
田中公明、吉崎一美　1998『ネパール仏教』春秋社。
田辺勝美、前田耕作編　1999『世界美術大全集　東洋編15　中央アジア』小学館。
谷川泰教　1999「纔発心転法輪菩薩考」（『密教文化』二〇二、一～四四頁）。
塚本啓祥　1996『インド仏教碑銘の研究』（第１巻）平楽寺書店。
塚本啓祥　1998『インド仏教碑銘の研究』（第２巻）平楽寺書店。
塚本啓祥、松長有慶、磯田熙文　1989『梵語仏典の研究　Ⅳ　密教経典篇』平楽寺書店。
津田真一　1971「サンヴァラ系密教に於ける pīṭha 説の研究(Ⅰ)」（『豊山学報』一六、二六～四八頁）。
津田真一　1973a「サンヴァラ・マンダラの構成」（『宗教研究』四六－三、九三～九四頁）。
津田真一　1973b「サンヴァラ系密教に於ける pīṭha 説の研究(Ⅱ)」（『豊山学報』一七・一八合併号、一一～三五頁）。
津田真一　1974「pīṭha 説から見た Ḍākinījāla の原型」（『印度学仏教学研究』二三－二、六一一～六一七頁）。
津田真一　1987『反密教学』リブロポート。

デュケンヌ、ロベル　1975　「阿吒婆倶曠野薬叉と大元帥御修法」（『印度学仏教学研究』二三－二、二〇四～二一一頁）。
東京国立文化財研究所編　1999　『語る現在、語られる過去――日本の美術史学100年――』平凡社。
トゥッチ、ジュゼッペ　1984　『マンダラの理論と実践』ロルフ・ギーブル訳　平河出版社。
栂尾祥雲　1927　『曼荼羅乃研究』高野山大学出版部。
栂尾祥瑞　1986　『チベット・ネパールの仏教絵画』臨川書店。
敦煌研究院編、中国石窟・安西楡林窟編集委員会監修　1990　『中国石窟　安西楡林窟』平凡社。
永田　郁　1997　「マトゥラーのヤクシャ像の一考察――鉢を支えるヤクシャ像の復元的考察を中心に――」（『密教図像』一六、一〇七～一三〇頁）。
永田　郁　2007　「シヴァ・ガナ像に関する試論――古代後期におけるシヴァの眷属図像の形成と機能をめぐって――」（『崇城大学芸術学部研究紀要』一、一九～四三頁）。
永田　郁　2016　『古代インド美術と民間信仰』中央公論美術出版。
中村　元　1980　『ブッダ最後の旅　大パリニッバーナ経』（岩波文庫）岩波書店。
中村　元　1982　『仏弟子の告白　テーラガーター』（岩波文庫）岩波書店。
中村　元編　1980　『ブッダの世界』学習研究社。
奈良康明　1973　「パリッタ（Paritta）呪の構造と機能」（『宗教研究』二一三、三九～六九頁）。
成田山仏教研究所　1987　『スピティの秘仏』成田山新勝寺。
錦織亮介　1975　「求菩提山如法寺旧蔵両界曼荼羅図――金剛界八十一尊曼荼羅図の一作例――」（『西南地域史研究』四、一一三～一六〇頁）。
西山　克　1998　『聖地の想像力――参詣曼荼羅を読む――』法藏館。
野口圭也　1998　「“Amoghapāśakalparāja”のマンダラ(1)――いわゆる「広大解脱マンダラ」について――」（『山崎泰廣教授古稀記念論文集　密教と諸文化の交流』永田文昌堂、八九～一〇四頁）。
野口圭也　2001　「“Amoghapāśakalparāja”のマンダラ(2)――「最上広大解脱蓮華マンダラ」について――」（『密教学研究』三三、一九～三五頁）。

朴　亨國　1997　「エローラ石窟第十一・十二窟について――仏三尊形式の図像学的考察および金剛界大日如来像の紹介――」（『仏教芸術』二三三、六一～一〇九頁）。
朴　亨國　2001a　「八大菩薩の成立と図像の変化について――インドのオリッサ州および中国甘粛省の作例を中心に――」（宮治昭編『インドから中国への仏教美術の伝播と展開に関する研究』〈平成十～十二年度科学研究費補助金〈国際学術研究〉研究成果報告書〉三二七～三五六頁）。
朴　亨國　2001b　「中国の変化観音について」（宮治昭編『観音菩薩像の成立と展開』シルクロード学研究センター、八九～一一五頁）。
羽田野伯猷　1949　「時輪タントラ成立に関する基本的課題」（『密教文化』八－二、一八～三七頁）。
羽田野伯猷　1957　「チベット人の仏教の受容について――Rwa 翻訳官と Vajrabhairavatantra の《度脱》をめぐって――」（『文化』二一－六、一～一九頁）。
羽田野伯猷　1958　「Tantric Buddhism における人間存在」（『東北大学文学部研究紀要』九、一～七九頁）。
バフルカル、シュリカント（Bahulkar, S.）　1978　「Niṣpannayogāvalī にみられるマンダラの構造」（『印度学仏教学研究』二七－一、一八四～一八五頁）。
濱田　隆　1983　「両界曼荼羅」（『密教美術大観　第一巻』朝日新聞社）。
東元慶喜　1983　「ソービタ長老釈仁度和上招来の貝多羅葉について」（『印度学仏教学研究』三一－二、一～七頁）。
平岡三保子　2000　「西インドの石窟寺院」（肥塚隆、宮治昭編『世界美術大全集　東洋編　第13巻　インド(1)』小学館、二五七～二七二頁）。
廣海伸彦　2010　「日本美術のヴィーナス――聖なる女性のおもかげ――」（『日本美術のヴィーナス――浮世絵と近代美人画――』出光美術館）。
ファン・ヘネップ、A.　1977　『通過儀礼』綾部恒雄、綾部裕子訳　弘文堂。
仏教美術研究上野記念財団助成研究会　1979　『変化観音の成立と展開（仏教美術研究上野記念財団助成研究会報告書第六冊）』仏教美術研究上野記念財団助成研究会。
ブラウエン、M.　2002　『曼荼羅大全』森雅秀訳　東洋書林。

フリース、A．D．1984『イメージ・シンボル事典』山下主一郎他訳　大修館書店。
外薗幸一　1994『ラリタヴィスタラの研究（上）』大東出版社。
堀内寛仁　1974『初会金剛頂経の研究（下）』高野山大学密教文化研究所。
堀内寛仁　1983『初会金剛頂経の研究（上）』高野山大学密教文化研究所。
堀内寛仁　1996『金剛頂経形成の研究　堀内寛仁論集　下』法藏館。
前田　崇　1999「“Amoghapāśakalparāja”『不空羂索神変真言経』にみる四観音尊像」（『天台学報』四一、一～七頁）。
前田　崇　2000「プトン所説“Amoghapāśakalparāja”のマンダラ」（『天台学報』四二、一～七頁）。
松尾總、永井和子訳　1997『新編・日本古典文学全集十八　枕草子』小学館。
松長恵史　1999『インドネシアの密教』法藏館。
松長有慶　1969『密教の歴史』平楽寺書店。
松本峰哲　1997「Vimalaprabhā「タントラの所説の略説」の章における引用文献について」（『論集』二四、一～一六頁）。
真鍋俊照　1969「密教図像にみえる観想上の結界について」（『南都仏教』二三、四五～一一一頁）。
密教聖典研究会　1986「Vajradhātumahāmaṇḍalopāyikā-Sarvavajrodaya——梵文テキストと和訳(Ⅰ)——」（『大正大学綜合仏教研究所年報』八、二四～五七頁）。
密教聖典研究会　1987「Vajradhātumahāmaṇḍalopāyikā-Sarvavajrodaya——梵文テキストと和訳(Ⅱ)完——」（『大正大学綜合仏教研究所年報』九、一二三～八五頁）。
密教聖典研究会　1997『不空羂索神変真言経梵文写本影印版』大正大学綜合仏教研究所。
ミッチェル、G．1993『ヒンドゥー教の建築』神谷武夫訳　鹿島出版会。
宮坂宥勝　1981「Hārītī考」（『勝又俊教博士古稀記念論集——大乗仏教から密教へ——』春秋社、三六五～三八四頁）。
宮坂宥勝　1998『宮坂宥勝著作集　第一巻　仏教の起源』法藏館。
宮治　昭　1992『涅槃と弥勒の図像学——インドから中央アジアへ——』吉川弘文館。
宮治　昭（代表）1993a『インドのパーラ朝美術の図像学的研究』（平成三・四年度科学研究費補助金研究成果報告書）。
宮治　昭　1993b「宇宙主としての釈迦仏——インドから中央アジア・中国へ——」（『曼荼羅と輪廻』佼成出版社、二三五〜二六九頁)。
宮治　昭　1996　『ガンダーラ――仏の不思議――』講談社。
宮治　昭　1997a　「仏像の起源に関する近年の研究状況について」(『大和文華』九四八、一〜一八頁)。
宮治　昭　1997b　「スワートの諸難救済を表す八臂観音菩薩坐像浮彫について」(『国華』一二二一、三〜一四頁)。
宮治　昭　2010　『インド仏教美術史論』中央公論美術出版。
宮治　昭編　2001　『観音菩薩像の成立と展開――変化観音を中心に　インドから日本まで――』(『シルクロード学研究』第11巻、シルクロード学研究センター)。
宮元啓一　1999　「慈悲の危険性をめぐって――ナーガセーナへの問い4――」(『春秋』四〇六、一八〜二一頁)。
森　雅秀　1990　「パーラ朝の守護尊・護法尊・財宝神の図像的特徴」(『名古屋大学古川総合研究資料館報告』六、六九〜一一二頁)。
森　雅秀　1991a　「Abhayākaragupta のマンダラ儀軌 *Vajrāvalī*」(『印度学仏教学研究』三九-二、一九七〜一九九頁)。
森　雅秀　1991b　「インド密教における建築儀礼――*Vajrāvalī-nāma-maṇḍalopāyikā* 和訳(1)――」(『名古屋大学文学部研究論集』一一一、五三〜七三頁)。
森　雅秀　1991c　「十忿怒尊のイメージをめぐる考察」(立川武蔵編『仏教の受容と変容3　チベット・ネパール編』佼成出版社、二九三〜三二四頁)。
森　雅秀　1992a　「『ヴァジュラーヴァリー』と『マンダラ儀軌四百五十頌』」(『印度学仏教学研究』四〇-二、一八八〜一九一頁)。
森　雅秀　1992b　「マハーマーヤーの成就法」(『密教図像』一一、二三〜四三頁)。
森　雅秀　1992c　「観想上のマンダラと儀礼のためのマンダラ」(『日本仏教学会年報』五七、七三〜九〇頁)。
森　雅秀　1992d　「インド密教における結界法――*Vajrāvalī-nāma-maṇḍalopāyikā* 和訳(2)――」(『名古屋大学文学部研究論集』一一四、八九〜一〇九頁)。
森　雅秀　1994　「インド密教におけるバリ儀礼」(『高野山大学密教文化研究所紀要』八、一七四〜二〇四頁)。
森　雅秀　1995　「インド密教におけるプラティシュター」(『高野山大学密教文化研究所紀要』九、二七〜六五頁)。

森　雅秀　1996「パーラ朝の文殊の図像学的特徴」（『高野山大学論叢』三一、五五～九八頁）。
森　雅秀　1997a『マンダラの密教儀礼』春秋社。
森　雅秀　1997b「オリッサ州立博物館の密教美術」（『高野山大学密教文化研究所紀要』一〇、二九～七〇頁）。
森　雅秀　1997c「パーラ朝の金剛手・金剛薩埵の図像学的特徴」（『密教図像』一六、三五～五八頁）。
森　雅秀　1997d「ペンコルチューデ仏塔第5層の『金剛頂経』所説のマンダラ」（立川武蔵、正木晃編『チベット仏教図像研究〈国立民族学博物館研究報告別冊　第18号〉』二六九～三一八頁）。
森　雅秀　1998a「パーラ朝の弥勒の図像学的特徴」（『高野山大学密教文化研究所紀要』一一、一～三八頁）。
森　雅秀　1998b「オリッサ州カタック地区の密教美術」（『国立民族学博物館研究報告』二三－二、三五九～五三六頁）。
森　雅秀　1999『オリッサ州カタック地区の密教図像の研究』（平成八～十年度文部省科学研究費補助金　基盤研究(C)(2)成果報告書）。
森　雅秀　2000「オリッサ出土の四臂観音――密教図像の成立に関する一考察――」（『高野山大学密教文化研究所紀要別冊（密教の形成と流伝）』二、一一九～一四五頁）。
森　雅秀　2001a『インド密教の仏たち』春秋社。
森　雅秀　2001b「『ヴァジュラーヴァリー』所説のマンダラ――尊名リストおよび配置図――」（『高野山大学密教文化研究所紀要』一四、一～一一七頁）。
森　雅秀　2002「インドの不空羂索観音像」（『仏教芸術』二六二、四三～六七頁）。
森　雅秀　2004「『ヴァジュラーヴァリー』「墨打ちの儀軌」和訳（上）」（『金沢大学文学部論集　行動科学・哲学篇』二四、七一～一一七頁）。
森　雅秀　2005a「『ヴァジュラーヴァリー』「墨打ちの儀軌」和訳（下）」（『高野山大学密教文化研究所紀要』一八、一～五七頁）。
森　雅秀　2005b「『ヴァジュラーヴァリー』「彩色の儀軌」和訳」（『金沢大学文学部論集　行動科学・哲学篇』二五、九一～一二七頁）。
森　雅秀　2006a「ラジャスタン州ジャガットのアンビカー寺院」（『金沢大学文学部論集　行動科学・哲学篇』二五、一二一～一四六頁)。
森　雅秀　2006b　『仏のイメージを読む――マンダラと浄土の仏たち――』大法輪閣。
森　雅秀　2007　『生と死からはじめるマンダラ入門』法藏館。
森　雅秀　2008　『マンダラ事典――100のキーワードで読み解く――』春秋社。
森　雅秀　2011a　『インド密教の儀礼世界』世界思想社。
森　雅秀　2011b　『チベットの仏教美術とマンダラ』名古屋大学出版会。
森　雅秀　2011c　『エロスとグロテスクの仏教美術』春秋社。
森　雅秀　2012a　『オリッサ州カタック地区の密教美術』(Asian Iconographic Resources Monograph Series, Vol. 2, アジア図像集成研究会)。
森　雅秀　2012b　『パーラ朝期の密教美術』(Asian Iconographic Resources Monograph Series, Vol. 3, アジア図像集成研究会)。
森　雅秀編　2014　『アジアの灌頂儀礼――その成立と伝播――』法藏館。
森　喜子　1990–1992　「パーラ朝の女尊の図像的特徴(1)～(3)」(『名古屋大学古川総合研究資料館報告』六、一一三～一五五頁、『同』七、一五五～一九二頁、『同』八、六九～一一四頁)。
森　喜子　1993　「パーラ朝のターラーに関する図像的考察――三尊形式を中心として――」(『宮坂宥勝博士古稀記念論文集　インド学密教学研究』法藏館、八二七～八四八頁)。
森口光俊　1989　「Vajradhātumahāmaṇḍalopāyika Sarvavajrodaya 梵文テキスト補欠――新出写本・蔵・梵・漢対照　賢劫千仏名を中心として――」(『智山学報』三八、一～三七頁)。
安元　剛　2000　「スピティ・タボ寺の『大日経』系諸尊について――大日堂後室諸尊の再検討――」(『密教図像』一九、一八～四一頁)。
柳沢　孝　1965a　「青蓮院伝来の白描金剛界曼荼羅諸尊図様(上)」(『美術研究』二四一、二〇～四二頁)。
柳沢　孝　1965b　「青蓮院伝来の白描金剛界曼荼羅諸尊図様(下)」(『美術研究』二四二、一三～二〇頁)。
山折哲雄　1985　「後七日御修法と大嘗祭」(『国立歴史民俗博物館研究報告』七、三六五～三九四頁)。

山田耕二　1979　「ポスト・グプタ時代の西インドにおける観音の図像的特徴とその展開――石窟寺院を中心として――」（『美術史』一〇六、八七～一〇二頁）。

山本聡美、西山美香　2009　『九相図資料集成――死体の美術と文学――』岩田書店。

山本　勉　1997　『大日如来』（日本の美術三七四）至文堂。

ユング、C. G. 1982　『元型論――無意識の構造――』林道義訳　紀伊國屋書店。

頼富本宏　1982a　「金剛薩埵図像覚え書き（上）」（『密教図像』一、三〇～四五頁）。

頼富本宏　1982b　「オリッサの歴史――宗教史を中心として――」（佐和隆研編『密教美術の原像』法藏館、七五～九〇頁）。

頼富本宏　1982c　「八大菩薩像について」（佐和隆研編『密教美術の原像』法藏館、一一四～一二七頁）。

頼富本宏　1983　「インドの八大菩薩像について」（『中川善教先生頌徳記念論集　仏教と文化』同朋社出版、五六九～五八八頁）。

頼富本宏　1985　『マンダラの仏たち』東京美術。

頼富本宏　1986　「チベットの八大菩薩像」（『ヒマラヤ仏教王国2　密教曼荼羅界』三省堂、二〇六～二一一頁）。

頼富本宏　1990　『密教仏の研究』法藏館。

頼富本宏　1991a　『曼荼羅鑑賞の基礎知識』至文堂。

頼富本宏　1991b　「インド現存の財宝尊系男女尊像」（『伊原照蓮博士古稀記念論文集』九州大学印度哲学研究室、二六七～二九九頁）。

頼富本宏　1992　「マンダラと八大菩薩」（『日本仏教学会年報』五七、二五一～二六七頁）。

頼富本宏　1993　「インド現存のヘールカ系尊像」（『宮坂宥勝博士古稀記念論文集　インド学密教学研究』法藏館、八四九～八七六頁）。

頼富本宏、下泉全暁　1994　『密教仏像図典――インドと日本のほとけたち――』人文書院。

横地優子　1991　「Andhaka 神話における自己増殖モチーフ」（『前田専学博士還暦記念論集　我の思想』春秋社、四〇一～四一五頁）。

ルルカー、M. 1991　『象徴としての円』竹内章訳　法政大学出版局。

渡辺照宏　1967　『お経の話』（岩波新書）岩波書店。

渡辺照宏　1975　『不動明王』（朝日選書）朝日新聞社。

『インドネシア古代王国の至宝』インドネシア・日本友好祭'97事務局　1997.

『西遊記のシルクロード　三蔵法師の道』朝日新聞社　1999.

『シルクロード大美術展』東京国立博物館編　1996.

『神仏習合――かみとほとけが織りなす信仰と美――』奈良国立博物館　2007.

『天空の秘宝　チベット密教美術展』朝日新聞社　1997.

『日本美術のヴィーナス――浮世絵と近代美人画――』出光美術館　2010.

『根津美術館蔵品選　仏教美術編』根津美術館　2001.

『美麗　院政期の絵画』奈良国立博物館　2007.

『仏教と女性――いのりとほほえみ――』奈良国立博物館　2003.

Acharya, P. K. 1978（1927）. *A Dictionary of Hindu Architecture: Treating of Sanskrit Architectural Terms with Illustrative Quotations from Śilpaśāstra*. General Literature and Archaeological Records. Bhopal: J. K. Publishing House.

Banerji, Rakhal Das. 1933. *Eastern Indian School of Mediaeval Sculpture*. Archaeological Survey of India, New Imperial Series, XLVII. Delhi: Manaer of Publications.

Béguin, Gilles. 1993. *Mandala: Diagrammes ésotériques de Népal et du Tibet au musée Guimet*. Paris: Editions Findakly.

Bhattacharyya, Benoytosh . 1947. Some Remarkable Buddhist Bronzes in Baroda. In *India Antique*, Leiden, Brill, pp. 27-39.

Bhattacharyya, Benoytosh. 1968a（1958）. *The Indian Buddhist Iconography Mainly Based on the Sādhanamālā and Other Cognate Tantric Texts of Rituals*. 2nd ed. Calcutta: K. L. Mukhopadhyay.

Bhattacharyya, Benoytosh. 1968b（1925）. *Sādhanamālā*（2 vols.）. G.O.S. Nos. 26, 41. Baroda: Oriental Institute.

Bhattacharyya, Benoytosh. 1972（1949）. *Niṣpannayogāvalī of Mahāpaṇḍita Abhayākaragupta*. G.O.S. No. 109. Baroda: Oriental Institute.

Bolleé, Willem. B. 1989. The Kūṭāgāra or from Men's House to Mansion in Eastern India and South-East Asia. In A. L. Dallapiccola ed., *Shastric Traditions in Indian Arts*. Stutgart, Steiner Verlag Wiesbaden, pp. 143–149.

Boord, M. J. 1993. *The Cult of Deity Vajrakila: According to the Texts of the Northern Treasures Tradition of Tibet* (*By-ang-gter phur-ba*). Buddhica Britanica IV. Tring: The Institute of Buddhist Studies.

Brauen, M. 1992. *Das Mandala: Der Heilige Kreis im Tantrischen Buddhismus* Köln: Du Mont Buchverlag Köln.

Brauen, M. ed. 2000. *Deities of Tibetan Buddhism: The Türich Collection of the Icons Worthwhile to see* (*Bris sku mthoṅ ba don ldan*). Boston: Wisdom Publications.

bSod nams rGya mtsho. 1983. *The Tibetan Maṇḍalas, the Ngor Collection*. Tokyo: Kodansha.

bSod nams rGya mtsho. 1991. *The Ngor Mandalas of Tibet: Listings of the Mandala Deities*. revised by M. Tachikawa, S. Onoda, K. Noguchi and K. Tanaka, Bibliotheca Codicum Asiaticorum 4. Tokyo: The Centre for East Asian Cultural Studies.

bSod nams rGya mtsho & M.Tachikawa. 1989. *The Ngor Mandalas of Tibet: Plates*. Bibliotheca Codicum Asiaticorum 2. Tokyo: The Centre for East Asian Cultural Studies.

Bühnemann, G. & M. Tachikawa. 1990. *The Hindu Deities Illustrated: According to the Pratiṣṭhālakṣaṇasāra samuccaya*. Bibliotheca Codicum Asiaticorum 3. Tokyo: The Centre for East Asian Cultural Studies.

Bühnemann, Gudrun. & Musashi. Tachikawa. 1991. *Niṣpannayogāvalī, Two Sanskrit Manuscripts from Nepal*. Bibliotheca Codicum Asiaticorum 5. Tokyo: The Centre for East Asian Cultural Studies.

Clark, Walter Eugene. 1937. *Two Lamaistic Pantheons*. 2 vols. Harvard-Yenching Institute Monograph Series, Vol. III. Cambridge, Massachusetts: Harvard University Press.

Coburn, T. B. 1984. *Devī-Māhātmya: The Crystallization of the Goddess Tradition*. Delhi: Motilal Banarsidass.

Coburn, T. B. 1991. *Encountering the Goddess: A Translation of the Devīmāhātmya and a Study of Its Interpretation*. New York: State University of New York Press.

Cowell, E. B. & R. A. Neil. 1970 (1886). *The Divyāvadāna : A Collection of Early Buddhist Legends*. Amsterdam: Oriental

Press.

Decleer, Hubert. 1992. The Melodious Drumsound All-pervading: Sacred Biography of Rwa Lotsawa: About Early lotsawa *rnam thar* and *chos'byung. Tibetan Studies: Proceedings of the 5th Seminar of the International Association for Tibetan Studies, Narita 1989*. eds. by S. Ihara and Z. Yamaguchi, Narita: Naritasan Shinshoji, pp. 13-28.

Decleer, Hubert. 1998. Review on B. Siklos, The Vajrabhairava Tantras, Tibetan and Mongolian Versions, English Translation and Annotations. Tring: The Institute of Buddhist Studies. 1996. *Indo-Iranian Journal* 41: 290-301.

Donaldson, Thomas E. 1995. Probable Textual Sources for the Buddhist Sculptural Maṇḍalas of Orissa. *East and West* 45 (1-4): 173-204.

Emeneau, M. B. 1988. Nāgapāśa, Nāgabandha, Sarpabandha, and Related Works. In *Sanskrit Studies of M. B. Emeneau: Selected Papers*, ed. by B. A. van Nooten, Berkeley, Center for South and Southeast Asia Studies, University of California.

George, Christopher S. 1974. *The Caṇḍamahāroṣana Tantra: A Critical Edition and English Translation, Chapters I-VIII*. New Haven: American Oriental Society.

Goepper, R. & J. Poncar. 1996. *Alchi: Ladakh's Hidden Buddhist Sanctuary*. London: Serindia

Gombrich, R. F. 1994. *How Buddhism Began : The Conditioned Genesis of the Early Teaching*. London: Atlantic Highlands.

Gupte, Remash Shankar. 1964. *The Iconography of the Buddhist Sculptures of Ellora*. Aurangawad: Marathwada University.

Heller, A. 1994. Early Ninth Century Images of Vairochana from Eastern Tibet. *Orientations* 25(6): 74-79.

Huntington, Susan L. 1984. The *"Pāla-Sena" Schools of Sculpture*. Studies in South Asian Culture Vol. X. Leiden: E. J. Brill.

Huntington, Susan L. & John C. Huntington. 1990. *Leaves from the Bodhi Tree: The Art of Pala India (8th-12th centuries) and Its International Legacy*. Seattle: The Dayton Art Institute.

'Jam dbyan blo gter dbang po. 1971a. dPal rdo rje dbings kyi sgrub dkhil bdag 'jug dang bcas pa rdo rje thams cad 'byung ba'i lag len rin po che bsam 'phel, *rGyus sde kun btus*. Vol. 4, ff. 1-149. Delhi: N. Lungton & N. Gyaltsan.

'Jam dbyang blo gter dbang po 1971b. *rGyud sde kun btus. Texts Explaining the Significance, Techniques and Initiations of a Collection of One Hundred and Thirty Two Mandalas of the Sa-skya-pa Tradition*. Vol. 6. Delhi: N. Lungton & N. Gyaltsan.

Karmay, Samten G. 1975. *A General Introduction to the History and Doctrines of Bon*. The M. T. B. Off-prints Series No. 3: Tokyo: The Toyo Bunko.

Klimburg-Salter, Deborah E. 1997. *Tabo, a Lamp for the Kingdom: Early Indo-Tibetan Buddhist Art in the Eestern Himalaya*. Milan: Skira.

Kramrisch, Stella. 1983. *Exploring India's Sacred Art: Selected Writings of Stella Kramrisch*. Philadelphia: University of Pennsylvania Press.

Kreijger, Hugo E. 1999. *Kathmandu Valley Painting: The Jucker Collection*. London: Serindia Publications.

Leoshko, J. 1985. The Appearance of Amoghapāśa in Pala Period Art, In A. K. Narain ed. *Studies in Buddhist Art of South Asia*, New Delhi, pp. 127–135.

Leoshko, J. 1995. Pilgrimage and the Evidence of Bodhgaya's Images. In K. R. van Kooij & H. van der Veere eds. *Function and Meaning in Buddhist Art: Proceedings of a Seminar Held at Leiden University 21-24 October 1991*. Groningen : Egvert Forsten, pp. 45–57.

Locke, John K. 1980. *Karunamaya: The Cult of Avalokitesvara : Matsyendranath in the Valley of Nepal*. Kathmandu: Sahayogi Prakashan.

Locke, John K. 1985. *Buddhist Monasteries of Nepal*. Kathmandu: Sahayogi Press.

Lokesh Chandra（ed.）. 1968. *The Collected Works of Bu-ston*. Part 11 . New Delhi: International Academy of Indian Culture.

Macdonald, A. W. & A. V. Stahl. 1979. *Newar Art: Nepalese Art during the Malla Period*. Warminster: Aris & Phillips.

Malandra, Geri Hockfield. 1993. *Unfolding a Mandala: The Buddhist Cave Temples at Ellora*. Albany: State University of New York Press.

Mallmann, Marie-Térèse de. 1948. Un point d'iconograpie Indo-Javanaise: Khasarpaṇa et Amoghapāśa. *Artibus Asiae* 11 (3) : 176-188.

Mallmann, Marie-Térèse de. 1964. *Étude iconographique sur Mañjuśrī*. Publications de l'École Français d'Extrême-Orient Vol. 55. Paris: École Français d'Extrême-Orient.

Mallmann, Marie-Térèse de. 1975. *Introduction a l'iconographie du tântrisme bouddhique*. Bibliothéque du Centre Recherches sur l'Asie Centrale et la Haute Asie Vol.1. Paris.

Matsunaga, Yūkei. 1978. *The Guhyasamāja Tantra, A New Critical Edition*. Osaka: Toho Shuppan Inc.

Matsunami, Seiren. 1965. *The Catalogue of the Sanskrit Manuscripts of the Tokyo University Library*. Tokyo: Suzuki Research Foundation.

Mitra, Debala. 1981. *Ratnagiri* (*1958-61*). Vol. I. Memories of the Archaeological Survey of India, No. 80. New Delhi: Archaeological Survey of India.

Mitra, Debala. 1983. *Ratnagiri* (*1958-61*), Vol. II. Memories of the Archaeological Survey of India, No. 80. New Delhi: Archaeological Survey of India.

Mori, Masahide. 2009. *Vajrāvalī of Abhayākaragupta: Edition of Sanskrit and Tibetan Versions*, 2 vols. Buddhica Britanica XI. Tring: The Institute of Buddhist Studies.

Mori, M & Y. Mori. 1995. *The Devīmāhātmya Paintings Preserved at the National Archives, Kathmandu*. Bibliotheca Codicum Asiaticorum No. 9, Tokyo: The Centre for East Asian Cultural Studies for Unesco.

Newman, John. R. 1987a. *The Outer Wheel of Time: Vajrayāna Buddhist Cosmology in the Kālacakra-tantra*. PhD dissertation submitted to Wisconsin University.

Newman, John. R. 1987b. The Paramādibuddha (The Kālacakra Mūlatantra) and Its Relation to the Early Kālacakra. *Indo Iranian Journal* 30(2): 93-101.

Newman, John. R. 1988. Buddhist Sanskrit in the Kālacakra Tantra. *Journal of the International Association of Buddhist Studies* 11(1): 123-140.

Newman, John. R. 1992. Buddhist Siddhānta in the Kālacakra Tantra. *Weiner Zeitschrift für die Kunde Südasiens*. 36: 227–234.

Newman, John. R. 1998a. The Epoch of the Kālacakra Tantra. *Indo-Iranian Journal* 41(4): 319–349.

Newman, John. R. 1998b. Islam in the Kālacakra Tantra. *Journal of International Association of Buddhist Studies*: 21(2): 311–371.

Norman, K. R. 1997. *A Philological Approach to Buddhism*. London: SOAS.

Olschak, R. C. & G. T. Wangyal. 1973. *Mystic Art of Ancient Tibet*. New York: McGraw-Hill.

Pan chen blo bzang chos kyi rgyal mtshan. 1973. *rDo rje phreng ba'i dkyil 'khor chen po bzhi bcu rtsa gnyis kyi sgrub thab, Rin chen dbang gi rgyal po'i phreng ba*. Pan chen blo bzang chos kyi rgyal mtshan gsung 'bum, Vol. 2. New Delhi.

Peri, N. 1917. Hārītī, la Mére-de-Démons. *Bulletin de l'École Français d'Extrême-Orient* 18: 1–102.

Poussin, Louis de la Vallée. 1896. *Pañcakrama*. Gand: Universite de Gand.

Pritzker, Thomas. J. 1996. Tabo Monastery: The Sacred Precinct. In P. Pal ed. *On the Path to Void: Buddhist Art of the Tibetan Realm*. Mumbai: Marg Publications.

Raghu Vira & Lokesh Chandra. 1967. *A New Tibeto-Mongol Pantheon*. Śata-piṭaka Series, Indo-Asian Literatures Vol. 21 (12) New Delhi: International Academy of Indian Culture.

Rawson, Philip. 1991. *Sacred Tibet*. London: Thames and Hudson.

Raven, E. M. & K. R. van Kooij. 1992. Pāla-Sena Stone Sculptures from the National Museum of Ethnology, Leiden. In *Indian Art and Archaeology*, ed. by E. M. Raven and K. R. van Kooij, Leiden, E. J. Brill, pp. 94–128.

Ricca, F. & E. Lo Bue. 1993. *The Great Stupa of Gyantse: A Complete Tibetan Pantheon of the Fifteenth Century*. London: Serindia.

Rinpoche, Samdhong et al. eds. 1994a. *Vimalaprabhāṭīkā of Kalki Śrī Puṇḍarīka on Śrī Laghukālacakratantrarāja by Śrī Mañjuśrīyaśa*. Vol. 2. Sarnath: Central Institute of Higher Tibetan Studies.

Rinpoche, Samdhong et al. eds. 1994b. *Vimalaprabhāṭīkā of Kalki Śrī Puṇḍarīka on Śrī Laghukālacakratantrarāja by Śrī*

Mañjuśrīyaśa. Vol. 3. Sarnath: Central Institute of Higher Tibetan Studies.
Rong tha Blo bzang dam chos rgya mtsho. 1972. *The Creation of Mandalas: Tibetan Texts Detailing the Techniques for Laying out and Executing Tantric Buddhist Psychocosmograms*, Vol. 2 Cakrasamvara. New Delhi.
Sahu, N. K. 1958. *Buddhism in Orissa*. Cuttak: Utkal University.
Saraswati, S. K. 1977, *Tantrayāna Art: An Album*. Calcutta: Asiatic Society.
Schroeder, Ulrich von. 1981. *Indo-Tibetan Bronzes*. Hong Kong: Visual Dharma Publications.
Schroeder, Ulrich von. 2001. *Buddhist Sculptures in Tibet*. Hong Kong: Visual Dharma Publications.
Siklós, B. 1996. *The Vajrabhairava Tantras*. Buddhica Britannica VII. Tring: The Institute of Buddhist Studies.
Simon, Beth ed. 1991 (1985). *The Wheel of Time: The Kalachakra In Context*. New York: Snow Lion.
Skorupski, Tadeusz. 1983. *The Sarvadurgatipariśodhana Tantra: Elimination of All Evil Destinies*. Delhi: Motilal Banarsidass.
Slusser, M. S. 1982. *Nepal Mandala, A Cultural Study of the Kathmandu Valley*, 2 vols. Princeton: Princeton University Press.
Snellgrove, D. L. 1959. *The Hevajra Tantra: A Critical Study*, 2 parts. London: Oxford University Press.
Tanemura, R. 1997. *Kriyāsaṃgraha of Kuladatta, Chapter VII*. Tokyo: Sankibo.
Tanemura, R. 2005. *Kuladatta's Kriyāsaṃgraha: A Critical Edition and Annotated Translation of Selected Sections*. Groningen: Egbert Forsten.
Tenzin Gyatso, the Fourteenth Dalai Lama & J. Hopkins. 1985. *The Kalachakra Tantra: Rite of Initiation for the Stage of Generation*. London: Wisdom Publications.
Tsuda Shinichi. 1974. *The Saṃvarodaya-tantra, Selected Chapters*. Tokyo: The Hokuseido.
Tucci, G. 1949. *Tibetan Painted Scrolls*. Rome: La Libreria Dello Stato.
Upadhyaya Jagannatha. 1986. *Vimalaprabhāṭīkā of Kalki Śrī Puṇḍarīka on Śrī Laghukālacakratantrarāja by Śrī Mañjuśrīyaśa*. Vol. 1. Sarnath: Central Institute of Higher Tibetan Studies.

Van Kooij, Karel Rigic. 1977. The Iconography of the Buddhist Wood-carvings in a Newar Monastery in Kathmandu (Chuṣya-Bāhā). *Journal of the Nepal Research Center* 1: 39–82.

Vreese, K. de. 1947. Skt. Kūṭāgāra. In *India Antiqua*, Leiden, Brill, pp. 323–325.

Wayman, Alex. 1973. *The Buddhist Tantras, Light on Indo-Tibetan Esotericism*. New York: Samuel Weiser.

Weller, F. 1928. *Tausend Buddhanamen des Bhadrakalpa nach einen Fünfsprachigen Polyglotte*. Leipzig: Verlag der Asia Major.

Zwalf, W. 1996. *A Catalogue of the Gandhāra Sculpture in the British Museum*. London: British Museum Press.

図版一覧

図1　涅槃（コルカタ・インド博物館。田辺、前田 1999: 図141）
図2　図1部分　横たわる釈迦
図3　図1部分　執金剛神とスバッダ
図4　図1部分　アーナンダとアヌルッダ
図5　図1部分　ウパマーナ
図6　図1部分　マハーカッサパと外道
図7　図1部分　樹神
図8　図1部分　マッラ族の人々と諸天
図9　梵天勧請（インド博物館。『西遊記のシルクロード　三蔵法師の道』図60）
図10　七相図を伴う降魔成道図（インド博物館）
図11　釈迦八相図（サールナート考古博物館）
図12　チュンダー（ヴァレーンドラ博物館）
図13　釈迦説法図（カーンヘリー第90窟）
図14　マーリーチー（インド博物館）
図15　ヴァイクンタのヴィシュヌ（マトゥラー考古博物館）
図16　五仏（ニューデリー国立博物館）
図17　文殊菩薩立像（パトナ博物館）
図18　文殊菩薩立像（ナーランダー考古博物館）
図19　文殊菩薩立像（パトナ博物館）
図20　ヤクシャ（アジャンター第19窟）
図21　金剛手菩薩坐像（ナーランダー考古博物館）

図91　タッキラージャ（チュシュヤ・バハ）
図92　ニーラダンダ（チュシュヤ・バハ）
図93　マハーバラ（チュシュヤ・バハ）
図94　ケーカラ［アチャラ］（チュシュヤ・バハ）
図95　スンバラージャ（チュシュヤ・バハ）
図96　ジャナ・バハの忿怒尊の配置概念図
図97　ジャナ・バハ本堂南面の扉（ジャナ・バハ）
図98　マハーバラ（ジャナ・バハ）
図99　ヤマーンタカ（ジャナ・バハ）
図100　パドマーンタカ（ジャナ・バハ）
図101　ヴィグナーンタカ（ジャナ・バハ）
図102　金剛界八十一尊曼荼羅部分（太山寺）
図103　賢劫十六尊の中の金剛蔵菩薩（ムシュヤ・バハ）
図104　胎蔵大日八大菩薩像（大英博物館。ウィットフィールド 1982 図17）
図105　胎蔵大日八大菩薩仏龕（ネルソン・アトキンス美術館。『シルクロード大美術展』図225）
図106　胎蔵大日如来（安西楡林窟第25窟。敦煌研究院編 1990 図39）
図107　胎蔵大日如来（ビド。Heller 1994: fig. 12）
図108　大日如来（ペンコル・チョルテン第三層金剛薩埵堂。Ricca & Lo Bue 1993: pl. 14）
図109　大日如来（ペンコル・チョルテン第五層東室。立川、正木 1997: 1）
図110　金剛界大日如来（個人蔵。『天空の秘宝　チベット密教美術展』図154）
図111　金剛界大日如来（タボ寺大日堂。Pritzker 1996: Fig. 10）
図112　金剛界大日如来（アルチ寺三層堂。Goepper & Poncar 1996: 189）
図113　一切智大日如来（北京・白塔寺）

図114 一切智大日マンダラ（ギメ美術館。Béguin 1993: pl. 4）
図115 スヴァヤンブー仏塔図（個人蔵。Macdonald & Stahl 1979: pl. 1）
図116 智拳印を結ぶ大日如来（ジャナ・バハ）
図117 マハーラーガヴァジュラ（個人蔵。Kreijger 1990: pl. 26）
図118 光背に五仏を置いた観音坐像（大英博物館）
図119 奉献塔（ジャナ・バハ）
図120 スヴァヤンブーの仏塔
図121 スヴァヤンブーの仏塔の尊像配置プラン
図122 五仏の宝冠をつけて儀礼を行うヴァジュラーチャーリヤ（カトマンドゥ市）
図123 ボーダナートの仏塔
図124 大日如来像（ブバハ入口のトーラナ浮彫）
図125 法界語自在マンダラ（タン・バハ）
図126 般若波羅蜜の二作例（ナーランダー考古博物館 Saraswati 1977: pls. 141, 142）
図127 六字観音（ヴァレーンドラ博物館）
図128 マンジュヴァラ（ダッカ国立博物館）
図129 般若波羅蜜（『五百尊図像集』第六十三葉中 Brauen 2000: pl. 191）
図130 四臂観音（『五百尊図像集』第三十四葉左 Brauen 2000: pl. 103）
図131 般若波羅蜜（アルチ寺三層堂。岩宮 1987: pl. 23）
図132 般若波羅蜜（ジャカルタ国立博物館。『インドネシア古代王国の至宝』図30）
図133 般若波羅蜜（御室版両界曼荼羅、持明院）
図134 般若波羅蜜（御室版両界曼荼羅、虚空蔵院）
図135 般若波羅蜜十六善神白描図（個人蔵。『美麗　院政期の絵画』図108）
図136 釈迦十六善神図（六角堂能満院。京都市立芸術大学芸術資料館編 2004 図1047）

図160　パーンチカとハーリーティー（アジャンター第2窟。肥塚・宮治編 2000 図203）
図161　クベーラ（インド博物館）
図162　行進するガナ（カイラーサナータ寺院）
図163　奏楽のガナ（ヴェットヴァンコイル寺院）
図164　訶梨帝母（醍醐寺。有賀他 2001 図78）
図165　娘と童子図（出光美術館。『日本美術のヴィーナス　浮世絵と近代美人画』図20）
図166　童子経曼荼羅（六角堂能満院。京都市立芸術大学芸術資料館編 2004 図1052）
図167　普賢十羅刹女像（奈良国立博物館。撮影：森村欣司）
図168　図167部分
図169　子守明神（大和文華館）
図170　マヒシャースラマルディニー
図171　水牛のアスラを殺す女神（アンビカー寺院）
図172　アプサラス（アンビカー寺院）
図173　梁を支えるガナ（アンビカー寺院）
図174　梁を支えるガナ（アンビカー寺院）
図175　梁を支えるガナ（アンビカー寺院）
図176　女神と水牛のアスラとの戦い（マヒシャースラマルディニー・マンダパ）
図177　ナンディンを運ぶガナたち（エローラ第21窟）
図178　「イーッ」をするヤクシャ（ラクナウ博物館。肥塚・宮治編 2000 挿図88）
図179　七母神とカーリー、ガネーシャ（エローラ第14窟）
図180　ラクタビージャを呑み込むカーリー（ネパール国立古文書館）
図181　カーリーを呑み込む女神（ネパール国立古文書館）
図182　口から花綱を吐き出すガナ（チェンナイ州立博物館。肥塚・宮治編 2000 図123）

図183　原家本『地獄草紙』「鐵磑所」（奈良国立博物館。撮影：森村欣次）
図184　原家本『地獄草紙』「函量所」（奈良国立博物館。撮影：森村欣次）
図185　益田家本『地獄草紙』「剝肉地獄」（個人蔵。『美麗　院政期の絵画』図67）
図186　益田家本『地獄草紙』「解身地獄」（MIHO MUSEUM）
図187　河本家本『餓鬼草紙』「欲色餓鬼」（東京国立博物館）Ⓒ Image：TNM Images Archives
図188　河本家本『餓鬼草紙』「伺嬰児便餓鬼」（東京国立博物館）Ⓒ Image：TNM Images Archives
図189　河本家本『餓鬼草紙』「伺便餓鬼」（東京国立博物館）Ⓒ Image：TNM Images Archives
図190　河本家本『餓鬼草紙』「便食餓鬼」（東京国立博物館）Ⓒ Image：TNM Images Archives
図191　『九相詩絵巻』「新死相」（個人蔵。小松 1987: 111）
図192　『九相詩絵巻』「血塗相」（個人蔵。小松 1987: 113）
図193　『九相詩絵巻』「噉食相」（個人蔵。小松 1987: 117）
図194　『六道絵』「黒縄地獄」より「墨打ちをする獄卒」（聖衆来迎寺。泉他 2007 図2-4）
図195　『六道絵』「衆合地獄」より「臼と杵で罪人を潰す獄卒」（聖衆来迎寺。泉他 2007 図3-1）
図196　『六道絵』「衆合地獄」より「罪人を釣る獄卒」（聖衆来迎寺。泉他 2007 図3）
図197　『六道絵』「閻魔王庁」より「引き立てられる女性の罪人」（聖衆来迎寺。泉他 2007 図15-3）
図198　『六道絵』「等活地獄」より「よみがえる罪人」（聖衆来迎寺。泉他 2007 図14）
図199　『六道絵』「衆合地獄」より「刀葉樹」（聖衆来迎寺。泉他 2007 図3）
図200　『六道絵』「衆合地獄」より「多苦悩と悪見処」（聖衆来迎寺。泉他 2007 図3）

初出一覧

第一部　図像を解釈するために

第一章　テキストを読む・図像を読む
『人文科学の発想とスキル』金沢大学文学部　二〇〇四年三月、一二三〜一三〇頁。

第二章　仏教学と図像研究
『日本仏教学会年報』第六六号　二〇〇一年五月、一九五〜二〇九頁。

第二部　インドにおける密教美術の形成

第一章　密教仏の形成
なら・シルクロード博記念国際交流財団／シルクロード研究センター編『インド世界への憧れ――仏教文化の源郷を求めて――』（シルクロード・奈良国際シンポジウム記録集　No. 9）二〇〇八年三月、八六〜九二頁。

第二章　オリッサ州カタック地区出土の四臂観音立像
原題「オリッサ出土の四臂観音――密教図像の成立に関する一考察――」『高野山大学密教文化研究所紀要別冊（密教の形成と流伝）』第二号　二〇〇〇年一月、一一九〜一四五頁。

第三章　インドの不空羂索観音
『仏教芸術』二六二号　二〇〇二年五月、四三〜六七頁。

第四章　エローラ第11窟、第12窟の菩薩群像
宮治昭編『古代インドにおける宗教的造型の諸相――寺院建築と美術の成立と展開――』平成十四〜十七年

度科学研究費補助金　基盤研究(A)海外学術調査　研究成果報告書、二〇〇七年三月、六七一～七〇二頁。

第三部　密教仏のイメージの展開

第一章　十忿怒尊のイメージをめぐる考察
立川武蔵編『講座　仏教の受容と変容3　チベット・ネパール編』佼成出版社、一九九一年一二月、二九一～三二四頁。

第二章　賢劫十六尊の構成と表現
『宮坂宥勝博士古稀記念論文集　インド学密教学研究』法藏館、一九九三年五月、九〇九～九三七頁。

第三章　チベットの大日如来
頼富本宏編『大日如来の世界』春秋社、二〇〇七年一一月、六五～八七頁。

第四章　ネパールの大日如来
頼富本宏編『大日如来の世界』春秋社、二〇〇七年一一月、八九～一二二頁。

第五章　般若波羅蜜の図像
小峰彌彦他編『般若経大全』春秋社、二〇一五年一月、四二九～四四八頁。

第四部　マンダラの形が表すもの

第一章　マンダラの形態の歴史的変遷
立川武蔵編『マンダラ宇宙論』法藏館、一九九六年九月、一四三～一七三頁。

第二章　観想上のマンダラと儀礼のためのマンダラ
『日本仏教学会年報』第五七巻　一九九二年五月、七三～九〇頁。
第三章　サンヴァラマンダラの図像学的考察
立川武蔵編『曼荼羅と輪廻　その思想と美術』佼成出版社、一九九三年一二月、一〇六～一三四頁。
第四章　時輪マンダラの墨打ち法
『高木訷元博士古稀記念論集　仏教文化の諸相』山喜房仏書林、二〇〇〇年一一月、三四五～三六四頁。

第五部　忿怒尊と女尊の図像学

第一章　感得像と聖なるものに関する一考察
『真鍋俊照博士還暦記念論集　仏教美術と歴史文化』法藏館、二〇〇五年一〇月、二七～四六頁。
第二章　仏教における殺しと救い
立川武蔵編『癒しと救い――アジアの宗教的伝統に学ぶ――』玉川大学出版部、二〇〇一年二月、一五四－一七一頁。
第三章　鬼子母神における母と子のイメージをめぐって
原題「イメージとシンボルの文化学――鬼子母神における母と子のイメージをめぐって――」『テキスト　文化資源学』金沢大学国際文化資源学研究センター、二〇一一年三月、四七～五三頁。
第四章　インド神話に見る残虐な美女の図像学
津田徹英編『図像学Ⅰ　イメージの成立と伝承（密教・垂迹）』（仏教美術論集２）竹林舎、二〇一二年五月、六八～八二頁。

第五章　地獄絵に見る死とグロテスクのイメージ

原題「地獄絵に見る死とグロテスクのイメージ——死後の世界の文化史的考察——」細見博志編『死から生を考える——新「死生学入門」金沢大学講義集——』北國新聞社、二〇一三年四月、八五～一一〇頁。

あとがき

本のタイトルを考えるのはむずかしい。オーソドックスなタイトルではインパクトがないし、奇をてらいすぎると陳腐になる。なかなか決められないことも多い。しかし、本書のタイトル『密教美術の図像学』は比較的すんなり決まった。どちらかというと、前者のおとなしい部類になると思うが、内容に即した素直なタイトルだと思う。意外に、この分野に類似のタイトルがないというのも決め手となった。

タイトルにあるとおり、本書で扱っているテーマはいずれも密教美術に関するもので、その図像学的な考察が二十の章にわたってくりひろげられている。二十の章はそれぞれ独立しているが、内容にしたがって五部にまとめられている。第一部では図像学に関する基本的な問題を整理し、第二部ではインドの密教美術、とくにその形成期に関する研究をまとめている。第三部では密教の主要な仏について、インドからその他の地域に伝播するあり方を考察している。第四部は密教美術のなかでもとりわけ重要な主題であるマンダラを取り上げ、その形態と意味を明らかにした。第五部は密教美術に関する文化史的考察を、女尊と忿怒尊をおもな対象に行った。関連する内容として、ヒンドゥー教の神話や日本の地獄絵なども扱っている。

これで密教美術の図像研究がすべて網羅されるわけではないが、その基本的あるいは中心的なテーマがある程度はカバーされているのではないかと思う。

しかし、もし奇をてらった方のタイトルにするならば、『逆説の密教美術』などがよかったかもしれない。いささか手垢のついたタイトルであるが、本書の持つ特色をより強くアピールするのは、こちらの方であろう。なぜなら、本書で述べたことは、密教美術や仏教美術の通説とは、およそ正反対なものばかりである。

すなわち、密教美術の研究に、典拠となる文献の記述は役に立たないとか、さまざまな仏たちが現れた密教美術は、ヴァラエティに富んだ多彩なイメージをけっして生み出さないとか、マンダラは深遠な仏の世界を、わかりやすい形で表したものではないとか、密教の仏にしばしば現れる感得像は、特異な姿をした仏などではない、等々である。

これらはいずれも、従来の密教美術の常識を否定するものばかりである。それぞれの文の最後の「〜ではない」を「〜である」と逆にすれば、そのまま、仏教美術の入門書などでお目にかかる文章である。

しかし、逆説とも非常識とももとられるかもしれないが、いずれもあえて通説に異を唱えたわけではない。虚心に作品に向かい合い、場合によっては現地にまで出かけて細部を確認し、サンスクリット語の原典や漢訳経典などのテキストを読み進めて考察した結果である。むしろ、これまでの常識の方が、通説の受け売りであることが多い。自ら思考停止に陥って、難解な語句を羅列しているような本さえある。それはどの分野でも変わりないであろうが。

本書を構成する二十の章は、いずれもこれまで密教美術や仏教美術について、書きためてきたものである。執筆時期は最も早いもので一九九〇年、最後は二〇一四年である。そのあいだにはおよそ四半世紀の歳月がある。そのため、文章のトーンや雰囲気にもかなりの幅がある。いささか力みすぎの文章もあれば、軽く読み飛ばせそうなあっさりした文章もある。註の付け方もまちまちで、参考した文献をできるだけ詳しく紹介しようと何十という註のついた文章もあれば、註がひとつもない文章もある。

スタイルは整っていないが、それでも、考えていることにそれほど変化がないことに自分自身でも驚く。視覚的なイメージの形と意味、イメージの伝播に伴う受容と変容のあり方、それにかかわった人々の考え方。まとめてみれば、これくらいだろうか。そのまわりをずっとうろうろとしてきたようである。

本書が成るにあたっては、無論、さまざまな方たちの恩恵にあずかっている。学生の頃よりご指導いただいてきた先生方、学会や研究会などでご意見を頂戴した研究者の皆さん、授業に出席してコメントしてくれた学生諸君、初出論文の編集を担当された出版社の方々など、数え上げればきりがない。そのすべてのお名前をあげることはできないが、いずれが欠けても、本書がこのような形を取ることはなかったであろう。もとより、本書の至らない点、事実誤認、思い違いの責はすべて筆者に帰する。

学術書出版に多難な時代に、本書の刊行をお引き受けいただいた法藏館には、感謝の念に堪えない。そして、末筆ではあるが、編集の労を執ってくださった編集部の大山靖子氏に心より御礼申し上げたい。

二〇一六年一二月

森　雅秀

※本書の刊行にあたっては平成二十八年度科学研究費補助金（研究成果公開促進費「学術図書」課題番号16HP5008）の交付を受けた。

索　引

あ行——

か行――

さ行——

た行――

な行――

は行——

ま行――

や行——

ら行——

わ行——

【著者略歴】

森　雅秀（もり　まさひで）

1962年生まれ。名古屋大学大学院文学研究科中退。ロンドン大学大学院修了。Ph.D.（ロンドン大学1997年）。名古屋大学文学部助手、高野山大学文学部助教授等を経て、現在、金沢大学人間社会研究域教授。専門は仏教文化史、比較文化学。
主な編著書に、『仏のイメージを読む――マンダラと浄土の仏たち――』（大法輪閣、2006年）、『生と死からはじめるマンダラ入門』（法藏館、2007年）、『エロスとグロテスクの仏教美術』（春秋社、2011年）、『チベットの仏教美術とマンダラ』（名古屋大学出版会、2011年）、『インド密教の儀礼世界』（世界思想社、2011年）、『アジアの灌頂儀礼――その成立と伝播――』（法藏館、2014年）ほか多数。

密教美術の図像学

二〇一七年二月二八日　初版第一刷発行

著　者　森　雅秀
発行者　西村明高
発行所　株式会社法藏館
京都市下京区正面通烏丸東入
郵便番号　六〇〇―八一五三
電話　〇七五―三四三―〇〇三〇（編集）
〇七五―三四三―五六五六（営業）

装幀者　佐藤篤司
印刷・製本　亜細亜印刷株式会社

ISBN978-4-8318-6369-0　C3015